BVT

Seit über sechs Jahren beschäftigt sich Peter L. Bergen mit Osama bin Laden. Seine Reportage führt nach Afghanistan und Pakistan, in den Jemen, nach Ägypten, aber auch in unsere Nähe: nach England und Amerika. Osama bin Ladens Netz spannt sich über mehrere Kontinente. Es gleicht einem weltweiten Konzern, dessen Ziel der Heilige Krieg ist, ein mittelalterliches Konzept, das sich zugleich modernster Technologie bedient. Dieses Buch ist Reportage und Analyse in einem, es bietet sensationelle Einblicke in bisher verborgene Strukturen des Terrorismus und wurde nach dem 11. September 2001 und jetzt noch einmal um aktuelle Erkenntnisse erweitert.

Peter L. Bergen wuchs in England auf, studierte in Oxford. Von 1990 bis 1999 arbeitete er als Terrorismusexperte bei CNN. Für sein Buch *Holy War Inc.* erhielt er das renommierte Leonard-Silk-Journalism-Stipendium.

Peter L. Bergen

Heiliger Krieg Inc.

Osama bin Ladens Terrornetz

Aus dem Englischen von
Friedrich Griese, Anja Hansen-Schmidt,
Norbert Juraschitz, Thomas Pfeiffer,
Barbara Schaden und Udo Rennert

Berliner Taschenbuch Verlag

Aktualisierte Neuausgabe
Mai 2003
BvT Berliner Taschenbuch Verlags GmbH, Berlin,
ein Unternehmen der Verlagsgruppe Random House GmbH
Die Originalausgabe erschien 2001 unter dem Titel
Holy War, Inc.
Inside the Secret World of Osama bin Laden
bei Free Press, New York

Wissenschaftliche Beratung: Dr. Reinhard Eisener, Berlin
Nachübersetzungen für die aktualisierte Ausgabe: Sabine Schulte, Hamburg
Register: Brigitte Speith-Kochmann, Berlin
Karte: Peter Palm, Berlin
Umschlaggestaltung: Nina Rothfos und Patrick Gabler, Hamburg,
unter Verwendung einer Fotografie von © ullsteinbild-AP
Druck und Bindung: Elsnerdruck, Berlin
Printed in Germany · ISBN 3-442-76165-4

Für meine Eltern
Sarah Lampert Bergen
D. Thomas Bergen
in Liebe

Inhalt

Vorbemerkung des Autors

Ich habe für dieses Buch sechs Jahre gebraucht, vier für Recherchen und Reportagen, zwei Jahre für die Niederschrift. Als ich im August 2001 meinem Verleger das Manuskript vorlegte, sah ich bis zum geplanten Erscheinungstermin im Sommer 2002 zufrieden einer zivilisierten Phase redaktioneller Bearbeitung entgegen: Zeit genug, um Argumente zu straffen und Wiederholungen zu beseitigen.

Nach den Ereignissen vom 11. September 2001 war alles anders. Nun wurde es dringend nötig, das Buch an die Öffentlichkeit zu bringen: zu einem Zeitpunkt, da Informationen angesichts des weltweiten Aufsehens, den das Verbrechen erregt, zwar im Überfluss vorliegen, jedoch häufig nicht in dem Zusammenhang, um den ich mich hier bemüht habe. Also haben ich und viele weitere Personen in zwei hektischen, zermürbenden Wochen daran gearbeitet, das ursprünglich vorliegende Buch nicht nur zu verbessern, sondern mit Blick auf die schreckliche Gegenwart zu aktualisieren. Ich hoffe, Sie verzeihen mir die unvermeidlichen Wiederholungen und manche nicht ganz ausgereifte Formulierung.

Nichts in diesem Buch darf als repräsentativ für die Ansichten von CNN oder anderen Nachrichtenorganisationen verstanden werden, für die ich berichtet habe. Für alle sachlichen Irrtümer und Fehlinterpretationen trage ich die Verantwortung.

Redaktionelle Vorbemerkung

Die für die deutschsprachige Ausgabe gewählte Umschrift ist an die Konventionen des Duden angelehnt. Sie soll dem Leser helfen, die fraglichen Namen und Begriffe wenigstens annähernd richtig auszusprechen, auch wenn dies natürlich schnell an Grenzen stößt, etwa bei der Betonung (*al-Qa'ida* = »Basis, Stützpunkt«, zum Beispiel, muss auf der ersten Silbe betont werden; wird es auf der zweiten Silbe betont, bedeutet es »Lebensgefährtin«). Wie immer gibt es auch ein paar Ausnahmen: So haben wir für die Namen einiger bekannter Persönlichkeiten Schreibweisen aus der Tagespresse übernommen. Dies gilt auch für die Hauptperson: »Osama bin Laden« und nicht »Usama bin Ladin«. Zur gewählten Umschrift bleibt noch zu bemerken, daß »c« wie »z« in »Zone« auszusprechen ist; »z« steht für stimmhaftes »s« wie in »Sonne«; stimmloses »s« wie in »Wasser« wird durch »s« wiedergegeben; »r« bezeichnet ein rollendes Zungen-»r«; ein kehlig gesprochenes deutsches »r« etwa wie in »Runde« wird durch »gh« wiedergegeben; »h« wie in Haus wird immer mitgesprochen (Ausnahme: Mullah, wo es wie ein deutsches Dehnungs-»h« zu betrachten ist); »th« wie in Englisch »thick«, »dh« wie in Englisch »the«; »zh« wie in Französisch »journal«; das Zeichen ' weist auf einen Stimmabsatz hin, wie in »Herbst-anfang«.

EINLEITUNG

Unterwegs zum meistgesuchten Mann der Welt

Wenn Sie nach Osama bin Laden suchen, werden Sie ihn nicht finden: Er findet Sie.

Ich erhielt den Anruf im März 1997. »Osama ist bereit, sich in Afghanistan mit Ihnen zu treffen«, sagte die Stimme am anderen Ende der Leitung.

Bin Laden und seine Berater waren zu dem Schluss gelangt, dass CNN, mein damaliger Arbeitgeber, die beste Plattform sei, um Bin Ladens erstes Fernsehinterview in die englischsprachige Welt zu übertragen.

Mein Interesse an Afghanistan war 1983 erwacht, als ich eine Dokumentation über die Millionen Flüchtlinge drehte, die nach dem Einmarsch der Sowjets über die Grenze nach Pakistan strömten. Zehn Jahre später reiste ich nach Afghanistan, um den Verbindungen zwischen den von der CIA finanzierten Rebellen, die gegen die Sowjets kämpften, und dem Bombenanschlag auf das New Yorker World Trade Center im Jahr 1993 nachzugehen.

Meiner Ansicht nach hatte die von der US-Regierung durchgeführte Untersuchung des ersten Attentats gegen das World Trade Center, das zugleich der erste erfolgreiche Anschlag internationaler Terroristen auf amerikanischem Boden war, nicht alle Hintergründe restlos geklärt. Die Regierung hatte die eigentlichen Bombenleger überführt, aber wer war der Drahtzieher? Wer hatte die Bombenleger finanziell unterstützt, so dass sie von Pakistan nach New York fliegen konnten, um den Anschlag auszuführen? Je mehr ich über Bin Laden las, desto mehr erschien er mir als plausibler Kandidat. 1996 nannte ihn das US-Außenministerium »den derzeit weltweit bedeutendsten Geldgeber für extremistische islamische Aktivitäten« und beschuldigte ihn, er unterhalte terroristische Trainingslager in Afghanistan und im Sudan.

Im August desselben Jahres erging Bin Ladens erster Aufruf an die Muslime, militärische Ziele der USA anzugreifen; seine Aufforderung wurde im ganzen Nahen und Mittleren Osten propagiert.

Meine Suche nach dem mysteriösen saudi-arabischen Multimillionär begann im Norden Londons. Der ruhige Vorort Dollis Hill ist eine beliebte Wohngegend für arabische Einwanderer, die in dem grünen Viertel Moscheen und islamische Schulen eingerichtet haben. In einer bescheidenen Straße mit neugotischen Häusern aus den dreißiger Jahren wohnte Chalid al-Fauwaz, der Sprecher einer von Bin Laden gegründeten saudi-arabischen Oppositionsgruppe, die sich Rat- und Reformkomitee nannte. Ich hatte ihn ein paar Wochen zuvor aus den Vereinigten Staaten angerufen.

Chalid ließ sich nicht auf ein ausführliches Gespräch ein. »Da sind Dinge, die ich nicht am Telefon besprechen will«, sagte er. Eine vernünftigte Vorsichtsmaßnahme, denn sehr wahrscheinlich wird jeder, der auch nur entfernt mit Bin Laden in Verbindung steht, telefonisch überwacht.

Als ich vor Chalids Haus stand, waren sämtliche Vorhänge zugezogen. Gekleidet in ein bodenlanges weißes Gewand, auf dem Kopf ein rot-weiß kariertes Tuch, mit demselben langen Vollbart, wie ihn der Prophet Mohammed vor knapp eineinhalb Jahrtausenden getragen hat, öffnete er mir die Tür. Ich trat ein und zog die Schuhe aus, als wäre ich bereits im Orient. Chalid führte mich in das ordentliche Wohnzimmer, das ihm zugleich als Büro diente. An einer Wand standen Computer, Drucker und Faxgeräte, an einer anderen Regale voller arabischer Bücher. Chalid war vierunddreißig, aber er wirkte älter – vielleicht rieben ihn die Sorgen eines Mannes auf, der sich vom Unternehmer in Saudi-Arabien inzwischen zum hauptberuflichen Oppositionsführer gewandelt hatte. Obwohl Englands liberale Tradition der Gastfreundschaft gegenüber Dissidenten Chalids Aktivitäten überhaupt erst ermöglichte, hielt er London mit seiner hypersexualisierten, kommerzialisierten Großstadtkultur für eine beunruhigende Umgebung im Hinblick auf seine heranwachsenden Kinder.

Mit ausgesuchter Höflichkeit, die ich bald als eine seiner charakteristischen Eigenschaften erkannte, bot mir Chalid aromatisierten Kaffee und einen Teller mit Datteln aus einer arabischen Oasenstadt an. Dann wandten wir uns der geschäftlichen Seite zu. Gewissermaßen jedenfalls, denn Chalid schien mehr an einer Diskussion über den Koran und die saudi-arabische Politik interessiert als daran, sich mit der Logistik für ein sicheres Interview mit Bin Laden zu befassen.

Wiederholt bezeichnete sich Chalid als »Reformer« des saudi-arabischen Regimes, nicht als Revolutionär, und meinte damit nicht eine liberale Reform im Sinn des neunzehnten Jahrhunderts, sondern eine Reformation im eigentlichen Wortsinn, die das Ziel verfolgt, den Islam in Arabien so wieder herzustellen, wie er in seiner Frühzeit unter dem Propheten Mohammed und den ersten Kalifen im siebenten Jahrhundert praktiziert wurde. Mir fiel auf, wie sehr er mit seinem Anliegen, den Islam zu *reformieren*, den protestantischen Reformatoren ähnelte, die versucht hatten, die Missstände der spätmittelalterlichen katholischen Kirche zu beseitigen und zu den ursprünglichen Prinzipien des Christentums zurückzukehren. Auch im Islam hat es schon zahllose Anläufe gegeben, die vollkommene Gesellschaft Mohammeds und seiner unmittelbaren Nachfolger, der vier »rechtgeleiteten Kalifen«, wieder herzustellen.[1]

In dieser ersten Woche, in der wir uns regelmäßig trafen, vermittelte mir Chalid ein vorläufiges Bild seines Freundes Osama; mit einem Akzent, in dem der kürzlich erworbene Nordlondoner Tonfall mitschwang, beschrieb er ihn als »bescheiden, charmant, intelligent – ein wirklich bedeutender und wohlhabender Verteidiger der islamischen Sache, der alles aufgegeben hat, um in Afghanistan zu kämpfen«. Sein Auftreten im Krieg gegen die sowjetische Besatzung Afghanistans in den achtziger Jahren hatte Bin Laden im ganzen islamischen Orient zum Helden werden lassen.

Chalid sagte, Bin Laden, der sich jetzt wieder in Afghanistan aufhalte, sei »ein erbitterter Gegner der Anwesenheit von US-Soldaten in Saudi-Arabien«. Gemeint waren die Truppen, die 1990 in Reaktion auf den irakischen Einmarsch in Kuwait dort stationiert worden waren.

Nach Bin Ladens Ansicht sei außerdem das Haus der Al Sa'ud, der seit vier Generationen auf der Arabischen Halbinsel herrschenden Dynastie, vom Islam abtrünnig geworden. Apostasie, der Abfall vom Glauben, ist eine schwere Beschuldigung gegen die königliche Familie, die sich selbst als Beschützer der beiden heiligsten Stätten des Islam, Mekka und Medina, bezeichnet und die traditionellste Form des sunnitischen Islam praktiziert. Bin Ladens Antipathie gegen das Saudi-Regime war eigenartig – schließlich hat seine Familie gerade dank ihrer engen Beziehungen mit der königlichen Familie außerordentlichen Reichtum erworben.

Chalid teilte Bin Ladens Kritik an der saudi-arabischen Monarchie und der amerikanischen Präsenz im heiligen Land auf der Arabischen Halbinsel. Nach seiner Auffassung hatte der Prophet Mohammed die dauernde Anwesenheit Ungläubiger in Arabien verboten: daher Bin Ladens Widerstand gegen die mehreren tausend dort stationierten amerikanischen Soldaten. Chalid fügte jedoch hinzu, er werde Bin Ladens Aufrufe zur Gewalt gegen die US-Soldaten zwar nicht verurteilen, könne sie aber auch nicht gutheißen.

Als ich Chalid wegen des Interviews bedrängte, meinte er, es gebe eine Reihe von Problemen. Oberstes Gebot sei Bin Ladens persönliche Sicherheit: Der saudi-arabische Geheimdienst habe bereits mehrere Mordanschläge gegen ihn angezettelt.

»Sind Sie sicher, dass keiner aus Ihrem Team ein Agent der CIA ist?«, fragte er unvermittelt.

Ja, versicherte ich ihm – allerdings ist es für manche Menschen aus dem Mittleren Osten schwer vorstellbar, dass Journalisten nicht auf der Gehaltsliste einer Regierung stehen, wie es in ihren Heimatländern bisweilen der Fall ist.

Chalid versprach jedenfalls, unsere Bitte um ein Interview weiterzuleiten.

Nach Jahren des Krieges war die telefonische Infrastruktur in Afghanistan zerstört, so dass als einziges Kommunikationsmittel das Satellitentelefon blieb. Bin Laden selbst, so Chalid, verständige sich ausschließlich über Funk, denn er wisse natürlich, dass die Geheimdienste Verbindungen über Satellitentelefon leicht überwachen könnten. Bis vor kurzem habe er kein Fernsehinterview geben wollen. Natürlich seien wir nicht als Einzige an einem Gespräch mit dem Saudi im Exil interessiert: Chalid zeigte mir einen ganzen Stapel von Anträgen, in denen Nachrichtenagenturen aus aller Welt um ein Interview baten. Trotzdem meinte Chalid, wir hätten eine Chance. In der Zwischenzeit, schlug er vor, solle ich mich an Dr. Sa'd al-Faqih, einen weiteren saudi-arabischen Dissidenten, wenden, um zusätzliche Informationen über Bin Laden zu erhalten.

Dr. al-Faqihs Büro lag nicht weit von Chalids Haus entfernt. Der drahtige, leidenschaftliche Intellektuelle mit dicken Brillengläsern in seinem schmalen Gesicht hatte in Schottland am Royal College of Surgeons studiert und war Professor für Chirurgie an der angesehenen König-Saud-Universität gewesen. Seit dem Tag im Jahr 1994, als er Saudi-Arabien verließ und nach England ins Exil ging, habe er als Chirurg praktiziert, erzählte er mir. Mit anderen Worten, er war alles andere als ein typischer Revolutionär.

Al-Faqihs Kritik am Saudi-Regime ist ebenso politisch wie religiös, wie auch seine Kleidung zeigt. Er trägt grundsätzlich einen Anzug. Natürlich tritt er für einen konservativen islamischen Staat ein, aber seine Vorwürfe gegen das Regime gelten auch der Korruption und Misswirtschaft. Seine Oppositionsgruppe nennt al-Faqih Movement for Islamic Reform in Arabia (MIRA; Bewegung für islamische Reform in Arabien). Seine Methode, das Regime zu unterminieren, ist unbestritten modern. Wann immer ich ihn in seinem Büro besuchte, saßen in der Regel mehrere ernste, bärtige junge Männer vor Computerbildschirmen und waren damit beschäftigt, die Website der Gruppe, *www.miraserve.com*, in Arabisch und Englisch auf den neuesten Stand zu bringen. Auf leidlich vernünftige und faire Weise werden dort Nachrichten und die neuesten Trends aus Saudi-Arabien analysiert. Dr. al-Faqih zeigte mir stolz sein neu gebautes Rundfunkstudio: Von hier aus, sagte er, werde er seine Botschaften über Satellit direkt ins Königreich Saudi-Arabien übertragen.

In den achtziger Jahren war Dr. al-Faqih nach Peschawar in Pakistan gereist, um während des afghanischen *dschihad* gegen die Sowjets seine Dienste als Arzt zur Verfügung zu stellen.[2] »Schätzungsweise zwölf- bis fünfzehntausend Männer haben in Afghanistan an Bin Ladens Seite im Krieg gegen die Sowjets gekämpft«, sagte al-Faqih. »Viertausend dieser Veteranen haben sich weltweit der Sache Bin Ladens verschrieben.« Einige von ihnen seien durch eine direkte Befehlskette mit Bin Laden verbunden, die Mehrheit operiere jedoch innerhalb eines losen Netzwerks, »dessen verbindendes Element der Respekt vor Bin Laden als großem Führer ist«.

In London lernte ich außerdem einen Araber kennen, den ich Ali nennen will; während des Afghanistankrieges hatte er drei Jahre als Sanitäter bei Bin Ladens Guerillatruppen gedient. Er sollte uns zu Bin Laden führen, sofern wir grünes Licht für ein Treffen bekämen. Die Kommunikation zwischen uns war nicht ganz einfach, denn er sprach kein Englisch und ich kein Arabisch, so dass wir gezwungen waren, uns in einem rudimentären Französisch zu unterhalten.

Ali hatte mehr als zehn Jahre in Europa gelebt und ausführlich über die islamistischen Auseinandersetzungen im Nahen und Mittleren Osten geschrieben. Der kompakte, muskulöse Mann, der kaum je hinter seinem langen roten Vollbart hervorlächelte, vermittelte eine konzentrierte, ernsthafte Entschlossenheit. Man hatte den Eindruck, dass er auch unter Beschuss absolute Ruhe bewahren würde.

Obwohl er Jahre in Europa verbracht hatte, neigte Ali in seinen Ansichten manchmal ein wenig zur Verkürzung. In einem Gespräch sagte er: »Ist Ihnen klar, dass die US-Außenpolitik von drei Juden bestimmt wird? Albright, Berger und Cohen.« Ich verkniff mir die Bemerkung, dass es die beiden mächtigsten Männer in Washington seien, Bill Clinton und Al Gore, die Washingtons eindeutig pro-israelische Politik betrieben. Und beide sind Baptisten aus den Südstaaten.

Ungeachtet unserer unterschiedlichen Anschauungen und seiner rauen Manieren schien Ali allmählich aufzutauen. Er erklärte die für die Sicherheit des Interviews nötige Logistik: Die Reise zum Treffpunkt mit Bin Laden könne zehn Tage, aber ebenso gut auch mehr als zwei Wochen dauern. Wie bei allen zeitlichen Schätzungen in Afghanistan erwies sich die pessimistischere als zutreffend. Oder wie ein Witzbold es ausdrückte: »Wenn du in Afghanistan bist, gehen die Uhren langsamer, aber deine Verdauung fängt an zu rasen.«

Zum Abschied meinte Ali sachlich, wir sollten am Telefon Codewörter benutzen. Auf keinen Fall dürften wir Bin Ladens

Namen erwähnen, und von unserer Reise nach Dschalalabad, wo er wohnte, sollten wir als »Fahrt zu dem Mann in Kuwait« sprechen.

Dann bestellte mich Chalid noch einmal zu sich: Er habe einen Anruf von Bin Ladens Medienberater erhalten, und dieser erwäge für Bin Ladens erstes Fernsehinterview die BBC, die Sendung *60 Minutes* auf CBS oder CNN; Chalid selbst befürwortete CBS oder CNN. Ich wies darauf hin, dass die CNN-Programme in über hundert Ländern ausgestrahlt würden, während CBS ausschließlich in den Vereinigten Staaten zu sehen sei. Das schien er als Pluspunkt zu verbuchen. Ich kehrte in die USA zurück und wartete auf Chalids Anruf.

Er kam einen Monat später. Wir waren im Geschäft.

Als Korrespondent war Peter Arnett vorgesehen, der während seiner zehn Jahre als Berichterstatter aus Vietnam den Pulitzer-Preis erhalten hatte und dessen mutiger Entschluss, während des Golfkrieges in Bagdad zu bleiben, sich ebenfalls zu Gunsten der Entscheidung für CNN ausgewirkt hatte. Der Kameramann war ein ehemaliger Offizier der britischen Armee, Peter Jouvenal, der wahrscheinlich mehr Zeit in Afghanistan verbracht hat als jeder andere Journalist auf der Welt. (Er mietete sogar ein Haus in der kriegsverwüsteten afghanischen Hauptstadt Kabul, wo er seinen Urlaub verbrachte.) Vier Jahre vor unserer Fahrt zu Bin Laden war ich schon einmal mit Arnett und Jouvenal in Afghanistan gewesen: Zu der Zeit erwarb sich der damalige Premierminister Gulbuddin Hekmatjar soeben seinen Ruf als vermutlich einziger Staatschef der Geschichte, der Tag für Tag seine eigene Hauptstadt beschießen ließ.

Die Stewardessen auf unserem Flug mit der pakistanischen Fluggesellschaft PIA trugen Saris und Kopfschleier und servierten ein Curry, das uns auf unser Reiseziel einstimmte. Unmittelbar vor dem Start wurde ein auf Band aufgenommenes Gebet für eine sichere Reise abgespielt. Angesichts der betagten Maschinen der PIA-Flotte schien dies eine vernünftige Vorsichtsmaßnahme zu sein.

Früh am Morgen landeten wir in der pakistanischen Hauptstadt Islamabad. Als ich aus dem Flugzeug stieg, atmete ich den berauschenden, süßlichen und zugleich beißenden Geruch von verrottender Vegetation ein, der so typisch für den indischen Subkontinent ist. Als unser Kleinbus beladen war, fuhren wir durch die ruhigen Straßen der Stadt, die sich in die grünen Hügel Nordpakistans schmiegt. Im Unterschied zu den meisten pakistanischen Städten, die durch Chaos, Überbevölkerung und unbändige Energie gekennzeichnet sind, besteht Islamabad aus ordentlichen Arealen mit Namen wie G6 und F1. Wir fuhren an den hübschen, weiß getünchten Villen von Regierungsbeamten und ausländischen Diplomaten vorbei. Durch das Fenster wehte der Duft von wildem Hanf herein, der in Islamabad im Überfluss wächst, sogar vor dem Hauptquartier der pakistanischen Drogenpolizei.

Nachdem ich mich vom Jetlag erholt hatte, suchte ich die amerikanische Botschaft auf, um mich nach der aktuellen Sicherheitslage in Afghanistan zu erkundigen. Wie viele Botschaften in Ländern, wo die Vereinigten Staaten ebenso sehr bewundert wie gehasst werden, sah das Gebäude wie ein Hochsicherheitsgefängnis aus. Rund um die Anlage verlief eine hohe Ziegelmauer, über der Stacheldraht mit rasiermesserscharfen Klingen gespannt war. Auf dem Weg ins Innere musste ich zwei kugelsichere Kontrollstellen passieren. Die Botschaft selbst schien sich im Belagerungszustand zu befinden, was in gewisser Weise auch zutraf. 1979 hatte ein Mob die alte Botschaft niedergebrannt, und 1988 war der amerikanische Botschafter auf einer Reise mit dem pakistanischen Militärdiktator bei einem mysteriösen Flugzeugabsturz ums Leben gekommen.

Ein paar Tage später beluden wir unseren Kleinbus erneut und machten uns auf den Weg nach Peschawar, den Ausgangspunkt der Reise nach Afghanistan. Nach Peschawar kommt man über die furchterregende Grand Trunk Road, eine Fernverkehrsstraße, auf der die Wahrscheinlichkeit umzukommen größer ist als mitten im Bürgerkrieg im benachbarten Afghanistan. Die Fahrer liefern sich hier ausgedehnte Verfolgungsjagden, vom typischen Fahrstil zeugen die zahlreichen ausgebrannten Fahrzeugruinen am Straßenrand, hauptsächlich zertrümmerte Busse. Das mag am Haschisch liegen, das jeder Busfahrer unterwegs großzügig konsumiert.

Etwa nach der Hälfte der Strecke überquerten wir den Indus,

der als Wildbach im Tibet entspringt, sich bis dahin aber zu einem mäandernden, schlammigen Fluss verlangsamt hat, der die umliegenden Ebenen bewässert. Als wir uns Peschawar näherten, kamen wir an der vielleicht größten religiösen Schule Pakistans vorbei, der *Dar ul-Ulum Haqqanija,* die der Sache Bin Ladens Hunderte von Rekruten zugeführt hat: Sie gilt als Kaderschmiede der Taliban-Bewegung, der De-facto-Regierung Afghanistans.[3]

Und auf einmal waren wir in Peschawar, einer staubigen Stadt wie aus einem Wildwestfilm. Peschawar ist die Hauptstadt der nordwestlichen Grenzregion Pakistans, das Tor zum Khyber-Pass, der durch den Hindukusch nach Afghanistan führt. Während des Afghanistankrieges hatte sich Peschawar in ein asiatisches Casablanca verwandelt, in dem es von Spionen, Journalisten, Hilfsorganisationen und Flüchtlingen wimmelte. Damals hatte auch ein reicher junger Saudi namens Osama bin Laden die Stadt besucht.

Unser erster Halt war das Pearl Continental Hotel. In der Lobby hing an unübersehbarer Stelle ein Schild mit der Aufforderung: »Die Hotelgäste werden höflich gebeten, ihre Leibwächter zur Hinterlegung sämtlicher Schusswaffen an der Rezeption zu veranlassen.« In meinem Zimmer zeigte ein nach Mekka weisender grüner Pfeil auf einem Tisch die Gebetsrichtung an.

Ich machte mich auf den Weg in die Hotelbar, die zu der Hand voll öffentlicher Plätze in Pakistan gehört, wo Nichtmuslime legal Alkohol trinken dürfen. Die Gul Bar, gut versteckt im obersten Stockwerk des Hotels, ist ein großer, leerer Raum, schmucklos bis auf eine Reihe weißer Wandschränkchen, die eine Auswahl heimischer Schnäpse zur Schau stellen. Der Barkeeper, ein trauriger Bursche mit Leichenbittermiene, reichte mir einen Stoß maschinenbeschriebener Blätter, obenauf das einigermaßen abschreckende FORMULAR PR-IV (siehe Regel 13-I): ANTRAG AUF ERTEILUNG DER GENEHMIGUNG FÜR BESITZ UND KONSUM AUSLÄNDISCHER SPIRITUOSEN AN NICHTMUSLIMISCHE AUSLÄNDER. Unter anderem enthielt der Antrag den obskuren Satz: »Diese Genehmigung wird hiermit dem oben Genannten erteilt und befugt ihn, Spirituosen zu besitzen, zu erwerben und zum Konsum zu transportieren, oben aufgelistet unter der Bedingung des Verbots (Durchführungsbestimmung Hadd).«[4] Als das

Formular in dreifacher Ausfertigung ausgefüllt war, hatte ich mir meinen Drink wirklich verdient.

Ein paar Tage vertrieben wir uns die Zeit in Peschawar, während Ali und ein Freund – nun in die pakistanische Nationaltracht *schalwar qamis,* ein langes weites Hemd mit Hose, gekleidet – unterwegs waren, um den »Kontakt« herzustellen.

Vor dem allgegenwärtigen Lärm und Gestank suchte ich einmal auf dem grünen Friedhof Zuflucht, auf dem Dutzende britische Offiziere und Soldaten begraben sind. Peschawar hatte im Great Game, dem »Großen Spiel« zwischen Großbritannien und Russland, die im neunzehnten Jahrhundert um die Kontrolle über Zentralasien stritten, erhebliche strategische Bedeutung. Der Friedhof zeugt von den Schwierigkeiten des Lebens an der Grenze. Auf einem Grabstein las ich: »Lt. Colonel Edward Henry LeMarch, am 25. März 1898 im Alter von 40 Jahren von einem Fanatiker erschossen.« Auf einem anderen: »George Mitchell Richmond Levit, 20. Pandschab-Infanterieregiment, erlag am 27. Oktober 1863 mit 23 Jahren der Verletzung, die ihm tags zuvor bei der Verteidigung des Adlernest-Postens am Umbaila-Pass zugefügt wurde. Ein guter Soldat und wahrer Christ.« Eine andere Inschrift beschwor den Lebensstil herauf, den die Briten zur Erinnerung an ihr liebliches grünes Land importiert hatten: »Lt. Colonel Walter Irvine, der im Nagoroman-Fluss sein Leben verlor, während er als Master die Jagd im Peschawar-Tal anführte.« Der Ausflug auf den britischen Friedhof war zwar eine erfrischende Abwechslung, trug aber kaum dazu bei, die dringlicheren Probleme zu lösen.

In der Woche vor unserer Reise hatten die Taliban dekretiert, es sei wider den Islam, irgendein Lebewesen zu filmen oder zu fotografieren, was für unser Projekt ein gewisses Problem darstellte. Es war das jüngste auf einer langen Liste von den Taliban verhängter Verbote, die sich beispielsweise gegen Fußball, Drachenfliegen, Musik, Fernsehen und die Anwesenheit weiblicher Personen in Schulen und Büros richteten.[5] Einige Dekrete hatten etwas Groteskes, etwa die Verfügung, die den Gebrauch von Papiertüten verbietet, weil die entfernte Möglichkeit besteht, die Papiertüte könnte wieder verwertete Koranseiten enthalten.[6] Jedes Fehlverhalten zog erfindungsreiche Strafen nach sich. So zerbrachen sich Religionsgelehrte der Taliban den Kopf über die grundlegende Frage, wie mit Homosexuellen umzugehen sei: »Manche meinen, die Sünder müssten auf ein hohes Dach geführt und hinuntergestoßen werden, während andere sagen, man müsse neben einer Mauer ein großes Loch ausheben, sie darin eingraben und dann die Mauer darüber zum Einsturz bringen.«[7]

Um Fragen wie Videoaufnahmen und Visa zu klären, beschloss ich, dem Taliban-Konsulat in Peschawar einen Besuch abzustatten. Dort empfing mich eine Gruppe zerlumpter Teenager, die direkt einem Kupferstich von Hogarth entsprungen zu sein schienen. Sie taten mir Leid. Seit 1978 befand sich Afghanistan ununterbrochen im Krieg. Sie kannten nichts anderes als Krieg. Als ich sagte, ich sei auf der Suche nach dem Konsul, bedeuteten sie mir mit Gesten, er sei nicht da. Einer von ihnen packte mein Hemd, während die Übrigen mir höhnisch grinsend auf den Leib rückten. Ich wusste nicht, was das bedeuten sollte, und wollte es auch nicht herausfinden; ich machte mich aus dem Staub. Dann mussten wir in Afghanistan eben unser Glück versuchen.

Nach ein paar Tagen kam Ali zurück und sagte, es sei alles klar und wir könnten weiterfahren. Im Morgengrauen des nächsten Tages machten wir uns auf den Weg, denn bis spätestens neun Uhr mussten wir am Stützpunkt des Khyber-Schützenregiments eingetroffen sein: Dort würde uns eine bewaffnete Eskorte bereitgestellt, die uns durch das Niemandsland rund um den Khyber-Pass zwischen Pakistan und Afghanistan begleiten sollte. Diese Pufferzone, genannt die Khyber Agency, ist ein Überbleibsel aus der Zeit der britischen Herrschaft über das nordwestliche Grenzgebiet. Nachdem es den Briten nicht gelungen war, die aufsässigen Stammesmitglieder an der Grenze zu unterwerfen, wurde ein Abkommen getroffen: Die Stämme durften ihre Angelegenheiten selbst in die Hand nehmen, die Straße über den Khyber-Pass hingegen sollte britischem Recht unterstehen. Eine ähnliche Regelung ist heute in Pakistan in Kraft. Kommt man von der Passstraße ab, befindet man sich in Stammesland, wo nicht pakistanisches Recht, sondern Stammesgesetze gelten. Angesichts der bei den Stämmen am Khyber-Pass nach wie vor gepflegten Tradition von Entführungen, Vernichtungskriegen und Heroinhandel war uns die Aussicht auf eine Eskorte der pakistanischen Regierung höchst willkommen. Das Gefühl von Sicherheit schwand jedoch dahin, als unser Beschützer vor uns stand: ein gebeugter älterer Soldat, dessen Lee-Enfield-Gewehr vermutlich im Ersten Weltkrieg zuletzt im Einsatz gewesen war.

Wir betraten die Khyber Agency, eine Reihe niedriger, weiß getünchter Bürogebäude aus dem neunzehnten Jahrhundert, die in einem Viereck angeordnet waren. Hier herrschten wohlgenährte pakistanische Beamte, inmitten von Stößen verschnürter Akten, die wohl kaum jemals geöffnet wurden. Stammesfürsten, die verschiedene Beschwerden vorzubringen hatten, liefen ziellos herum. In der Mitte des Hofs gab es ein kleines Gefängnis, wo die Gefangenen unter Bedingungen gehalten wurden, die Amnesty International kaum gefallen hätten.

Nach einer endlosen Prozedur, bei der zahllose Papiere vorgezeigt, weitergereicht und abgestempelt wurden, erhielten wir unseren Passierschein. Der betagte Schütze kletterte auf einen der Vordersitze, wo er prompt einschlief. Wir durchfuhren die Randbezirke von Peschawar und kamen zu einem Kontrollpunkt. ACHTUNG: DER AUFENTHALT VON AUSLÄNDERN JENSEITS DIESES PUNKTES IST VERBOTEN, verkündete ein Schild. Wir rüttelten unsere Eskorte aus dem Schlaf, und er zeigte den Soldaten an der Schranke unsere Erlaubnis zur Weiterfahrt. Wir durften passieren. Nun befanden wir uns in Stammesland. Am Straßenrand reihte sich Laden an Laden: Zuerst gab es Gewehre zu kaufen, später hingen Schafsschwänze in den Schaufenstern, um anzuzeigen, dass man hier Haschisch bekam.

Vierzig Kilometer südlich liegt die Stadt Darra, die wahrscheinlich das weltweit größte Verkaufslager für Waffen ist. Hier bekommen Sie zum Beispiel einschüssige Pistolen, die als Stifte getarnt sind – ein Schnäppchen für sieben Dollar. Für den sportlicheren Kunden gibt es Maschinengewehre, Flammen- und RPG-Granatwerfer (*rocket-propelled grenades*). Vielleicht wollen Sie die Ware vor dem Kauf testen? Für fünfzig Dollar lässt man Sie eine Bazuka, eine leichte Panzerfaust der russischen Armee, abfeuern. Die Waffenhändler von Darra betreiben ein florierendes Geschäft: Auf Stammesterritorium würde kein Mann mit Selbstachtung je ohne seine Schusswaffe aus dem Haus gehen.

Wir fuhren weiter nach Osten, zum Khyber-Pass, wo der indische Subkontinent mit Zentralasien zusammentrifft. Alexander der Große kam bei seinem Eroberungsfeldzug auf dem Weg nach Indien mit seinen Soldaten hier vorbei.[8] An einer Felswand fanden wir Erinnerungen an ein anderes Weltreich – die Insignien der britischen Regimenter, die im neunzehnten Jahrhundert in diesem blutgetränkten Grenzgebiet des Radsch, der britischen Herrschaft in Indien, gedient hatten.

Aus den Hügeln wurden bald Berge. Über die Gipfel verstreut, standen die Häuser der Stammesfamilien, Miniaturfestungen, deren Schießscharten nicht nur der Dekoration galten. Unweit der Straße erhob sich der befestigte Gebäudekomplex von Hadschi Aijub Afridi, der einer der bedeutendsten Drogenbarone Pakistans sein soll. Sein Ruf hinderte ihn allerdings nicht daran, eine Legislaturperiode lang als Abgeordneter in der Nationalversammlung zu sitzen.[9] Ich hatte einmal ein Gespräch mit einem Pakistani, der als wertvoller Informant für die US-Drogenbehörde arbeitete. Wie die meisten Informanten sah auch er aus, als hätte er seit Jahren nicht mehr ruhig geschlafen. Afridi habe vier Jahre an seinem Haus gebaut, erzählte er. »Er hat Geheimgänge in den Mauern«, fügte er hinzu, »ein eigenes Kraftwerk und Obstplantagen auf dem Gelände. Er verteidigt sich mit Kanonen und Flugabwehrgeschützen. Er könnte den Angriff einer ganzen Brigade abwehren.«

Ungefähr auf der Hälfte der Strecke über den Pass führte uns der Weg durch die kleine Stadt Landi Kotal, einen dem Anschein nach harmlosen Ort, der aber lange Zeit der größte Heroinhandelsposten der Welt war.[10] Bewaffnete Männer, manche mit kleinen purpurroten Mützen, andere mit Turban auf dem Kopf, schlenderten die Straße auf und ab. Ihre Gewehre hatten sie lässig über die Schulter gehängt. Wir verzichteten auf einen Stopp.

Die Straße schraubte sich höher und höher, bis wir eine Festung der pakistanischen Armee erreichten. Und dann breitete sich auf einmal Afghanistan vor uns aus.

Schon der Name erinnert an eine Zauberformel. Der Anblick des Landes lässt mich immer wieder von neuem erschauern. In meiner Vorstellung war Afghanistan seit jeher wie ein Schauplatz aus Tolkiens *Herr der Ringe*. Es verheißt unergründliche Geheimnisse, eine Reise durch die Zeit zurück zu mittelalterlichem Rittertum und mittelalterlicher Grausamkeit, völlig unberührt von der modernen Welt. Das ist aufregend und verstörend zugleich, und die atemberaubende Landschaft versetzt den Geist in kontemplative Stimmung. Als der spanische Eroberer Hernando Cortez aufgefordert wurde, Mexiko zu schildern, nahm er ein Stück Pergament und zerknitterte es, um die endlosen Gebirgsketten zu veranschaulichen. Damit hätte er auch weite Teile Afghanistans beschreiben können.

Und dann das Licht: Es ist von kristalliner Reinheit, lässt Entfernungen schrumpfen und taucht alles in ein urtümliches Leuchten. Kein Foto kann hier misslingen. Das Land ist im Krieg, und dennoch ist es eine Gegend, in der man eine innere Ruhe finden kann, wie man sie im Westen nur selten erfährt.

An der Grenze selbst ging es zu wie im Tollhaus. Wir hofften, die Taliban-Wachen würden uns für Mitarbeiter einer Hilfsorganisation halten und uns durchwinken, ohne nach unseren Visa zu fragen; und tatsächlich kam es so. Als wir den Grenzübergang passierten, fielen mir die langen, schwarzen Tonband-Girlanden auf – die Überreste der Musikkassetten, die unbedachte Reisende hier hatten abgeben müssen. Gott sei Dank, dachte ich, hatten die Wachen nicht unseren Wagen durchsucht. Sonst hätten sie unsere Videobänder ebenfalls konfisziert.

Kurz nach dem Grenzposten kamen wir an einem Friedhof vorbei, der mit flatternden grünen Fahnen übersät war: Sie kennzeichneten die Gräber von Arabern, die im Kampf gegen die Sowjets gefallen waren. »Hier habe auch ich gegen die Russen gekämpft«, sagte Ali, während die Gebirgsgegend den Blick auf eine Mondlandschaft freigab. Diese Männer müssen außergewöhnlich engagiert gewesen sein, um es hier mit den Sowjets aufzunehmen. Abgesehen von ein paar umherliegenden Felsblöcken boten diese Ebenen nicht die geringste Deckung. Die Tapferkeit der Araber, die hier unter Bin Ladens Kommando gekämpft hatten, war verrückt, aber beeindruckend.

Wie mir der pakistanische Journalist Rahimullah Jusufzaj erzählte, pflegten die Araber im offenen Gelände weiße Zelte aufzustellen, um sowjetisches Geschützfeuer anzulocken: Sie hofften auf einen Märtyrertod. »Ich habe einen Mann weinen sehen, weil er einen Luftangriff überlebt hat«, sagte Jusufzaj.[11] Ein Muslim, der beim *dschihad* umkommt, ist ein *schahid,* ein Märtyrer, der direkt ins Paradies eingeht. Manchen Überlieferungen zufolge werden Märtyrer von siebzig Jungfrauen umsorgt, die ihnen jeden Wunsch von den Augen ablesen.

Wir fuhren an den Überresten einer Siedlung vorbei, die wohl ein großes Dorf gewesen war, jetzt aber an die archäologische Ausgrabung einer Sumerer-Stadt erinnerte. Nur die zerklüfteten Ruinen der Hausmauern standen noch. Die Sowjets haben Tausende solcher Dörfer zerstört, fünf Millionen Menschen in die Flucht getrieben und mindestens eine Million Afghanen getötet – von einer Vorkriegsbevölkerung von etwa fünfzehn Millionen.[12]

Die Ebenen machten bald bestellten Feldern und Obstpflanzungen Platz, und dann dauerte es nicht mehr lange, bis wir in Dschalalabad eintrafen, der Stadt mit den dicht gedrängten Häusern, in der wir auf das Treffen mit Bin Laden warten sollten. Bin Ladens Frauen und Kinder, sagte Ali, lebten in einer kleinen Zeltstadt außerhalb von Dschalalabad, an einem Ort namens Hadda.

Als wir ins Bazarviertel von Dschalalabad kamen, staunte ich über die vielen Teppiche mitten auf der Straße. Jemand erklärte mir, das sei ein Trick der einheimischen Händler. Sie legen ihre Teppiche so aus, dass Autos und Lastwagen darüberfahren müssen und das echt »antike« Erscheinungsbild erzeugen, das der leichtgläubige Käufer aus dem Westen so schätzt.

Wir sollten im Spinghar Hotel wohnen, so benannt nach den schneebedeckten Bergen, die den Blick nach Süden beherrschen. Vier Jahre zuvor hatte ich schon einmal im Spinghar gewohnt. Damals war es eines der schlimmsten Hotels gewesen, die man sich vorstellen kann. Sowjetische Offiziere hatten hier gewohnt. Doch seit meinem letzten Besuch war eine bemerkenswerte Verwandlung vor sich gegangen. Ein während des Krieges nach Kalifornien ausgewanderter afghanischer Unternehmer hatte das Hotel nach seiner Heimkehr übernommen und mit Annehmlichkeiten wie heißem Wasser, einem frischen Anstrich und gepflegten Gartenanlagen herausgeputzt. Leider fehlte seinem Geschäftssinn das Verständnis für die Vorgehensweise der Taliban. Unmittelbar vor unserer Ankunft hatten Vertreter der Taliban im Speisesaal des Spinghar ein geistliches Femegericht abgehalten und beschlossen, das Hotel zu beschlagnahmen. Gelegentlich sah man den Eigentümer mit verwirrter Miene durch sein Hotel streifen.

Unsere Unterkunft verschaffte uns einen interessanten Einblick in das Wesen der Taliban. Der Begriff ist ein Plural von *talib,* was »Student« bedeutet und im vorliegenden Fall eine Gruppe von Studenten aus den religiösen Hochschulen von Pakistan und Afghanistan bezeichnet, die Mitte der neunziger Jahre die Kontrolle über den größten Teil des Landes übernahmen.[13] Aus Bewunderung und Dankbarkeit für seine Hilfe in ihrem Kampf gegen die Sowjets gewährten die Taliban Bin Laden ihren Schutz. Die Bewunderung war gegenseitig. Als ich Bin Ladens Londoner Kontaktmann Chalid al-Fauwaz fragte, welche gegenwärtige Regierung irgendwo in der muslimischen Welt seiner Vorstellung von einem islamischen Staatswesen am nächsten käme, antwortete er, die Taliban seien ihr »schon sehr nahe«.

In Dschalalabad brausten die Taliban mit japanischen Pickups durch die Stadt. An den Antennen flatterten weiße Flaggen, und auf den Ladeflächen saßen grimmige Kämpfer, kenntlich an ihren schwarzen oder weißen Turbanen – an Bord von Toyotas kehrte das Mittelalter zurück. Die Frauen in der Stadt waren entsprechend dem Erlass der Taliban von Kopf bis Fuß in die *burqa* gekleidet, diese Ganzkörperumhüllung, durch die man nur wenig sehen kann.

Bei einer Fahrt durch die Stadt gerieten wir in den ersten Verkehrsstau, den ich in dem winzigen Dschalalabad je erlebt habe. Nach ein paar Minuten erkannte ich die Ursache: Die Taliban hatten während der Gebetszeit den gesamten Verkehr angehalten. Durch das Wagenfenster sah ich, wie ein Taliban-Kämpfer einen unglücklichen Mann, der nicht vom Fahrrad gestiegen war, mit einem Stock verprügelte.

Trotz des grausamen Rufs, der den Taliban anhaftet, konnten wir uns mehrere Tage in Dschalalabad aufhalten, ohne dass uns irgendjemand nach dem Grund unserer Anwesenheit fragte. Entweder waren die Taliban inkompetent, oder sie wussten von unserer Mission und hatten das Interview auf höchster Ebene gebilligt. Wie so vieles in Afghanistan wurde auch dies nie ganz klar.

Auf der internationalen Bühne galten die Taliban als Parias. Wegen ihrer vorsintflutlichen Behandlung der Frauen im Besonderen und der katastrophalen Lage der Menschenrechte im Allgemeinen erkannten nur drei Länder ihre Regierung an. Doch selbst die schärfsten Kritiker der Taliban konnten nicht bestreiten, dass sie eine bemerkenswerte Leistung zu Stande gebracht hatten: die Herstellung einer Art Ordnung in einem großen Teil des Landes.

Zu Beginn der neunziger Jahre war Afghanistan ein Flickenteppich aus Einflussgebieten verfeindeter Kriegsherren. Bei einem Besuch im Jahr 1993 erlebte ich die Anarchie im Land am eigenen Leib. Die Hauptstadt Kabul, einst eine hübsche Stadt in einem weiten Tal, wurde damals von religiösen und ethnischen Milizen zerstört. An einem Posten einer schiitischen Milizeinheit drängten mich lachende Soldaten, mich hinter eine Flugabwehrkanone zu setzen und ein paar Schüsse abzufeuern. Sie schienen sich nicht bewusst zu sein, dass die Geschosse schließlich irgendwo in der überfüllten Stadt landen mussten. Vielleicht war es ihnen auch egal.

Das Fußvolk in diesen Milizen bestand zu einem großen Teil aus Kindern. Ich besitze eine Aufnahme von drei jugendlichen Soldaten: Der eine Junge hat eine Granate im Arm, der zweite stemmt unsicher einen Granatwerfer in die Höhe, und der dritte hält sein Gewehr lässig an der Seite, während er unverwandt in die Kamera blickt, bereit, seine Pflicht zu erfüllen. Er ist etwa zehn Jahre alt.

Die Kämpfe hatten ganze Viertel in Schutt und Asche gelegt. Ehemalige Paläste waren durch Einschusslöcher verwüstet. Das Kabuler Museum, das einst Meisterwerke buddhistischer Kunst beherbergt hatte, stand zum Himmel hin offen, seitdem Mörsergranaten das Dach weggeschossen hatten. Ein Rolls-Royce aus den dreißiger Jahren, ehemals im Besitz des afghanischen Königs, lag als ein Haufen verbogenes Blech auf dem Museumsgelände herum. Die Start- und Landebahn des Kabuler Flughafens war mit ausgebrannten Flugzeugen übersät.

Es schien, als wandten die Afghanen die verrückte Logik ihrer nationalen Leidenschaft, *buzkaschi* – ein entfernter und gewalttätiger Verwandter des Polo-Spiels –, auf ihre Hauptstadt an. *Buzkaschi* wird von Reitern gespielt, die miteinander um einen kopflosen Kalbskadaver ringen. Das ist ungefähr alles, was es an

Spielregeln gibt. Wie ein Buch über den Sport bemerkt: »Das Kalb wird getreten, geschleppt, gezerrt, hochgehoben und wieder verloren, während jeder Mitspieler versucht, es in seine Gewalt zu bekommen.«[14] Der Kadaver war jetzt Kabul.

Vor dem Hintergrund dieser Anarchie tauchten die Taliban auf, zunächst in der Stadt Kandahar im Südosten Afghanistans. Jahrelang hatten sich die Bewohner über die Schmiergelder geärgert, die verschiedene Milizen an ihren Straßensperren rund um die Stadt forderten. Der letzte Tropfen, der das Fass zum Überlaufen brachte, ist eine Geschichte, die zwar nicht restlos verbürgt ist, aber – im Journalisten-Jargon – »zu gut, um sie nachzuprüfen«: 1994 lieferten sich zwei lokale Kriegsherren, die um die Gunst eines Jungen wetteiferten, eine ausgewachsene Panzerschlacht im Bazar von Kandahar.[15] Unter großem Beifall der Einheimischen nahm eine Gruppe von religiösen Studenten unter der Führung eines schattenhaften einäugigen Mullahs namens Mohammed Omar die Stadt ein.[16] Innerhalb von zwei Jahren hatten Mullah Omar und seine Männer den größten Teil des Landes unter ihre Kontrolle gebracht, teils durch Bestechung örtlicher Befehlshaber, teils dank ihrer dynamischen Taktik, die sich auf einen sehr mobilen Wagenpark von Pick-ups mit jeweils etwa acht schwerbewaffneten Kämpfern an Bord stützt.[17]

Und die Taliban hatten das Land zweifellos sicherer gemacht. Früher glich eine Fahrt auf der Straße von Kandahar nach Quetta in Pakistan einem Spießrutenlaufen zwischen Kontrollpunkten von Milizen, an denen die Kämpfer die Reisenden nach Belieben »besteuerten« oder ausraubten.[18] Doch als ich im Januar 2000 dort entlangfuhr, stoppte lediglich ein mitten auf der Straße kopulierendes Kamelpaar unsere Reise. Es war ein Unterfangen, das beiden Parteien wenig Befriedigung zu verschaffen schien.

Tatsächlich ist unter dem Taliban-Regime die Häufigkeit von Verbrechen und sozial inakzeptablem Verhalten aller Art drastisch gesunken. Zum Teil geht diese Entwicklung auf die von den Religionskriegern verhängten brutalen Strafen zurück: Verurteilten Dieben wird eine Hand abgehackt, Ehebrecher werden gesteinigt, und Mörder können von den männlichen Familienangehörigen des Opfers eigenhändig hingerichtet werden.[19] Amputationen und Hinrichtungen sind die einzige öffentliche Zerstreuung in einem Land, das sonst keinerlei Ablenkungen kennt. Wenn also Chirurgen und Henker freitags im Fußballstadion von Kabul ihren schauerlichen Pflichten nachkommen, haben sich schon Tausende auf der Tribüne gedrängt und ihnen zugejubelt.[20] Doch als ich an einem Freitagnachmittag im Dezember 1999 das Stadion besuchte, wurde dort ein Fußballspiel ausgetragen. Nach Auskunft von Einheimischen war die Zahl der Hinrichtungen im Lauf der Jahre zurückgegangen.

Trotz der verbesserten öffentlichen Sicherheit war die Sozialpolitik der Taliban vielen Afghanen ein Gräuel. In meinem Hotel in Dschalalabad traf ich zwei Männer, die reden wollten. Die beiden Piloten der afghanischen Fluggesellschaft ARIANA arbeiteten zwar daran, sich den amtlich verordneten Bart wachsen zu lassen, aber ihre Bärte sahen verdächtig getrimmt aus und fanden wohl kaum das Plazet der Taliban. Heimlich rauchend (Zigaretten sind ein weiteres verpöntes Laster), erklärten sie mir in gedämpftem Ton, die Politik der Religionskrieger sei vielleicht für die weitgehend mittelalterlichen Dörfer auf dem Land geeignet, der städtischen Mittelschicht hingegen sei sie vollkommen fremd.

Auf meinen Einwand, die Taliban hätten doch dem größten Teil des Landes immerhin Sicherheit verschafft, antwortete der eine: »Ja, in einem Gefängnis kann man wohl sicher sein.«

Eines Morgens, als ich mit Arnett ins Zentrum von Dschalalabad ging, kam eine vollständig in eine schwarze *burqa* gehüllte Frau auf uns zu. Aus der Nähe sah ich leuchtend rote Schuhe unter dem Saum ihres Umhangs hervorblitzen. Auf unserer Höhe angelangt, nickte sie und sagte mit klarer, amüsierter Stimme auf Englisch: *»Hello. How are you? Good morning.«* Wir deuteten das als: »Die Taliban zwingen mich zwar zu dieser Aufmachung, aber meine Gedanken können sie nicht kontrollieren.«

Wir warteten schon tagelang in Dschalalabad, als uns schließlich ein Abgesandter Bin Ladens aufsuchte. Der junge Mann, der sich als Bin Ladens »Medienberater« vorstellte, trug schulterlanges Haar, Kopfbedeckung und eine Sonnenbrille, die sein Gesicht weitgehend verbarg. Er war nicht unfreundlich, aber sehr geschäftsmäßig und wollte unsere Kamera und unsere Tontechnik sehen. Nach einem flüchtigen Blick auf unsere Ausrüstung verkündete er: »Sie dürfen nichts davon zu dem Interview mitbringen.« Wir waren so weit gekommen und hatten so viel Zeit und Geld investiert, nur um zu erfahren, dass das Interview sabotiert würde.

Doch die Stimmung besserte sich, als der Medienberater sagte, wir könnten das Interview mit seiner digitalen Handkamera filmen. Mir war klar, dass unsere professionelle Ausrüstung ein besseres Ergebnis zu Stande gebracht hätte, aber eine Auseinandersetzung war kaum sinnvoll. Bin Laden fürchtete, wir könnten Positionsmelder in unsere elektronischen Geräte eingebaut haben, um seinen Aufenthaltsort zu verraten. Ali erwähnte den Fall von Terry Waite, einem Abgesandten der anglikanischen Kirche, der in den achtziger Jahren über die Freilassung westlicher Geiseln in Beirut verhandelte und selbst verhaftet wurde, weil er einen solchen Melder bei sich hatte.

Bin Ladens Männer überließen nichts dem Zufall: Wir durften nicht einmal unsere Armbanduhren mitnehmen. Zum Abschied legte uns der Medienberater nahe: »Kommen Sie nur mit den Kleidern, die Sie am Leib haben.« Wir würden am nächsten Tag abgeholt.

Am folgenden Nachmittag fuhr ein ramponierter blauer VW-Bus vor unserem Hotel vor. Ali scheuchte uns eilig in den Wagen und zog dann die Vorhänge vor den Wagenfenstern zu. Als die Sonne unterging, fuhren wir in westlicher Richtung auf der Straße nach Kabul. Drei schwer bewaffnete Männer saßen mit im Bus.

Während der Fahrt fiel kaum ein Wort.

Nach einem langen Tunnel brach Ali endlich das Schweigen und sagte beinahe entschuldigend: »An diesem Punkt der Reise fordern wir alle unsere Gäste auf: Wenn Sie irgendwelche Positionsmelder versteckt haben, sagen Sie's gleich, und es gibt kein Problem.« Wir schlossen daraus, dass jedes »Problem« höchstwahrscheinlich zu einer raschen Hinrichtung führen würde. Ich warf meinen Kollegen einen nervösen Blick zu. Konnte ich absolut sicher sein, dass keiner von ihnen ein solches Gerät bei sich hatte? Wir seien sauber, versicherte ich Ali.

Inzwischen war die Dunkelheit hereingebrochen, und im Licht eines beinahe vollen Mondes bogen wir in einen schmalen Pfad ein, der in gebirgiges Gelände führte. Nach einigen Minuten erreichten wir ein kleines Plateau. Hier mussten wir den Bus verlassen. Jeder von uns erhielt eine Brille, in die Pappe eingesetzt war, so dass wir nichts sehen konnten. Dann brachte man uns zu einem anderen Wagen. Als wir unsere Brillen wieder abnehmen durften, sahen wir, dass dieser Jeep stark getönte Scheiben hatte. Der Pfad schlängelte sich aufwärts und wurde steiler. Stellenweise schien der Weg nicht mehr als das felsige Bett eines Bergbachs zu sein, anderswo war er ein wenig ausgebaut worden. Während dieser surrealen Fahrt sprachen meine Kollegen und ich kaum miteinander. Wir hatten keine Ahnung, wie sie enden würde.

Auf einmal sprang ein Mann aus der Dunkelheit und zielte mit einem RPG-Granatwerfer auf unser Fahrzeug. Er befahl uns anzuhalten, wechselte ein paar rasche Worte mit dem Fahrer und ließ uns weiterfahren. Ein paar Minuten später geschah dasselbe noch einmal. Endlich erschienen etwa ein halbes Dutzend Männer und winkten uns aus dem Wagen. Sie waren mit russischen PK-Maschinenpistolen und RPGs bewaffnet.

»Keine Angst«, sagte ihr Anführer, ein stämmiger Saudi, der uns höflich und in beinahe akzentfreiem Englisch aufforderte, auszusteigen. »Wir werden Sie jetzt durchsuchen.« Professionell tasteten sie uns ab und fuhren mit einem rot blinkenden, piepsenden Instrument an unseren Körpern entlang: anscheinend ein Detektor für verborgene Positionsmelder.

Wir fuhren weiter in ein schmales, von Felsbrocken übersätes Tal auf etwa fünfzehnhundert Meter Höhe. Im März ist es kalt in den afghanischen Bergen, und ich war froh, dass ich eine Daunenjacke mitgenommen hatte. Wir wurden zu einer mit Decken ausgelegten primitiven Lehmhütte geführt; hier sollten wir Bin Laden treffen. In der Nähe standen weitere Hütten am Ufer eines Bachs. Die Siedlung wurde wahrscheinlich ab und zu von *kutschis* genutzt, Nomaden, die mit ihren Herden die afghanischen Berge und Steppen durchstreifen. Wir hörten das tiefe Brummen eines Generators, den Bin Ladens Männer aufgestellt hatten, damit wir Scheinwerfer und Kamera betreiben konnten.

In der Hütte beleuchtete eine flackernde Kerosinlampe die Gesichter von Bin Ladens Anhängern. Einige waren Araber; andere hatten eine dunklere, afrikanische Hautfarbe. Man servierte uns ein reichliches Abendessen, Teller mit Reis, Fladenbrot und irgendeinem nicht identifizierbaren Fleisch. War es Ziege? Huhn? Schwer zu sagen in dem trüben Licht. Seit einer ereignisreichen Begegnung mit einem Hirn-Curry in Peschawar befolge ich auf Reisen normalerweise die Regel, mich von allem fern zu halten, das mir zweifelhaft erscheint, doch jetzt war ich derart ausgehungert, dass ich kräftig zulangte.

Meiner Schätzung nach erschien Bin Laden mit seiner Entourage – einem Dolmetscher und mehreren Leibwächtern – kurz vor Mitternacht. Er ist ein großer Mann, weit über eins achtzig, mit einer dominanten Adlernase im Gesicht. Er war in weiße Gewänder, Turban und eine grüne Tarnjacke gekleidet und stützte sich auf einen Stock. Der Mann wirkte müde, eher wie ein muslimischer Asket denn wie ein großspuriger Revolutionär. Seine Anhänger behandelten ihn mit äußerster Hochachtung und sprachen ihn mit dem Ehrentitel Scheich an, eine Huldigung, die er als sein gutes Recht anzusehen schien. Wir hätten etwa eine Stunde Zeit, erfuhren wir, dann müsse er gehen. Als er sich setzte, stellte er neben sich die Kalaschnikow ab, die er immer in Griffweite hat. Seine Anhänger behaupten, er habe sie einem Russen abgenommen, den er selbst getötet hatte.

Jouvenal fummelte an den Lichtern und der Kamera und sprach schließlich die ersehnten Worte: »Wir sind so weit.«

Peter Arnett und ich hatten eine lange Liste von Fragen zusammengestellt, viel mehr, als in der uns zugestandenen Stunde beantwortet werden konnten. Wir waren aufgefordert worden, unsere Liste schon im Voraus vorzulegen, und Bin Ladens Leute hatten sämtliche Fragen nach seinem Privatleben, seiner Familie, seiner finanziellen Situation gestrichen. Doch er war bereit, unsere Fragen nach seinen politischen Ansichten zu beantworten und zu erklären, weshalb er für Gewalt gegen Amerikaner eintrat.

Ohne seine Stimme zu heben, begann Bin Laden auf Arabisch gegen das Unrecht zu wettern, das den Muslimen von den Vereinigten Staaten und seiner Heimat Saudi-Arabien zugefügt würde: »Unser Hauptproblem ist die Regierung der USA … Mit seiner Loyalität gegenüber dem US-Regime hat sich das Saudi-Regime gegen den Islam gestellt.« Er machte kein Hehl aus seinem Anliegen, in Saudi-Arabien eine Revolution anzuzetteln; sein neues Regime werde nach den Geboten des Propheten Mohammed herrschen. »Wir sind zuversichtlich ... dass die Muslime auf der Arabischen Halbinsel siegreich sein werden und dass sich die Religion Gottes, gelobt sei Er, auf der Halbinsel behaupten wird. Es ist eine große ... Hoffnung, dass die Herrschaft sich auf die Offenbarung durch den Propheten Mohammed stützen wird.«

Bin Laden hustete leise während des Interviews und hielt eine Tasse Tee in den Händen, aus der er hin und wieder trank. Anscheinend litt er unter einer Erkältung, die er sich in der zugigen Gebirgsluft geholt hatte. In seiner sanften, aber konzentrierten Art fuhr er fort, während sich seine Lippen gelegentlich zu einem dünnen Lächeln verzogen: »Wir haben der Regierung der USA den *dschihad* erklärt, weil die Regierung der USA ... – sowohl direkt als auch indirekt – durch ihre Unterstützung der israelischen Besatzung [Palästinas] in äußerst ungerechter, abscheulicher und verbrecherischer Weise gehandelt hat. Und wir glauben, dass die direkte Verantwortung für die in Palästina, im Libanon und im Irak Getöteten bei den USA liegt. Diese US-Regierung hat mit diesen abscheulichen Verbrechen humanitären Gefühlen entsagt. Sie hat alle Grenzen überschritten und sich in einer Weise verhalten, wie es keine Macht, auch keine imperialistische Macht der Welt je getan hat. Infolge ihrer Untertänigkeit gegenüber den Juden gingen die Arroganz und der Hochmut des US-Regimes so weit, dass sie [Arabien] besetzt haben. Wegen dieser und anderer Akte der Aggression und des Unrechts haben wir den *dschihad* gegen die USA ausgerufen, denn in unserer Religion ist es unsere Pflicht, den *dschihad* zu führen, damit nur Gottes Wort gepriesen sei und wir die Amerikaner aus allen muslimischen Ländern vertreiben.«

Bei Bin Ladens Hetzrede hingen seine Anhänger, rund ein Dutzend, an seinen Lippen und lauschten hingerissen, während er klarstellte, der Aufruf zum *dschihad* richte sich gegen die im Königreich Saudi-Arabien stationierten US-Streitkräfte.

»Unsere Kriegserklärung gilt in der Hauptsache den Soldaten im Land der zwei heiligen Stätten [Mekka und Medina].« Dies war Bin Ladens Bezeichnung für Saudi-Arabien, dessen Namen er aus Hass auf die königliche Familie nie ausspricht.[21]

Er fuhr fort: »Das Land der zwei heiligen Stätten ist in unserer Religion gegenüber den anderen muslimischen Ländern etwas Besonderes. In unserer Religion ist es keinem Nichtmuslim erlaubt, sich in unserem Land aufzuhalten. Deshalb müssen auch die amerikanischen Zivilisten gehen, obwohl sie nicht das Ziel unseres Plans sind. Wir garantieren nicht für ihre Sicherheit.«

Es war das erste Mal, dass Bin Laden gegenüber Angehörigen der westlichen Presse erwähnte, bei diesem Heiligen Krieg könnte es auch Opfer unter der amerikanischen Zivilbevölkerung geben. Ein Jahr später teilte er ABC News mit, er mache keinen Unterschied zwischen militärischen und zivilen amerikanischen Zielen, obwohl der Koran selbst sich ausdrücklich für den Schutz von Zivilisten ausspricht.

Weiter führte Bin Laden aus, das Ende des Kalten Krieges habe die Vereinigten Staaten verleitet, zu weit zu gehen: »Der Zusammenbruch der Sowjetunion hat die USA noch arroganter und hochmütiger werden lassen, und nun betrachten sie sich als die Herren dieser Welt und etablieren ihre so genannte Neue Weltordnung.«

Dass Bin Laden die Weltlage nach dem Kalten Krieg kritisierte, war gleichsam eine Ironie der Geschichte. Erst das Ende des Kalten Krieges mit der damit verbundenen Öffnung der Grenzen hatte überhaupt dazu geführt, dass seine Organisation sich ausbreiten konnte. Der von den USA erstellten Anklageschrift gegen ihn zufolge hat sein Netzwerk in den neunziger Jahren Zellen in zwanzig Ländern eingerichtet, von denen einige – wie Kroatien, Bosnien, Tadschikistan und Aserbaidschan – überhaupt erst seit dem Ende des Kalten Krieges existieren. Außerdem steht Bin Laden für einen Wandel in der terroristischen Vorgehensweise, der ebenfalls erst durch die veränderten Regeln der Neuen Weltordnung möglich geworden war. Während Bin Laden selbst seine Millionen von Saudi-Arabien über den Sudan nach Afghanistan transferierte, machten sich seine Anhänger begeistert die Werkzeuge der Globalisierung zu Nutze, kommunizierten mit amerikanischen Satellitentelefonen und erstellten ihre Pläne auf japanischen Computern. Bin Ladens Rechtsgutachten, die *fatwas*[22], wurden per Fax in andere Länder übermittelt, insbesondere nach England, wo arabischsprachige Zeitungen sie abdruckten und im gesamten Nahen und Mittleren Osten verbreiteten. Erst durch diese Entwicklungen war Bin Laden in der Lage, ein wahrhaft globales Netzwerk aufzubauen.

Dem Vormarsch der Globalisierung beabsichtigte Bin Laden die Wiedereinführung des Kalifats entgegenzusetzen, und zwar von Afghanistan aus.[23] Seit dem Ende des Osmanischen Reiches nach dem Ersten Weltkrieg hat es kein muslimisches Staatswesen mehr gegeben, das die *umma*, die Gemeinschaft der Muslime, unter der grünen Fahne des Islam mehr oder minder einträchtig versammelt hätte. Vielmehr hatten die Friedensverträge nach dem Ersten Weltkrieg das Osmanische Reich, den »kranken Mann am Bosporus«, in Ersatz-Staatswesen wie den Irak oder Syrien zerstückelt. Bin Laden wollte nun die Bedingungen für die Wiedererstehung des Kalifats schaffen, unter dem die *umma* nach den Geboten des Propheten Mohammed künftig in einem fortlaufenden grünen Streifen von Tunesien bis Indonesien leben würde, in Anlehnung an das Rot des Britischen Empire, das vor dem Zweiten Weltkrieg die Landkarten von Ägypten bis Burma eingefärbt hatte. In der Praxis hat die Wiederherstellung des Kalifats ungefähr dieselben Chancen wie die Wiedereinführung des Heiligen Römischen Reiches in Europa, doch als rhetorisches Mittel ist der Ruf nach der Rückkehr des Kalifen wirkungsvoll.

Während des Interviews lieferte uns Bin Ladens Dolmetscher, der ein präzises Englisch sprach, eine ungefähre Übersetzung dessen, was Bin Laden sagte. Gelegentlich jedoch beantwortete Bin Laden eine Frage, ehe sie übersetzt worden war; offensichtlich konnte er Englisch verstehen. »Die USA messen heute mit zweierlei Maß und nennen jeden, der gegen ihre Ungerechtigkeit vorgeht, einen Terroristen«, sagte er an einer Stelle. »Sie wollen unsere Länder besetzen, unsere Bodenschätze stehlen, uns Statthalter aufzwingen, die uns regieren ... und verlangen, dass wir damit einverstanden sind. Wenn wir nicht zustimmen, sagen sie: ›Ihr seid Terroristen.‹ Werfen wir nur einmal einen Blick auf das Verhalten der USA, so stellen wir fest, dass sie das Verhalten der armen palästinensischen Kinder verurteilen, deren Land besetzt wurde: Wenn sie gegen die israelische Besatzung Steine werfen, heißt es, sie sind Terroristen; aber als israelische Piloten das Gebäude der Vereinten Nationen in Qana bombardierten, während sich viele Kinder und Frauen dort aufhielten, verhinderten die USA jede beabsichtigte Verurteilung Israels.« Er bezog sich damit auf den 18. April 1996, als die israelischen Streitkräfte in der Absicht, Hizbullah-Guerillas anzugreifen, ein UN-Gebäude im libanesischen Qana beschossen. Damals kamen 102 libanesische Zivilisten ums Leben. Israel bezeichnete den Angriff gegen das UN-Gebäude als Unfall, eine Behauptung, der die UNO später widersprach.[24]

Zornig fuhr Bin Laden fort: »Sie verurteilen jeden Muslim, der seine Rechte einfordert, und empfangen gleichzeitig den höchstrangigen Vertreter der Irisch-Republikanischen Armee [Gerry Adams] als einen politischen Führer im Weißen Haus. Wo immer wir hinsehen, finden wir die USA als Anführer von Terrorismus und Verbrechen in der Welt. Die USA betrachten es nicht als terroristischen Akt, Atombomben auf Nationen zu werfen, die Tausende von Kilometern entfernt sind, und dabei nicht nur militärische Ziele zu treffen. Diese Bomben trafen vielmehr ganze Nationen, einschließlich Frauen, Kinder und alte Menschen, und die Spuren dieser Bomben sieht man in Japan bis zum heutigen Tag.«

Nun überraschte uns Bin Laden mit der Behauptung, Araber, die mit seiner Organisation verbunden seien, wären an der Ermordung amerikanischer Soldaten in Somalia 1993 beteiligt gewesen, eine Behauptung, die er schon früher gegenüber einer arabischen Zeitung aufgestellt hatte.[25] Wir erinnerten uns alle an die schrecklichen Fernsehbilder von der verstümmelten Leiche eines US-Soldaten, die durch die Straßen von Mogadischu gezerrt wurde. Nicht bekannt war damals, dass Bin Ladens Organisation an der Ausbildung der Somalis, die das Unternehmen durchführten, möglicherweise beteiligt war.

Bin Laden fuhr fort: »Der Widerstand gegen die amerikanische Invasion begann, weil die Muslime den Behauptungen der Amerikaner, sie seien gekommen, um die Somalis zu retten, nicht glaubten. Mit Gottes Barmherzigkeit kooperierten Muslime in Somalia mit einigen arabischen heiligen Kriegern, die in Afghanistan gewesen waren. Gemeinsam töteten sie eine große Zahl amerikanischer Besatzungssoldaten.« Für Bin Laden war Somalia unbestreitbar ein berauschender Sieg. Er frohlockte über den Abzug der US-Truppen aus dem Land und stellte ihn als Beispiel für die »Schwäche, Kraftlosigkeit und Feigheit der US-Soldaten« dar.[26]

Auf die Frage, welche Botschaft er Präsident Clinton senden würde, antwortete Bin Laden: »Die Erwähnung des Namens Clinton oder der amerikanischen Regierung erregt Abscheu und Ekel. Dies deshalb, weil der Name der amerikanischen Regierung und die Namen Clinton und Bush in unserem Geist ... das Bild der Kinder wachrufen, die im Irak umgekommen sind.« Damit bezog er sich auf die Tatsache, dass bis Mai 1996 infolge der UN-Sanktionen, die 1990 wegen seiner fortgesetzten Verstöße gegen die UN-Resolutionen über den Irak verhängt wurden, schätzungsweise 500 000 irakische Kinder gestorben waren.[27]

Er fuhr fort: »Die Herzen der Muslime sind erfüllt von Hass gegen die Vereinigten Staaten von Amerika und den amerikanischen Präsidenten. Der Präsident hat ein Herz, das keine Worte kennt. Ein Herz, das Hunderte von Kindern tötet, kennt offensichtlich keine Worte. Unser Volk auf der Arabischen Halbinsel wird ihm Botschaften ohne Worte schicken, weil er keinerlei Worte kennt. Wenn es eine Botschaft gibt, die ich über Sie senden kann, so ist es eine Botschaft, die ich an die Mütter der amerikanischen Soldaten richte, die mit ihren Militäruniformen hierher kamen und voller Stolz kreuz und quer durch unser Land marschierten ... Ich sage, dass dies für eine Milliarde Muslime eine eklatante Provokation darstellt. Diesen Müttern sage ich: Wenn sie um ihre Söhne fürchten, dann mögen sie dafür sorgen, dass sie gegen die Politik der amerikanischen Regierung protestieren.«[28]

Das Interview war zu Ende, doch Bin Laden blieb noch ein paar Minuten und servierte uns höflich Tee. Das Gespräch kam auf den Irak und Saddam Hussein, den Arnett während des Golfkrieges interviewt hatte. Der irakische Diktator, meinte Bin Laden, begehre das kuwaitische Öl für seinen eigenen Aufstieg und sei kein wahrer Muslim-Führer.

Nachdem er sich ein paar Mal hatte fotografieren lassen, verschwand er so schnell, wie er gekommen war. Er hatte uns etwas mehr als eine Stunde gewährt. Doch der »Medienberater« wollte die Bänder mit dem Interview nicht herausrücken. Zuerst bestand er darauf, einige Aufnahmen von Bin Laden zu löschen, die er für wenig schmeichelhaft hielt. Da noch immer etliche Leibwächter Bin Ladens anwesend waren, konnten wir ihn schwerlich daran hindern. Ich sah zu, wie er daranging, die anstößigen Bilder auszumerzen, indem er auf dem Band in der Kamera die betreffenden Stellen kurzerhand überspielte. Nicht zufrieden mit dieser kleinen Machtdemonstration, begann er einen Streit mit Ali, ob man uns die Bänder überhaupt geben solle. Es folgte eine zermürbende Diskussion. Endlich setzte Ali sich durch und gab mir beide Interviewbänder, die kaum größer waren als zwei Streichholzheftchen. Ich verstaute sie am sichersten Ort, der mir einfiel: in meinem Geldgürtel, den ich unter der Hose trug.

»Werden Sie die Stelle verwenden, wo Bin Laden Clinton angreift?«, fragte Ali. Wir standen draußen vor der Lehmhütte unter einem unendlichen Himmel. In Afghanistan gibt es weder Luft- noch Lichtverschmutzung, so dass sich der Himmel in seinem natürlichen Zustand zeigt. Es war eine wunderschöne Nacht, klar und kalt und absolut still. »Natürlich«, sagte ich. Ali schien überrascht zu sein. Er war daran gewöhnt, dass die Medien strenger staatlicher Kontrolle unterstanden.

In den folgenden Wochen schrieben und redigierten wir das Manuskript für unsere Sendung, die am 12. Mai 1997 in den USA und über hundert weiteren Ländern ausgestrahlt wurde. In Saudi-Arabien konfiszierten die Behörden Zeitungsausgaben, die unsere Sendung erwähnten, während die Nachrichtenagentur Associated Press in den USA eine Meldung veröffentlichte, die von mehreren amerikanischen Zeitungen übernommen wurde. Ansonsten fand die Geschichte wenig Beachtung.

Doch ein Satz ging mir nicht mehr aus dem Kopf. Es waren die letzten Worte unserer Sendung. Nach seinen künftigen Plänen befragt, hatte Bin Laden geantwortet:

»Sie werden sie, so Gott will, in den Medien sehen und hören.«

KAPITEL 1

Während Amerika schlief

»Ich habe«, nuschelte er wild, »immer von einer Schar von Männern geträumt, eisern entschlossen, bedenkenlos in der Wahl ihrer Mittel, stark genug, sich selbst rundheraus als Vernichter zu bezeichnen, frei von dem entsagungsvollen Pessimismus, der die Welt vergiftet, ohne Mitleid mit irgendeinem Lebewesen, sie selbst eingeschlossen – der Tod im Dienste der Menschheit ...«

Joseph Conrad, »Der Geheimagent«[1]

Der 11. September 2001 begann mit einem Morgen, an dem die ganze Welt in Ordnung schien. An der Ostküste der Vereinigten Staaten war die Luft kühl und klar, der Himmel grenzenlos, azurblau, ohne eine Wolke. Irgendwie ein sehr *amerikanischer* Morgen. Ein perfektes Wetter, um den Hund auszuführen und auf dem Weg zur Arbeit noch einen Kaffee zu trinken und einen Bagel zu essen. Es war perfektes Flugwetter.

Für die neunzehn Männer aus dem Mittleren Osten, die in Boston, Newark und Washington Flugzeuge in Richtung Westküste bestiegen, war das von entscheidender Bedeutung. Jede wetterbedingte Verzögerung, und sei sie noch so gering, konnte ihre zeitlich exakt aufeinander abgestimmten Pläne durchkreuzen, die darauf zielten, ihrem Feind, den Vereinigten Staaten von Amerika, unvorstellbare Zerstörungen zuzufügen.

Um 7.45 Uhr startete in Boston der Flug American Airlines 11 nach Los Angeles, dreizehn Minuten später folgte der Flug United Airlines 175 mit demselben Bestimmungsort. Wiederum drei Minuten später hob in Newark die Maschine mit der Flugnummer United Airlines 93 nach San Francisco ab. Und um 8.10 Uhr startete vom Dulles Airport in Washington der American-Airlines-Flug 77 nach Los Angeles.[2]

Bewaffnet mit Messern und Cutterklingen, brachten die Männer die vier Flugzeuge rasch unter ihre Kontrolle und lenkten sie um zu ihren Zielen in Manhattan und Washington. Um 8.45 Uhr krachte die Maschine des Flugs American Airlines 11 – wie die anderen für die weite Strecke von der Ost- zur Westküste voll getankt – in den Nordturm des World Trade Center und erzeugte im Inneren des Gebäudes einen riesigen Feuerball. Zwanzig Minuten später raste die zweite Maschine, der United-Flug 175, als massive fliegende Bombe in den Südturm. Eineinhalb Stunden später waren beide Wolkenkratzer eingestürzt. Um 9.39 Uhr bohrte sich der American-Flug 77 seitlich ins Pentagon.[3] Nur der Heroismus der Passagiere des United-Flugs 93, die sich mit den Entführern anlegten, verhinderte, dass auch diese Maschine zum Instrument eines Kamikaze-Angriffs wurde: Nach einem Kampf, dessen Einzelheiten wir nie erfahren werden, stürzte der Jet um 10.10 Uhr südöstlich von Pittsburgh in Pennsylvania ab; niemand überlebte.

Innerhalb einer knappen Stunde waren mehr als dreitausend Amerikaner ums Leben gekommen; es war der katastrophalste Terrorakt in der Geschichte der Vereinigten Staaten. Und die Opfer dieses unvorstellbaren Verbrechens waren nicht nur Amerikaner: Männer und Frauen aus über fünfzig Ländern verloren ihr Leben, über zweihundert allein aus Großbritannien, das damit ebenfalls den mörderischsten Terrorakt in seiner Geschichte erlebt hatte. Bis zu diesem grausamen Morgen war für den Durchschnittsamerikaner die statistische Chance, vom Blitz erschlagen zu werden, größer als die Wahrscheinlichkeit, einem Terrorakt zum Opfer zu fallen. Aber jetzt hatte sich alles verändert.[4]

Der doppelte Angriff gegen New York und Washington war die tödlichste Salve in Osama bin Ladens Heiligem Krieg gegen die Vereinigten Staaten – einem Krieg, der ein knappes Jahrzehnt zuvor mit dem kaum zur Kenntnis genommenen Sprengstoffanschlag auf ein jemenitisches Hotel voller amerikanischer Soldaten begonnen hatte. Damals starb ein australischer Tourist, doch mit jedem Jahr wurden die Angriffe ausgeklügelter und forderten mehr Opfer. Die Bombenanschläge auf zwei US-Botschaften in Afrika 1998 töteten über zweihundert Menschen; bei dem Attentat gegen das amerikanische Kriegsschiff U.S.S. *Cole* im Oktober 2000 im Jemen kamen siebzehn amerikanische Soldaten um.

Eine schreckliche Ironie: Im World Trade Center starb auch John O'Neill, der Mann, der wahrscheinlich mehr über Bin Laden wusste als jedes US-Regierungsmitglied: Er hatte die FBI-Untersuchung der Bombenattentate gegen die Botschaften und des Angriffs auf die *Cole* geleitet. O'Neill, ein polternder, durchgreifender Mann, der sich bei den bürokratisch gesinnten Regierungsvertretern nicht gerade beliebt gemacht hatte, war erst zwei Wochen zuvor aus dem FBI ausgeschieden, um das Amt des Sicherheitschefs im Welthandelszentrum anzutreten. Er verlor bei dem Versuch sein Leben, andere zu retten.

Die Terroranschläge vom 11. September kamen völlig überraschend; gleichwohl hatte es Hinweise darauf gegeben, dass Bin Laden irgendwann im Sommer 2001 einen Anschlag gegen die Vereinigten Staaten plante.

Das deutlichste Signal, dass Bin Laden weitere Angriffe gegen amerikanische Ziele im Sinn hatte, war ein sorgfältig inszeniertes zweistündiges Rekrutierungsvideo von *al-Qa'ida* (»Basis, Stützpunkt«), das in diesem Sommer überall im Nahen und Mittleren Osten weite Kreise zog. Drei Wochen vor den Angriffen auf das World Trade Center verschaffte ich mir eine vollständige Kopie des Videos und ließ sie übersetzen. Sie öffnete mir die Augen. Das fachkundig bearbeitete Video bot die umfassendste Quintessenz von Bin Ladens Ansichten, die es bisher gab, und es sagte weitere anti-amerikanische Aktionen voraus. Ich kam zu dem Schluss, dass für eine ausführliche Darstellung des Inhalts am besten ein Artikel in der *New York Times* geeignet sei. Daher schrieb ich einen Brief an John Burns, einen der besten Reporter an der Zeitung, der mit mir darin übereinstimmte, dass die von Bin Laden ausgehende Bedrohung unterschätzt worden war. Hier folgt eine gekürzte Fassung dieses Briefes:

17. August 2001

John,
ich glaube, im Zusammenhang mit dem neuen Bin-Laden-Video und den verschiedenen Drohungen gegen US-amerikanische Einrichtungen in den letzten Monaten gibt es eine wichtige Geschichte zu erzählen, die sowohl ein überzeugendes Bild von Bin Ladens gegenwärtiger Organisation vermitteln als auch verantwortungsbewusst darauf hinweisen kann, dass ein al-Qa'ida-*Angriff in Vorbereitung ist. […] Es gab, wie Sie wissen, im Juni sehr deutliche Hinweise darauf, dass im Jemen US-Ziele angegriffen werden*

sollten. Zudem wurden im Juni in New Delhi zwei Männer verhaftet, die angaben, sie planten gerade, die viel besuchte Visaabteilung der US-Botschaft in die Luft zu sprengen. [...] Am 18. Juli gab das US-Außenministerium eine Erklärung ab, dass die US-Regierung »ernstzunehmende Hinweise« darauf besitze, »dass Einzelpersonen möglicherweise für die nächste Zukunft terroristische Aktionen gegen US-Interessen auf der Arabischen Halbinsel planen«.

Es ist klar, dass al-Qa'ida etwas plante und weiterhin plant.

Jetzt kommt das zweistündige Rekrutierungs- und Propagandavideo von Bin Laden, aus dem CNN kurze Passagen gezeigt hat, und Reuters hat einen Artikel gemacht, als es Ende Juni in Kuwait auftauchte. Aber niemand hat sich das gesamte Video angeschaut, oder falls jemand das getan hat, hat er sich nicht die Mühe gemacht, sich hinzusetzen und das ganze Ding zu übersetzen. [...]

Außerdem hat niemand daran gedacht, das Video in Zusammenhang mit der Vorgehensweise von al-Qa'ida zu betrachten, die darin besteht, subtil darauf hinzuweisen, dass etwas in Planung ist, bevor es stattfindet. Das haben wir im Mai 1998 gesehen, als Bin Laden in Afghanistan eine Pressekonferenz gegeben hat, auf der er von »guten Nachrichten in den kommenden Wochen« sprach, und als er dann ein paar Tage später ABC-News mitteilte, er sage einen »schwarzen Tag für Amerika« vorher. Neun Wochen später ereigneten sich die Anschläge auf die Botschaften in Afrika. [...]

Einige Monate vor dem Anschlag auf die Cole erschien, wie Sie wissen, ein Video, das aus zwei Gründen bemerkenswert ist: Bin Laden trägt den jemenitischen jambiya-Dolch, der auf keinem der vielen Dutzend Fotos, die es von ihm gibt, zu sehen ist, und sein Stellvertreter Aiman az-Zawahiri fordert Angriffe auf amerikanische Streitkräfte im Jemen. Dieses Video ist für amerikanische Ermittler höchst interessant und zeigt wiederum, wie al-Qa'ida *subtil auf ihren nächsten Schritt hinweist.*

Das Video, das ich besitze, zirkuliert jetzt gerade im Mittleren Osten. Darauf sind, wie ich unten näher ausführen werde, eine Menge hochbrisanter Sachen zu sehen, nicht zuletzt gibt Bin Laden darauf eine Reihe von Erklärungen ab, in denen er sich das Verdienst für einige anti-amerikanische Aktionen zuschreibt, seine eindeutigsten und umfassendsten bisher. [...]

Auf dem Video halten Bin Laden und seine Berater leidenschaftliche Reden darüber, dass in Tschetschenien und Kaschmir, im Irak, in Israel, im Libanon, in Indonesien und Ägypten Muslime angegriffen werden; diese Reden sind mit Filmaufnahmen unterlegt, auf denen Muslime getötet, geschlagen und verhaftet werden. Zehn bis fünfzehn Minuten des Videos sind Bildern von Palästinensern gewidmet, die von israelischen Soldaten angegriffen werden. […]

Die größte Beleidigung für die Muslime ist in Bin Ladens Augen jedoch die fortwährende Anwesenheit von Amerikanern im heiligen Land Arabien. Bin Laden sagt: »Diese Amerikaner haben Frauen und jüdische Frauen mitgebracht, die sich in unserem heiligen Land ungehindert bewegen können«, und er fügt hinzu: »Die arabischen Herrscher verehren den Gott des Weißen Hauses.« Diese Aussagen sind mit Bildern von Begegnungen der saudi-arabischen Königsfamilie mit führenden amerikanischen Politikern wie Colin Powell unterlegt.

Bin Laden sagt, dass die Muslime für diese Beleidigungen Rache üben müssen. »Wenn ihr nicht kämpft, wird Gott euch strafen.« Der Saudi im Exil meint, die Lösung für diese Probleme sei, dass Muslime nach Afghanistan reisen und dort ein Training für den Heiligen Krieg absolvieren. Anschließend zeigt das Video Hunderte von maskierten Bin-Laden-Anhängern beim Training in seinem Ausbildungslager al-Faruq in Ostafghanistan. Sie halten die schwarze Fahne in die Höhe und skandieren auf Arabisch: »Kampf dem Bösen«. Bin Ladens Kämpfer schießen Flugabwehrkanonen und RPG-Granatwerfer ab, halten ihre Korane und ihre Kalaschnikows [Modell AK-47] hoch, absolvieren Hindernisparcours, machen Kopfsprünge in Wassertümpel hinein, sprengen Gebäude in die Luft und schießen auf Bilder von Präsident Clinton. Bin Laden selbst feuert einige Schüsse aus einem Maschinengewehr ab. Erschreckenderweise zeigt das Video außerdem Dutzende von Jungen, die größtenteils etwa zehn Jahre alt zu sein scheinen, militärische Tarnanzüge tragen und für den dschihad *singen. […]*

Gegen Ende des Videos deutet Bin Laden weitere Aktionen gegen die Vereinigten Staaten an: »Der Sieg des Islam steht bevor. Und der Sieg des Jemen wird weitergehen […].« Das ganze Video ist inzwischen in einem DVD-Format erhältlich, und außerdem zirkuliert es in heimlichen Chat-Rooms im Internet, wie Personen, die mit Bin Ladens Organisation vertraut sind, mitteilen, (und außerdem sagen sie:) »diese Drohungen auf dem Video, dass Bin Ladens Anhänger wirklich Vorbereitungen zum Angriff auf mehr als ein amerikanisches Ziel treffen, sind echt. […]«

Nachdem Burns ein Video bekommen hatte, sprachen wir wieder miteinander, und er sagte, es liefere den bisher deutlichsten Hinweis, dass ein großer neuer Angriff von *al-Qa'ida* geplant sei. Zusammen mit dem renommierten Wissenschaftler Tarif Chalidi, Professor für islamische Geschichte an der Cambridge University, prüfte Burns das Video, und anschließend schrieb er einen ausführlichen Bericht über den Film und über die Gefahr, die darin enthalten war. Dieser Bericht erschien am 9. September auf der Website der *New York Times*, unter der Überschrift: »Auf Video, Bin Laden zeichnet eine Zukunft der Gewalt«. Aber seltsamerweise war das die einzige Fassung der Geschichte, die je veröffentlicht wurde, und später strich die Zeitung sie aus dem Website-Archiv. Eine Sprecherin der *New York Times* erklärte mir, Burns' Artikel sei »unbeabsichtigt auf der Website veröffentlicht worden«, und fügte hinzu: »Ich kann nichts dazu sagen, warum der Artikel nicht in gedruckter Form erschien. Routinemäßig werden viele Artikel nicht in Druck gebracht.«[5] So kam die letzte, beste Warnung vor dem, was Amerika bevorstehen könnte, nicht ans Licht. (Die *New York Times* sollte nach dem 11. September eine Geschichte von Burns veröffentlichen, die sich auf das Bin-Laden-Video bezog; allerdings enthielt sie nur wenige der Einzelheiten aus dem ursprünglichen Artikel und kam leider zu spät, um etwas zu bewirken.)

Das *al-Qua'ida*-Video, das im Internet weite Verbreitung fand, demonstriert auf einprägsame Weise, wie sich Bin Laden und seine Anhänger der Kommunikations- und Waffentechnologie des 21. Jahrhunderts zum Nutzen der extremsten und rückschrittlichsten Interpretation des Heiligen Krieges bedienen. Das Ergebnis ist eine Fusion, die ich »Heiliger Krieg, Incorporated« nenne.

Kein Ereignis veranschaulicht diese Fusion besser als die Anschläge gegen das World Trade Center und das Pentagon. Bei einem Märtyrereinsatz, der sie nach ihrer Auffassung auf direktem Weg ins Paradies befördern musste, steuerten Bin Ladens Männer, von denen einige in den USA die Pilotenprüfung abgelegt hatten, Passagierjets in zwei der berühmtesten Gebäude der Welt. Sie betrachteten sich als *schuhada* – Märtyrer im Namen Gottes – und ihre Taten als fromme Werke.

Aber es handelte sich keineswegs um bettelarme Selbstmordattentäter, wie sie die palästinensische *intifada* hervorgebracht hat, sondern in der Regel um gebildete junge Männer mit technischem Know-how, die sich nahtlos in ihre jeweiligen amerikanischen Gemeinden in Kalifornien, Florida oder Virginia einfügten. Sie trugen keinen Vollbart wie typische militante Islamisten, sondern waren glatt rasiert. Sie trainierten in Fitnessstudios, bestellten sich Pizza, buchten ihre Flüge im Internet. Manche tranken gelegentlich sogar Alkohol – eine schwere Sünde für einen ernsthaften Muslim, aber eine ausgezeichnete Tarnung für Bin Ladens Mitstreiter. Kurz, die Flugzeugentführer unterschieden sich in Aussehen und Verhalten in keiner Weise von der zunehmend mannigfaltiger werdenden Bevölkerung der Vereinigten Staaten im 21. Jahrhundert.

Modernste Lebensweisen und neueste Techniken, die der radikalsten Interpretation des Heiligen Krieges übergestülpt werden: Das ist das Hauptkennzeichen von Bin Ladens Netzwerk. Eines seiner afghanischen Trainingslager in den neunziger Jahren wurde Badr genannt, nach einer entscheidenden Schlacht, die der Prophet Mohammed im siebenten Jahrhundert geschlagen hat, doch die Mitglieder von *al-Qa'ida*, die dort trainierten, wurden im Umgang mit hochexplosiven Sprengstoffen wie RDX und C4 unterwiesen. Ihrem Emir, ihrem Führer, leisten die *Qa'ida*-Mitglieder die *bai'at*, eine fast mittelalterliche Form der Huldigung[6], doch als sie Anfang der neunziger Jahre vom Sudan aus operierten, bezogen sie regelmäßige Monatsgehälter und finanzierten sich mit einem breiten Spektrum durchaus legaler Geschäfte. Als Bin Laden 1996 den Amerikanern den Krieg erklärte, bezeichnete er die im Nahen und Mittleren Osten stationierten US-Soldaten als »Kreuzritter«, als würden noch immer die Kreuzzüge des Mittelalters geführt, und unterzeichnete seine Erklärung mit dem Zusatz »von den Gipfeln des Hindukusch in Afghanistan«, einer von der modernen Welt weitgehend unberührten Gegend. Die Kriegserklärung aber war auf einem Apple-Computer geschrieben und wurde dann über Fax oder E-Mail an die Anhänger in Pakistan und Großbritannien weitergeleitet, die sie ihrerseits den in London ansässigen arabischen Zeitungsredaktionen vorlegten. Diese wiederum sandten den Text über Satellit an die Pressezentren überall im Nahen und Mittleren Osten sowie in New York.[7]

So wurde eine prämoderne Botschaft mit postmoderner Technik verbreitet. Der Leiter der verschwiegenen US-Sicherheitsbehörde, der National Security Agency, sagte, Bin Laden verfüge über eine bessere Kommunikationstechnologie als die Vereinigten Staaten.[8] Die Anhänger des militanten Saudi kommunizieren über Fax, Satellitentelefon und E-Mail. Ihre Notizen und Memoranden verschlüsseln sie auf Macintosh- und Toshiba-Computern.[9] Und Mitte der neunziger Jahre produzierten *al-Qa'ida*-Mitglieder eine CD-Rom, die mehrere hundert Seiten Informationen über Waffen verschiedener Art sowie Anleitungen zum Bombenbau und zur Durchführung terroristischer und paramilitärischer Operationen enthält. Modern ist auch Bin Ladens Art zu reisen: Als er im Sudan lebte, hatte er in der Regel mehrere Piloten auf Abruf zur Verfügung, und als er 1991 mit seiner Familie und einigen Anhängern von Pakistan in den Sudan reiste, flog er mit seinem Privatjet.[10] Als er sich erstmals dem Heiligen Krieg zuwandte, griff Bin Laden auf Methoden der Unternehmensführung zurück, die er sich in den Jahren als Mitarbeiter im Familienbetrieb angeeignet hatte. Während des Afghanistan-Krieges in den achtziger Jahren eröffnete er Büros in Pakistan und den Vereinigten Staaten, trieb in Saudi-Arabien Spendengelder ein, rekrutierte Kämpfer in allen Ländern der muslimischen Welt und nutzte die Ressourcen des Familienunternehmens, um in Afghanistan Stützpunkte für seine heiligen Krieger anzulegen.

Die ältere Generation radikaler Islamisten, wie der Palästinenser Abdullah Azzam, der ägyptische Scheich Umar Abd ur-Rahman und der jemenitische Scheich Abd ul-Madschid az-Zindani, waren Absolventen der Azhar-Universität in Kairo, die als das Oxford der islamischen Gelehrsamkeit gilt.[11] Die Männer, die sich von Bin Ladens Vorstellungen angezogen fühlen, haben hingegen wie so viele der neueren Generation militanter Islamisten eher technische Fächer wie Medizin und Maschinenbau studiert oder kommen aus der Wirtschaft, als dass sie über die Feinheiten der islamischen Rechtsprechung Bescheid wüssten.

So überrascht es nicht, dass Bin Ladens rechte Hand ein Arzt aus einer gut situierten ägyptischen Familie ist oder dass sein ehemaliger Pressesprecher in London ein in Kuwait geborener saudiarabischer Unternehmer aus dem Import-Export-Geschäft war.

Sein Militärberater in den Vereinigten Staaten hat an einer ägyptischen Universität Psychologie studiert und als Experte für Computernetzwerke in Kalifornien gearbeitet.[12] Der ägyptische Mitstreiter Rifa'i Ahmad Taha, der Bin Ladens Kriegserklärung gegen die Amerikaner mitunterzeichnet hat, ist Bilanzbuchhalter.[13] Mamduh Mahmud Salim, auch er ein Spitzenmann bei *al-Qa'ida*, studierte im Irak Elektrotechnik.[14] Bin Laden selbst hat Volkswirtschaft studiert und als junger Mann in Saudi-Arabien im Bauunternehmen seiner Familie gearbeitet.[15] Anfang der neunziger Jahre etablierte er sich im Sudan als einer der aktivsten Unternehmer des Landes.

Tatsächlich bildet die Struktur von *al-Qa'ida* ein interessantes Pendant zu der saudi-arabischen Binladin-Gruppe, dem von Bin Ladens tief religiösem Vater gegründeten riesigen Bauunternehmen, das in vielen Ländern des Mittleren und Fernen Ostens tätig ist. Einer von Bin Ladens Decknamen lautet einfach »der Direktor«, eine zutreffende Beschreibung seiner Rolle innerhalb der Organisation.[16] Die allgemeine Strategie von *al-Qa'ida* pflegt Bin Laden erst nach Rücksprache mit seinem Rat, der *schura*[17], zu formulieren. Dieser Rat entscheidet über die Umsetzung der Strategien. Ihm untergeordnet sind weitere Komitees, die für militärische Angelegenheiten und Geschäftsinteressen der Gruppe verantwortlich sind, sowie ein *fatwa*-Komitee, das islamische Rechtsgutachten erstellt, und eine Mediengruppe.[18] Der Inhalt eines *al-Qa'ida*-Computers, der nach dem Sturz der Taliban in Kabul entdeckt wurde, unterstreicht, dass die Gruppe sich als Körperschaft betrachtete. In einem Dokument über eine *al-Qa'ida*-Zelle im Jemen heißt es in einem Bericht: »Bei Fragen, die mit dem Beitritt zu und dem Ausschluss aus der Gesellschaft, der allgemeinen Strategie und dem Namen der Gesellschaft zu tun haben, soll das allgemeine Management konsultiert werden.«[19]

Grundsätzliche politische Entscheidungen wurden von Bin Laden und seinen engsten Beratern getroffen, dann an das jeweilige Komitee weitergeleitet, und schließlich – im passenden Moment – den niedrigen Mitgliedern der Gruppe mitgeteilt. Mit Bin Laden persönlich hatten viele dieser Fußsoldaten wenig oder keinen Kontakt. 1997 zum Beispiel hielt der Medieninformationsbeauftragte für Bin Ladens Zelle in Kenia, der später eine zentrale

Rolle bei dem Bombenanschlag auf die amerikanische Botschaft in Nairobi spielte, in einem elektronisch gespeicherten Dokument fest, es sei die Aufgabe der Zelle, Amerikaner anzugreifen. Er fügte aber hinzu: »Wir, die Mitglieder der ostafrikanischen Zelle, wollen über den Operationsplan nichts wissen, denn wir sind nur die Ausführenden.«[20] Die Selbstmordattentäter, die an dem Anschlag gegen die Botschaft in Kenia beteiligt waren, erhielten nie direkte Anweisungen von Bin Laden, und manche seiner Anhänger sind ihrem Helden kein einziges Mal begegnet[21] – wie zum Beispiel Chalfan Chamis Mohammed, ein Tansanier, der 1998 an dem Anschlag auf die amerikanische Botschaft in Tansania beteiligt war. In einem Interview, das Bin Laden nach dem Anschlag dem Fernsehsender ABC News gab, fasste er seine Rolle bei *al-Qa'ida* treffend zusammen: »Unsere Aufgabe ist es, anzuregen. Mit der Barmherzigkeit Gottes haben wir das getan, und manche Leute haben unsere Anregung aufgegriffen.«[22]

Kurz, man kann sich *al-Qa'ida* als eine Art multinationale Holdinggesellschaft mit Hauptsitz in Afghanistan und Bin Laden als Präsident vorstellen. In einer Holdinggesellschaft hält eine zentrale Managementgruppe üblicherweise größere oder kleinere Anteile an anderen Gesellschaften oder kontrolliert sogar komplette Unternehmen.[23] Holdinggesellschaften werden manchmal von Kriminellen zur Verschleierung ihrer illegalen Aktivitäten missbraucht und haben ihren Sitz häufig in Ländern, in denen sie selten bis nie mit Kontrollen zu rechnen brauchen. Entsprechend vereinigt auch *al-Qa'ida*, mit je unterschiedlicher Beteiligung, militante Tochterorganisationen in Ägypten, Pakistan, Bangladesch, Algerien, Libyen, Jemen, Syrien und Kaschmir zu einer Körperschaft.[24]

In *al-Qa'idas* Ausbildungslagern in Afghanistan hat sich außerdem eine bunte Mischung aus Jordaniern, Türken, Palästinensern, Irakern, Saudis, Sudanesen, Marokkanern, Omanis, Tunesiern, Tansaniern, Malaysiern, Bangladeschis, Indern, Filipinos, Tschetschenen, Usbeken, Tadschiken, Uiguren aus China, Burmesen, Deutschen, Schweden, Franzosen, Amerikanern arabischer Herkunft und Afro-Amerikanern eingefunden.[25] Die Absolventen dieser Trainingslager exportierten Terrorismus und Heiligen Krieg in nahezu sämtliche Gegenden der Erde. »Ich würde sagen, dass die Zahl der Brüder groß ist, Gott sei Dank«, meinte Bin Laden 1999, »und ich kenne nicht jeden Einzelnen, der in diesem Lager oder bei der Organisation mitarbeitet.«[26] Ein echter Unternehmenschef.

Osama bin Laden fordert Superlative heraus. Das gilt für seine Anhänger wie für seine Gegner. Grautöne kommen in den Porträts des berühmtesten Islamistenführers der Welt praktisch nie vor, und das macht den Versuch, ihn zu verstehen, so schwierig. 1999 sagte CIA-Direktor George Tenet vor dem Senat aus, Bin Laden »und sein globales Netzwerk aus Stellvertretern und Verbündeten sind und bleiben die unmittelbarste und am ernstesten zu nehmende Gefahr« terroristischer Attentate gegen die Vereinigten Staaten. Diese Bemerkung erwies sich als weitsichtig. In seiner Rede vor dem Kongress neun Tage nach den Anschlägen auf das World Trade Center und das Pentagon stellte Präsident George W. Bush Bin Laden als eine Art Paten des Terrorismus dar: »*Al-Qa'ida* ist für den Terrorismus, was die Mafia für das Verbrechen ist.« Der Leiter einer der größten religiösen Schulen in Pakistan hingegen vertrat eine ganz andere Auffassung: Bin Laden sei »ein Held, weil er seine Stimme gegen die fremden Mächte erhoben hat, die versuchen, die Muslime zu vernichten«. In dem abgelegenen Dorf im Südjemen, aus dem die Familie Bin Laden ursprünglich stammt, sagte ein kleiner Junge, der einen Koran bei sich trug, zu mir: »Wir lieben ihn. Er kämpft für Gott, und er ist in Afghanistan.« Lobesworte waren auch auf einer Konferenz in London zu hören, die ich im Frühjahr 2000 besuchte: Vor mehreren hundert hingerissenen Männern und Frauen pries der Vortragende, der die programmatische Rede hielt, Bin Laden als »diesen Mann, der sein Leben dem Islam geopfert hat«.

Und so werden wir auch in diesem Buch verschiedene Bin Ladens kennen lernen: Bin Laden den Helden, Bin Laden den Überterroristen, Bin Laden den Bannerträger des militanten Islamismus, vielleicht auch Bin Laden den Menschen.

Die Tatsache, dass eine ungeheure Menge über Bin Laden geschrieben wurde – wovon vieles Unsinn ist –, ist unserem Verständnis ebenfalls nicht gerade förderlich. Sucht man in verschiedenen Datenbanken nach Pressemeldungen über Bin Laden, stößt man auf Tausende von Geschichten. Nehmen Sie beispielsweise die respektable *Jane's Intelligence Review*, die berichtete, Bin Laden habe in den Vereinigten Staaten möglicherweise ein Ingenieursstudium absolviert und sei in den achtziger Jahren im Krieg gegen die Sowjets in Afghanistan von der CIA finanziert worden. Bin Laden hat die USA nie besucht, geschweige denn dort studiert, und die Behauptung, die CIA habe ihn während des Afghanistan-Krieges finanziert, verrät ein fundamentales Missverständnis hinsichtlich der Vorgehensweise der CIA in Afghanistan.[27]

Oder sehen Sie sich den Bericht der NBC News vom Dezember 1998 an: »US-Vertreter« hätten von einem »ihnen wohlgesinnten ausländischen Geheimdienst« erfahren, dass Bin Laden nur noch »Monate zu leben« habe.[28] Weiter hieß es, der Saudi im Exil leide unter Herzbeschwerden und sei möglicherweise krebskrank. Offensichtlich waren alle Berichte über Bin Ladens bevorstehendes Ableben stark übertrieben, denn noch Jahre später ist er höchst lebendig. Nun sind die Fehler der Reporter vielleicht durch den täglichen journalistischen Druck zu erklären, doch den Buchautoren, die versucht haben, das Phänomen Bin Laden eingehender zu untersuchen, erging es oft auch nicht viel besser. Zum Beispiel heißt es in *Study of Revenge: Saddam Hussein's Unfinished War Against America*, der Bombenanschlag gegen das World Trade Center im Jahr 1993 sei wahrscheinlich vom Irak finanziert worden. Für diese Theorie sprechen immerhin einige Fakten. Doch der Autor fährt fort, die Sprengstoffanschläge auf die beiden US-Botschaften in Afrika 1998 könnten eine gemeinsame Operation des irakischen Machthabers und Bin Ladens gewesen sein.[29] In den mehrere zehntausend Seiten umfassenden Gerichtsakten über den New Yorker Prozess gegen vier Männer, die an den Sprengstoffattentaten auf die US-Botschaften beteiligt waren, findet sich nicht der geringste Hinweis auf eine Mitwirkung des Irak.

Der Schweizer Journalist Richard Labevière stellt in seinem Buch *Les Dollars de la terreur: Les États-Unis et l'islamisme* gleich eine Reihe bizarrer Behauptungen über Bin Laden auf: Er sei ein ehemaliger CIA-Agent; 1997 sei er – unbemerkt in seinem Privatjet! – auf dem Londoner Flughafen Heathrow gelandet, um einer Zusammenkunft von Terroristen beizuwohnen, die Attentate gegen Touristen in Ägypten planten; und im Jemen »kontrolliert er die

Hauptrouten des *qat*, dieser halluzinogenen Pflanze, die am Kap Hoorn und im südlichen Teil der Arabischen Halbinsel konsumiert wird«. Vielleicht hat Labevière selbst *qat*[30] gekaut, als er diesen Satz niederschrieb.

Weitere Beispiele für Fehlinformationen über Bin Laden finden sich in dem Buch eines gewissen Yossef Bodansky, des Leiters der Sondereinheit für Terrorismus des US-amerikanischen Kongresses. In *Bin Laden: The Man Who Declared War on America* schildert Bodansky Bin Laden als Teenager bei einem Besuch in Beirut, wo er trinkt, hinter Frauen her ist und sich in Kneipen auf Schlägereien einlässt.[31] Wer Bin Laden kennt, beschreibt einen tief religiösen jungen Mann, der im Alter von siebzehn Jahren geheiratet hat. Vielleicht hat Bodansky Osama mit einem von dessen rund zwanzig Halbbrüdern verwechselt. Außerdem schreibt er, 1994 sei Bin Laden nach London gereist, wo er sich in dem Londoner Vorort Wembley »niedergelassen« habe – eine Vorstellung, die arabische Dissidenten und Journalisten, die in London leben, durchaus amüsant finden.[32] Aus der Luft gegriffen ist ferner die Behauptung, der Absturz des TWA-Flugs 800 vor Long Island im Jahr 1996, bei dem 230 Menschen ums Leben kamen, sei eine gemeinsame Aktion Bin Ladens mit dem Iran gewesen.[33] In Wahrheit hat eine umfassende, zweijährige Untersuchung der US-Behörde für Flugsicherheit und des FBI einen terroristischen Anschlag als Ursache des Absturzes ausgeschlossen.

In seinem unfreiwillig komischen Werk *Bin Laden: Behind the Mask of a Terrorist* beschreibt Adam Robinson, wie Bin Laden in seinem afghanischen Versteck die Ereignisse des 11. Septembers live auf CNN sieht, wie er mit seinem Hubschrauber in einem Basar in Peschawar landet (wo es schon eine Kunst ist, sich mit einem Motorrad fortzubewegen), wie er pornografische Fotos in seinen Computer einscannt, sich mit Johnny Walker Black Label bis zur Besinnungslosigkeit besäuft und wie er mit Prostituierten verkehrt. Allem Anschein nach verfügt Robinson über eine blühende Fantasie.[34]

Warum gibt es so viele unzuverlässige Berichte über Bin Laden? Erstens ist vieles, was über ihn geschrieben wird, zum großen Teil nicht nachprüfbar, weil er mehr oder weniger abgeschnitten von der Außenwelt lebt. Zweitens ist Bin Laden Fragen nach seinem Privatleben meist ausgewichen, und seine Familienangehörigen schweigen ebenfalls beharrlich, bis auf einige kurze Erklärungen, in denen sie sich von dem schwarzen Schaf der Familie distanzieren. Und drittens riskiert man ja nichts: Man kann alles Mögliche über ihn behaupten, ohne eine Verleumdungsklage fürchten zu müssen.

Die Berichterstattung über Bin Laden wird zusätzlich dadurch erschwert, dass er in zahlreichen Rollen auftritt. In einer Rolle ist er der Führer eines zentralen Kaders, dessen Hunderte militanter Mitglieder ihm gehuldigt haben. In einer anderen ist er der Chefideologe einer noch größeren Gruppe mehrerer tausend heiliger Krieger rund um die Welt, die zwar nicht seiner Organisation angehören, aber Inspiration und Belehrung von ihm erwarten. Außerdem brachten ihm die Angriffe mit US-Marschflugkörpern im August 1998 buchstäblich Millionen von Bewunderern ein, die in Bin Laden ein Symbol des Widerstands gegen den Westen sehen. Und schließlich beschrieben ihn Mitarbeiter der Clinton-Regierung, als sie die amerikanischen Raketenangriffe ankündigten, vom Präsidenten abwärts als Hintermann jedes denkbaren terroristischen Anschlags in der jüngeren Zeit, als heimtückischen Schurken wie aus einem James-Bond-Film – ein Porträt, das im Licht der Ereignisse vom 11. September fast untertrieben erscheint.

Für seine Sympathisanten aber ist Bin Laden ein turbantragender Robin Hood geworden, der sich nicht in den Wäldern des mittelalterlichen Nottingham versteckt, sondern in den Bergen des beinahe mittelalterlichen Afghanistans, wo er seine Schar gar nicht lustiger, nicht mit Armbrüsten, sondern mit Granatwerfern und C4-Sprengstoff bewaffneter Gesellen um sich versammelt und die Großmächte des Westens in die Nase zwickt. Aber besser wäre Bin Laden vielleicht als der Rattenfänger des *dschihad* zu erklären: Seine Aufforderung zum Heiligen Krieg trifft bei frustrierten, arbeitslosen muslimischen Jugendlichen von Algerien über Pakistan bis Kalifornien auf offene Ohren und weckt in ihnen die Bereitschaft, in einem Konflikt, der sich auf konventionelle Weise nicht gewinnen lässt, ihr Leben zu opfern.

Warum ist Bin Ladens Aufruf derart verlockend? Er vertritt eine einigermaßen kohärente Ideologie des Anti-Amerikanismus und des Widerstands gegen jene Regierungen im Nahen und Mittleren Osten, die er als »unislamisch« ansieht, und unterstützt Guerillabewegungen in so unterschiedlichen Ländern wie Tschetschenien und den Philippinen. Bin Laden zu verstehen ist also nicht nur wegen der von ihm angezettelten terroristischen Anschläge, sondern auch wegen seiner politischen Anschauungen ein Anliegen von großer Dringlichkeit.

In einem Interview, das er wenige Monate vor den Anschlägen vom 11. September gab, brachte General Parwiz Muscharraf, der als Militärmachthaber über 140 Millionen pakistanischer Muslime herrscht, Bin Ladens Anziehungskraft auf den Punkt: »Die Dämonisierung von OBL – wie er in Pakistan genannt wird – durch den Westen hat ihn bei jenen Muslimen zur Kultfigur werden lassen, die gegen alles zürnen, ob es der Verfall moralischer Werte ist, wie ihn die Hollywood-Filme und TV-Serien vermitteln, oder Amerikas fehlende Unterstützung der Palästinenser, die von den israelischen Besatzungstruppen getötet werden, ob es das Unrecht ist, das die Russen den Muslimen in Tschetschenien antun und der Westen den Muslimen in Bosnien und im Kosovo angetan hat, oder die Unterdrückung der Muslime in Kaschmir durch Indien ... Die sehr lange Liste von Klagen hat einen ausgeprägten Verfolgungswahn erzeugt, dessen Symbol die Kultfigur OBL geworden ist.

Er ist heute eine Heldengestalt auf dem Podest des muslimischen Extremismus.«[35]

Der Prototyp des technisch gewieften, weltläufigen jungen Mannes, der zusammen mit Gleichgesinnten den Stoßtrupp des Unternehmens Heiliger Krieg, Inc., bildet, ist Ramzi Jusuf. Jusuf war die treibende Kraft hinter dem Attentat gegen das Welthandelszentrum im Jahr 1993. Der Spross einer Familie pakistanischer Belutschen wuchs in Kuwait auf.[36] Er erhielt eine Ausbildung zum Elektrotechniker in Wales, wo er ausgezeichnet Englisch lernte; seine terroristische Karriere führte ihn nach Afghanistan, New York, Thailand, Pakistan und auf die Philippinen. Während seines Aufenthalts in Pakistan versuchte Jusuf, Benazir Bhutto zu ermorden, die erste Ministerpräsidentin des Landes.[37] Wahrhaftig ein weltumspannender Ein-Mann-*dschihad.*

Dabei war Jusuf keineswegs der typische militante Islamist. Er schien das gute Leben durchaus zu genießen. Doch während seiner Laufbahn als weltreisender Terrorist kam er mehrmals mit dem *al-Qa'ida*-Netzwerk in Kontakt: bei der Ausbildung in einem Lager Bin Ladens an der afghanisch-pakistanischen Grenze, bei der engen Zusammenarbeit mit einem Anhänger Bin Ladens auf den Philippinen und bei einem Aufenthalt in einem Gästehaus von Bin Laden in Pakistan.[38] Jusufs terroristische Machenschaften gegen den Westen gipfelten in den Plänen, ein gutes Dutzend amerikanische Passagierflugzeuge zu sprengen, Papst Johannes Paul II. zu ermorden und mit einem Flugzeug das CIA-Hauptquartier in Virginia zu rammen.[39] Die Pläne flogen auf, als die philippinische Polizei 1994 seine Wohnung in Manila durchsuchte, auf seinem Laptop entsprechende Szenarien entdeckte und daraufhin einen von Jusufs Mitverschwörern vernahm, der die Einzelheiten des Plans mit dem Codenamen *bozhenka* preisgab.[40] Als Jusuf endlich 1995 in Pakistan gefasst wurde, holten ihn FBI-Agenten nach New York zurück. Der Helikopter, der Jusuf zu seiner Gefängniszelle in Manhattan brachte, flog am World Trade Center vorbei, und einer der Agenten bemerkte, die Türme stünden noch. »Sie würden nicht mehr stehen, wenn ich genug Geld und Sprengstoff gehabt hätte«, entgegnete Jusuf.[41]

Al-Qa'ida hatte mehr Geld und mehr Zeit. Die Verschwörer des 11. September, die bereits seit 1994 nach und nach in den Vereinigten Staaten eintrafen, führten einen atemberaubend ehrgeizigen Plan aus – im Grunde kombinierten sie die spektakulärsten Elemente des Attentats auf das World Trade Center 1993 mit dem *bozhenka*-Plan.

Einer der führenden Köpfe bei der Operation World Trade Center 2001 war der Ägypter Mohammed Atta, der eben jene Verbindung von religiösem Eifer und technischer Sachkenntnis verkörpert, wie sie für die Eliterekruten von *al-Qa'ida* typisch ist. Atta kam 1968 in einer gut situierten religiösen Familie in Kairo zur Welt.[42] 1992 ging er nach Deutschland, wo er an der Technischen Universität Hamburg Stadtplanung und -erhaltung studierte. Er führte das Leben eines strebsamen Studenten, sieben Jahre lang, bis zum Examen. Dittmar Machule, einer seiner Professoren, hat Atta als präzisen Denker in Erinnerung, der dem Westen skeptisch gegenüberstand; nie trank er Alkohol, nie hatte er Beziehungen mit Frauen. Aus seiner Religiosität heraus gründete er eine islamische Studentengruppe an der Universität, zu deren fünfzig Mitgliedern auch seine zwei Mitbewohner gehörten, die sich später an der Verschwörung gegen das World Trade Center beteiligten.

Am 18. Mai 2000 beantragte Atta bei der amerikanischen Botschaft in Berlin ein Visum für die USA. Er reiste auf Umwegen nach Amerika: zuerst über Prag, wo er sich mit einem irakischen Geheimagenten traf. Diese Begegnung kann bedeutsam sein oder auch nicht, denn ein einzelnes Zusammentreffen beweist noch kein Komplott zwischen *al-Qa'ida* und dem Irak.[43] Ein ranghoher Mitarbeiter der amerikanischen Terrorismusbekämpfung betonte mir gegenüber: »Niemand hat aus diesem Treffen irgendeinen Schluss gezogen.«[44]

Am 3. Juni flog Atta von Prag nach Newark. Eine seiner ersten Zwischenstationen war die Flugschule der Universitätsstadt Norman in Oklahoma. Hier hatte auch Ihab Ali Anfang der neunziger Jahre fliegen gelernt, ein amerikanischer Rekrut von *al-Qa'ida*, der schließlich Bin Laden im Sudan als Pilot diente.

Ein paar Wochen später ging Atta nach Venice, Florida, wo er sich von Juli bis November an der Flugschule Huffman Aviation einschrieb. Er zahlte 25 000 Dollar für seine Flugstunden und legte im November die Prüfung für ein- und mehrmotorige Maschinen ab. Im Dezember nahm Atta mehrere Stunden bei einer anderen Flugschule, wo er in einem Flugsimulator den Umgang mit einer Boeing 727 trainierte.[45] Der Ausbilder wunderte sich, dass Atta im Unterschied zu den anderen Schülern, die sich vor allem für die Kunst des Startens und Landens interessierten, nur Kurvenmanöver üben wollte. Während seines USA-Aufenthalts erhielt Atta mittels telegrafischer Anweisung insgesamt 110 000 Dollar aus den Vereinigten Arabischen Emiraten – eine Summe, die er an Mitverschwörer weiterleitete und mit der er vielleicht seine Flugstunden bezahlte.

Im Februar 2001 besuchte Atta den winzigen Flughafen von Belle Glade in Florida, wo er sich erkundigte, wie weit die bei der Schädlingsbekämpfung eingesetzten Flugzeuge fliegen und wie viel Gift sie an Bord mitführen könnten.[46] Eines der Albtraum-Szenarien der Terrorismusbekämpfer ist ein umgebautes Flugzeug aus der Landwirtschaft, das eine amerikanische Großstadt mit einem Sprühnebel aus chemischen oder biologischen Substanzen überzieht. Atta und seine Komplizen waren offensichtlich interessiert, auch diese Möglichkeit auszuloten. Mit bemerkenswerter Chuzpe erkundigten sie sich sogar nach den Bedingungen für ein Darlehen des US-Landwirtschaftsministeriums, um den Kauf eines Flugzeugs für Schädlingsbekämpfung zu finanzieren.[47]

Am 28. August buchte Atta ein Ticket für den Flug American Airlines 11 von Boston nach Los Angeles. Etwa eine Woche später besuchten er und ein Freund aus Hamburg eine Bar in Hollywood, Florida, um zu trinken – ein merkwürdiges Detail, denn Atta hatte Alkohol jahrelang gemieden. Vier Tage später, am frühen Morgen des 11. September, filmte ihn eine Überwachungskamera am Flughafen von Portland im Bundesstaat Maine, als er den Abflugbereich betrat, um nach Boston zu fliegen und dort in die Maschine mit der Flugnummer 11 umzusteigen.

In Attas Reisetasche, die nicht rechtzeitig von der Zubringermaschine umgeladen wurde, fanden die Ermittler ein fünfseitiges Dokument auf Arabisch mit den Anweisungen für Attas letzte Augenblicke auf Erden. Unter der Überschrift »Beim Betreten des Flugzeugs« wurde der Leser aufgefordert zu beten: »O Gott. Öffne mir alle Türen. O Gott, der Du Gebete erhörst und jenen antwortest, die Dich um Hilfe bitten, ich bitte Dich um Verzeihung. Ich bitte Dich, den Weg zu erhellen. Ich bitte Dich, mir die Last zu erleichtern, die auf mir ruht.«[48] Exakt eine Stunde nach dem Start in Boston steuerte Mohammed Atta die Maschine des Flugs American Airlines 11 in den Nordturm des World Trade Center. Aus dem einstigen Studenten der Stadterhaltung war der Architekt der spektakulärsten Stadtzerstörungsmaßnahme der Geschichte geworden.

Natürlich ist Bin Laden nicht der einzige militante Islamist, der sich dem Widerstand gegen die Vereinigten Staaten und die »unislamischen« Regierungen im Nahen und Mittleren Osten verschrieben hat, doch inzwischen ist er zum Brennpunkt all dieser Bestrebungen geworden.

Außerdem unterscheidet sich Bin Laden erheblich von den arabischen Terroristen der siebziger und achtziger Jahre, die es weder zu Weltruhm brachten noch eine übergreifende und kohärente Anschauung vertraten, die über die Feindschaft gegen Israel und den Ruf nach einem Palästinenserstaat hinausreichte. Bin Laden formuliert eine allumfassende Weltsicht, die mit weit mehr aufzuwarten hat als lediglich mit dem Hass auf Israel. Selbstverständlich ist er gegen Israel, aber darüber hinaus fordert er das Ende der US-Militäraktionen gegen den Irak, tritt für die Herstellung einer »muslimischen« Atomwaffe ein, bezeichnet den Angriff gegen militärische und zivile Ziele der Amerikaner weltweit wegen der fortgesetzten Präsenz von US-Truppen im Golf als religiöse Pflicht, kritisiert die Regierungen von Ländern wie Ägypten und Saudi-Arabien, weil sie es ablehnen, das nach seiner Definition wahre islamische Recht einzuführen, und unterstützt eine Vielzahl Heiliger Kriege rund um den Globus.

Was am wichtigsten ist: Während die staatlich unterstützten arabischen Terrorgruppen der achtziger Jahre mittlerweile zum größten Teil aus dem Geschäft sind, planen Bin Ladens *al-Qa'ida* und deren Tochterorganisationen ständig neue Einsätze. Und der Erfolg der Anschläge vom 11. September wird dem ohnehin siegessicheren Bin Laden, der den Erfolg zweifellos als Zeichen von Gottes Gnade wertet, nur neuen Mut machen.

Auch dürfen wir nicht vergessen, welches Aufsehen er erregt. In einer zunehmend globalisierten Kultur beeinflussen Bin Ladens Gedanken die Überzeugungen und Aktionen militanter Islamisten vom Jemen über Kenia bis nach England. Zum Teil liegt das schlicht an unserer Zeit: Im 21. Jahrhundert ist die Kommunikation einfacher denn je, und eine Nachricht von Bin Laden kann sich mit einer Geschwindigkeit und in einem Umkreis ausbreiten, wie sie vor zwei Jahrzehnten noch unvorstellbar waren. Bin Ladens Interviews gegenüber CNN, *Time* und *Newsweek* gingen um die Welt. Arabische Medien wie der Fernsehsender al-Dschazira in Qatar und die Londoner Zeitung *al-Quds al-Arabi* verbreiten Mitteilungen über Bin Laden im ganzen islamischen Orient, und ihre Berichte werden wiederum von westlichen Fernsehsendern und Nachrichtenagenturen aufgegriffen.

Auf das Unternehmen Heiliger Krieg, Inc., hatte das Internet einen ebenso großen Einfluss wie auf viele andere Geschäftsbereiche. Das Rekrutierungsvideo von *al-Qa'ida* aus dem Jahr 2001 wurde in DVD-Format umgewandelt, so dass es sich leicht per Computer kopieren lässt, und in mehrere Chatrooms gestellt.[49] Auch mehrere Websites sind Bin Laden und den heiligen Kriegern gewidmet, etwa die – seit den Anschlägen vom 11. September schwer zugängliche – *azzam.com* mit Sitz in London, die ein breites Spektrum von Produkten und Dienstleistungen anbieten.[50] *Azzam.com* beschreibt das Leben heiliger Krieger, die bei Konflikten rund um die Welt den Märtyrertod fanden, bietet Videokassetten über diese Kriege an, bringt Interviews mit *dschihad*-Führern und verkauft Bücher von den Anführern der *dschihad*-Bewegung.[51]

Die Reichweite dieser Website lässt sich an der Reaktion auf den Tod eines Saudis namens Challad al-Madani ermessen, der im Februar 2000 in Tschetschenien unter dem Befehl eines Protegés von Bin Laden gekämpft hatte: Innerhalb eines einzigen Tages erhielt al-Madanis Familie eine Flut von Solidaritätsbekundungen aus Südafrika, den Vereinigten Staaten, dem Libanon, Malaysia, Kanada, Neuseeland, Saudi-Arabien, der Türkei, Sri Lanka und Indien.[52]

Die Welt der letzten zehn Jahre in ihrem raschen Globalisierungsprozess ist Gegenstand mancher Lobeshymnen, aber die triumphalen Befürworter der Globalisierung machten den verständlichen Fehler, den »Fortschritt« mit einer Verbesserung der moralischen Verfassung des Menschen zu verwechseln. Die katholische Lehre von der Erbsünde bleibt hier ein nützliches Konzept, und es stimmt zwar, dass die Globalisierung vielen Menschen die Vorzüge offener Grenzen, blitzschneller Kommunikation über das Internet, freierer Märkte und billiger Reisen gebracht hat, aber in ebendieser neuen Umgebung gedieh auch Heiliger Krieg, Inc. Eine globalisierte Welt brachte allen möglichen nichtstaatlichen Akteuren Nutzen, von AOL über Amnesty International bis zu *al-Qa'ida.* Letztere wurde sogar als perfekte nichtstaatliche Organisation beschrieben.[53]

In den siebziger und achtziger Jahren waren die Terrorgruppen aus Nahost noch darauf angewiesen, dass Staaten ihnen für ihre Aktionen Geld und Infrastruktur zur Verfügung stellten. (Der Archetyp dieses Modells war die Organisation von Abu Nidal, deren Serienmorde und Entführungen in den siebziger Jahren erst vom Irak und später, in den Achtzigern, von Syrien und Libyen finanziert wurden.) Bin Laden dagegen ist reich genug, um weitgehend unabhängig von Geldgebern operieren zu können, während die rasch voranschreitende, von neuen Technologien beschleunigte Globalisierung dafür sorgt, dass die heiligen Krieger von Aserbaidschan bis zum Jemen per Mausklick seine Botschaft empfangen können. Das Unternehmen Heiliger Krieg, Inc., stellt also eine *Privatisierung* des Terrorismus dar, die sich mit der Umwandlung staatlicher Industrien in privatwirtschaftliche Unternehmen vergleichen lässt, die viele Länder in den vergangenen zehn Jahren vollzogen haben.

Nichts unterstreicht diese Entwicklung besser als folgender Gegensatz: 1986 bombardierten die Amerikaner Ziele in Libyen zur Strafe für die Mitschuld der libyschen *Regierung* am Tod mehrerer in der BRD stationierter US-Soldaten. 1998 griff die US Navy das *Individuum* Bin Laden wegen seiner Beteiligung an den Anschlägen auf die US-Botschaften in Afrika mit Marschflugkörpern an.

Auch qualitativ unterscheidet sich Bin Ladens Botschaft von den Parolen früherer militanter Araber, die sich auf die vorwiegend politischen Ziele Panarabismus oder Schaffung eines Palästinenserstaates konzentrierten. Bin Laden hingegen führt tatsächlich einen Religionskrieg, sein Vorgehen wird von den *ulama*, den islamischen Theologen und Rechtsgelehrten, gebilligt, und er hat sich von ganzem Herzen der radikalsten Auslegung des *dschihad* verschrieben: nicht nur gegen den ungläubigen Westen, sondern auch gegen jedes »abtrünnige« Regime im Nahen und Mittleren Osten sowie gegen Länder wie Indien oder Russland, die Muslime unterdrücken.

Auch die auf breiterer Basis angelegten militant-islamistischen Bewegungen, die sich von Bin Laden inspirieren lassen, halten sich an das Modell Heiliger Krieg, Inc. Die Anführer dieser Bewegungen sind in der Regel gebildete Männer, die sich bei ihren diversen heiligen Kriegen die neuesten technischen Errungenschaften zu Nutze machen.

1999 besuchte ich Abdullah Muntazir, den Sprecher der pakistanischen Laschkar-i Taijiba, der größten militanten Organisation der Kaschmiris, gegründet 1985 als afghanische *dschihad*-

Gruppe. Gekleidet in die pakistanische Tracht *schalwar qamis* – sowie eine Jeansjacke –, war Muntazir, der an der Universität Mathematik und in Afghanistan die Guerilla-Taktik studiert hat, das Paradebeispiel für eine Verschmelzung von Ost und West. Es war Ramadan, und er hielt sich an das Fastengebot, bot mir jedoch eine Tasse Tee an. Das kleine Büro der Organisation in Islamabad quoll von Faxgeräten und Computern förmlich über. Muntazir hatte soeben eine Website tschetschenischer Rebellen besichtigt, die Laschkar im Krieg gegen die Russen mit Spenden unterstützt.

»Diese Technik ist eine feine Sache«, sagte Muntazir und deutete auf seinen Gerätepark, »aber die Zivilisation des Westens lehnen wir ab.«

Ein Beispiel für das Phänomen Heiliger Krieg, Inc., ist auch die Islamische Armee Aden, eine Tochterorganisation von *al-Qa'ida*, die ihren Stützpunkt im Südjemen hat und im Dezember 1998 eine Gruppe westlicher Touristen entführte.[54] Die Kidnapper waren mit einem Satellitentelefon ausgestattet. Ihr Pressesprecher ist Abu Hamza, ein ägyptischer Ingenieur und mittlerweile britischer Staatsbürger, der eine ausführliche Website betreibt, auf der militante Islamisten sich gegenseitig Tipps geben, wie man zu einer *dschihad*-Ausbildung oder zu einem Postbankkonto für terroristische Vereinigungen kommt.

Die algerische Groupe Islamique Armé (Bewaffnete Islamistische Gruppe), eine Organisation, die sich nach ihren französischen Initialen GIA nennt, unterhält enge Verbindungen zu *al-Qa'ida* und veranschaulicht die internationale Reichweite des Unternehmens Heiliger Krieg, Inc. In den letzten zehn Jahren war die GIA auf vier Kontinenten aktiv. Mitglieder der Gruppe raubten in Belgien Banken aus, organisierten terroristische Zellen in Kanada und London, verübten einen Sprengstoffanschlag auf eine Pariser Metrostation, richteten einen Passfälscherring in Europa ein, verübten ein – misslungenes – Bombenattentat auf dem Internationalen Flughafen von Los Angeles, nahmen an Bin Ladens Trainingscamps in Afghanistan teil, kämpften in Bosnien und ermordeten zahllose Zivilisten im eigenen Land.[55]

Der transnationale Charakter des Unternehmens Heiliger Krieg, Inc., und die Aneignung westlicher Technologien tritt auch in den Kriegen zu Tage, die seit 1994 Tschetschenien verwüsten.

Einer der Anführer des tschetschenischen Widerstands ist ein Saudi, der unter dem Namen Chattab auftritt. Chattab kämpfte in Afghanistan unter Bin Laden, bevor er nach Tschetschenien weiterzog, wo er am Ausbruch des zweiten Tschetschenien-Krieges 1999 maßgeblich beteiligt war. Tschetschenische Gruppen betreiben Websites in mehr als einem Dutzend Sprachen, von Albanisch bis Schwedisch.[56] Das Rekrutierungsvideo von *al-Qa'ida*, das im Real-Player-Format aus dem Netz heruntergeladen werden kann, rühmt Chattabs Leistungen. Tschetschenen verfeinern ihre Kampftechniken in afghanischen Trainingslagern, und Absolventen religiöser Schulen aus Pakistan kämpfen an der Seite tschetschenischer Rebellen.[57]

Während die Fußsoldaten des Unternehmens Heiliger Krieg, Inc., verteilt auf ein Dutzend Länder rund um die Welt, auf globaler Ebene operieren, sind die ideologischen Wurzeln und die prägenden Erfahrungen der heiligen Krieger meist an ein und demselben Ort zu finden – in Afghanistan, wohin es viele von ihnen während des sowjetisch-afghanischen Krieges verschlagen hat. Wie Tausende seiner Anhänger verzichtete auch Osama bin Laden auf sein komfortables Leben auf der Arabischen Halbinsel, um sich den Gefahren des Afghanistan-Krieges auszusetzen. Aus dieser Feuerprobe ging er gestählt als heiliger Krieger hervor.

KAPITEL 2

Der afghanische *dschihad:* Wie ein heiliger Krieger entsteht

»Die Krönung dieser Religion ist der *dschihad.*«

Osama bin Laden über seine Erfahrung im Afghanistan-Krieg[1]

»Der Tod des Märtyrers für die Einigung aller Menschen unter Gott und seinem Wort ist der glücklichste, beste, leichteste und tugendhafteste aller Tode.«[2]

Der mittelalterliche muslimische Gelehrte Taqi ud-Din ibn Taimija, der oft von Bin Laden zitiert wird

Wie auch sonst, fängt man mit dieser Geschichte am besten am Anfang an, und die Familiensaga der Bin Ladens beginnt nicht in Riad, Saudi-Arabien, wo Osama 1957 geboren wurde, sondern mehrere hundert Meilen weiter südlich, im jemenitischen Hadramaut, wo die Bin Ladens herstammen.[3]

Hadramaut ist eine weite, von einer gnadenlosen Sonne ausgedörrte Wüsten- und Gebirgsregion, die im Norden an das »Leere Viertel« Saudi-Arabiens, im Süden ans Arabische Meer grenzt. In Hadramaut glaubt man sich ins Mittelalter zurückversetzt, wie in Afghanistan, das Osama bin Laden in den letzten zwanzig Jahren gelegentlich zu seiner Wahlheimat machte. Die moderne Welt hat in den verarmten Dörfern aus Lehmziegelhäusern, in denen der Esel das übliche Transportmittel ist, noch kaum Einzug gehalten.

In dem harten Klima von Hadramaut, wo die Bauern mit knapper Not von der Landwirtschaft leben können, haben die Hadramis sich seit Jahrhunderten zwei anderen Erwerbszweigen zugewandt: dem Handel und dem Baugewerbe. Der Weihrauch und die Myrrhe, welche die drei Weisen aus dem Morgenland dem Christuskind brachten, könnten von den Bäumen Hadramauts gekommen sein.[4] Später reisten die Hadramis über die Meere der Welt, um vom Nahen bis zum Fernen Osten ihr Glück zu suchen. Ein Beweis ihrer Wanderlust und ihres Erfolgs sind die Sultane von Oman und Brunei, die ihre Wurzeln in Hadramaut haben.[5]

Und dann sind da die Bauten des Hadramaut. Als ich die jahrhundertealten Wolkenkratzer der Stadt Schibam erblickte, die direkt aus dem Wüstenboden bis zu fünfzehn Stockwerke hoch emporragen, wurde mir klar: Deshalb hatte Osamas Vater es im Baugewerbe zu Reichtum gebracht. Die Hadramis sind geniale Baumeister.

Im größten *wadi* (Tal) von Hadramaut, dem Wadi Dau'an, liegt das Dorf ar-Ribat, aus dem die Bin Ladens stammen. In den ersten Jahrzehnten des zwanzigsten Jahrhunderts ist aus diesem Tal, das sich über 180 Kilometer erstreckt, eine bemerkenswerte Generation von Männern nach Norden gegangen, nach Saudi-Arabien. Einige der reichsten Familien Saudi-Arabiens tragen ihre Namen: Da sind die Bin Mahfuz, die die größte Bank des Landes, die National Commercial Bank, gründeten; die al-Amudis, die mit Erdöl, Bergbau und Immobilien ein Vermögen machten; die Barum, die Kaufleute sind; und die Bin Ladens, vielleicht die reichsten von ihnen, denen der größte Baukonzern des saudischen Königreichs gehört.[6]

Diese Familien haben miteinander Geschäfte gemacht, untereinander geheiratet und aus dem Hadramaut eine eigene Kultur mitgebracht, durch die sich möglicherweise ihr weltlicher Erfolg und zugleich ihre Frömmigkeit erklärten. Im Geschäftlichen sind die Hadramis nach eigenem Verständnis sowohl genügsam als auch gewissenhaft ehrlich. Selbst wenn es sich um »Millionen und Abermillionen handelt, kommt nicht ein Rial abhanden«, erklärt Nabil al-Habschi, ein einheimischer Reiseunternehmer.[7] Dabei hält Hadramaut eisern am Islam fest. Die Frauen fahren nicht Auto, und zur Gebetszeit sind die Geschäfte geschlossen. Die Frauen in den Tälern haben so wenig Kontakt mit der Außenwelt, dass sie einen eigenen Dialekt entwickelt haben, und die Vorschrift, nach der die Frauen streng getrennt leben sollen, hat sich sogar in der Architektur niedergeschlagen; die turmartigen Häuser des Hadramaut sind Labyrinthe aus Korridoren und Sackgassen.[8]

Osamas Vater, Mohammed bin Awad bin Laden, wanderte um 1930 von Hadramaut in das Land aus, das bald zum Königreich Saudi-Arabien werden sollte.[9] Die unerschrockene englische Reiseschriftstellerin Freya Stark besuchte Hadramaut und das Heimatdorf der Bin Ladens Anfang der dreißiger Jahre. In einer Zeit, als sich kaum ein Europäer dorthin wagte, zeichnete sie ein Bild von der Gesellschaft, in der Mohammed bin Laden als junger Mann lebte. In ar-Ribat sprach Stark mit den Einheimischen über die wirtschaftlichen Verhältnisse des Wadi, in dem, wie sie festhielt, »Armut und Kleinhandel« das Bild prägten. Deshalb wohl begab sich Mohammed auf die schwierige Reise nach dem Hunderte von Meilen nordwärts gelegenen Dschidda. »Die meisten Männer des Hadramaut«, schrieb Stark, verließen ihre Heimatdörfer, um von Malaysia im Süden bis nach Ägypten im Norden Arbeit zu suchen; manchmal blieben sie zwanzig Jahre lang fort.[10]

Mohammed bin Laden folgte diesem Beispiel, kehrte allerdings nicht nach ar-Ribat zurück. Sein Bruder Abdullah, mit dem zusammen er nach Saudi-Arabien aufbrach, muss Heimweh empfunden haben, denn er baute später in ar-Ribat ein massives Lehmziegelhaus, in dem heute vier Großfamilien leben, darunter einige Verwandte Bin Ladens, die an den Milliarden der Familie ersichtlich nie Anteil hatten.[11] Das Haus ist so weiträumig, dass ein Teil heute als Dorfschule dient. Obwohl es ununterbrochen bewohnt war, ist das Haus baufällig geworden. Einige Wände sind von Graffiti verunziert, und die Fenstersimse sind am Verrotten. Die reichen Bin Ladens sind 1997 zum letzten Mal in ar-Ribat aufgekreuzt; damals erschienen einige Frauen aus dem Dorf, die in die Familie eingeheiratet hatten, zu einem regelrechten dreitägigen Staatsbesuch. Die Bin Ladens unterstützen weiterhin ein Bewässerungsprojekt, das den Anbau von Datteln und Weizen ermöglicht, und man hört, dass das Familienunternehmen der Bin Ladens im Dorf ein kleines Büro eröffnen will.[12]

In Dschidda angekommen, fand Mohammed zunächst Arbeit als Gepäckträger. Dschidda ist eine Durchgangsstation für unzählige Pilger, die sich auf den *hadschdsch* begeben haben, die Pilgerfahrt in die benachbarte heilige Stadt Mekka. Bevor die Gelder aus dem Erdölgeschäft sprudelten, waren die Dienstleistungen für die Pilger eine der wichtigsten Einnahmequellen für die Familie

Sa'ud. In einem Empfangsraum seines Palastes stellte Mohammed stolz seine Gepäckträgertasche aus.

1931 gründete Mohammed ein Bauunternehmen, das sich glänzend entwickelte.[13] Andere Hadramis zogen nach, um für die neue Firma zu arbeiten. Der Reiseunternehmer Nabil al-Habschi sagt, sein Vater sei 1945 mit fünfzehn Jahren aufgebrochen. »Er war für die Familie Bin Laden tätig und baute Villen«, erzählte al-Habschi. »Er war zehn Jahre in Saudi-Arabien und hat sich so viel zusammengespart, dass er ein kleines Bekleidungsgeschäft erwerben konnte.«[14]

In den fünfziger Jahren, als König Sa'ud regierte, bekam Mohammed, weil er andere Firmen unterbot, Aufträge für die königlichen Paläste. Sa'ud war von ihm beeindruckt, doch kam Mohammed auch mit anderen Mitgliedern der königlichen Familie in engen Kontakt, besonders mit Sa'uds Bruder Faisal.[15] König Faisal ernannte Mohammed für einige Zeit zum Minister für öffentliche Arbeiten, und man sagte dem Bauunternehmen Bin Laden nach, es sei »die private Baufirma des Königs«.[16]

In dieser Zeit schob Mohammed bin Laden auch die Karriere eines anderen saudischen Milliardärs an, Adnan Khashoggi, der im Westen bekannt ist durch seinen aufwändigen Lebensstil, seine Statistenrolle im Iran-Contra-Skandal und seinen Neffen Dodi Fayed, der zusammen mit Prinzessin Diana in Paris bei einem Autounfall starb. Anfang der fünfziger Jahre brauchte Mohammed für seine Baufirma dringend ein paar Lastwagen. Khashoggi konnte in den Vereinigten Staaten eine Lieferung im Wert von 500 000 Dollar vereinbaren, für die Mohammed ihm eine Kommission von 50 000 Dollar zahlte. Es war Khashoggis erster Geschäftsabschluss.[17]

Osama – im Arabischen bedeutet der Name »Löwe« – wurde am 10. März 1957 in Riad geboren.[18] Seine Familie zog, als er ein halbes Jahr alt war, nach Medina und wohnte später abwechselnd in Dschidda und in den heiligen Städten Mekka und Medina.[19] Osama war der siebzehnte Sohn Mohammeds, der mit mehreren Ehefrauen rund fünfzig Söhne und Töchter zeugte. Mohammed wusste manchmal nicht, welches Kind er von welcher Frau hatte.[20] Osamas Mutter, eine Syrerin, gebar Mohammed noch einige Töchter, aber keinen weiteren Sohn.[21] Eine Person, die von der

Familie bevollmächtigt war, mir Auskunft zu geben, erklärte, die Bin Ladens betrachteten Osamas Mutter nicht mehr als zur Familie gehörend, weil sie vor Jahrzehnten von Osamas Vater geschieden wurde. Chalid al-Umari, ein jemenitischer Verwandter der Bin Ladens, meint, Osamas Mutter habe wieder geheiratet. Sie hat immer noch Verbindung zu ihrem Sohn; Anfang der neunziger Jahre besuchte sie ihn im Sudan und Anfang des Jahres 2001 in Afghanistan, um an der Hochzeit eines ihrer Enkelsöhne teilzunehmen.[22]

Die ganze Familie Bin Laden ist fromm, und so wird sie sehr stolz gewesen sein, als sie Ende der sechziger Jahre gebeten wurde, am Wiederaufbau der von einem geistesgestörten Australier in Brand gesteckten al-Aqsa-Moschee in Jerusalem mitzuwirken – jener Stätte, an die der Prophet auf seiner Nachtreise von Mekka aus versetzt wurde.[23] Das Familienunternehmen renovierte auch die heiligen Stätten in Mekka und Medina, und so können die Bin Ladens mit berechtigtem Stolz behaupten, die drei heiligsten Stätten des Islam baulich saniert zu haben. Osama bin Laden sagte 1999 in einem Interview: »Weil Gott ihm gnädig war, hat [mein Vater] manchmal an einem einzigen Tag in allen drei Moscheen [dieser Städte] gebetet.«[24]

Es ist denn auch nicht verwunderlich, dass Mohammed, der ein unnachsichtiger Arbeitgeber war, seinen Kindern eine strenge, religiöse Erziehung gab, die neben der Frömmigkeit den Respekt vor dem Familienunternehmen betonte. Schon in jungen Jahren arbeitete Osama auf den Straßenbaustellen des väterlichen Unternehmens.[25] Auch wurde Osama schon als Kind ausgiebig mit der islamischen Lehre konfrontiert, wenn sein Vater während des *hadschdsch* Hunderte von Pilgern, darunter Führer von muslimischen Bewegungen und höhere *ulama,* Religionsgelehrte, bei sich aufnahm.

Im Jahr 1967, als Osama zehn war, kam sein Vater bei einem Flugzeugabsturz ums Leben. Mohammeds Vermögen ging in Form von Aktien des Familienunternehmens auf seine Kinder über.[26] Das Geschäft übernahm Osamas ältester Bruder Salim, der zehn Jahre älter war als er. Er hatte eine piekfeine Privatschule in England besucht und heiratete Caroline Carey, die aus einer englischen Oberschichtfamilie stammte; ihr Stiefvater ist der Marquis von Queensberry. Salim spielte gern Gitarre und unterhielt eine Flotte von Düsenflugzeugen, die er selbst flog, wobei er zur Überraschung seiner Fluggäste manchmal Flugkunststücke vollführte. Salim fungierte als eine Art Hofnarr bei König Fahd, der ihn, wie viele andere, amüsant und originell fand und ihm etliche lukrative Aufträge zukommen ließ.

Victor Henderson, ein britischer Diplomat, der 1969 nach Saudi-Arabien entsandt wurde, sagt, die Bin Ladens hätten Anfang der siebziger Jahre praktisch schon zum saudischen Establishment gehört, nachdem sie die wichtige Fernstraße von Dschidda nach Ta'if gebaut hatten.[27] Salim machte aus dem Familienunternehmen dann einen internationalen Mischkonzern, der neben dem Kernbereich Bauen auch Industrie- und Energieprojekte, Erdölexploration, Bergbau und Telekommunikation umfasste.[28]

Salim hatte, anders als sein jüngerer Bruder Osama, eine Schwäche für die Vereinigten Staaten. 1976 bat er James Bath, einen Geschäftsmann aus Houston, der gute Beziehungen hatte, die Interessen des Familienunternehmens Bin Laden in den USA zu vertreten.[29] Im folgenden Jahr erwarb Bath für Salim eine Firma, die Flugzeuge vermietete.[30] Bath war zum Beispiel mit George W. Bush befreundet, damals ein aufstrebender Unternehmer in der Ölbranche, dessen Vater Direktor der CIA war und 1980 als Ronald Reagans Kandidat für die Vizepräsidentschaft antreten sollte.[31] 1979 oder 1980 sollte Bath seinem alten Kumpel George, mit dem er bei der Texas Air National Guard gedient hatte, ferner dadurch aushelfen, dass er 50 000 Dollar in dessen erste Operation im Energiesektor steckte, eine Firma namens Arbusto (das spanische Wort für »Busch« oder, um genau zu sein, »Strauch«), an der er sich mit fünf Prozent beteiligte.[32]

Salim erwarb ein Haus in Orlando, wo er oft Urlaub machte, wenn er sich in den Vereinigten Staaten aufhielt. Wie schon sein Vater kam auch Salim bei einem Flugunfall ums Leben, als ein Ultraleichtflugzeug, das er steuerte, 1988 bei San Antonio (Texas) in eine Überlandleitung hineinflog.[33]

Obwohl Salim vorzeitig starb, haben die Bin Ladens zahlreiche Bindungen zu den Vereinigten Staaten aufrechterhalten. Einige wohnen im Lande (das sie allerdings nach dem Anschlag vom 11. September aus Angst um ihre Sicherheit fluchtartig verließen); die Familie hat Grundbesitz in New Jersey und Texas;[34] an der Universität Harvard gibt es ein Forschungsstipendium für islamische Architektur, das nach der Familie benannt ist; und einer von Osamas Brüdern gehörte zum Aufsichtsrat einer Tochtergesellschaft des amerikanischen Kommunikationsgiganten Motorola. Das Familienunternehmen unterhält außerdem ein Zweigbüro in Maryland, beschäftigt eine PR-Agentur in Manhattan und lässt sich in rechtlichen Dingen von der erstklassigen Anwaltskanzlei Sullivan & Cromwell beraten.[35]

Das Familienunternehmen führt jetzt ein anderer Bruder Osamas, Bakr, als Vorsitzender der Saudi Binladin Group (SBG). Auch die übrigen Führungspositionen in der Firma nehmen Brüder ein: Vizevorsitzender ist Jahja, Präsident ist Umar, und Vizepräsident ist Hasan.[36] Ein weiterer Bruder, Islam, sitzt in Genf und wickelt die Finanzgeschäfte der Familie ab.

Aus der Firmengruppe Bin Laden war bis Mitte der neunziger Jahre ein Riesenunternehmen geworden, dessen Wert auf fünf Milliarden Dollar geschätzt wurde.[37] 1999 beschäftigte das Stammunternehmen der Familie, die SBG, 37 000 Mitarbeiter.[38] Von den Bauprojekten der SBG aus den letzten Jahren seien genannt: die Erneuerung der Rollbahnen des Kairoer Flughafens, der Umbau des Flughafens Aden (Jemen), die Errichtung einer neuen Vorstadt Kairos, ein Hyatt-Hotel in Amman (Jordanien), ein Seebad in Latakia (Syrien), eine Moschee in Kuala Lumpur, ein dreißiggeschossiges Bürogebäude in Riad und ein 150 Millionen Dollar teurer US-Stützpunkt für über viertausend Soldaten in Saudi-Arabien.[39] (Es ist eine Ironie, dass dieser Stützpunkt nach zwei Bombenanschlägen auf amerikanische Militärunterkünfte in Riad und Zahran Mitte der neunziger Jahre direkt in die saudische Wüste gesetzt wurde. Zumindest einer dieser Anschläge wurde teilweise von Osama bin Laden inspiriert. Und es ist nochmals eine Ironie, dass Planer des US-Verteidigungsministeriums im September 2001 erklärten, dieser Stützpunkt könne von Flugzeugen für Schläge gegen Bin Ladens Zufluchtsorte in Afghanistan genutzt werden.)

Die Diversifizierung des Familienunternehmens Bin Laden erstreckt sich inzwischen auf die unterschiedlichsten Geschäftsbereiche, von der Herstellung von Kfz-Ersatzteilen bis zur Verwaltung von Kurbädern in Saudi-Arabien.[40] Einer der Familie nahe stehenden Quelle zufolge verfügen die Bin Ladens über einen ausgedehnten Immobilienbesitz in Dubai, dem winzigen Stadtstaat-Emirat. Und nach einer anderen Quelle, die mit den Geschäften der Bin Ladens vertraut ist, ist ein Großteil des Besitzes der Familie in Grundbesitz in Saudi-Arabien angelegt.

SBG ist außerdem der Generalvertreter für Snapple-Getränke sowie für Volkswagen- und Porsche-Autos im Nahen und Mittleren Osten und hat eine Lizenz von Disney, auf der Grundlage seiner Zeichentrickfilme eine Vielzahl arabischer Bücher zu produzieren. Wenn Sie irgendwo im Nahen Osten in einem Hard Rock Café einen Hamburger bestellen, streicht die Familie Bin Laden von dem Gewinn einen Happen ein.[41] Und als Motorola Ende der neunziger Jahre sein schließlich gescheitertes Iridium-Projekt startete, das auf der Basis von 66 Satelliten in erdnahen Umlaufbahnen ein weltweites Netz für Mobiltelefone schaffen wollte, war SBG als Investor mit von der Partie. SBG trägt weiterhin die Unterhaltung und Renovierung der Moscheen von Mekka und Medina und hat deren Fassungsvermögen auf jeweils eine Million Gläubige erweitert.

Während Salim die Geschäfte der Familie übernahm, ließ Osama in wachsendem Maße jene Religiosität erkennen, die sein ganzes Leben prägte. Mit siebzehn heiratete er eine syrische Verwandte, die erste von vier Ehefrauen.[42] Bald darauf bezog er die angesehene König-Abd-ul-Aziz-Universität in Dschidda, an der er sein Studium 1981 mit einem Diplom in Wirtschaftswissenschaft und öffentlicher Verwaltung abschloss.[43]

Dort kam Osama erstmals mit der Muslimbruderschaft, einer islamistischen Vereinigung, in Berührung, und er geriet erstmals in den Bann zweier bedeutender Islamgelehrter, Abdullah Azzam und Mohammed Qutb. Der Einfluss dieser Männer auf Bin Laden darf nicht unterschätzt werden – es ist so, als hätte er sich von Ronald Reagan und dem Bruder von Milton Friedman über den Kapitalismus belehren lassen. Azzam sollte anschließend das erste wirklich internationale Netzwerk heiliger Krieger schaffen, und Mohammed Qutb, selbst ein bekannter islamistischer Gelehrter, war der Bruder von Saijid Qutb, der *Wegzeichen*, den Schlüsseltext der *dschihad*-Bewegung, verfasste. Nachdem Saijid Qutb 1966 in Ägypten hingerichtet worden war, sollte Mohammed zum Hüter der Flamme seines Bruders und zum Hauptinterpreten seiner schriftlichen Werke werden.[44]

Diese Schriften sollten einen tiefen Eindruck auf Bin Laden und die mit ihm verbündeten Islamisten hinterlassen. Die modernen Gesellschaften, auch die Mehrzahl der muslimischen Gesellschaften, befinden sich, so Qutb, in der *dschahilija*, dem Zustand der Unwissenheit, der vor den vollkommenen Offenbarungen des Koran im vorislamischen Arabien herrschte.[45] Echte Muslime müssen sich aus den »Fängen der *dschahili* Gesellschaft« befreien, und das kann nur durch den *dschihad* geschehen. Qutb zieht über die Vorstellung her, der *dschihad* sei ein bloßer Verteidigungskrieg, wie es einige Verse des Koran nahe legen. Wer so argumentiert, sagt Qutb, »setzt die Größe der islamischen Lebensauffassung herab«.[46] Implizit behauptet Qutb, diese Ordnung werde durch einen offensiven *dschihad* gegen die Feinde des Islam geschaffen, seien es nun nichtislamische Gesellschaften oder muslimische Gesellschaften, die sich nicht an die Vorschriften des Koran halten. Dies ist das ideologische Fundament der Anhänger Bin Ladens, die nicht nur den Westen ins Visier nehmen, sondern auch muslimische Regime wie Saudi-Arabien, die in ihren Augen Abtrünnige sind.

Diese Ideen nahm Bin Laden 1979 in sich auf, einem Jahr, das in der ganzen muslimischen Welt von ungeheurer Unruhe erfüllt war. Im muslimischen Kalender begann ein neues Jahrhundert, seit jeher eine Zeit der Veränderung.[47] Und es gab wahrlich Veränderungen. Im Januar stürzte der Schah von Iran, und Ajatollah Chomeini kehrte nach Teheran zurück. Im März schlossen – zur Bestürzung vieler Muslime – Ägypten und Israel ein Friedensabkommen. Im November kam die schockierende Nachricht, dass bewaffnete islamistische Kämpfer sich des Allerheiligsten des Islam, der Großen Moschee in Mekka, bemächtigt hatten und sich tagelang mit den Sicherheitskräften blutige Gefechte lieferten, die Hunderte von Menschenleben forderten und dem Ansehen des Hauses Sa'ud schweren Schaden zufügten.[48] Ende Dezember drangen schließlich die Sowjets in Afghanistan ein. Das war wohl die erschütterndste Nachricht: Die gottlosen Kommunisten hatten mit Gewalt ein souveränes muslimisches Land eingenommen.

Die Invasion war ein Vorgang von außergewöhnlicher Bedeutung für den Westen. Präsident Carter, der bis dahin eine maßvolle Haltung gegenüber den Sowjets eingenommen hatte, vertrat jetzt eine harte Linie. Doch am stärksten war das Echo in der muslimischen Welt. So wie in den dreißiger Jahren eine internationale Schar von Sozialisten – Männer wie George Orwell, Ernest Hemingway und John Dos Passos – nach Spanien gegangen war, um gegen die Franco-Faschisten zu kämpfen, zogen nun Muslime aus allen Ländern in den achtziger Jahren in den afghanischen Krieg gegen die Sowjetunion.

Der sowjetische Krieg in Afghanistan war einer der brutalsten Kriege unserer brutalen Epoche, denn die Sowjets töteten über eine Million Menschen und trieben rund fünf Millionen, ein Drittel der Bevölkerung, ins Exil. Er war zugleich einer der bedeutendsten Konflikte seit dem Zweiten Weltkrieg, denn er widerlegte die Legende von der unschlagbaren sowjetischen Militärmaschine. Außerdem war er paradoxerweise einer der Kriege der letzten Jahrzehnte, über die am wenigsten berichtet wurde. Wie der Historiker Robert D. Kaplan gezeigt hat, kamen in Afghanistan mindestens zehn Mal so viele Menschen um wie in den Bürgerkriegen, die seit 1975 im Libanon tobten, doch »Afghanistan, das, was das Ausmaß der Leiden betrifft, alle anderen militärischen Konflikte der achtziger Jahre weit übertraf, wurde ganz einfach beinahe unbewusst ignoriert«.[49]

Das war kein Wunder. Journalisten, die nach Afghanistan gingen, mussten einiges ertragen: wochenlange Fußmärsche durch schwierigstes Gelände, in ständiger Furcht, von Kampfhubschraubern angegriffen zu werden, mit Reis verpflegt, wenn sie Glück hatten, und dauernd in der Gefahr, sich eine von vielen unangenehmen Krankheiten zuzuziehen. Ganz anders im Vietnam-Krieg: Da konnte ein Reporter mit einem Armee-Hubschrauber an die Front fliegen und schon am Nachmittag wieder am Swimmingpool des Hotels sitzen und sich ein kühles Bierchen gönnen. Damit sollen nicht die vielen tapferen Reporter in Vietnam herabgewürdigt werden; es soll nichts anderes besagen, als dass die Risiken für jene, die über den Afghanistan-Krieg berichteten, um Größenordnungen höher waren, während das Interesse der Nachrichtenredakteure um Größenordnungen geringer war, weil keine amerikanischen Soldaten im Einsatz waren.

Der Journalist Rob Schultheis gehörte zu den wenigen Bewundernswerten, die wiederholt nach Afghanistan hineinfuhren. Er sprach vom »heiligsten aller Kriege« und schrieb den denkwürdigen Satz: »Diese verzweifelt tapferen Krieger, mit denen ich marschierte, und ihre Familien, die so sehr für ihren Glauben und ihre Freiheit litten und noch immer nicht frei sind, sie waren wahrlich das Volk Gottes.«[50]

Wenn überhaupt ein Konflikt verdiente, ein gerechter *dschihad* genannt zu werden, dann war es jedenfalls der Krieg gegen die Sowjets in Afghanistan. Ohne provoziert worden zu sein, überfiel eine Supermacht ein überwiegend bäuerliches Land und zwang ihm einen totalen, totalitären Krieg auf. Die Bevölkerung erhob sich unter dem Banner des Islam, um die Ungläubigen zu vertreiben. Eine unabhängige Menschenrechtsorganisation fasste das unverzeihliche Vorgehen der Russen 1985 folgendermaßen zusammen: »Die sowjetische Luftwaffe bombardiert besiedelte Gebiete … und tötet unzählige Dorfbewohner. Sowjetische Bodentruppen, mittlerweile durch Sonderkommandos verstärkt, haben noch größere Blutbäder angerichtet, ohne zwischen Kämpfern und Zivilbevölkerung zu unterscheiden. Die Sowjets legen nach wie vor in bewohnten Gebieten Antipersonenminen aus.«[51] Afghanistan sollte zu einem der am schwersten verminten Länder der Erde werden.

Bei ihrem Vorgehen verschwendeten die Sowjets offenbar keinen Gedanken an die Geschichte Afghanistans. Von der Mitte des neunzehnten bis zum Beginn des zwanzigsten Jahrhunderts hatten die Briten, damals die Supermacht der Welt, die widerspenstigen Afghanen in drei Kriegen zu unterwerfen versucht. Letztlich mussten die Briten einsehen, dass sie mit der Besetzung Afghanistans das Unglück herausforderten. Sie zogen es daher vor, auf indirekte Weise Einfluss auf das Land zu nehmen.

Ein britischer Bericht über eine Schlacht im Ersten Afghanischen Krieg sagt alles, was man über den Kampfgeist der Afghanen wissen muss: »In der Militärgeschichte dieses Landes [England] gibt es keine dunklere Seite als die Vernichtung einer beträchtlichen britischen Streitmacht in den schrecklichen Engpässen zwischen Kabul und Dschalalabad im Januar 1842 … Dr. Brydon [ein britischer Arzt] kam lebend in Dschalalabad an, der einzige Überlebende von viertausendfünfhundert Mann der kämpfenden Truppe und zwölftausend Mann Begleitpersonal.«[52]

Bis vor kurzem hing eine Kopie eines berühmten viktorianischen Ölgemäldes von jenem Dr. Brydon im American Club in Peschawar. Brydon, den man später den Todesboten nannte, hängt verwundet auf seinem erschöpften Pony, der einzige Zeuge der Vernichtung einer ganzen britischen Armee.[53] Hätten die Gerontokraten im Kreml dieses Gemälde gesehen, bevor sie mit ihrer unseligen Invasion begannen, hätten sie Afghanistan möglicherweise verschont und ihre Bekanntschaft mit dem Kehrichthaufen der Geschichte hinausgeschoben.

Nur wenige Wochen nach der sowjetischen Invasion stimmte Bin Laden, damals zweiundzwanzig, mit den Füßen und mit seiner Brieftasche ab und brach nach Pakistan auf, um sich mit den afghanischen Führern Burhanuddin Rabbani und Abd ur-Rasul Saijaf zu treffen, die er zuvor anlässlich des Hadschdsch kennen gelernt hatte. Anschließend kehrte er nach Saudi-Arabien zurück und warb bei Verwandten und Freunden um Geldmittel zur Unterstützung der *mudschahidin*, und zwischendurch reiste er immer wieder kurz nach Pakistan, um auch dort Geld aufzutreiben.

Bin Laden, der sich durch die Mitarbeit im väterlichen Bauunternehmen schon mit Abbrucharbeiten auskannte, reiste dann Anfang der achtziger Jahre erstmals selbst nach Afghanistan und brachte Hunderte von Tonnen Baumaschinen, Bulldozer, Bagger, Kipper und Geräte zum Bau von Gräben mit, die er den *mudschahidin* zur Verfügung stellte, für den Bau einfacher Straßen, die Schaffung von Schutztunneln in den Bergen und die Errichtung behelfsmäßiger Krankenhäuser.[54] Die Anhänger Bin Ladens begannen derweil in dem stark verminten Gelände Afghanistans mit Minenräumaktionen.[55]

Obwohl die Vereinigten Staaten ebenfalls die *mudschahidin* unterstützten, schürte Bin Laden bereits in den frühen achtziger Jahren anti-amerikanische Stimmungen. Chalid al-Fauwaz, Bin Ladens Londoner Verbindungsmann, erinnert sich, dass sein Freund 1982 die Muslime aufforderte, amerikanische Waren zu boykottieren. 1999 erklärte Bin Laden in einem Interview, er habe Mitte der achtziger Jahre in Vorträgen in Saudi-Arabien gefordert, die US-Streitkräfte anzugreifen und amerikanische Waren zu boykottieren.[56]

1984 errichtete Bin Laden in Peschawar ein Gästehaus für Muslime, die am *dschihad* teilnehmen wollten. Er nannte es *Bait al-Ansar,* Haus der Helfer, in Anspielung auf die Medinenser, die dem Propheten Mohammed halfen, als er aus Mekka nach Medina fliehen musste.[57] Anfangs war das Haus nur eine Zwischenstation für jene, die zur Ausbildung bei einer der afghanischen Splittergruppen weitergeschickt wurden. Später ging Bin Laden dazu über, eigene militärische Operationen zu planen. Als Bin Laden *Bait al-Ansar* gründete, schuf sein ehemaliger Professor Abdullah Azzam in Peschawar den *Maktab al-Chadamat,* das Dienstleistungsbüro.[58] Das Dienstleistungsbüro brachte Berichte über den Afghanistan-Krieg heraus und warb weltweit Muslime für den *dschihad* an. Im Wesentlichen wurde es von Bin Laden finanziert. Am Ende gab es in Peschawar rund ein Dutzend Gästehäuser, die unter der Ägide des Dienstleistungsbüros standen.[59]

Azzam war zugleich der ideologische Pate und der weltweite Anwerber *par excellence* für Muslime, die am afghanischen *dschihad* teilnehmen wollten, und er sollte dank seines Rufes als muslimischer Gelehrter und seiner größeren Weltkenntnis erheblichen Einfluss auf Bin Laden ausüben. Der palästinensische Journalist Dschamal Isma'il, der in den achtziger Jahren in Peschawar studierte und nach 1984 des Öfteren mit Bin Laden zusammentraf, erklärte: »Azzam hat Osama dazu gebracht, die arabischen Freiwilligen, die nach Afghanistan kamen, zu finanzieren.« Bin Laden selbst bezeichnete Azzam im Gespräch mit einem arabischsprachigen Fernsehsender als »einen Mann, der einer Nation würdig ist«.[60] Diejenigen, die Azzam und Bin Laden aus dieser Zeit kennen, fanden Azzam eloquent und charismatisch, während Bin Laden, der damals Mitte zwanzig war, einen aufrichtigen und ehrlichen Eindruck machte, aber nicht als Führungspersönlichkeit vorstellbar war.[61]

Bin Laden, der schon im Kindesalter seinen tief religiösen Vater verloren hatte, steht seit langem unter dem Einfluss älterer, religiös radikal denkender Männer. Anfangs war das Azzam und, in geringerem Maße, der afghanische Kommandeur Abd ur-Rasul Saijaf; später war es der stellvertretende Kommandeur seiner *dschihad*-Organisation, Aiman az-Zawahiri. All diese Männer hatten eine ganz klare Vorstellung davon, wie man sich zu verhalten hatte, wenn man sein Leben dem Heiligen Krieg weihte. Doch für Bin Laden war es eindeutig sein Vater, von dem letztlich die Inspiration für seinen *dschihad* ausging; einem pakistanischen Journalisten sagte er: »Mein Vater wollte unbedingt, dass einer seiner Söhne gegen die Feinde des Islam kämpft. So bin ich der eine Sohn, der die Wünsche seines Vaters erfüllt.«[62]

Um verständlich zu machen, welchen Einfluss Azzam auf Bin Laden und die ganze spätere *dschihad*-Bewegung hatte, muss ich hier kurz auf den Lebensweg Azzams eingehen. Abdullah Azzam wurde 1941 in einem Dorf in Palästina, in der Nähe von Dschinin, geboren.[63] 1966 schloss er ein Theologiestudium an der Universität Damaskus mit einem Diplom ab. Azzam, mittlerweile fest vom *dschihad* überzeugt und ein leidenschaftlicher Hasser der Israelis, weil sie seiner Meinung nach 1948 ihren Staat auf geraubtem palästinensischem Boden gegründet hatten, kämpfte im Krieg von 1967 gegen sie. Anschließend studierte er an der al-Azhar-Universität in Kairo, dem bedeutendsten Zentrum islamischen Denkens, wo er zunächst den Magister- und 1973 den Doktorgrad in islamischer Rechtsprechung erwarb. Während des Studiums war Azzam der Familie des *dschihad*-Ideologen Saijid Qutb behilflich. Zur gleichen Zeit wie Azzam studierte an der al-Azhar-Universität auch der Ägypter Scheich Umar Abd ur-Rahman, der zum geistigen Führer der *dschihad*-Bewegung in Ägypten werden sollte und in den achtziger Jahren bei der Schaffung eines internationalen Netzwerks heiliger Krieger eng mit Azzam zusammenarbeitete.[64]

Ende der siebziger Jahre wurde Azzam an die Universität von Jordanien in Amman berufen, wo er islamisches Recht unterrichtete. Weil er sich jedoch wegen deren weltlicher Einstellung mit der Universitätsleitung anlegte, wurde er bald entlassen und ging als Lehrer nach Saudi-Arabien. 1980 machte er die Bekanntschaft von afghanischen *mudschahidin*-Führern, und er beschloss, seine ganze Kraft dem *dschihad* in Afghanistan zu widmen. Er ging dann nach Pakistan, wo er von der Islamischen Universität in Islamabad zum Lehrbeauftragten berufen wurde, und ließ sich später in Peschawar nieder.

Azzam, der mit seiner körperlichen Fülle, seinem enormen grauen Bart und seinen leidenschaftlichen Reden eine gebieterische Erscheinung war, hielt den *dschihad* für absolut notwendig, um das Kalifat wiederherzustellen, die ersehnte Vereinigung aller Muslime der Welt unter einem Herrscher. Sein Motto war: »*Dschihad* und das Gewehr, sonst nichts: keine Verhandlungen, keine Konferenzen und keine Dialoge.« Und er setzte diesen Glauben in die Tat um, indem er sich oft den *mudschahidin* anschloss, die in Afghanistan gegen die Sowjets kämpften.[65]

Seine Auffassung, dass der *dschihad* in Afghanistan eine *Pflicht* für jeden Muslim sei, erläuterte Azzam in einer viel gelesenen Kampfschrift mit dem Titel »Die Verteidigung muslimischen Bodens ist die wichtigste Pflicht«. Und es galt, die Ungläubigen nicht nur aus Afghanistan zu vertreiben.[66] Azzam schrieb: »Diese Pflicht wird mit dem Sieg in Afghanistan nicht enden; der *dschihad* wird eine Verpflichtung jedes Einzelnen bleiben, bis alle anderen Länder, die einmal muslimisch waren, an uns zurückgegeben sind, so dass der Islam dort wieder herrschen wird: Vor uns liegen Palästina, Buchara, Libanon, Tschad, Eritrea, Somalia, die Philippinen, Burma, Südjemen, Taschkent und Andalusien.«[67]

Azzam reiste durch die ganze Welt, um Männer anzuwerben und Geld für den *dschihad* in Afghanistan einzutreiben, und er predigte: »Eine Stunde für Gott im Gefecht zu stehen ist besser als sechzig Jahre nächtlicher Gebete.«[68] Chalid al-Fauwaz schildert Azzam als eine Ein-Mann-»Nachrichtenagentur« für die *dschihad*-Bewegung, denn er reiste nach Kuwait, Jemen, Bahrain, Saudi-Arabien und in die Vereinigten Staaten, um Informationen einzuholen und zu verbreiten, Männer anzuwerben und Millionen von Dollars für die Sache zu beschaffen.

Azzams Botschaft war so beeindruckend, dass sein Aufruf zum Heiligen Krieg selbst dann bei gläubigen Muslimen ankam, wenn er per Video übermittelt wurde. Mohammed Auda, ein jordanischer Bürger palästinensischer Abstammung, der 1998 bei dem Bombenanschlag auf die amerikanische Botschaft in Kenia eine Rolle spielen sollte, war in den späten achtziger Jahren Maschinenbau-Student auf den Philippinen, als er ein Video sah, auf dem Azzam den afghanischen *dschihad* rühmte. Bald darauf begab er sich nach Afghanistan und erhielt eine Ausbildung im Umgang mit den verschiedensten Waffen, darunter das Kalaschnikow-Sturmgewehr, Maschinengewehre, Panzerabwehrwaffen und Luftabwehrraketen, und mit Sprengstoffen wie C3, C4 und TNT. Danach huldigte er Bin Laden.[69]

In Peschawar sah man Azzam oft in Begleitung des ägyptischen Kämpfers Scheich Abd ur-Rahman.[70] Abd ur-Rahman gründete ebenfalls ein Gästehaus in der Stadt, die er in den achtziger Jahren mindestens zwei Mal aufgesucht hat.[71] 1985 machte Abd ur-Rahman seine erste Reise nach Afghanistan, unter der Ägide des ultra-islamistischen afghanischen Führers Gulbuddin Hekmatjar. Der Scheich, der durch Diabetes als Kleinkind erblindet war, weinte, als er in der Ferne Artilleriegranaten herunterkrachen hörte, und beklagte den Umstand, dass er seinen wahr gewordenen Traum vom *dschihad* nicht sehen konnte.[72]

Eine maßgebliche Rolle in den arabischen Bemühungen zur Unterstützung des Krieges spielte auch Mohammed Abd ur-Rahman Chalifa, ein Jordanier, der später eine der Schwestern Bin Ladens heiraten sollte. Chalifa stand an der Spitze des jordanischen Zweiges der Muslimbruderschaft, die neue Kämpfer für den afghanischen *dschihad* bereit stellte.[73] Zugleich war Chalifa während des afghanischen *dschihad* als Leiter des saudischen Büros der Muslimischen Weltliga in Peschawar tätig.[74]

Unterdessen reiste Bin Laden immer wieder nach Saudi-Arabien und brachte Spenden für verschiedene afghanische Parteien mit, darunter auch die des Militärbefehlshabers Ahmad Schah Mas'ud, eines gemäßigten Islamisten. Engste Beziehungen sollte er jedoch zu dem Ultra-Islamisten Hekmatjar und zu Saijaf aufnehmen, einem afghanischen Führer, der fließend Arabisch sprach und in Saudi-Arabien studiert hatte.[75] Saijaf hing ebenfalls dem puristischen wahhabitischen Islam an, der Bin Laden so am Herzen lag.[76] Wegen dieser engen Verbindungen nach Arabien sollte Saijaf Hunderte Millionen Dollar an saudischer Unterstützung erhalten.

Den afghanischen Feldkommandanten war die Bedeutung der arabischen Finanzhilfe bewusst. Peter Jouvenal, der britische Kameramann, der während des Krieges gegen die Sowjets Dutzende Male nach Afghanistan reiste, schilderte den Besuch eines Stützpunkts, den Dschalal ud-Din Haqqani Anfang der achtziger Jahre in Pakistan errichtet hatte. »Er beschloss ihn zu bauen, um den arabischen Spendern etwas vorzeigen zu können«, erinnerte sich Jouvenal. »Als ich dort war, gab es unterirdische Bunker. Man konnte glauben, sich in einem Haus zu befinden. Es gab Tapeten, Teppiche, Toiletten und einen Stromgenerator. In dem Bunker, den ich sah, schliefen vier Leute. Er war in einen Berghang hineingebaut. Der gesamte Komplex hatte eine Ausdehnung von fünf Kilometern. 1982 war ich Zeuge eines sowjetischen Luftangriffs auf den Stützpunkt. Er dauerte zehn Minuten. Etwa vier Flugzeuge warfen hochbrisante Bomben ab, aber niemand wurde getötet. Der Stützpunkt hatte seine eigene PR-Abteilung. Sie machten Videos von der Erschießung von Sowjets und schickten sie nach Saudi-Arabien, weil sie sich Spenden davon erhofften.« In den neunziger Jahren sollte dieser Stützpunkt von *al-Qa'ida* genutzt werden.

Nachdem Azzam und Bin Laden 1984 das Dienstleistungsbüro gegründet hatten, nahm die arabische Unterstützung für die *mudschahidin* einen offeneren Charakter an. Für die Männer, die für den afghanischen *dschihad* angeworben wurden, bürgerte sich die Bezeichnung »afghanische Araber« ein. Dabei war keiner von ihnen Afghane, und wenn auch die meisten Araber waren, so gab es doch etliche, die aus der restlichen muslimischen Welt stammten. Es gab auch Schüler, die einen Ausflug zur afghanisch-pakistanischen Grenze machten, einen Ausflug, der im Grunde nichts anderes war als ein *dschihad*-Sommerlager. Manche beteiligten sich an Hilfsmaßnahmen im Grenzbereich, indem sie für wohltätige Organisationen und Krankenhäuser arbeiteten. Andere waren jahrelang in heftige Kämpfe mit den Kommunisten verwickelt.

Den Löwenanteil der »afghanischen Araber« stellten nach Auskunft von Dschamal Isma'il drei Länder: Saudi-Arabien, Jemen und Algerien. Die staatliche Fluggesellschaft Saudi-Arabiens gewährte denen, die in den Heiligen Krieg zogen, einen Nachlass von 75 Prozent.[77] Nach Isma'ils Darstellung kamen 50 000 Araber nach Peschawar, um zu kämpfen. Bin Ladens Freund Chalid al-Fauwaz bezifferte sie mir gegenüber auf 25 000. Milt Bearden, der von 1986 bis 1989 den Afghanistan-Einsatz der CIA leitete, nennt die gleiche Zahl.[78] Wie viele es wirklich waren, weiß niemand, doch wird man getrost sagen können, dass die Zahl der »afghanischen Araber«, die im gesamten Kriegsverlauf am *dschihad* teilnahmen, sich im Bereich weniger zehntausend bewegt.

Hier muss darauf hingewiesen werden, dass die Gesamtzahl der Kämpfer der einzelnen afghanischen *mudschahidin*-Fraktionen über die Jahre hinweg zwischen 175 000 und 250 000 lag.[79] Diese Zahlen zeigen, dass der Beitrag der »afghanischen Araber« zum Krieg gegen die Sowjets aus militärischer Sicht bedeutungslos war. Gewonnen wurde der Krieg hauptsächlich mit dem Blut der Afghanen und in zweiter Linie mit dem Geld der Vereinigten Staaten und Saudi-Arabiens, die zusammen rund 6 Milliarden Dollar an Unterstützung gewährten.

Ein Teil dieser Gelder lief natürlich über Bin Laden und andere »afghanische Araber«. Milt Bearden schätzte, dass seit dem Sommer 1986 aus saudischen Quellen monatlich rund 20 Millionen Dollar in den afghanischen *dschihad* flossen. Den saudischen Beitrag organisierte Prinz Turki al-Faisal Sa'ud, der Chef des saudischen Allgemeinen Nachrichtendienstes, unterstützt von Prinz Salman, dem Gouverneur von Riad.[80] Bin Laden arbeitete in dieser Zeit eng mit Prinz Turki zusammen und fungierte praktisch als ein Arm des saudischen Nachrichtendienstes.[81] Weitere Mittel stellte die Muslimische Weltliga bereit, an deren Spitze der führende saudische Geistliche Scheich Abd ul-Aziz bin Baz stand.[82] (Es entbehrt nicht einer gewissen Ironie, dass Milliarden von Dollar an staatlicher saudischer Hilfe dazu beitrugen, einen Kader von gut ausgebildeten Kämpfern zu schaffen, die sich später gegen die saudische Königsfamilie wenden sollten. Das Grundmuster, in das sich dies einfügt, besteht weiter: Die »Rial-Politik«, die die Saudis mit der Finanzierung militanter islamistischer Organisationen betreiben, soll die saudische Legitimität stützen, doch in Wahrheit untergräbt sie sie, denn sie finanzieren ausgerechnet jene Gruppen, die das saudische Regime am heftigsten bekämpfen.)[83]

Insgesamt waren die »afghanischen Araber« jedoch nicht mehr als Aushilfskräfte im afghanischen Heiligen Krieg. Was sich als bedeutsam erweisen sollte, waren weniger ihr Beitrag als vielmehr die Lehren, die sie aus dem *dschihad* zogen. Sie freundeten sich mit Kämpfern aus Dutzenden von Ländern an und wurden mit den extremsten Ansichten über den *dschihad* voll gestopft. Sie erhielten zumindest eine gewisse militärische Ausbildung und machten in einigen Fällen Kampferfahrung. Diejenigen, die im Afghanistan-Konflikt Kampferfahrungen sammelten, kehrten mit dem denkbar besten Zeugnis für spätere Heilige Kriege in ihre Heimatländer zurück. Und sie waren überzeugt, mit ihren Anstrengungen eine Supermacht besiegt zu haben. »Der afghanische *dschihad* ist von zentraler Bedeutung für die Entwicklung der islamistischen Bewegung in aller Welt«, schreibt Gilles Kepel, ein Kenner des militanten Islam. »Er verdrängt in der arabischen Vorstellungswelt die Sache Palästinas und symbolisiert den Übergang vom [arabischen] Nationalismus zum Islamismus.«[84]

Nach den Erinnerungen von Dschamal Isma'il war Bin Laden um den Dezember 1984 herum zu einer wichtigen Gestalt des *dschihad*-Unternehmens geworden. Damals gab Azzam bekannt, dass Bin Laden für den Lebensunterhalt der Familien von Männern aufkommen würde, die im Afghanistan-Krieg kämpften. Das kostete, da Pakistan billig ist, pro Familie rund 300 Dollar im Monat. Dennoch kam einiges zusammen. Nach Auskunft des Filmemachers Isam Daraz, der in den ausgehenden achtziger Jahren über Bin Laden berichtete, unterstützte der Saudi die »afghanischen Araber« in dieser Zeit mit einem monatlichen Betrag von 25 000 Dollar. Bin Laden, so sein Freund al-Fauwaz, begann auch zu überlegen, wie er eine mobile Streitkraft schaffen könnte. »Er kaufte Pick-ups mit Allradantrieb und rüstete diese mit Panzerfäusten und Minensuchgeräten aus, so dass jede Einheit in der Lage sein würde, mit jeder Situation fertig zu werden«, berichtete al-Fauwaz.[85]

1986 nahm Bin Laden seinen ständigen Wohnsitz in Peschawar und leitete seine Operationen von einer zweistöckigen Villa in der Vorstadt University Town aus, in der er arbeitete und lebte.[86] Damals gründete Bin Laden sein erstes Lager innerhalb Afghanistans, genannt al-Ansar, in der Nähe des Dorfes Dschadschi in der Provinz Paktia, einige Meilen von einem Teil der pakistanischen Nordwest-Grenzprovinz entfernt, der in das Gebiet Afghanistans hineinragt. In Dschadschi sollten Bin Laden und seine Männer ihre Feuertaufe erhalten: eine einwöchige Belagerung durch die Sowjets, auf die sich die verbreitete Legende um Bin Laden gründet.[87]

Daraz zufolge, der die Schlacht von Dschadschi aus einer Entfernung von etwa zwei Meilen beobachtet haben will, begann der sowjetische Angriff am 17. April 1987.[88] Die Araber hatten Dschadschi als Basis gewählt, weil es nicht weit bis zu den vordersten Linien der Sowjets war, und sich mit Bin Ladens Baumaschinen in den Bergen um das Dorf Höhlen gegraben. Rund eine Woche lang hielten sie dem mörderischen Beschuss durch gut zweihundert Russen stand, von denen einige die Uniform von *Specnaz*, russischen Spezialeinheiten, trugen. Von etwa fünfzig Arabern fielen mehr als ein Dutzend, bis die Gruppe erkannte, dass sie ihre Stellung nicht mehr halten konnte, und sich zurückzog.[89]

Trotz dieses Rückzuges wurde Dschadschi in der arabischen Welt wie ein Sieg gefeiert. Es war das erste Mal, dass die »afghanischen Araber« sich eine Zeit lang gegenüber derart überlegenen Kräften behauptet hatten. Arabische Journalisten mit Sitz in Peschawar schrieben täglich Meldungen über Bin Ladens Heldentaten auf dem Schlachtfeld, die im Nahen und Mittleren Osten große Verbreitung fanden und dem afghanischen *dschihad* eine Flut neuer Freiwilliger zuführten.[90] Osama der Löwe wurde gefeiert, weil er das typische Leben eines saudischen Multimillionärs in den Palästen von Dschidda und den Hotelsuiten von London und Monte Carlo aufgegeben und stattdessen die Gefahren des Krieges in Afghanistan gesucht hatte. Er hob sich damit deutlich von den Tausenden Mitgliedern der Herrscherfamilie der Sa'ud ab, von denen offenbar keiner in Afghanistan gekämpft hat, obwohl sie sich 1986 den Titel »Hüter« der heiligsten Stätten des Islam zulegten.[91]

Ein anderer, der sich bei Dschadschi einen Namen machte, war Abu Ubaida, ein Ägypter, der später bei einem Fährunglück in Kenia ertrank. Die Anklageschrift der US-Regierung gegen Bin Laden benennt Abu Ubaida als dessen »hochrangigen Militärbefehlshaber« bis zu seinem Tode im Jahr 1996.

War die Schlacht von Dschadschi gefährlich, so waren die Härten des Alltagslebens für Bin Laden nicht minder strapaziös. Daraz schrieb in einer schmalen, 1991 erschienenen arabischen Biografie, Bin Laden habe sich damals wegen gesundheitlicher Probleme immer wieder stundenlang ausruhen müssen. Er litt an niedrigem Blutdruck, der von einem ägyptischen Arzt aus Peschawar behandelt wurde, und an Diabetes, gegen den er Insulinspritzen erhielt. Eines der Fotos im Buch zeigt Bin Laden, wie er eine Spritze bekommt, nachdem er »Giftgas« ausgesetzt war. Ein anderes zeigt Bin Laden, wie er eine Wunde an seinem Fuß versorgt.[92]

Ich traf Daraz im Dezember 2000 in Kairo, um mit ihm über Bin Laden zu sprechen. Daraz, inzwischen Mitte fünfzig, ging mit vierzig Jahren als Journalist und Dokumentarfilmer ins afghanische Kriegsgebiet. Ein etwas rundlicher, kahl werdender Mann, der einen langweiligen blauen Überzieher trug, saß Daraz bei einem Glas Orangensaft in einer Hotelhalle, die einen Steinwurf vom Nil entfernt ist, und erzählte mir von seinem Leben und wie es sich mit Bin Ladens Leben gekreuzt hatte. Er wünschte bei unserem Gespräch von vornherein klarzustellen, dass er »Bin Ladens Art hasste« und dass seine einstige Verbindung mit dem saudischen Exilanten ihm jahrelange Belästigungen durch die ägyptischen Sicherheitskräfte eingetragen hatte.

Daraz sagte, er habe Bin Laden, der bis dahin Journalisten gemieden habe, im Jahr 1987 getroffen. Schon bei der ersten Begegnung, die in Peschawar stattfand, habe er Bin Laden erklärt: »Eines Tages werdet ihr [die ›afghanischen Araber‹] alle im Gefängnis landen.« Doch Bin Laden blieb ungerührt. »Er glaubte, wir würden [zu Hause] wie Helden sein. Ihm war nicht klar, dass unsere [nahöstlichen] Regierungen jede Art von Volksbewegung hassen.«[93]

Bin Laden ging es jedoch nicht um Politik. Für ihn war der Afghanistan-Krieg eine außergewöhnliche geistige Erfahrung. Bei seinem CNN-Interview sagte er uns: »Der *dschihad* in Afghanistan war für mich ein solcher Gewinn, wie ihn mir keine andere Gelegenheit hätte bieten können ... Unser größter Gewinn bestand darin, dass der Glanz und der Mythos der Supermacht zerstört wurde, und das nicht nur in meinen Augen, sondern auch [in den Augen] aller Muslime.«[94] Von der spirituellen Bedeutung des Kampfes, den er führte, war Bin Laden dermaßen überzeugt, dass er seinen ältesten, damals zwölfjährigen Sohn Abdullah einlud, ihn während des Krieges zu besuchen.[95]

Tausende von »afghanischen Arabern« waren damals von ähnlichen Gedanken beseelt. Ein gutes Beispiel ist Mansur al-Barakati, ein Saudi aus Mekka, dessen Geschichte auf einer islamistischen Website erzählt wird. Al-Barakati reiste 1987 nach Afghanistan, um einen jüngeren Bruder, der in den *dschihad* gezogen war, heimzuholen. Als er die Grenze zwischen Pakistan und Afghanistan überschritt, spürte er, wie das Gefühl, einen heiligen Ort zu betreten, sein »Herz erbeben« ließ. Statt nach seinem Bruder zu suchen, fuhr al-Barakati nach Dschalalabad, um sich in einem der Lager Bin Ladens zwei Monate lang ausbilden zu lassen. Von dort ging er in die Wüsten um Kandahar, in denen einige der schwersten Kämpfe des Krieges tobten. Al-Barakati zeichnete sich durch außergewöhnliches Heldentum aus und stieg zum Führer der arabischen *mudschahidin* in der Gegend auf. 1990 schlug auf dem Dach eines Hauses, auf dem al-Barakati saß, eine 120-mm-Rakete ein. Heftig blutend, wurde er zu ärztlicher Behandlung nach Pakistan gefahren. Unterwegs flehte er um den Tod und rief: »Ich habe von diesem weltlichen Leben die Nase voll. Ich liebe Gott aufrichtig.« Schließlich starb er, und nach Aussage eines Zeugen ging – wie es häufig in Darstellungen über Araber heißt, die zu *schuhada*, Märtyrern, geworden sind – von der Leiche »ein herrlicher Duft aus, wie ich ihn mein Leben lang nicht wahrgenommen habe«.[96]

Der Afghanistan-Krieg hat Männer wie Bin Laden nicht nur spirituell bewegt; er hat ihnen auch Gelegenheit verschafft, mit zentralen Figuren terroristischer Organisationen in der arabischen Welt in Verbindung zu treten. 1987 wurde Bin Laden mit Mitgliedern der ägyptischen Gruppe Islamischer Dschihad bekannt gemacht, die hinter der Ermordung des ägyptischen Präsidenten Anwar as-Sadat im Jahr 1981 steckte. Ein führendes Mitglied der Gruppe, Aiman az-Zawahiri, hatte sich in Peschawar niedergelassen und stellte sein Können als Arzt in den Dienst eines Krankenhauses für afghanische Flüchtlinge.[97] 1989 gründete Bin Laden *al-Qa'ida*, eine Organisation, die schließlich mit az-Zawahiris Dschihad-Gruppe fusionieren sollte.

Dschamal Isma'il sagt, die ursprünglichen Ziele von *al-Qa'ida* seien prosaischer Natur gewesen. Nach wie vor kamen die meisten Araber unter dem Schutz des Dienstleistungsbüros an, und Bin Ladens Gästehaus *Bait al-Ansar* war weiterhin für alle Neuankömmlinge offen. Allerdings gab es Bedenken, dass nahöstliche Regierungen, die sich wegen islamistischer Bewegungen in ihren

Ländern Sorgen machten, diese Organisationen unterwandert haben könnten, und deshalb wurde *al-Qa'ida* in eine stärker abgesicherte Einheit umgewandelt. »Sie hatten ein eigenes Gästehaus«, berichtete Isma'il. »In dieses Haus kam man nur hinein, wenn man zum inneren Kreis gehörte.«

Der saudische Dissident Sa'ad al-Faqih nennt noch einen weiteren Grund für die Gründung von *al-Qa'ida.* 1988 wurde Bin Laden sich der Tatsache bewusst, dass man den Angehörigen von Männern, die in Afghanistan vermisst wurden, kaum etwas mitteilen konnte, und deshalb gründete er *al-Qa'ida,* um über den Verbleib derer, die richtige *mudschahidin* waren, derer, die sich nur der Wohltätigkeit in Peschawar widmeten, und derer, die lediglich als Besucher kamen, Auskunft geben zu können. Festgehalten wurden auch Bewegungen zwischen den Gästehäusern und militärischen Ausbildungslagern. Al-Fauwaz sagt, diese Unterlagen seien später von nahöstlichen Regierungen dazu benutzt worden, potenzielle islamistische Kämpfer ausfindig zu machen.

Die umfassendste Darstellung der Gründung von *al-Qa'ida* stammt von Dschamal al-Fadl, dem Hauptzeugen der US-Regierung in dem Prozess, der 2001 in New York gegen vier Komplizen Bin Ladens stattfand. Al-Fadl, ein Sudanese, der damals Anfang zwanzig war, kämpfte 1989 mit Bin Ladens Gruppe an der afghanischen Front. Er wurde außerdem darin unterwiesen, wie man Hubschrauber abschießt, und besuchte Kurse über den Einsatz von Sprengstoffen. 1989 wurde er gefragt, ob er nicht Mitglied der Organisation *al-Qa'ida* werden wolle, die auch nach dem Ende des Afghanistan-Konflikts Heilige Kriege führen wollte. Er leistete die *bai'at,* huldigte damit dem *dschihad*-Programm der Gruppe und unterschrieb Papiere, in denen er seine Ergebenheit gegenüber dem Emir, Bin Laden, bekundete.[98] Al-Fadl war das dritte Mitglied von *al-Qa'ida.*

Al-Fadl setzte sich ab, als herauskam, dass er 110 000 Dollar aus den Mitteln der Organisation unterschlagen hatte, und wurde später zu einem Spitzel der amerikanischen Regierung. Bei dem Prozess in Manhattan schilderte al-Fadl die Arbeitsweise von *al-Qa'ida* und die Zuständigkeiten einzelner Komitees, zu denen auch die Medien-Abteilung gehörte, für die ein Mann mit dem Decknamen Abu Reuter verantwortlich war.[99]

Im Februar 1989 zogen die Sowjets aus Afghanistan ab, und Bin Laden wandte seine Aufmerksamkeit anderen Kämpfen zu. Er kehrte zurück nach Dschadschi, einem Ort, der eine ungeheure symbolische Bedeutung angenommen hatte, und machte ihn zu seinem Stützpunkt. Peter Jouvenal war damals in der Gegend. »Ich war dabei, wie sie mit Löffelbaggern und Sprengstoff riesige Höhlen anlegten. Sie sagten mir, es sei gefährlich, ich sollte Leine ziehen.«

Eine der ursprünglichen Zielpersonen Bin Ladens war die erste Frau, die an der Spitze eines modernen muslimischen Landes stand: Benazir Bhutto, die Premierministerin Pakistans, die als liberal galt, weil sie in Oxford und Harvard studiert hatte.[100] Ihr Amtsvorgänger, der Militärdiktator General Zija ul-Haqq, war im Jahr vor ihrer Wahl bei einem ungeklärten Flugzeugabsturz umgekommen.[101] Die islamistischen Gruppen in Pakistan, die Zija nachdrücklich gefördert hatte, sahen in Bhutto eine Gefahr.

An einem nasskalten Tag im März 2000 suchte ich die Ex-Premierministerin in einer gepflegten Vorstadtvilla in New Jersey auf, die von Manhattan aus über die George-Washington-Brücke schnell zu erreichen ist. Sie ist eine gut aussehende, charismatisch wirkende Frau von Ende vierzig, die ihre Ansichten mit der Entschiedenheit eines Menschen vorträgt, der nur selten Widerspruch erfährt. Salman Rushdie hat ihr in seinem Roman *Scham und Schande* den Spitznamen »die Jungfrau mit den Eisenhosen« gegeben. Bhutto stammt aus einer, wie die Pakistaner sagen, »feudalen« Großgrundbesitzerfamilie. Ihr Großvater, dem weite Teile der Provinz Sind gehörten, wurde von den Briten geadelt. Ihr Leben würde den Stoff für ein Shakespeare-Stück abgeben. Ihr Vater, Zulfaqar Ali Bhutto, war in den siebziger Jahren der beliebte Premierminister Pakistans, bis er von General Zija abgesetzt und hingerichtet wurde.[102] Danach verbrachte Benazir Bhutto ihr Leben weitgehend unter Hausarrest oder im Exil, bis sie 1988 im Triumph nach Pakistan zurückkehrte, umjubelt von Hunderttausenden.[103] Während ihrer Amtszeit wurde einer ihrer Brüder vor ihrem Haus in Karatschi bei einer Schießerei mit der Polizei getötet. Ein anderer Bruder wurde unter mysteriösen Umständen in Frankreich vergiftet.[104] Ihr geliebter Ehemann wurde 1996 unter dem Vorwurf der Korruption in Pakistan inhaftiert.

Diese ganze Geschichte ging mir durch den Kopf, als ich Bhutto aufsuchte. Sie trug einen pinkfarbenen *schalwar qamis*, ein Designer-Schleier umflatterte ihr Gesicht. Da die gegenwärtige pakistanische Militärregierung Korruptionsvorwürfe gegen sie erhoben hatte, lebte sie jetzt in London und Dubai, und gelegentlich kam sie in die Vereinigten Staaten, um sich mit Anhängern zu besprechen.

Während ich mit der ehemaligen Premierministerin sprach, merkte ich, dass sie hin und her überlegte, wie sie mich wohl für ihre Zwecke einspannen könnte. Mit Engelszungen versuchte sie mir klar zu machen, dass die vorige Regierung sich die Korruptionsvorwürfe gegen sie und ihren Mann aus den Fingern gesogen habe.

Ich brachte unser Gespräch auf Bin Laden. »1989, bei einem Misstrauensvotum gegen meine Regierung, habe ich zum ersten Mal von Osama gehört«, sagte sie. »Vier Abgeordnete kamen zu mir und zeigten mir Aktentaschen voller Geld. Zwölfeinhalb *laks* [1,25 Millionen] Rupien, etwa achtzig- bis hunderttausend Dollar, hatte man ihnen gegeben, damit sie gegen mich stimmten. Das Geld, sagten sie, sei aus Saudi-Arabien. Ich war entsetzt, denn König Fahd hatte mich immer unterstützt und meinem Land so gut er konnte geholfen. Ich schickte eine Delegation nach Saudi-Arabien, die herausfinden sollte, warum die Saudis das finanzierten.« Der Delegation, erzählte sie, habe man erklärt: »›Der das macht, ist ein reicher saudischer Privatmann, Osama bin Laden.‹ Ich hatte noch nie von ihm gehört.«

Bhutto machte dafür den Chef des militärischen Nachrichtendienstes Pakistans, den islamistischen General Hamid Gul, verantwortlich, den sie vor kurzem entlassen hatte, weil er zusammen mit seinem Freund Bin Laden die Bestechungsvorwürfe erdichtet hatte. »Die internationale islamistische Bewegung [die aus dem Afghanistan-Krieg hervorging] betrachtete Pakistan als ihre Basis«, erklärte sie. »Meine Partei war in ihren Augen eine liberale Bedrohung.« Am 1. November 1989 überstand Bhutto mit knapper Not das Misstrauensvotum.[105]

Drei Wochen später, am 24. November, wurde Abdullah Azzam, Bin Ladens Mentor, ermordet – der Fall ist bis heute nicht aufgeklärt. Am Eingang der *Sabah-i Lail*-Moschee in Peschawar explodierte am Mittag, als Azzam zu den Freitagsgebeten ging, eine Autobombe. Außer ihm wurden zwei seiner Söhne getötet, Mohammed, dreiundzwanzig, und Ibrahim, vierzehn.[106]

Ende 1989 gab es für Bin Laden kaum noch einen Grund, länger in Pakistan zu bleiben. Für die neue pakistanische Regierung war er *persona non grata,* die Sowjets hatten sich aus Afghanistan zurückgezogen, und sein engster *dschihad*-Mitarbeiter war tot. Also kehrte er erstmals nach mehreren Jahren in sein Heimatland zurück, um dort zu leben – und sich auf andere Heilige Kriege zu verlegen.

Er war nun zweiunddreißig.

KAPITEL 3

Rückschlag: Die CIA und der Afghanistan-Krieg

»Und du darfst nicht meinen, dass diejenigen, die um Gottes willen getötet worden sind, (wirklich) tot sind. Nein, (sie sind) lebendig (im Jenseits), Und ihnen wird bei ihrem Herrn (himmlische Speise) beschert.«

Koran, 3:169

Waren Bin Laden und seine »afghanischen Araber« eine Schöpfung der amerikanischen Regierung? In verschiedenen Büchern und etlichen Medienberichten wird dieser Vorwurf erhoben. Im Rahmen ihrer Operation, die afghanischen Rebellen zu unterstützen, die in den achtziger Jahren gegen die Sowjets kämpften, soll die CIA die »afghanischen Araber« und sogar Bin Laden selbst bewaffnet und ausgebildet haben. An den *dschihads* und dem Terrorismus, der von diesen Kämpfern in die ganze Welt getragen wurde, seien daher die Vereinigten Staaten schuld. Diese Vorwürfe sind, wie wir sehen werden, übertrieben und nicht durch die Tatsachen gedeckt. Allerdings hat die CIA während des Krieges sicherlich taktische Fehler gemacht, die zur Entwicklung antiwestlicher afghanischer Gruppen im Bündnis mit arabischen Kämpfern beigetragen haben.

Für die Vereinigten Staaten war der sowjetische Einmarsch in Afghanistan im Dezember 1979 eine Gelegenheit, es den Sowjets ein wenig heimzuzahlen; so wie diese die Nordvietnamesen in ihrem Krieg gegen die Vereinigten Staaten finanziell unterstützt hatten, würden nun die Amerikaner den afghanischen Kampf gegen die Sowjets finanzieren. Zbigniew Brzezinski, der nationale Sicherheitsberater von Präsident Jimmy Carter, brachte es auf den Punkt: Endlich sei die Zeit gekommen, sagte er, »in ihrem Hinterhof Rabatz zu machen«.[1]

Die CIA ergriff die Initiative bei der Bewaffnung der Afghanen, und aus strategischer Sicht war diese Operation ein glänzender Erfolg. Am 15. Februar 1989 zogen die letzten sowjetischen Soldaten aus Afghanistan ab. In der CIA-Zentrale in Langley, Virginia, wurde das mit einer kleinen Party gefeiert.[2]

Aber steckten die CIA und die »afghanischen Araber« wirklich unter einer Decke, wie in neueren Untersuchungen angedeutet wurde? Da schreibt einer zum Beispiel: »Die CIA hatte die ›afghanischen Araber‹ während des Krieges finanziert und ausgebildet.«[3] Ein anderer spricht von »der zentralen Bedeutung der muslimischen Söldner der CIA, darunter bis zu zweitausend Algerier, für den Afghanistan-Krieg«.[4] Beide Verfasser stellen diese Behauptungen hin, als wären es Axiome, bleiben aber den Beweis schuldig.

Bei anderen heißt es, Bin Laden selbst sei von der CIA unterstützt worden. Die angesehene britische Zeitung *The Guardian* schreibt: »1986 half die CIA ihm [Bin Laden] sogar, bei Chost [Afghanistan] ein geheimes Lager zu errichten, wo er Freiwillige aus der ganzen islamischen Welt in der revolutionären Kunst des *dschihad* ausbilden sollte.«[5] Das widerspricht jeder Vernunft.

Vertreter der Vereinigten Staaten haben sich während des Krieges gegen die Sowjets nicht nach Afghanistan hineingetraut, denn hätte man sie geschnappt, hätten sie den Kommunisten zu einem allzu leichten Propagandasieg verholfen. Auf der anderen Seite hat Bin Laden schon 1982 anti-amerikanische Ansichten vertreten, und dank des Vermögens, das ihm aus dem riesigen Bauunternehmen seiner Familie zufloss, war er auf Gelder der CIA nun wirklich nicht angewiesen.[6] Wohl wurde 1982 bei Chost ein geheimes Lager errichtet, aber von einem afghanischen Kommandeur und mit arabischen Geldern.[7]

Eine Quelle, die Bin Ladens Organisation kennt, erläutert, dass Bin Laden »nie irgendwelche Beziehungen zu Amerika oder amerikanischen Beamten hatte … Schon zu Beginn der achtziger Jahre sagte er, die nächste Schlacht werde gegen Amerika gehen … Von Amerikanern hat Bin Laden nie Finanzhilfe, Ausbildung oder sonstige Unterstützung erhalten.« Ein hoher US-Beamter erklärt unmissverständlich, dass »Bin Laden nie mit der CIA Kontakt hatte«.[8]

Mit dem Vorwurf, die CIA sei für den Aufstieg der »afghanischen Araber« verantwortlich, mag man vielleicht gute Auflagen erzielen, doch gute Geschichtsschreibung ist das nicht. Die Wahrheit ist verwickelter, enthält auch Grautöne. Die Vereinigten Staaten wollten dem Vorwurf, der Afghanistan-Krieg werde durch die CIA finanziert, vorbeugen, und so ließen sie ihre Unterstützung über den pakistanischen Geheimdienst Inter Services Intelligence (ISI) laufen. Die Entscheidung, welche afghanischen Gruppen Waffen und Ausbildung erhielten, traf ISI, wobei Gruppen mit der stärksten islamistischen und pro-pakistanischen Ausrichtung bevorzugt wurden. Der Vorwurf, die »afghanischen Araber« seien Handlanger der CIA gewesen, rührt daher, dass sie im Allgemeinen an der Seite dieser Gruppen kämpften.

Der ehemalige CIA-Beamte Milt Bearden, der die Afghanistan-Operation der Agency in den späten achtziger Jahren führte, sagt: »Die CIA hat keine Araber angeworben«, weil das gar nicht nötig gewesen sei. Es gab Hunderttausende von Afghanen, die nur zu bereit waren, gegen die Russen zu kämpfen, und die Araber, die zum *dschihad* kamen, waren »sehr lästig ... die Afghanen waren von ihnen echt genervt.« Solche Einschätzungen habe ich auch von Afghanen gehört, die das Geld, das vom Golf floss, durchaus schätzten, nicht aber die frömmlerischen Araber, die sie, die Afghanen, zu ihrer ultrapuristischen Auffassung vom Islam zu bekehren versuchten. Peter Jouvenal erinnert sich: »Die Afghanen und die Araber konnten sich nicht leiden. Ein Afghane sagte mir: ›Wenn wir mit einem von denen Scherereien hatten, haben wir sie einfach abgeknallt. Sie hielten sich für Könige.‹«

Außerdem legten die »afghanischen Araber« eine krankhafte Abneigung gegen Leute aus dem Westen an den Tag. Jouvenal erzählt: »Von den Arabern [in Afghanistan] habe ich mich immer fern gehalten. Sie waren feindselig. Sie fragten mich: ›Was haben Sie in einem islamischen Land zu suchen?‹« Der BBC-Reporter John Simpson hatte 1989 in der Nähe von Dschalalabad eine gefährliche Begegnung mit Bin Laden persönlich. Simpson, der mit seinem Fernsehteam in Begleitung afghanischer *mudschahidin* unterwegs war, traf zufällig auf einen gut gekleideten Araber in makellosen weißen Gewändern, der Simpsons Begleiter barsch aufforderte, die Ungläubigen zu töten, und dann einem Lastwagenfahrer den nicht unerheblichen Betrag von fünfhundert Dollar dafür anbot. Simpsons afghanische Begleiter wiesen das Ansinnen zurück, und später fand man Bin Laden, wie er auf einem Feldbett lag und vor Enttäuschung weinte. Erst als Bin Laden zu einer bekannten Persönlichkeit geworden war, fast zehn Jahre später, erkannte Simpson, wer der geheimnisvolle Araber gewesen war, der ihn hatte töten lassen wollen.[9]

1998 veröffentlichte Milt Bearden einen Thriller mit dem Titel *Black Tulip*, in dem ein hoher CIA-Agent in Afghanistan einen Stützpunkt aufbaut, der von »einer Hand voll amerikanischer Offiziere« benutzt wird.[10] Das ist natürlich reine Fiktion. CIA-Beamte sind nicht nach Afghanistan gereist. Tatsächlich hatte die CIA relativ wenig Kontakt mit Afghanen. Vince Cannistraro leitete eine Verbindungsgruppe beim National Security Council, die Mitte der achtziger Jahre die Afghanistan-Operationen der verschiedenen Dienste koordinierte. Nach seiner Auskunft haben sich zu keiner Zeit mehr als sechs CIA-Mitarbeiter in Pakistan aufgehalten, und das waren lediglich »Verwaltungsleute« – auf ihnen ruhte die *gesamte* Tätigkeit der Agency in jenem Land.[11]

Außerdem erklärte mir ein ehemaliger CIA-Mitarbeiter, die Vertreter der Agency in Pakistan hätten selten die Botschaft in Islamabad verlassen und sich sogar mit den Führern des afghanischen Widerstandes kaum jemals getroffen, ganz zu schweigen von arabischen Kämpfern. Mitte der achtziger Jahre hätten CIA-Vertreter sogar regelrecht betteln müssen, mit dabei sein zu dürfen, als eine Gruppe von amerikanischen Beamten sich in Peschawar mit afghanischen Führern traf.[12]

Brigadegeneral Mohammed Jusuf, der von 1983 bis 1987 die Afghanistan-Operationen des ISI leitete, erläutert mit bewundernswerter Klarheit das Verhältnis zwischen der CIA und den afghanischen *mudschahidin*, den heiligen Kriegern: »Die CIA hatte vor allem die Aufgabe, Geld auszugeben. Für die Amerikaner war das immer ärgerlich, und ich kann ihren Standpunkt verstehen, denn sie durften zwar bezahlen, aber nicht bestimmen. Die Unterstützung der *mudschahidin* durch die CIA sah so aus, dass sie mit Steuergeldern – Milliarden von Dollar im Laufe der Jahre – Waffen, Munition und Gerätschaften kaufte. Es war ihre Abteilung für geheime Rüstungsbeschaffung, die laufend zu tun hatte. Eine Grundregel der pakistanischen Politik war jedoch, die Amerikaner aus der Verteilung von Geldern oder Waffen, nachdem diese im Lande eingetroffen waren, herauszuhalten. Kein Amerikaner hat jemals *mudschahidin* ausgebildet oder direkten Kontakt mit ihnen gehabt, und kein US-Vertreter hat je seinen Fuß auf afghanischen Boden gesetzt.«[13] Ein ehemaliger CIA-Mitarbeiter sagte mir: »Als Geldgeber waren wir willkommen.«[14]

Kurz, die CIA hatte sehr begrenzten Umgang mit den *Afghanen*, von den »afghanischen Arabern« ganz zu schweigen. Und das mit gutem Grund. Ein Kontakt zwischen der CIA und den »afghanischen Arabern« war einfach sinnlos. Die Agency wirkte während des Afghanistan-Krieges durch ISI, während die »afghanischen Araber« eigenständig agierten und ihre eigenen Geldquellen hatten. Die CIA war nicht auf die »afghanischen Araber« angewiesen, und die »afghanischen Araber« waren nicht auf die CIA angewiesen. Die Vorstellung, die Agency habe die »afghanischen Araber« finanziert und ausgebildet, ist daher bestenfalls irreführend. Diejenigen, die »alles Schlimme, was passiert, der CIA in die Schuhe schieben«, überschätzen die Möglichkeiten der Agency gewaltig – im Guten wie im Bösen.

Es gibt jedoch einen merkwürdigen Fall, in dem die CIA tatsächlich einem wichtigen Anwerber der »afghanischen Araber« geholfen hat, und dabei handelt es sich um den ägyptischen Religionsgelehrten Scheich Umar Abd ur-Rahman, der schließlich wegen seiner Beteiligung an einer Verschwörung verurteilt wurde, die darauf zielte, Wahrzeichen von New York City wie den Gebäudekomplex der Vereinten Nationen und den Holland Tunnel in die Luft zu sprengen. Man wusste, dass Scheich Abd ur-Rahman der geistige Führer der terroristischen Islamischen Gruppe aus Ägypten war, und dennoch erhielt er 1987 ein Visum für die Vereinigten Staaten und 1990 ein Visum, das ihn zur wiederholten Einreise berechtigte.[15] Die amerikanische Regierung erklärte, diese Visa seien auf Grund von Computerfehlern erteilt worden oder wegen der uneinheitlichen Schreibweise seines Namens. Mindestens eines der Visa wurde jedoch von einem CIA-Beamten ausgestellt, der verdeckt in der Konsularabteilung der amerikanischen Botschaft im Sudan tätig war.[16] Ob es sich um einen Fehler handelte oder ob mehr dahinter steckte, ist ungeklärt.

Ein weiteres Bindeglied zwischen der CIA und den »afghanischen Arabern« ist ein Amerikaner ägyptischer Abstammung, Ali Mohammed, der Anfang der achtziger Jahre kurzzeitig als Spitzel für die CIA tätig war und später für *al-Qa'ida* arbeitete. Das sind durchaus interessante Verbindungen, aber mehr auch nicht. Sie sind jedenfalls kaum gleichzusetzen mit einer Operation der Agency zur Ausbildung und Finanzierung der »afghanischen Araber«.

Das soll nicht heißen, dass die CIA während des Afghanistan-Krieges nicht einen wesentlichen taktischen Fehler begangen hat, indem sie sämtliche Entscheidungen über die Finanzierung und Durchführung des Kampfes den Pakistanis überließ. In den ersten Kriegsjahren war es durchaus sinnvoll, die Pakistanis die Dinge in die Hand nehmen zu lassen – vor allem, damit die Amerikaner weiterhin leugnen konnten, am Konflikt beteiligt zu sein, aber auch, weil die Pakistanis sich in den Verhältnissen vor Ort am besten auskannten. Nachdem Präsident Ronald Reagan sich jedoch 1985 in aller Öffentlichkeit mit afghanischen Militärbefehlshabern getroffen hatte, spielte die Fähigkeit, jegliche Unterstützung plausibel abstreiten zu können, keine Rolle mehr; außerdem wussten die amerikanischen Behörden inzwischen eine Menge darüber, welche afghanischen Befehlshaber etwas taugten und welche anti-amerikanisch eingestellt waren. Von da an hätten die amerikanische Regierung und die CIA die Pakistanis drängen sollen, die amerikanische Hilfe in einer Weise zu verteilen, die eher den Interessen der Vereinigten Staaten entsprach.

Das ist nicht geschehen. Vielmehr ließen die Pakistanis weiterhin den am stärksten islamistisch ausgerichteten Gruppen einen unverhältnismäßig großen Teil der Mittel zukommen und trugen dadurch zu einem brutalen Bürgerkrieg in Afghanistan bei. Hunderte Millionen Dollar leiteten sie außerdem an antiwestliche afghanische Gruppen weiter, die wiederum Kämpfer ausbildeten, welche den *dschihad* und den Terrorismus später in die ganze Welt exportierten, auch in die Vereinigten Staaten. Eine solche ungewollte Folge von verdeckten Operationen bezeichnen Geheimdienstler als »Rückschlag«.

Um zu verstehen, wie es zu diesem Rückschlag kam, muss man verstehen, wie die US-Regierung in den Afghanistan-Krieg verwickelt wurde. Sechs Monate vor der sowjetischen Invasion erhielten Afghanen, die gegen das sowjetisch orientierte Regime von Präsident Nur Mohammed Taraki kämpften, bereits begrenzte Unterstützung von den Vereinigten Staaten. Am 3. Juli 1979 unterzeichnete Präsident Carter einen Präsidialerlass, mit dem Gelder für die anti-kommunistische Guerilla freigegeben wurden.[17] Als die Russen an Weihnachten 1979 einmarschierten, um Hafizullah Amin, der praktisch eine sowjetische Marionette war, als Präsidenten zu installieren, war das nach den Worten des Carter-Beraters Robert Gates, der später CIA-Direktor werden sollte, ein »Wendepunkt« in der Haltung der Regierung Carter gegenüber den Sowjets.[18] »Der sowjetische Einmarsch in Afghanistan ist die größte Gefährdung des Friedens seit dem Zweiten Weltkrieg«, wetterte Carter. »Das ist eine deutliche Eskalation der sowjetischen Aggression.«[19]

Die Regierung Carter stellte umgehend einen Plan auf, um die Hilfe für die *mudschahidin* aufzustocken. Das Wichtigste daran war, dass man diese Hilfe plausibel abstreiten können musste. Die CIA verwendete saudische und amerikanische Gelder, um in China und Ägypten Waffen einzukaufen, so dass keine Spur zu den Vereinigten Staaten zurückführte.[20] Niemand gönnte den Sowjets den Propagandaerfolg, die tiefe Verwicklung der Vereinigten Staaten in die Unterstützung der *mudschahidin* hinausposaunen zu können.

Der Binnenstaat Afghanistan war damals von Ländern umgeben, die den amerikanischen Interessen nicht gerade wohlwollend gegenüberstanden: Iran unter Chomeini, Sowjetunion und China. Nur durch Pakistan konnte man den Rebellen etwas zufließen lassen. Es kam deshalb darauf an, die Operation der CIA durch einen Stellvertreter zu kaschieren: den pakistanischen Geheimdienst ISI. Die amerikanische Hilfe für die Afghanen begann 1980 auf dem relativ bescheidenen Niveau von 20 bis 30 Millionen Dollar im Jahr und stieg bis 1987 auf 630 Millionen Dollar jährlich. Im Laufe der achtziger Jahre wurden dem afghanischen Widerstand drei Milliarden Dollar zugeleitet.[21]

Die CIA überließ den Pakistanis rund drei Milliarden Dollar amerikanischer Steuergelder – und damit die vollständige Kontrolle über die Verteilung der Mittel.[22] Das sollte sich als ein ziemlich kostspieliger Fehler erweisen. Sehr vorsichtig geschätzt, gingen 600 Millionen Dollar an die Hizb-i Islami, die von Gulbuddin Hekmatjar geführt wurde, einem islamistischen Eiferer.[23] Die »Islamische Partei« war eine von sieben Parteien, zu denen sich die Führer des afghanischen Widerstands organisiert hatten. Sie reichten von der ultra-islamistischen Organisation Hekmatjars bis zu den gemäßigten Parteien, die für eine Wiedererrichtung der afghanischen Monarchie eintraten. Hekmatjars Partei hatte die zweifelhafte Ehre, während des Krieges nie eine nennenswerte Schlacht zu gewinnen, eine Reihe von militanten Islamisten aus aller Welt auszubilden, *mudschahidin* aus anderen Parteien in erheblicher Zahl zu töten und eine bösartig anti-westliche Haltung einzunehmen. Außer mehreren hundert Millionen Dollar an amerikanischer Hilfe strich Hekmatjar auch den Löwenanteil der Hilfe von den Saudis ein.[24]

Um herauszubekommen, warum die Vereinigten Staaten Hekmatjar in diesem Umfang unterstützt hatten, suchte ich Graham Fuller auf, der bis 1978 Bürochef der Agency in Kabul war und dann die Abteilung für langfristige Prognosen der CIA übernahm. Fuller spricht unter anderem Chinesisch, Türkisch, Russisch und Arabisch. Sein Haus steht in einem begrünten Vorort unweit der CIA-Zentrale. Umgeben von Erinnerungsstücken an seine diversen Auslandseinsätze, erklärte Fuller in dem gemessenen Ton eines Akademikers: »Der *dschihad* in Afghanistan war in seinem Wesen anti-westlich, aber das hat uns mehrere Jahre lang nicht wirklich interessiert. Die *mudschahidin* waren anti-sowjetisch, so viel stand für uns fest. Das Geld für sie floss über die Pakistanis. Sie zogen bei den *mudschahidin* die Fäden. Washington konnte wahrlich nicht behaupten, sich bei den *mudschahidin* auszukennen. Bis 1984 wurde immerhin klar, dass einige dieser Gruppen ideologisch fanatisiert waren. Das galt besonders für Hekmatjar. Es kamen Bedenken auf, ob er nicht vielleicht ein sowjetischer Agent sei. Statt Sowjets zu töten, bekämpfte er vor allem andere *mudschahidin*. Er war ein fieser Kerl. Ende der sechziger Jahre war er ein pakistanischer Agent gewesen, und die Pakistanis benutzten ihn für ihre Zwecke. In ihren Augen war er erfolgreich, und er war ›ihr Mann‹.«

In maßgeblichen Darstellungen des Afghanistan-Krieges wird der Umstand betont, dass Hekmatjar machtversessen und ein Werkzeug der Pakistanis war, die sich stets bemühten, ihnen wohlgesinnte Afghanen zu unterstützen, die auf der Seite der Paschtunen standen, eines Volks, dessen Siedlungsgebiet teils in Pakistan, teils in Afghanistan liegt. »Seine Partei«, behauptet der Historiker Henry Bradsher, »war leninistisch, sowohl in ihrem diktatorischen Wesen als auch in ihrem rücksichtslosen Drang, die Macht zu erringen, mit allen, auch moralisch verwerflichen Mitteln.«[25] Bradsher zitiert, was Pakistans Diktator General Zija über Hekmatjar gesagt hat: »Pakistan hat ihn zu einem afghanischen Führer gemacht, und Pakistan kann ihn auch vernichten, wenn er sich weiterhin schlecht benimmt.«[26] Ein anderer Kenner des Krieges schreibt, Hekmatjar habe »das langfristige Ziel der islamischen Revolution konsequent über den Widerstand gegen die Sowjets oder das Kabuler Regime gestellt. Seine Kämpfer machten gewöhnlich Front gegen alle anderen Parteien, denn sein oberstes strategisches Ziel war es, die Vorherrschaft der Hizb-i Islami über alle islamischen Kräfte sicherzustellen.«[27]

Kurt Lohbeck, der als einer der wenigen westlichen Journalisten, die ständig in Peschawar stationiert waren, für CBS News über den Krieg berichtete, fasst die Selbsttäuschungen der Amerikaner über Gulbuddin Hekmatjar in einem vernichtenden Urteil zusammen: »Die [amerikanische] Botschaft gab der Afghanistangeschichte den richtigen ›Dreh‹: Der Widerstand, das war für sie Gulbuddin. Das stimmte einfach nicht. Gulbuddin hatte keine wirksame Kampforganisation. Er hatte nicht einen einzigen Kommandeur, der sich militärisch einen Namen gemacht hätte.«[28] Eine führende Rolle sollte Hekmatjar denn auch bei einer umfassenden Niederlage der *mudschahidin* spielen, der verheerenden Belagerung Dschalalabads im Jahr 1989.[29]

Hekmatjar zeichnete sich zwar nicht durch die Tötung von Russen aus, wohl aber durch die Tötung von Afghanen. Der australisch-amerikanische Journalist Richard Mackenzie, der sich manchmal monatelang in Afghanistan aufhielt, meldete als Erster, Hekmatjar habe im Juli 1989 im Nordosten Afghanistans sechsunddreißig Männer, die dem Befehl von Ahmad Schah Mas'ud unterstanden, abgeschlachtet.[30] Danach berichteten Menschenrechtsorganisationen ausführlich über dieses Massaker.[31] In einem Bericht des State Department wurde 1990 hervorgehoben, Hekmatjar habe afghanische Landsleute getötet.[32] Ab 1992 sollte

Hekmatjar bei seinen täglichen Raketenangriffen auf Kabul Tausende von Zivilisten töten, obwohl er zum Premierminister der *mudschahidin*-Koalitionsregierung ernannt worden war.

Der zweifelhafte Ruf und der Anti-Amerikanismus Hekmatjars waren während des Krieges gegen die Sowjets keine Geheimnisse. Der Historiker David Isby erinnert daran, dass »Afghanen von anderen Widerstandsgruppen schon 1981 nach Washington kamen und von Gulbuddins Bereitschaft sprachen, ihre Leute zu töten. Sie erzählten das Regierungsvertretern, Kongressmitgliedern und jedem, der ihnen zuhören wollte.«[33] Vor dem Sonderausschuss des Kongresses zu Afghanistan erklärte ein Zeuge 1985, Hekmatjars Gruppe sei »die korrupteste« aller afghanischen Parteien.[34] Im selben Jahr besuchte Hekmatjar die Vereinigten Staaten und lehnte ein Zusammentreffen mit Präsident Reagan ausdrücklich ab.[35] Hekmatjar, der sowohl von Saddam Hussein als auch von Mu'ammar al-Gaddhafi finanziell unterstützt wurde, revanchierte sich während des Golfkrieges, indem er Saddam Hussein unterstützte.[36]

Hekmatjar fungierte auch als eine Art *alter ego* von Bin Laden, denn aus aller Welt zog er islamistische Kämpfer an, die sich bei ihm ausbilden ließen. Zu diesen Freiwilligen gehörte ein Palästinenser namens Abu Mahaz, der 1993 gegenüber CNN erklärte: »Wir sind Terroristen, jawohl, wir sind Terroristen, denn das ist unser Glaube. Hören Sie den folgenden Vers aus dem Koran: ›Und rüstet für sie [die Verrat begehen], so viel ihr an Kriegsmacht und Schlachtrossen (aufzubringen) vermögt, um damit Gottes und eure Feinde einzuschüchtern.‹«[37] Abu Mahaz vertrat die Ansicht, alle einstmals muslimischen Länder, darunter auch Spanien, sollten in den Schoß des Islam zurückkehren.

Bin Laden und Hekmatjar arbeiteten eng zusammen. Die Gegend um Chost im Osten Afghanistans, in der sich die Ausbildungslager von *al-Qa'ida* befanden, wurde Anfang der neunziger Jahre von Hekmatjars Partei kontrolliert. Typisch für die Araber, die Hekmatjar anwarb, waren drei Algerier, ein Marokkaner und ein Saudi, die 1993 im Kabuler Fernsehen erklärten, sie seien Anfang 1991 von Pakistan aus nach Afghanistan eingereist[38] und auf einem Hekmatjar-Stützpunkt im Osten Afghanistans ausgebildet worden.

1993 nahm ich an einer Pressekonferenz teil, die Hekmatjar in seiner Zentrale südlich von Kabul abhielt. (Einer der dabei anwesenden afghanischen Journalisten wurde später von Hekmatjars Leuten ermordet, weil seine Berichte für die BBC ihrer Ansicht nach den rechten Ton vermissen ließen.)[39] Hekmatjar, tadellos gekleidet, trug einen schwarzen Turban und einen weißen *schalwar qamis*, der mit seinem tiefschwarzen Bart kontrastierte. Die Frage, ob sich in seiner Organisation auch arabische Freiwillige befänden, beantwortete er mit einer unverschämten Lüge: »Wir haben keine Ausbildungslager für Ausländer und wir wollen anderen keine Schwierigkeiten machen.«[40]

Gab es eine Alternative zu Hekmatjar, jemanden, der die Unterstützung Amerikas eher verdient hätte? Die Antwort ist ein lautes Ja. Der afghanische Kommandeur Ahmad Schah Mas'ud war ein gemäßigter Islamist und ein herausragender General, der nie eine seinen militärischen Glanzleistungen angemessene amerikanische Hilfe erhielt.[41] Richard Mackenzie, der ihn länger als jeder andere Journalist begleitet hat, sagt: »Er betrieb eine islamische Revolution. Die Magna Charta hätte er nicht eingeführt, aber er wäre für Anstand und für demokratischere Verhältnisse in Afghanistan eingetreten.« (Am 9. September, nur achtundvierzig Stunden vor der Zerstörung der Zwillingstürme des World Trade Center, sollte Mas'ud zwei arabischen Attentätern zum Opfer fallen, die ihn, als Fernsehreporter auftretend, tödlich verletzten – ein böses Omen. Der Anschlag trug, genau wie die Angriffe auf New York und Washington, ganz die Handschrift von Osama bin Laden.)

Mas'uds überragendes militärisches Können stand außer Frage. Er wehrte neun sowjetische Offensiven ab, die ihn aus seiner Festung im nördlichen Pandsch-Scher-Tal vertreiben sollten, wobei die fünfte und die sechste »die größten Schlachten des Krieges waren«.[42] Nach Ansicht des französischen Gelehrten Olivier Roy hatte Mas'ud es geschafft, die herkömmliche Kriegsführung der Afghanen, die sich hauptsächlich auf Stammesebene abspielte und vor allem auf Ruhm und Beute zielte,[43] zu überwinden und eine moderne, bewegliche Guerillastreitmacht aufzubauen: »Das Modell Mas'uds erwies sich als wirkungsvoll: Er brachte den ganzen Nordosten Afghanistans unter seine Kontrolle und schlug die einzigen echten Schlachten des ganzen Afghanistan-Krieges, obwohl die Pakistanis dieses System offen ablehnten.«[44] Um seine Fähigkeiten zu verbessern, studierte Mas'ud die Taktik von Mao und Che Guevara, und er »erkannte die Bedeutung der Kernelemente des Guerillakrieges: Überraschung, Organisation, rasche Zusammenziehung und Auflockerung der Kräfte«, und so wurde »sein Kampfverband rasch der schlagkräftigste im ganzen Land«.[45] 1992 schrieb das *Wall Street Journal* in einem Leitartikel, Mas'ud sei »der Mann, der den Kalten Krieg gewann«.[46] Es war Mas'ud, nicht Hekmatjar, der im April 1992 Kabul einnahm und das kommunistische Regime davonjagte, das 1989 an die Stelle der abziehenden Sowjets getreten war.[47] Mas'uds Streitkräfte bekämpfen bis heute die ultra-islamistischen Taliban, während Hekmatjar das Exil im Iran gewählt hat.

1993 traf ich Mas'ud, einen drahtigen, konzentriert wirkenden Tadschiken, dessen spürbare innere Kraft daher rührte, dass er sein ganzes Erwachsenenleben im Kampf verbracht hatte. Die strenge Haltung wurde aufgelockert durch seine sufische Frömmigkeit und einen schelmischen Humor. Ob er Fundamentalist sei, fragte ich ihn, und seine Antwort war bemerkenswert: »Im Islam gibt es keine Extreme und keinen Fundamentalismus. Ich bin der festen Überzeugung, dass der Islam eine gemäßigte Religion ist, und ich bin ein gemäßigter Muslim.«

Mas'ud wünschte entschieden, dass die »afghanischen Araber« in ihre Heimatländer zurückkehrten: »Tatsache ist, dass der *dschihad* in Afghanistan beendet ist. Auf bewaffnete Araber, die in unserem Land herumfahren, sind wir nicht angewiesen. Es ist besser, wenn sie das Land verlassen.«[48] Aus diesem Gespräch geht klar hervor, dass Mas'ud es – anders als Hekmatjar und später die Taliban – nicht geduldet hätte, dass militante Araber Afghanistan zur *dschihad*-Ausbildung benutzen.

Im Laufe der folgenden zehn Jahre sollten »afghanische Araber« Passagierflugzeuge entführen und dazu benutzen, das World Trade Center in Manhattan zu zerstören und das Pentagon anzugreifen; sie sollten westliche Touristen im Jemen entführen, Touristen in Ägypten ermorden, den Terrorismus auf den Philippinen schüren, Bombenanschläge auf zwei amerikanische Botschaften in Afrika verüben, einen amerikanischen Militärposten in Saudi-Arabien in die Luft sprengen, Somalis ausbilden, die möglicherweise amerikanische Soldaten in Mogadischu getötet haben, und Algerien in einen blutigen Bürgerkrieg stürzen. Und das ist noch längst keine vollständige Liste ihrer Taten. Es wäre eindeutig besser gewesen, wenn das Geld der Amerikaner Mas'ud zugeflossen wäre, der nicht nur der beste General im Afghanistan-Krieg war, sondern auch der Mann, dessen Einstellung den amerikanischen Interessen sehr viel mehr entsprach.

Wenn Hekmatjar für die amerikanische Politik eine Katastrophe war und Mas'ud die weit bessere Alternative gewesen wäre, warum hat die CIA sich dann nicht beim pakistanischen Geheimdienst ISI für eine Veränderung der Verhältnisse eingesetzt? Möglicherweise lag es einerseits an gewollter Unwissenheit und andererseits an einer Neigung, die pakistanische Einschätzung der Lage in Afghanistan für bare Münze zu nehmen. Brigadegeneral Jusuf war sicherlich der Überzeugung, dass Hekmatjar der »stärkste« *mudschahidin*-Kommandeur sei, doch entsprach diese Auffassung, wie wir gesehen haben, nicht gerade den Tatsachen.[49] Vielleicht sind die Pakistanis, was Hekmatjar anging, ihrer eigenen Propaganda auf den Leim gegangen. Die Frage ist: Warum ist auch die CIA darauf hereingefallen?

Robert Gates, 1993 danach befragt, verteidigte die Afghanistan-Politik der Agency mit der Selbstsicherheit eines geübten Debattenredners: »Sie [die Pakistanis] wollten, dass die Hilfe jenen Gruppen zufließt, die am wirksamsten gegen die Sowjets kämpften. Unter ihnen [den afghanischen *mudschahidin*] waren viele, die Sie nicht zum Essen bei sich einladen würden. Wir mussten uns jedoch mit der strategischen Lage, die wir in Afghanistan vorfanden, arrangieren.« Milt Bearden, der die Afghanistan-Operation der Agency während der letzten drei Kriegsjahre gegen die Sowjets führte, sagte mir: »Keinem dieser Kerle hätten Sie Ihre Tochter zur Frau gegeben ... Aus unserer Sicht war Mas'ud unabhängiger als die anderen, im Grunde machte er nur, was er wollte. Hekmatjar war ein zutiefst gestörter Mensch, aber er hatte eine Reihe von Kommandeuren, die leidlich tüchtig waren.«

Die Unterstützung Hekmatjars war fatal. Die 1986 getroffene Entscheidung, den *mudschahidin* amerikanische Stinger-Raketen zur Verfügung zu stellen, leitete indes die Wende im Krieg gegen die Sowjets ein (es könnte sich allerdings herausstellen, dass die langfristigen Folgen dieser Entscheidung den amerikanischen Interessen weniger zuträglich sind). Die Stinger ist die wirksamste tragbare Luftabwehrrakete, eine Waffe, die man nach dem Abfeuern »vergessen« kann, weil sie anhand der Wärme, die das Triebwerk eines Hubschraubers oder Flugzeugs abstrahlt, automatisch ihr Ziel ansteuert.[50] Seit die Stinger eingesetzt wurde, verloren die Sowjets ihre bis dahin uneingeschränkte Lufthoheit. Wie Mas'ud bemerkte: »Der Afghane braucht nur zwei Dinge: den Koran und die Stinger.«[51]

Graham Fuller weiß noch, dass die Entscheidung, den Afghanen Stinger-Raketen zu geben, in Washington zunächst umstritten war, nicht so sehr, weil man befürchtet hätte, dass die Raketentechnik in die Hände der Sowjets geraten könnte, sondern aus der ernsten Besorgnis, dass der Afghanistan-Konflikt sich zu einem allgemeinen amerikanisch-sowjetischen Krieg ausweiten könnte: »Die Entscheidung, ihnen Stinger zu geben, war umstritten. Damit eskalierte die Konfrontation mit den Sowjets. John McMahon, der stellvertretende Direktor [der CIA], war dagegen. Für ihn waren geopolitische Überlegungen ausschlaggebend. Es bestand die Gefahr, dass der sowjetische Krieg nach Pakistan hineingetragen würde. Darüber, dass man den Sowjets ungewollt die Raketentechnik verriet, machte er sich weniger Gedanken.«

Vince Cannistraro zufolge gab es in der Agency auch Bedenken, ob die Afghanen mit der Bedienung der komplizierten Stinger zurechtkommen würden. Diese Befürchtung sollte sich als unbegründet erweisen. In den Jahren 1986 und 1987 wurden den Afghanen rund neunhundert Stinger zur Verfügung gestellt; bis Kriegsende sollten die Raketen 269 sowjetische Flugzeuge und Hubschrauber herunterholen.

Von den rund zweihundert Stinger-Raketen, die im Kampf gegen die Kommunisten ungenutzt blieben, sind jedoch einige den Iranern, den Taliban und sogar der Organisation *al-Qa'ida* in die Hände gefallen.[52] Auf dem Flughafen Kandahar sah ich im Dezember 1999 Taliban-Soldaten, die zwei Stinger-Raketen trugen. Dass auch *al-Qa'ida* an die Raketen gekommen ist, geht aus der Aussage eines Zeugen hervor, der 1995 in einem New Yorker Terroristenprozess erklärte, er habe Anfang der neunziger Jahre in einem *al-Qa'ida*-Lager im Osten Afghanistans eine Stinger gesehen. Erfolglos hat *al-Qa'ida* 1993 versucht, einige Stinger von Pakistan in den Sudan zu schicken, und Bin Laden erkärte 1998 auf einer Pressekonferenz in Afghanistan, kurz zuvor seien einige seiner Gefolgsleute in Saudi-Arabien verhaftet worden, die im Besitz einer Stinger waren. Vor dem 11. September 2001 hatten US-Behörden sich wegen der Möglichkeit gesorgt, dass Stinger gegen amerikanische Truppentransportflugzeuge in Saudi-Arabien benutzt werden könnten.[53] Jetzt muss jede künftige militärische Operation in Afghanistan die Gefahr in Betracht ziehen, die von Stinger-Angriffen ausgeht. Wie viele Stinger *al-Qa'ida* heute hat, ist nicht bekannt, aber man muss davon ausgehen, dass die Gruppe einige besitzt.

Sind diese Stinger noch einsatzfähig? Es gibt die verbreitete Meinung, die Waffe sei nicht unbegrenzt lagerfähig. Dies sei jedoch ein Mythos, der absichtlich gestreut wurde, um das Interesse an der Stinger zu vermindern und den Preis zu drücken, erklärt ein CIA-Vertreter, der in den neunziger Jahren an dem Vorhaben beteiligt war, die verbliebenen Stinger-Raketen zurückzukaufen. Bisher sind aus dem Afghanistan-Krieg übrig gebliebene Stinger nur in konventionellen Kämpfen eingesetzt worden, nicht von Terroristen. (1999 benutzten Mas'uds Kräfte eine, um einen Taliban-Düsenjäger vom Himmel zu holen.)[54] Wie ein höherer US-Beamter darlegt, ist es zweierlei, eine Stinger in Afghanistan zu besitzen oder sie gegen ein Ziel außerhalb des Landes einzusetzen: »Logistisch gesehen, sind sie schwer zu verbergen, schwer durch den Zoll zu bringen. Und dann muss man sich seines gewünschten Ziels ganz sicher sein – welches Flugzeug man beschießt und wer an Bord ist.« In Afghanistan gibt es nach wie vor einen regen Markt für Stinger. Ein mir bekannter Kameramann machte 1995 heimlich Aufnahmen von drei Stinger-Raketen, die in Kabul zum Kauf angeboten wurden.

Die zweihundert Stinger-Raketen, deren Verbleib unbekannt ist, stehen symbolhaft für das beunruhigende Erbe des afghanischen Krieges gegen die Kommunisten, der am Ende eine transnationale Streitmacht islamistischer Kämpfer entstehen ließ, die Terror und Guerillabewegungen in die ganze Welt exportiert haben. Der Sieg in Afghanistan, der dem Ansehen der sowjetischen Armee und letzten Endes dem ganzen sowjetischen System einen ungeheuren Schlag versetzte, war auch für die muslimische Welt bedeutsam. Seit Napoleons Armeen 1798 in Ägypten einmarschierten, sind die muslimischen Beziehungen zu den westlichen Mächten geprägt vom unerbittlichen Niedergang der militärischen Stärke der Muslime und vom Aufstieg des Westens, der darin gipfelte, dass Briten und Franzosen die Osmanen besiegten und einen Großteil des letzten islamischen Reiches nach dem Ersten Weltkrieg kolonisierten.[55]

Deshalb war der Sieg gegen die Kommunisten in Afghanistan ein berauschender moralischer Sieg: im Namen Gottes war eine Supermacht geschlagen worden. Das war eine wichtige Lehre für die »afghanischen Araber« und für Bin Laden selbst, der sie auf seinen nächsten Heiligen Krieg anwandte – den gegen die Vereinigten Staaten.

KAPITEL 4

Koran und Kalaschnikow: Bin Ladens Jahre im Sudan

»Sie begannen, im Sudan untereinander Erklärungen abzugeben, in denen sie die Amerikaner als Ungläubige bezeichneten ... Aber es blieb nicht nur bei Worten, meine Damen und Herren. Sie werden erfahren, dass Bin Laden und seine Gruppe Vorbereitungen trafen, um gegen seine Feinde zu kämpfen, namentlich die Vereinigten Staaten.«

Einleitende Erklärung des Bundesanwalts im New Yorker Prozess gegen vier Komplizen Bin Ladens am 5. Februar 2001

»Kommen Sie herauf, ich muss Ihnen etwas zeigen«, sagte ein Dissident aus dem Nahen Osten, den ich 1997 in London besuchte. In seinem Arbeitszimmer kramte er ein Video hervor und steckte es in den Videorecorder. Die durch die Fenster eines langsam fahrenden Autos gemachte Aufnahme zeigte einige Amerikaner, von denen mehrere zehntausend in Saudi-Arabien leben.[1] Die Kamera schwenkte zu einem Schild, das eine Wohnsiedlung von Angestellten der Ölgesellschaft Aramco anzeigte. Dann fuhr der Kameramann in die Siedlung hinein und holte eine Amerikanerin heran, die ihr Kind auf einer Schaukel anschubste. In der nächsten Bildfolge überholte der Kameramann einen Lastwagen der US-Armee, an dessen Steuer eine Soldatin saß, die einen nervösen Blick auf die Kamera warf, als sie merkte, dass sie auf Video aufgenommen wurde. Die Aufnahmen waren miserabel gemacht, aber für einen Voyeur faszinierend. Sie hatten keine Handlung, aber ihre Botschaft war offenkundig: »Schaut euch diese Ungläubigen an, die sich widerrechtlich auf unserem heiligen Boden aufhalten.«

Die Opposition gegen die langjährige Anwesenheit von Amerikanern auf der Arabischen Halbinsel verschärfte sich dramatisch nach dem 7. August 1990, jenem Tag, an dem die ersten US-Soldaten im Rahmen der Operation Wüstenschild nach Saudi-Arabien in Marsch gesetzt wurden. Die letzten Worte des Propheten Mohammed sollen gelautet haben: »Lasst nicht zu, dass es zwei Religionen in Arabien gibt.« Jetzt hielten sich »Ungläubige« beiderlei Geschlechts auf dem heiligen Boden der Arabischen Halbinsel auf.[2] Für Bin Laden war dies ein Ereignis, das ihn ebenso verwandelte wie der sowjetische Einmarsch nach Afghanistan zehn Jahre zuvor. Nicht von ungefähr sprengten seine Männer genau acht Jahre später, am 7. August 1998, zwei amerikanische Botschaften in Afrika in die Luft, wobei die Bomben in zwei verschiedenen Ländern fast gleichzeitig explodierten – keine geringe Leistung, was die Koordination angeht.

Natürlich hatte Bin Laden die Amerikaner schon lange, bevor er sich mit ihrer leibhaftigen Anwesenheit auf arabischem Boden konfrontiert sah, verbal attackiert. 1989 aus dem Afghanistan-Krieg heimgekehrt, wurde er ein gefragter Redner in Moscheen und Privathäusern, und ein wichtiges Motiv seiner Ansprachen war der Aufruf zum Boykott amerikanischer Waren wegen der US-Unterstützung für Israel.[3] Kassetten mit seinen Reden waren im saudischen Königreich zu Hunderttausenden in Umlauf.[4]

Für den Grund der US-Präsenz in Saudi-Arabien hatte Bin Laden ironischerweise Verständnis: Es war der Krieg gegen Saddam Hussein. Schon weit früher hatte er das saudische Regime dadurch in Verlegenheit gebracht, dass er vor den Absichten des irakischen Diktators warnte.[5] »Ein Jahr vor Husseins Einmarsch in Kuwait«, erinnerte sich Bin Laden, »habe ich in meinen Reden in Moscheen immer wieder davor gewarnt, dass Saddam im Golf einmarschieren wird. Keiner hat mir geglaubt. Ich habe in Saudi-Arabien viele Kassetten verteilt. Erst nachdem es passiert war, begannen sie mir zu glauben und waren von meiner Analyse der Lage überzeugt.«[6]

Nachdem Husseins Streitkräfte den kleinen ölreichen Staat am 1. August 1990 überfallen hatten und die Sicherheit Saudi-Arabiens bedrohten, bot Bin Laden unverzüglich seine Dienste und die seiner heiligen Krieger an. Zur Verteidigung des Königreiches, so seine Überlegung, würden die saudische Armee und seine eigenen Männer ausreichen – hatten seine Truppen nicht geholfen, die Russen aus Afghanistan zu vertreiben?

Die Saudis nahmen dieses Angebot nicht ernst. Sie hatten zwar zig Milliarden Dollar in ihre Armee gesteckt, aber nun ersuchten sie die amerikanische Regierung und Präsident Bush um Hilfe, jenen Präsidenten, der sein Vermögen im Ölgeschäft gemacht hatte und daher genau wusste, was mit der irakischen Besetzung Kuwaits auf dem Spiel stand (wenngleich er wortreich von einer »Neuen Weltordnung« sprach). Die Operation Wüstenschild – später die Operation Wüstensturm – brachte über eine halbe Million US-Soldaten an den Golf. (Einer von ihnen war Timothy McVeigh, der 1995 den Bombenanschlag auf das Bundesgebäude in Oklahoma City verüben sollte, wobei er 168 Amerikaner ermordete – den opferreichsten Terroranschlag in Amerika bis zum Angriff auf das World Trade Center im Jahr 2001.)

Bin Ladens Opposition gegen die Präsenz amerikanischer Truppen schlossen sich Safar al-Hawali und Salman al-Auda an, zwei bedeutende Religionsgelehrte, die anschließend von den Saudis eingesperrt wurden.[7] Al-Hawali sagte 1991 in einer Predigt: »Was am Golf geschieht, ist Teil eines umfassenden westlichen Plans zur Unterwerfung der gesamten arabischen und muslimischen Welt.«[8] Bin Laden, der nicht als Religionsgelehrter ausgewiesen ist, beruft sich zur Rechtfertigung seiner gegen die Vereinigten Staaten gerichteten Äußerungen oft auf al-Hawali und al-Auda.

Schon Anfang 1991 habe Bin Laden davon gesprochen, Saudi-Arabien zu verlassen und in den Sudan zu gehen, sagt der ägyptische Journalist Isam Daraz, der – mit Unterbrechungen – drei Jahre mit Bin Laden in Afghanistan verbracht hatte. »Ich riet ihm davon ab«, sagt Daraz. »Aber er war voller Begeisterung, er ist kein Mann der Taktik.« Daraz besuchte Bin Laden, bevor dieser Saudi-Arabien verließ, und er berichtet, dass der Multimillionär an dem bescheidenen Lebensstil festhielt, an den er sich in Pakistan und Afghanistan gewöhnt hatte: »Das Haus war spartanisch. Die Leute schliefen auf dem Boden. Dort befand sich sein Büro, die anderen Räume dienten seiner Familie. Auch ich habe während meines dreitägigen Besuchs auf dem Boden geschlafen.«[9]

Bin Ladens Entschluss, in den Sudan zu ziehen, stand seit mindestens einem Jahr fest. Zur Vorbereitung des Umzugs reiste

Dschamal al-Fadl von der Organisation *al-Qa'ida* mit gefälschten Papieren von Pakistan nach Ägypten und in den Sudan; um dabei nicht als militanter Islamist entdeckt zu werden, rasierte er sich den Bart ab, und er packte Kölnischwasser ein, um den Eindruck zu erwecken, als sei er hinter Frauen her. Im Sudan, zu dessen Geheimdienst *al-Qa'ida* enge Beziehungen hatte, erwarb al-Fadl nördlich der Hauptstadt Khartum eine Farm für 250 000 Dollar und in der Nähe von Port Sudan eine Salzgartenanlage für 180 000 Dollar. Die beiden Anwesen sollten von der Gruppe genutzt werden.[10]

Die saudische Regierung war der Kritik Bin Ladens an ihrem Regime inzwischen überdrüssig und stellte ihn praktisch unter Hausarrest; er durfte nur noch nach Dschidda fahren. Doch Bin Laden hatte einen Fluchtplan. Er ließ seine familiären Beziehungen zu König Fahd spielen und machte die Behörden glauben, er müsse zur Klärung geschäftlicher Angelegenheiten nach Pakistan reisen. Von dort aus teilte er seiner Familie im April 1991 brieflich mit, er könne nicht heimkehren. Nachdem er mehrere Monate in Afghanistan verbracht hatte, traf er im Sudan ein, wo ihn Hasan at-Turabi, der Führer der Nationalen Islamischen Front (NIF), herzlich willkommen hieß.[11]

Das nominelle Staatsoberhaupt war Brigadegeneral Umar Hasan Ahmad al-Baschir, der 1989 durch einen Militärputsch die zivile Regierung gestürzt hatte; die eigentliche Macht hinter den Kulissen war jedoch at-Turabi, ein brillanter Absolvent der Sorbonne, der einen ganz und gar islamistischen Staat schaffen wollte.[12] Es fügte sich gut, dass zwischen ihm und Bin Laden bald eine symbiotische Beziehung entstand. Bin Laden durfte im Sudan ungehindert agieren, und er investierte Millionen von Dollar in das hoffnungslos arme Land. Die Organisation *al-Qa'ida* kaufte Fernmeldegeräte, Radiosender und Gewehre für die NIF, und die Regierung revanchierte sich für die Gefälligkeiten und stellte der Gruppe zweihundert Pässe zur Verfügung, so dass ihre Mitglieder mit neuen Identitäten reisen konnten.[13]

Im Sudan führte Bin Laden ein Doppelleben. Einerseits schuf er sich ein Wirtschaftsimperium, indem er in Banken und Landwirtschaftsprojekte investierte und eine wichtige Fernstraße baute. Gleichzeitig errichtete er Ausbildungslager, in denen Hunderte seiner Anhänger in paramilitärischer Taktik geschult werden konnten.

Bin Laden bewog saudische Geschäftsleute, darunter einige seiner Brüder, im Sudan zu investieren. Unter den Geschäftsleuten, die er zu gewinnen suchte, war sein Freund Chalid al-Fauwaz, dem er seine verschiedenen Projekte zeigte. »Ich besichtigte die Straße, an der er baute«, sagte al-Fauwaz. »Er zeigte mir auch eine große Farm mit Versuchspflanzungen seltener Baumarten. Er wollte mich ermuntern, im Sudan zu investieren. Ich war nicht überzeugt. Der Sudan erschwert Investitionen durch seine Vorschriften. Ich war damals im Lebensmittel-Außenhandel tätig. Osama sagte: ›Du solltest Lebensmittel im Sudan erzeugen und dann nach Saudi-Arabien ausführen.‹«

Nach der Schilderung von al-Fauwaz lebte Bin Laden auch hier ohne den üblichen Komfort eines Multimillionärs: »Als ich sein Haus sah und wie er lebte, glaubte ich, meinen Augen nicht zu trauen. Er hatte keinen Kühlschrank im Haus, keine Klimaanlage, kein Luxusauto, nichts.«[14]

Bin Laden gründete im Sudan die unterschiedlichsten Firmen, und *al-Qa'ida* figurierte hier beinahe buchstäblich als Heiliger Krieg, Inc. Als Erstes entstand Wadi l-Aqiq, eine Handelsgesellschaft, die die Genehmigung hatte, alles, was sie wollte, ein- und auszuführen. Es folgten weitere Unternehmen: eine zweite Handelsgesellschaft, die Ladin International Company; Al-Hijra Construction (im gemeinsamen Besitz Bin Ladens und des sudanesischen Staates), die Straßen und Brücken baute und über sechshundert Leute beschäftigte; und das Landwirtschaftsunternehmen ath-Thamar, das auf seinen 4000 Quadratkilometer umfassenden Flächen bei ad-Damazina viertausend Leute beschäftigte und Sesamöl, Erdnüsse und Weizen produzierte.[15] Eine der Firmen Bin Ladens, die Taba Investment, Ltd., erreichte nach Angaben des US-Außenministeriums »eine monopolartige Stellung bei den wichtigsten landwirtschaftlichen Ausfuhrgütern des Sudan, nämlich bei Gummi, Weizen, Sonnenblumen und Sesamprodukten«.[16] Außerdem handelte Taba mit Zucker, Bananen, Konserven und Seife. Die Firma Blessed Fruits erzeugte Obst und Gemüse, während al-Ichlas Süßigkeiten und Honig produzierte. Bin Laden gründete ferner eine Spedition, al-Qudrat; eine Lederfabrik, Khartoum Tannery; eine Bäckerei und einen Möbelkonzern.[17] Fünfzig Millionen Dollar steckte er in die Al-Shamal Islamic Bank in Khartum.[18]

Al-Qa'ida war genauso global ausgerichtet wie jedes andere internationale Unternehmen. Zur leichteren Geschäftsabwicklung unterhielt die Gruppe Bankkonten in Zypern, Malaysia, Hongkong, Dubai, Wien und London.[19] Mitglieder von *al-Qa'ida* kauften für die Firmen der Gruppe Lastwagen in Russland und Traktoren in der Slowakei, und ihre Geschäftsreisen führten sie nach Ungarn, Kroatien, China, Malaysia und auf die Philippinen.[20]

Bin Laden gründete ein neun Räume umfassendes Büro an der McNimr Street in Khartum und eröffnete später einen weiteren Firmensitz im Riad-Viertel der Stadt. Die Gruppe erwarb in der Nähe des Blauen Nils vier Farmen, wo Bin Laden, ein vollendeter Reiter, an den Wochenenden ritt, während seine Gefolgsleute badeten, Fußball spielten und Picknicks veranstalteten. (Bin Ladens einzige Freizeitbeschäftigung neben dem Reiten ist Lesen. Er liest sehr viel über islamisches Denken und aktuelles Geschehen.)[21]

Bin Ladens weit gefächertes Firmenimperium beschäftigt mehrere tausend Angestellte. Von der Existenz von *al-Qa'ida* ahnten die meisten jedoch nichts. Es war ein Geheimnis; dass es die Gruppe gab, erfuhr nur, wer ihr angehörte. Die Monatsgehälter der *al-Qa'ida*-Mitglieder reichten von 500 bis maximal 1200 Dollar. In einem der ärmsten Länder der Welt ist das eine Menge Geld.[22]

Ende 1993 gab Bin Laden erstmals einem Vertreter der westlichen Presse ein Interview: Robert Fisk vom britischen *Independent*. Fisk erinnert sich, dass die Dorfbewohner Spalier standen, um Bin Laden, der stilvoll in ein Gewand mit Goldsaum gekleidet war, zu begrüßen und ihm für das Bauvorhaben einer neuen Fernstraße zu danken, die die Entfernung von Khartum nach Port Sudan am Roten Meer, die auf der alten Straße 1200 Kilometer betrug, auf 800 Kilometer verkürzte.[23]

Scott MacLeod, der für die Zeitschrift *Time* arbeitete, bekam Anfang 1996 ebenfalls die unternehmerische Seite von Bin Laden vorgeführt: »Er baute damals die Straße nach Port Sudan … und ihm gehörten eine Sonnenblumenplantage und eine Gerberei. Und er bemühte sich, mir all das zu zeigen ... Ich sah, wie sie aus Ziegen- und Schafhäuten Lederjacken für den Export nach Italien anfertigten ... Und er war offensichtlich bemüht, sich mir als Geschäftsmann zu präsentieren.«[24]

Das stimmte nur zum Teil. Tatsächlich betätigte sich Bin Laden in den fünf Jahren, die er im Sudan verbrachte, intensiv als politischer Führer und als Planer paramilitärischer Operationen gegen amerikanische Ziele. Die wirtschaftlichen Aktivitäten waren eine willkommene Tarnung. So flog Anfang der neunziger Jahre ein Flugzeug mit Zucker nach Afghanistan und kam mit einer Ladung Geschütze und Raketen in den Sudan zurück.[25]

Es sei, erklärte Bin Laden 1997 gegenüber CNN, einer seiner stolzesten Erfolge während seines Aufenthalts im Sudan gewesen, dass seine »afghanischen Araber« daran mitgewirkt hätten, dass über ein Dutzend amerikanischer Soldaten, die in Somalia stationiert waren, 1993 getötet wurden. Nun hat er ja jeden Versuch, ihn mit Anschlägen auf amerikanische Soldaten in Saudi-Arabien in den Jahren 1995 und 1996 in Verbindung zu bringen, immer wieder zurückgewiesen und eine direkte Beteiligung an den Bombenanschlägen auf US-Botschaften in Afrika im Jahr 1998 abgestritten; umso erstaunlicher ist es, dass er sich ganz nebenbei ausgerechnet diese Operation als Verdienst anrechnete. Was er wirklich getan hat, ist bis heute ungeklärt, und Bin Ladens Behauptung ist von US-Beamten in Zweifel gezogen worden, doch der Koordinator der Terrorbekämpfung im State Department, Botschafter Philip Wilcox, erklärte 1997 gegenüber CNN: »Wir nehmen [Bin Laden] beim Wort.« Die New Yorker Staatsanwälte widmeten später den behaupteten anti-amerikanischen Umtrieben in Somalia mehrere Abschnitte ihrer Anklageschrift gegen Bin Laden.

28 000 amerikanische Soldaten hatte der damalige Präsident Bush im Rahmen einer UN-Mission zur Bekämpfung des Hungers in Somalia in der ersten Dezemberwoche 1992 in Marsch gesetzt. Als in den dunklen Morgenstunden des 9. Dezember die ersten Truppen – SEALs und Marine-Infanteristen der US-Navy – in voller Kampfausrüstung an den somalischen Stränden landeten, wurden sie von einer Phalanx von Fotografen und Videoteams der

Weltpresse empfangen.[27] Das war ein ungünstiger Anfang für die Mission des Pentagon, die wie eine Posse begann und als Tragödie enden sollte.

Die Ankunft dieser Truppen nur zwei Jahre nach der Stationierung Tausender US-Soldaten in Saudi-Arabien war in den Augen von *al-Qa'ida* Teil eines strategischen Plans, sich immer größere Brocken der muslimischen Welt einzuverleiben.[28] Deshalb erließ das *fatwa*-Komitee von *al-Qa'ida* Aufrufe, die US-Truppen in Somalia anzugreifen, um, wie es hieß, »der Schlange den Kopf abzuschlagen«.[29] Ende Dezember verübten *al-Qa'ida*-Mitglieder im Jemen einen Bombenanschlag auf ein Hotel, in dem amerikanische Soldaten auf dem Weg nach Somalia untergebracht waren. (Dem Anschlag fiel ein australischer Tourist zum Opfer, aber kein einziger Amerikaner.)

Die Mission zur Friedenssicherung schlug nur allzu bald in einen Krieg um, denn US-Truppen wurden in die Stammesauseinandersetzungen verwickelt, die die Hauptstadt Mogadischu verwüsteten und die Hungersnot verschlimmerten. Nach Feststellung der Vereinten Nationen und der amerikanischen Kommandeure war der Frieden am ehesten dadurch herzustellen, dass man Mohammed Aidid, den mächtigsten Stammeschef, angriff. Aidid wurde zum Objekt einer umfassenden Großfahndung, die sich als ein teurer Irrtum erweisen sollte.

1993 fuhr Abu Hafs, einer der Militärkommandeure Bin Ladens, zwei Mal nach Somalia, um festzulegen, wie die US-Truppen am besten anzugreifen seien, und erstattete Bin Laden im Sudan Bericht. Ein Mörserspezialist von *al-Qa'ida* wurde ebenfalls in das Land entsandt.[30] Anfang 1993 stellte Abu Hafs den Somalis militärische Ausbildung und Hilfe zur Verfügung. Am 3. und 4. Oktober 1993 wurden achtzehn amerikanische Soldaten, die den Auftrag hatten, Aidid zu schnappen, bei einem heftigen Feuergefecht getötet. Außerdem starben mindestens fünfhundert Somalis.[31] Während des Gefechts wurden drei amerikanische Black-Hawk-Hubschrauber mit RPG-Granatwerfern heruntergeholt. Wie mir ein US-Beamter versicherte, setzte der Abschuss dieser Hubschrauber Kenntnisse voraus, die sich die Somalis nicht selbst beigebracht haben konnten. In der maßgeblichen Darstellung der Schlacht von Mogadischu (*Black Hawk Down*) berichtet der Journalist Mark Bowden denn auch, die Männer Aidids seien von Arabern ausgebildet worden, die in Afghanistan gegen die Sowjets gekämpft hatten und den Somalis zeigten, dass man einen Hubschrauber am sichersten abschießt, wenn man den empfindlichen Heckrotor trifft.[32] Knapp eine Woche nach der Schlacht von Mogadischu kündigten die Vereinigten Staaten an, sie würden sich zurückziehen.[33]

Was auch immer über Bin Ladens Rolle in Somalia behauptet wurde – am wahrscheinlichsten ist, dass Stammeskämpfer, die gegen die Präsenz Amerikas waren, von seinen Männern ausgebildet wurden. Doch wer genau diese Stammeskämpfer waren und ob sie wirklich gegen amerikanische Soldaten gekämpft haben, wird man vielleicht nie herausbekommen. In dem Prozess gegen vier Komplizen Bin Ladens, der 2001 in New York stattfand, wurde bezeugt, dass Mohammed Auda, ein Mitglied von *al-Qa'ida*, somalische Stammeskämpfer ausgebildet hat, die *gegen* Aidid waren.[34] Andererseits wurde durch Zeugenaussagen in dem Prozess auch festgestellt, dass Harun Fazil, später ein wichtiges Mitglied der *al-Qa'ida*-Zelle in Kenia, sich 1993 direkt neben einem Gebäude aufhielt, das unter starken Beschuss amerikanischer Hubschrauber geriet.[35] Fazil sollte 1997 außerdem in einem für die Führung von *al-Qa'ida* bestimmten Brief schreiben: »Es ist Amerika durchaus bekannt, dass die jungen Männer, die in Somalia arbeiten und Anhänger des Scheichs [Bin Laden] sind, diejenigen sind, die die Angriffe auf die Amerikaner in Somalia durchgeführt haben.«[36]

Bin Laden selbst hat sich unzweideutig zu dem Thema geäußert. In Afghanistan machte er den pakistanischen Journalisten Hamid Mir mit einem Mann bekannt, den er folgendermaßen beschrieb: »... mein Militärkommandeur in Somalia, der Kommandeur meiner Truppen, die gegen die amerikanischen Truppen gekämpft und einen amerikanischen Hubschrauber zerstört haben«.[37] Der Fernsehsender al-Dschazira strahlte 1999 Bin Ladens erstes Interview in arabischer Sprache aus, in dem er erneut behauptete, seine Männer hätten in Somalia gekämpft: »Den Berichten, die wir von unseren Brüdern erhielten, die am *dschihad* in Somalia teilgenommen haben, konnten wir entnehmen, dass sie die Schwäche, Zerbrechlichkeit und Feigheit amerikanischer Soldaten gesehen haben. Es wurden nur achtzehn amerikanische

Soldaten getötet. Dennoch flohen sie ins Herz der Dunkelheit, entmutigt, nachdem sie großen Tumult um die Neue Weltordnung gemacht hatten.« [38]

Unbestreitbar ist, dass Bin Laden und seine Gefolgsleute während ihres Aufenthalts im Sudan immer radikaler geworden sind. Nach Ansicht von Isam Daraz lag das auch daran, dass Bin Laden von vielen jungen Männern umgeben war, die in ihren nahöstlichen Heimatländern mit Strafverfolgung oder gar mit dem Tod rechnen mussten. Mitglieder von *al-Qa'ida* waren naturgemäß misstrauisch gegenüber Außenstehenden und äußerst wachsam, und wenn sie einen Spitzel entdeckten, der in die Gruppe eingedrungen war, wurde er erschossen.[39]

1991 befanden sich ein- bis zweitausend Mitglieder von *al-Qa'ida* im Sudan, und Bin Laden hatte im Norden innerhalb von drei Jahren eine Reihe von Militärlagern geschaffen.[40] Nicht jeder hat sie gesehen; selbst al-Husain Charschtu, ein *al-Qa'ida*-Mitglied, das oft in den Sudan reiste, hatte keine Ahnung von der intensiven Ausbildungstätigkeit.[41] Der Grund für diese Diskretion könnte darin liegen, dass die Mitglieder von *al-Qa'ida* mit der konventionellen militärischen Ausbildung nicht zufrieden waren und ihre Begehrlichkeit auf exotischere Waffen richteten. 1993 erwarb die Gruppe für 210 000 Dollar ein Flugzeug in Tucson, Arizona, das anschließend nach Khartum geflogen wurde. Dieses Flugzeug sollte amerikanische Stinger-Luftabwehrraketen von Pakistan nach Sudan befördern, doch der Transport hat nie stattgefunden.[42]

Zwischen 1990 und Anfang 1993 unterzogen sich einige Mitglieder der Gruppe der gewaltigen Aufgabe, die »Enzyklopädie des afghanischen *dschihad*« zu verfassen. Alles, was die »afghanischen Araber« im *dschihad* gegen die Sowjets gelernt haben, wird in diesem vielbändigen Werk auf mehreren tausend Seiten detailliert beschrieben. Jeder Band ist Teilnehmern an diesem Heiligen Krieg gewidmet, doch namentlich erwähnt werden nur der verstorbene Abdullah Azzam und Bin Laden, »der bis zum heutigen Tag nicht davon abgelassen hat, den *dschihad* zu führen und zum *dschihad* anzuspornen«.[43] Die »Enzyklopädie« enthält achthundert Seiten über Waffen, darunter eine Gebrauchsanleitung für amerikanische Stinger-Raketen, und 250 Seiten darüber, wie man terroristische und paramilitärische Angriffe aufzieht.[44] Auf pakistanischen Bazaren wurde Mitte der neunziger Jahre eine CD-ROM-Version angeboten.[45] Und eine ähnliche Anleitung zum Terror mit dem Titel *Military Studies in the Dschihad Against the Tyrants* sollte im Mai 2000 im englischen Manchester in der Wohnung von Anas al-Libi beschlagnahmt werden, der als einer der Beschuldigten der Bin Laden-Terrorverschwörung flüchtig ist.[46]

Al-Qa'ida hat auch versucht, an Massenvernichtungswaffen zu kommen. Anfang der neunziger Jahre begab Dschamal al-Fadl sich in das Khartumer Industriegebiet Hillat Koko, wo Vertreter der Gruppe und ein Offizier der sudanesischen Armee die Herstellung von chemischen Waffen erörterten. *Al-Qa'ida* und die sudanesische Armee kooperierten ebenfalls bei dem Versuch, Artilleriegranaten mit chemischen Substanzen zu bestücken.[47] Al-Fadl erkundigte sich bei einem anderen Armee-Offizier nach der Möglichkeit, Uran zu erwerben, und wurde an einen Geschäftsmann verwiesen, der sich bereit erklärte, ihm für 1,5 Millionen Dollar eine Ladung zu verkaufen. Dieser Mann zeigte ihm einen Zylinder von sechzig bis neunzig Zentimetern Länge und einem Durchmesser von fünfzehn Zentimetern, der angeblich Uran enthielt und anscheinend aus Südafrika kam, aber al-Fadl brach die Verhandlungen ab und fand nie heraus, ob die Gruppe den Kauf getätigt hat. (Er erhielt für seine Bemühungen eine Prämie von 10 000 Dollar.)[48]

Bin Laden hat seine Haltung zu Massenvernichtungswaffen mittlerweile klargestellt: »Wir betrachten es nicht als ein Verbrechen, wenn wir versuchen würden, uns atomare, chemische und biologische Waffen zu verschaffen ... Wir haben das Recht, uns zu verteidigen.«[49] Außerdem soll Mamduh Mahmud Salim, ein Spitzenfunktionär von *al-Qa'ida*, sich für die Gruppe um Bauteile von Atomwaffen bemüht und Versuche gebilligt haben, »angereichertes Uran zu beschaffen«.[50] Auch hat *al-Qa'ida* grausige Versuche an Hunden vorgenommen, denen Zyanid injiziert oder die damit begast wurden, als Vorspiel zu einem möglichen Einsatz der tödlichen Substanz gegen amerikanische Ziele.[51]

Es gibt jedoch absolut keinen Anhaltspunkt dafür, dass *al-Qa'ida* einen der chemischen oder atomaren Stoffe, mit denen die Gruppe geliebäugelt hat, jemals »waffenfähig« gemacht hätte. Die dafür notwendigen technischen Kenntnisse liegen jenseits ihrer Möglichkeiten, jedenfalls zu dem Zeitpunkt, da ich dies schreibe.

1995 veranstaltete der faktische Herrscher des Sudans, Hasan at-Turabi, einen Islamischen Volkskongress, der Bin Laden Gelegenheit gab, sich mit Führern militanter Gruppen aus Pakistan, Algerien und Tunesien sowie mit dem Palästinensischen Islamischen Dschihad und mit Vertretern der Hamas zu treffen.[52] Gleichzeitig versuchte *al-Qa'ida*, Bündnisse mit der vom Iran unterstützten Hizbullah im Südlibanon zu schmieden. Obwohl sie in religiösen Dingen uneins sind – die Hizbullah ist schiitisch, während Bin Laden einen konservativen sunnitischen Islam vertritt –, begruben sie ihre Meinungsverschiedenheiten, um gegen ihren gemeinsamen Feind, die Vereinigten Staaten, Krieg zu führen. Mitglieder von *al-Qa'ida* fuhren in den Libanon, wo die Gruppe ein Gästehaus unterhält, und lernten zusammen mit der Hizbullah, wie man Bombenanschläge auf große Gebäude verübt.[53] Bin Laden traf sich unterdessen mit Imad Mughnija, dem verschwiegenen Chef des Sicherheitsdienstes der Hizbullah, der im Iran sitzt.[54] Es war eine wichtige Begegnung: Mughnija war der Drahtzieher hinter dem Anschlag, den ein Selbstmörder 1983 mit einem Lastwagen voller Sprengstoff auf die Kaserne der US-Marines in Beirut verübte, einem Anschlag, der 241 amerikanische Soldaten das Leben kostete und zum Rückzug der Vereinigten Staaten aus dem Libanon innerhalb weniger Monate führte.[55]

Ali Mohammed, ein ehemaliges *al-Qa'ida*-Mitglied und jetzt Kronzeuge der US-Regierung gegen die Gruppe, erklärte in seinem Schuldbekenntnis, Bin Laden habe gehofft, dem Vorbild Beirut folgen zu können: »Nach der Explosion in Beirut ... und dem Abzug der Amerikaner aus Beirut wird das die Methode sein, um die Vereinigten Staaten aus Saudi-Arabien zu vertreiben.«[56] Hier wird eine gewisse Ahnungslosigkeit bezüglich der amerikanischen Außenpolitik deutlich. Während die Vereinigten Staaten kein zwingendes strategisches Interesse am Libanon hatten, sitzt Saudi-Arabien auf einem Viertel der bekannten Erdölreserven der Welt – und Öl ist der Lebenssaft der amerikanischen Wirtschaft.[57]

Anfang der neunziger Jahre nahm *al-Qa'ida* von ihrer Basis im Sudan aus mehrere wichtige Verbindungen zu weiteren ausländischen Gruppen auf.[58] Während sie selbst im Sudan ihre Basis hatte, eröffnete sie ein Zweigbüro in Baku (Aserbaidschan), schickte Kämpfer nach Tschetschenien, was sie pro Kopf 1500 Dollar kostete, entsandte heilige Krieger nach Tadschikistan, bildete Mitglieder der Filipino Moro Front aus, stellte Zweigorganisationen in Jordanien und Eritrea 100 000 Dollar zur Verfügung und schmuggelte Waffen in den Jemen und nach Ägypten. Der Iran wiederum schickte der Gruppe Sprengstoffe, die wie Steine aussahen.[59]

Der auswärtige Konflikt, der die größte Bedeutung für *al-Qa'ida* hatte, war der Krieg im ehemaligen Jugoslawien zwischen den Serben und den überwiegend muslimischen Bosniern. Der Bosnien-Konflikt nahm zwar nie die Ausmaße des afghanischen *dschihad* an, doch kämpften zwischen 1992 und 1995 Hunderte von »afghanischen Arabern« in Bosnien, besonders in der Gegend um Zenica.[60] Eine mit Bin Laden verbundene Wohltätigkeitsorganisation, die Third World Relief Agency in Wien, ließ den Bosniern Millionen von Dollar zufließen.[61] *Al-Qa'ida* bildete *mudschahidin* aus, die Anfang der neunziger Jahre nach Bosnien in den Kampf gingen, und Bin Ladens Dienstleistungsbüro unterhielt außerdem ein Büro in Zagreb, der Hauptstadt des benachbarten Kroatien.[62]

Hinzu kamen Bündnisse mit einer Reihe anderer militanter Organisationen: der Islamischen Gruppe und der Dschihad-Gruppe in Ägypten, der Groupe Islamique Armée (GIA) in Algerien, der libyschen Kampfgruppe, der jemenitischen as-Saif al-Islami al Dschanubi und der syrischen Organisation Dschama'at ul-Dschihad as-Suri.[63]

Schon 1993 begannen Mitglieder der Bin Laden-Gruppe mit der Planung eines Anschlags auf die amerikanische Botschaft in Nairobi. Wie Bin Laden in einem späteren Interview verdeutlichte, fiel die Wahl aus bestimmten Gründen auf Nairobi, auch deshalb, weil »der brutale amerikanische Überfall auf Somalia von dort ausging«.[64] Der aus Ägypten stammende Amerikaner Ali Mohammed sagte, er sei Ende 1993 nach Nairobi gereist, »um amerikanische, britische, französische und israelische Ziele auszuspähen« – darunter auch die amerikanische Botschaft –, in der Absicht, »an den Vereinigten Staaten wegen ihrer Verwicklung in Somalia Rache zu üben«. Danach reiste Mohammed nach Khartum und zeigte Bin Laden seine Protokolle und Fotos; Bin Laden »sah sich das Bild der amerikanischen Botschaft an und zeigte auf die Stelle, wo ein Selbstmordattentäter mit einem Lastwagen voller Sprengstoff hineinfahren könnte«.[65]

In den Jahren, in denen *al-Qa'ida* ihre Zentrale im Sudan hatte, gab es in der Gruppe immer wieder kleinliche Streitereien um Geld und größere Auseinandersetzungen über das richtige Vorgehen – Probleme, wie sie jede Organisation kennt. 1993 stritten sich die Mitglieder darüber, ob auf die amerikanische Botschaft in Saudi-Arabien ein Anschlag verübt werden sollte, nachdem Scheich Umar Abd ur-Rahman, der geistige Führer der ägyptischen Gruppenmitglieder, in New York verhaftet worden war. Die Idee wurde verworfen, weil die Gefahr bestand, dass dabei Zivilisten umkommen würden – solche Skrupel sollte *al-Qa'ida* später fallen lassen.[66]

Unangebracht waren solche Selbstbeschränkungen jedoch, wenn es um amerikanische militärische Ziele im saudischen Königreich ging. Am 13. November 1995 explodierte vor dem Gebäude der Nationalgarde in Riad, einer gemeinsamen saudisch-amerikanischen Einrichtung, eine Autobombe. Diesem Attentat, dem ersten seiner Art in der Geschichte des Landes, fielen fünf Amerikaner und zwei Inder zum Opfer.[67] Im April 1996 brachte das saudische Fernsehen die Geständnisse der angeblichen Täter.[68] Wahrscheinlich waren die vier beschuldigten Männer gefoltert worden, aber was sie sagten, klang echt. (Sie hatten erkennbar saudische Stammesnamen und einen entsprechenden Akzent; auch konnte die saudische Regierung kein Interesse daran haben, die Vorstellung zu verbreiten, es gebe in Saudi-Arabien eine gewalttätige innere Opposition.)[69] Einer der Attentäter bekannte, von den Schriften Bin Ladens und ägyptischer islamistischer Gruppen beeinflusst zu sein. Ein anderer erklärte, beim Bau der Bombe seien ihm »die Erfahrungen« zustatten gekommen, »die ich bei der Teilnahme am afghanischen *dschihad* mit Sprengstoffen sammeln konnte«.[70] Da drei der vier Attentäter im afghanischen Heiligen Krieg gekämpft hatten, darf man annehmen, dass sie mit Bin Ladens Dienstleistungsbüro Kontakt gehabt hatten.[71] Einer von ihnen, Muslih asch-Schamrani, gehörte in Afghanistan zu Bin Ladens »Faruq«-Brigade.[72]

In einem Interview mit dem arabischen Fernsehsender al-Dschazira unterstrich Bin Laden 1999 die Zusammenhänge zwischen seinen öffentlichen Äußerungen und dem Anschlag von Riad: »Ich gestehe, dass ich einer derjenigen war, die gemeinsam das *fatwa* unterzeichnet haben, mit dem das Volk zur Teilnahme am *dschihad* aufgerufen wurde. Gott sei Dank haben viele positiv auf unser *fatwa* reagiert. Zu ihnen gehören die Brüder, die wir als Märtyrer betrachten ... Im Verhör haben sie gestanden, unter dem Einfluss einiger der Aufrufe und Rundschreiben zu stehen, die wir an das Volk gerichtet haben.«[73]

Näheres ist über den Anschlag von Riad leider nicht mehr in Erfahrung zu bringen, denn die Saudis enthaupteten die mutmaßlichen Täter, bevor amerikanische Ermittler sie befragen konnten.[74] Ein ziemlich abgeschlossener Fall.

Der nächste Anschlag auf amerikanische Ziele erfolgte am 25. Juni 1996. Dies war ein sehr viel ernsterer. Eine Bombe in einem Tankwagen, der vor dem Chaubar-Towers-Militärkomplex in Zahran abgestellt war, löste eine gewaltige Explosion aus, die neunzehn US-Soldaten tötete und Hunderte verletzte. Die Explosion hatte eine solche Wucht, dass die Front des achtstöckigen Chaubar-Towers-Gebäudes zerstört wurde, und noch 36 Kilometer weiter, im Golfstaat Bahrain, konnte man die Druckwelle spüren.[75] Die saudische Regierung machte den Iran beziehungsweise die vom Iran unterstützten Schiiten in der Ostprovinz des Landes für den Anschlag verantwortlich,[76] doch die Tatsache, dass anschließend sechshundert »afghanische Araber« verhaftet wurden, lässt vermuten, dass sie zumindest anfangs ehemalige Bin-Laden-Kämpfer verdächtigte.[77] Im Juni 2001 wurden dreizehn Mitglieder der saudischen Hizbullah, einer schiitischen Gruppe mit Verbindungen zum Iran, in den Vereinigten Staaten wegen Beteiligung an dem Chaubar-Anschlag angeklagt.[78]

In seinem CNN-Interview von 1997 pries Bin Laden diejenigen, die hinter den Anschlägen von Riad und Zahran steckten, als »Helden«, stritt aber jede eigene Beteiligung ab: »Ich habe vor denen, die das getan haben, großen Respekt. Was sie getan haben, ist eine große Ehre, an der teilzuhaben ich versäumt habe.«[79]

Während Bin Laden die militärische Ausbildung für seine Männer organisierte und Anschläge gegen amerikanische Ziele plante, beteiligte er sich auch an im engeren Sinne politischen Bemühungen, das saudische Regime zu stürzen. Er gründete das Rat- und Reformkomitee, Advice and Reformation Committee (ARC), in dem die US-Regierung einen verlängerten Arm des paramilitärischen Zweiges seiner *al-Qa'ida*-Organisation sieht, das aber wohl eher ein legitimes Produkt einer oppositionellen Sammlungsbewegung gegen das saudische Regime ist.[80] Grundlage dieser Bewegung ist eine Denkschrift mit dem Titel »Memorandum of Advice«, ein Dokument, das eine Reihe von Reformen befürwortet und im Sommer 1992 von prominenten saudischen Islamisten unterzeichnet wurde.[81] Im Juli 1994 berief Bin Laden Chalid al-Fauwaz zum Leiter des Londoner ARC-Büros. Nach der Londoner Satzung soll das ARC »im Hinblick auf die Art, wie Arabien regiert wird, eine friedliche und konstruktive Reform fördern und sich dabei ausschließlich gesetzlicher Mittel bedienen«.[82]

In seinem Londoner Büro erklärte mir al-Fauwaz: »Vor allem ist das Rat- und Reformkomitee nichts Neues; es knüpft einfach an jene Reformer an, die seit Jahrzehnten in diesem Sinne wirken. Weil einzelne Reformer ... immer öfter belästigt wurden ..., kamen wir auf den Gedanken: Warum organisieren wir uns nicht, warum tun wir uns nicht zusammen, um denen zu helfen, denen vom [saudischen] Regime Unrecht geschieht oder die misshandelt werden, oder um zumindest ihren Familien zu helfen, wenn etwas daneben geht?« Auf eine Klarstellung legt al-Fauwaz ganz besonders Wert: »Ich arbeite nicht für Osama, wir sind Freunde.«[83]

Das ARC gab zahlreiche Kommuniqués heraus. Nr. 17 vom 8. März 1995 ist eine weitschweifige Anklageschrift, die dem saudischen Regime ein langes Sündenregister vorhält. Kritisiert wird die Anwendung von »menschengemachten Gesetzen«, die nicht zur *schari'a,* dem islamischen Recht,[84] gehören, die Verschuldung des Landes, die wachsende Arbeitslosigkeit, die Üppigkeit der Paläste, die für die königliche Familie erbaut wurden, und der auf 60 Milliarden Dollar geschätzte Betrag für den Golfkrieg, den die Regierung neben den riesigen Ausgaben für das untaugliche eigene Heer aufwandte.[85] Das Kommuniqué mündet in die Forderung, König Fahd solle abdanken.

Der Familie Sa'ud, die Saudi-Arabien seit Jahrzehnten wie ein Familienlehen regiert, war eine solche Kritik ein Gräuel. Schon

1994 hatte sie Bin Ladens inländische Guthaben eingefroren und ihn ausgebürgert. Seine Familie hatte damals mit ihm gebrochen, zumindest nach außen hin. Sein Bruder Bakr, der die Unternehmen der Familie leitet, ließ den saudischen Medien im März 1994 eine Erklärung zukommen, in der er Osamas Umtriebe »bedauerte, verurteilte und verdammte«.

Die Saudis versuchten, Bin Laden dazu zu bewegen, seine Kampagne gegen sie einzustellen. Sa'd al-Faqih sagt: »Ich persönlich weiß von drei Delegationen, die in den Sudan reisten und ihn baten, keine saudischen Ziele ins Visier zu nehmen. Sie sagten zu ihm: ›Du kämpfst gegen die Vereinigten Staaten, nicht gegen uns.‹« Die Saudis, so Bin Laden, »schickten meine Mutter, meinen Onkel und meine Brüder, fast neun Mal kamen sie zu mir nach Khartum und baten mich, aufzuhören und nach Arabien zurückzukehren und mich bei König Fahd zu entschuldigen ... Ich habe eine Rückkehr abgelehnt.«[86]

Die Saudis gingen auch mit weniger subtilen Mitteln vor. Der *al-Qa'ida*-Abtrünnige Dschamal al-Fadl besprach mit saudischen Regierungsvertretern die Möglichkeit, Bin Laden zu ermorden. 1994 beschoss eine Gruppe von Männern, die mit Kalaschnikows bewaffnet waren, Bin Ladens Haus in Khartum – dahinter steckten wahrscheinlich die Saudis.[87]

Al-Qa'ida setzte auch in der Zeit, in der sich die Zentrale im Sudan befand, seine Tätigkeit in Afghanistan und Pakistan fort. In Haijatabad, einem Vorort von Peschawar, wurde ab 1991 in der so genannten Phase 4 ein Gästehaus unterhalten.[88] Jenseits der Grenze, in Afghanistan, betrieb die Gruppe mehrere Ausbildungslager mit den Namen *Chalid ibn al-Walid, al-Faruq, Sadiq, Chalidan, Dschihad Wal* und *Darunta.*[89]

In al-Husain Charschtu würde man kaum einen *al-Qa'ida*-Kämpfer vermuten – der Marokkaner hat in Frankreich eine Hotelfachschule absolviert. Gleichwohl reiste er 1991 von Italien nach Pakistan, kehrte zunächst in Bin Ladens Gästehaus *Bait al-Ansar* ein und fuhr dann nach Afghanistan weiter, wo er eine strenge Ausbildung durchlief, neben der die Grundausbildung der US-Armee sich lachhaft rudimentär ausnimmt. In der ersten Nacht im Lager wurde Charschtu nachts um eins von Gewehrsalven geweckt. Es war, wie sich herausstellte, kein Angriff, sondern eine Übung, um die Wachsamkeit der Auszubildenden zu schärfen. (»Glaub nicht, dass du in diesem Lager zum Schlafen kommst«, sagte man ihm.) Dann wurde er an den unterschiedlichsten Waffen ausgebildet: dem amerikanischen M-16-Sturmgewehr, der russischen Kalaschnikow, der israelischen Uzi-Maschinenpistole und an Luftabwehrgeschützen. Außerdem hatte er Kurse über Granaten, und man brachte ihm bei, mit Sprengstoffen wie C3, C4 und Dynamit umzugehen. Schließlich zeigte man ihm, wie verschiedene Minen eingesetzt werden: Antipersonenminen, Minen gegen Lastwagen und Schmetterlingsminen, die von Kindern manchmal für Spielzeug gehalten werden. In dieser Zeit verlor Charschtu rund 18 Kilo. Nach dieser Ausbildung kehrte er nach Peschawar zurück und wurde dort in dem Gästehaus *Bait as-Salam* in das *al-Qa'ida*-Netzwerk eingeführt. Das klingt ein wenig nach Orwell: *Bait as-Salam* bedeutet »Haus des Friedens«.[90]

Anfang der neunziger Jahre wurden arabische Kämpfer wie Charschtu von der pakistanischen Regierung aufgefordert, sich polizeilich anzumelden. Viele haben das natürlich nicht getan, aber von denen, die sich in der an Afghanistan grenzenden Nordwest-Grenzprovinz anmeldeten, waren 1142 Ägypter, 981 Saudis, 946 Jemeniten, 792 Algerier, 771 Jordanier, 326 Iraker, 292 Syrer, 234 Sudanesen, 199 Libyer, 117 Tunesier und 102 Marokkaner.[91] Diese Zahlen geben einen Anhaltspunkt für die Anteile der einzelnen nahöstlichen Länder an den »afghanischen Arabern«.

Dass Pakistan den militanten Islamisten als Basis diente, bereitete den Regierungen des Nahen Ostens und besonders Ägyptens zunehmend Sorgen.[92] Sie drängten die Pakistanis, gegen die »afghanischen Araber« durchzugreifen, die daraufhin in regelmäßigen Abständen ausgewiesen wurden. Im März 1993 wurden achthundert festgenommen.[93] Im Mai 1993 legte Bin Laden für mindestens dreihundert von ihnen die Reisekosten aus, um sie zu sich in den Sudan zu holen.[94] Die militanten Kämpfer blieben dennoch in Pakistan aktiv; am 20. November 1995 verübten sie mit einem Lastwagen einen verheerenden Bombenanschlag auf die ägyptische Botschaft in Islamabad, bei dem fünfzehn Menschen getötet und achtzig verletzt wurden.[95] Amerikanische Staatsanwälte behaupten, in den Anschlag sei *al-Qa'ida* verwickelt, deren Führung weitgehend aus Ägyptern besteht.[96] Der Anschlag weist Gemeinsamkeiten mit dem späteren Schlag gegen die amerikanische Botschaft in Kenia auf: In beiden Fällen fuhr ein Selbstmordattentäter mit einem Lastwagen voller Sprengstoff in das Gebäude, und zur Ablenkung des Sicherheitspersonals wurden Granaten geworfen.[97] Sechs Monate vor dem Anschlag auf die ägyptische Botschaft versuchten *al-Qa'ida*-Mitglieder außerdem, den ägyptischen Präsidenten Hosni Mubarak während einer Konferenz in der äthiopischen Hauptstadt Addis Abeba zu ermorden.[98]

Der Anschlag auf die ägyptische Botschaft veranlasste die pakistanische Regierung, 150 Araber zu verhaften, darunter der Leiter von Bin Ladens immer noch funktionierendem Dienstleistungsbüro, der Palästinenser Mohammed Jusuf Abbas, der später nach Saudi-Arabien ging. Damals wurde auch die vom Dienstleistungsbüro herausgegebene Zeitschrift *Dschihad* eingestellt.[99]

Nachdem die Vereinigten Staaten und Ägypten die sudanesische Regierung unter Druck gesetzt hatten, Bin Laden auszuweisen, verließ dieser 1996 den Sudan und begab sich wieder in seine vertrauten Reviere in Afghanistan.[100] Denjenigen, die Bin Laden zwangen, nach Afghanistan zu gehen, sollte es ungefähr so ergehen wie der deutschen Obersten Heeresleitung, die Lenin während des Ersten Weltkrieges nach Russland fahren ließ: Mochten die Deutschen davon auch kurzfristig profitieren, so sorgten sie doch zugleich dafür, dass Deutschland ein unerbittlicher Feind entstand. Nicht anders ist es mit Bin Laden und Afghanistan. Von Afghanistan aus konnte und kann Bin Laden ungehindert wirken und muslimische Kämpfer in ein Land locken, das zum ersten *dschihad*-Staat der modernen Welt wird. Dort, in Afghanistan, sollte er zu einer weit größeren Gefahr werden, als er es im Sudan je gewesen war.

KAPITEL 5

Von den Gipfeln des Hindukusch: Die Kriegserklärung

»Würde der Prophet Mohammed es Ihrem Verständnis nach richtig finden, einen Lastwagen mit Sprengstoff in ein Gebäude zu fahren und alles in die Luft zu sprengen, was sich darin befindet?«

Frage des US-Bundesstaatsanwalts während des Prozesses gegen vier Kämpfer Bin Ladens, die man für schuldig befand, 1998 in Afrika zwei US-Botschaften in die Luft gesprengt zu haben

»Wenn Sie das Leben des Propheten Mohammed studieren – Gott segne ihn und schenke ihm Heil –, werden Sie dem gütigsten Menschen begegnen. Er hätte niemals zugelassen, dass unschuldige Menschen sterben. Niemals.«[1]

Antwort des muslimischen Geistlichen Imam Siradsch Wahhadsch aus Brooklyn, New York

Als Bin Laden im Mai 1996, begleitet von seinen drei Frauen und vielen seiner Kinder, in Afghanistan eintraf, war er in gewisser Hinsicht heimgekehrt. Er kannte das Land gut, da er länger als ein Jahrzehnt dessen zerklüftete Berge und Täler in alle Richtungen durchreist hatte, und er war ein großer Bewunderer der religiösen Taliban-Krieger, die im Lauf der Zeit immer größere Teile des Landes beherrschten.

Die Reise nach Afghanistan war für Bin Laden zudem von großer spiritueller Bedeutung: Sie erinnerte ihn an die Emigration oder *hidschra* des Propheten Mohammed von Mekka nach Medina im siebten Jahrhundert. Der Prophet und seine Anhänger hatten ihre Geburtsstadt unter dem Druck ihrer heidnischen Mitbürger verlassen, die für die monotheistische Botschaft des Islam nichts übrig hatten. Von Medina aus führte Mohammed acht Jahre lang fast ununterbrochen Krieg, bis er Mekka von den Ungläubigen zurückeroberte.[2] Das war das Vorbild, dem Bin Laden in seinem *dschihad* gegen den Westen nacheifern wollte. Und Afghanistan ist in seiner Vorstellung das Medina des 21. Jahrhunderts.[3]

Der verbannte Saudi ließ sich zuerst in der Nähe der im Osten gelegenen Stadt Dschalalabad nieder und hielt sich in wechselnden Verstecken in den Bergen der Umgebung auf.[4] Der Führer der Taliban, Mullah Mohammed Omar, schickte nach Bin Ladens Ankunft eine Delegation zu ihm, die ihm versicherte, die Taliban würden es als eine Ehre ansehen, ihn wegen seiner Rolle im *dschihad* gegen die Sowjets zu beschützen.[5]

Im November suchte Abd ul-Bari Atwan, der Herausgeber der Zeitung *al-Quds al-Arabi*, Bin Laden in seiner Unterkunft in einer Höhle in den afghanischen Bergen auf. In seinem Büro im Londoner Westend erinnerte sich Atwan an den Besuch: »Seine Unterkunft war einfach aus den Ästen von Bäumen errichtet worden. Er hatte Hunderte von Büchern, die meisten davon theologische Traktate. Ich schlief auf einer Bettstatt, unter der eine Menge Granaten verstaut waren. Ich habe höchstens eine halbe Stunde geschlafen. Ich sah vielleicht zwanzig oder dreißig Menschen in seiner Nähe, Ägypter, Saudis, Jemeniten und Afghanen. Nachts war es sehr kalt, fünfzehn Grad unter Null. Zwei Tage habe ich gewartet, bis ich ihn sprechen konnte. Er war mit meinen Artikeln vertraut. Ich fand ihn aufrichtig, einfach, ohne Imponiergehabe. Er präsentierte sich mit keinem Wort als islamischer Führer. Er sagte mir, die saudische Regierung habe auf ihn Druck ausgeübt. Sie habe ihm 400 Millionen Dollar geboten, wenn er öffentlich erkläre, die saudische Regierung sei ein islamisches Regime.« Offenbar hatte das nichts genützt.

»Seine Anhänger glauben aus tiefstem Herzen an ihn«, sagte Atwan. »Sie können diesen Millionär sehen, der alle diese Millionen geopfert hat, und er sitzt mit ihnen zusammen in einer Höhle und teilt ihr Essen auf eine wirklich sehr bescheidene Weise.«[6]

Von seiner neuen Zuflucht in Afghanistan aus erließ Bin Laden immer radikalere Proklamationen, angefangen mit der »Erklärung des *Dschihads* an die Amerikaner, die das Land der beiden heiligen Stätten besetzt halten« vom 23. August 1996. Dieser Ruf zu den Waffen gegen die fortdauernde US-amerikanische Militärpräsenz in Arabien enthielt eine Analyse der US-Politik im Vorderen Orient seit Franklin Roosevelt, Angriffe auf das Regime in

Saudi-Arabien wegen seiner Korruptheit und seiner gegen den Islam gerichteten Politik und eine Erörterung der Ansichten muslimischer Gelehrter über die angemessenen Beziehungen zu Nichtmuslimen im Lauf der Jahrhunderte.

In dieser Erklärung Bin Ladens heißt es: »Die Muslime haben erkannt, dass sie das Hauptangriffsziel der Koalition aus den Juden und den Kreuzfahrern [seine Bezeichnung für den Westen] sind [...] Der letzte dieser Angriffe ist die größte Katastrophe seit dem Tod des Propheten Mohammed (Gott segne ihn und schenke ihm Heil) – es ist die Besetzung des Landes der beiden heiligen Moscheen – des ureigenen Bodens des Islam.« Bin Laden erklärt, dass dies ein *hadith*, einen Ausspruch des Propheten Mohammed verletze, der auf seinem Totenbett gesagt habe: »Wenn Gott will und ich nach Gottes Willen lebe, werde ich die Juden und die Christen aus Arabien vertreiben.«

An einer Stelle richtet Bin Laden, der eine Schwäche für eine bestimmte Art morbider Dichtung hat, eine ungewöhnliche Ode an den damaligen US-Verteidigungsminister William Perry:

»O William, morgen wirst du erfahren,
welcher junge Mann deinem großmäuligen Bruder
entgegentreten wird.
Ein junger Mensch begibt sich lächelnd ins Getümmel des
Kampfes und
kehrt mit blutbefleckter Speerspitze zurück.«

Manches dürfte in der Übersetzung der Verse verloren gegangen, doch ihr Sinn klar geworden sein.

Bin Laden schließt die Erklärung mit einem Ruf zu den Waffen: »Unsere muslimischen Brüder überall auf der Welt [...] Eure Brüder im Land der beiden heiligen Stätten und in Palästina erbitten Eure Unterstützung. Sie bitten Euch, gemeinsam mit ihnen gegen ihre Feinde vorzugehen, die auch Eure Feinde sind – die Israelis und die Amerikaner –, indem Ihr ihnen so viel Schaden zufügt wie möglich.« Bin Laden unterschrieb sein Manifest mit einer Floskel: »Von den Gipfeln des Hindukusch, Afghanistan.«

Die von verschiedenen Sendestationen aufgenommene und auf der ganzen Welt ausgestrahlte Ausrufung eines Heiligen Krieges gegen die Amerikaner war einem arabischen Journalisten zufolge auf einem Apple Macintosh geschrieben worden. »Think different«, lautet der Werbeslogan des Herstellers.

Im Frühjahr 1997 gab Bin Laden dem amerikanischen Nachrichtensender CNN sein erstes Fernsehinterview – mit dem dieses Buch beginnt – in einem seiner Verstecke in der Nähe von Dschalalabad. Er wiederholte seine Aufrufe zu Angriffen auf US-Soldaten und sagte, er könne für die Sicherheit amerikanischer Zivilisten nicht garantieren, falls sie in diese Angriffe hineingerieten. Kurz darauf zog Bin Laden in die südafghanische Stadt Kandahar, von wo aus Mullah Mohammed Omar seine Herrschaft ausübt.

Am 22. Februar 1998 erhöhte Bin Laden den Einsatz beträchtlich, als er die Bildung einer Internationalen Islamischen Front für einen *dschihad* gegen die Juden und die Kreuzfahrer ankündigte. Zu den Unterzeichnern der Vereinbarung gehörten Aiman az-Zawahiri von der ägyptischen Dschihad-Gruppe, Bin Ladens treuester Stellvertreter, Rifa'i Ahmad Taha von der Islamischen Gruppe Ägyptens und die Führer von militanten Organisationen in Pakistan und Bangladesch.[8] Sie alle wurden zum ersten Mal unter einem Dach zusammengebracht.

Der für die Gründung der Internationalen Islamischen Front entscheidende Text, der die terroristischen Angriffe von *al-Qa'ida* vorbereitete, wird hier ausführlicher zitiert:

»Seit Gott die Arabische Halbinsel ausbreitete, ihre Wüste schuf und ihre Meere füllte, hat uns kein Unheil jemals so heimgesucht wie jene christlichen Legionen, die sich wie Ungeziefer ausgebreitet, ihr Land bevölkert, ihre Ressourcen geplündert, ihre Natur vernichtet und ihre Führer gedemütigt haben [...] Niemand bestreitet heute drei wiederholt bezeugte Tatsachen, worüber unter den Gerechten Einigkeit herrscht [...] Es sind die Folgenden: Etwa seit sieben Jahren hält Amerika die heiligsten Länder des Islam besetzt: die Arabische Halbinsel. Es hat ihre Ressourcen gestohlen, ihren Anführern Befehle erteilt, ihr Volk gedemütigt und ihre Nachbarn in Schrecken versetzt. Es benutzt seine Herrschaft auf der Halbinsel als Waffe zur Bekämpfung der benachbarten Völker des Islam [...] Der offenkundigste Beweis kam, als die Amerikaner in ihrer Aggression gegen das Volk des Iraks zu weit gingen [...] Trotz der vielen Zerstörungen, die die christliche Allianz den Irakis zugefügt hat, und trotz der großen Zahl von Opfern an Menschenleben, die eine Million übersteigt, versuchen die Amerikaner, diese entsetzlichen Massaker erneut anzurichten, als wären sie mit dem langen Boykott [der Länder] oder den Zerstörungen noch nicht zufrieden. Hierher kommen sie heute, um den Rest dieses Volkes auszurotten und seine muslimischen Nachbarn zu demütigen. Obwohl die amerikanischen Ziele dieser Kriege religiöser und wirtschaftlicher Art sind, sollen sie auch dem jüdischen Staat zugute kommen und von dessen Besetzung des heiligen Landes und der Ermordung der dort lebenden Muslime ablenken. Der sichtbarste Beweis dafür ist ihr Beharren darauf, den Irak zu vernichten, den mächtigsten arabischen Nachbarstaat [...] Alle diese Verbrechen und dieses Elend sind eine unverhüllte Kriegserklärung an Gott, seinen Propheten und die Muslime durch die Amerikaner [...] Auf Grund dieser Tatsachen und um dem Allmächtigen zu gehorchen, sprechen wir hiermit gegenüber allen Muslimen das folgende *fatwa* aus: Die Amerikaner und ihre Verbündeten, ob Zivilisten oder Militärs, zu töten und zu bekämpfen ist die Pflicht eines jeden Muslims in jedem Land, der dazu in der Lage ist [...] Im Namen Gottes rufen wir jeden Muslim, der an Gott glaubt und um Vergebung bittet, auf, dem Befehl Gottes zu gehorchen, indem er Amerikaner tötet und ihr Geld stiehlt, jederzeit und wann immer es möglich ist. Des Weiteren rufen wir muslimische Gelehrte, ihre treuen Führer, junge Gläubige und Soldaten dazu auf, gegen die amerikanischen Satanssoldaten und ihre Verbündeten des Teufels zum Angriff überzugehen.«[9]

In einer CIA-Analyse heißt es dazu: »Das sind die ersten von diesen Gruppen verkündeten *fatwas*, die Angriffe auf amerikanische Zivilisten überall auf der Welt ausdrücklich rechtfertigen.«[10] Einige Monate nach der Verkündung des *fatwa* traf ich mit Chalid al-Fauwaz, Bin Ladens Kontaktmann in London, zusammen. Al-Fauwaz schien davon ehrlich überrascht zu sein, nicht nur wegen der großen Zahl der Unterzeichner, sondern auch wegen des Aufrufs, alle Amerikaner anzugreifen. »Es widerspricht dem Islam, Zivilpersonen zu töten«, erläuterte er.

Al-Fauwaz' eindeutige Erklärung wirft einige schwerwiegende Fragen auf, die wir beantworten müssen. Erstens, wie wird im Koran ein Heiliger Krieg gerechtfertigt? Zweitens, lässt sich Bin Ladens

Aufruf zur Vertreibung der amerikanischen Truppen aus Arabien, sein politisches Hauptziel, unter Berufung auf *hadithe* oder Aussprüche des Propheten Mohammed rechtfertigen? Und drittens, ist die Tötung von Zivilpersonen in einem Heiligen Krieg zulässig und wenn nicht, wie rechtfertigt Bin Laden einen solchen Feldzug?

Im Koran finden sich verschiedene, zum Teil widersprüchliche Rechtfertigungen für einen Heiligen Krieg. In einer häufig zitierten Sure wird den Muslimen gestattet, sich an einem Verteidigungskrieg zu beteiligen: »Denjenigen, die bekämpft werden, ist die Erlaubnis (zum Kämpfen) erteilt worden, weil ihnen (vorher) Unrecht geschehen ist« (Koran 22:39). Einer anderen lässt sich entnehmen, dass die Muslime angehalten werden, einen Angriffskrieg gegen die Ungläubigen zu führen: »Und wenn nun die heiligen Monate abgelaufen sind, dann tötet die Heiden, wo (immer) ihr sie findet ...« (Koran 9:5). Bin Laden zitierte diese Sure, als er die Bildung seiner Internationalen Islamischen Front verkündete.[11]

Demgegenüber ermahnte Jesus seine Jünger im Neuen Testament: »So dir jemand einen Streich gibt auf deinen rechten Backen, dem biete den andern auch dar« (Matth. 5:39), und er forderte sie auf: »Liebet eure Feinde«. Natürlich ist die Botschaft Jesu in der Praxis von den Christen weitgehend ignoriert worden, die zwei Jahrtausende lang ihre Glaubensbrüder ebenso wie die »Heiden« abgeschlachtet haben.

Mohammed bewunderte Jesus als einen der größten Sendboten Gottes, aber er distanzierte sich auch von dem Nazarener, indem er den Unterschied aufhob, den Jesus zwischen dem Heiligen und dem Weltlichen gemacht hatte: »Gebet dem Kaiser, was des Kaisers ist, und Gott, was Gottes ist!« (Matth. 22:21) Für Mohammed waren die Ansprüche Gottes unmittelbar auch die des Herrschers. Mohammeds Erfolg als Prophet war ohnehin eng mit seiner Rolle als politischer und militärischer Führer verwoben. Innerhalb eines Jahrhunderts nach Mohammeds Tod versetzte die Verbindung von Krieg und Bekehrung die Nachfolger des Propheten in den Stand, über ein ausgedehntes Reich zu herrschen, das sich von der afrikanischen Küste des Nordatlantiks bis nach Nordindien erstreckte. Auf dieses Goldene Zeitalter des Islam greift Bin Laden zurück.

Doch der Islam hat auch eine lange Tradition der Toleranz.

(Schließlich hängt das Wort Islam etymologisch mit dem Wort *salam* für Frieden zusammen.) Als der Philosoph Moses Maimonides vor den Judenverfolgungen im Spanien des zwölften Jahrhunderts floh, suchte er Zuflucht in Ägypten, wo er Saladins, eigentlich Salah ud-Dins, Leibarzt wurde.[12] Dieses Muster wurde später von vielen europäischen Juden nachgeahmt, die sich, ihren Ghettos entkommen, in der relativen Freiheit des Osmanischen Reiches niederließen.[13]

Außerdem bedeutet das Wort *dschihad*, das in westlichen Ohren gewalttätig klingt, nicht nur Heiliger Krieg oder Krieg gegen einen ungläubigen Feind. Die wörtliche Übersetzung ist »Anstrengung« oder »Bemühen«, und häufig bedeutet der Begriff den Kampf gegen die eigenen moralischen Schwächen.[14] Mohammed selbst erkannte die Doppelbedeutung von *dschihad* an; doch für ihn war »der große *dschihad*« der Kampf gegen die eigenen bösen Impulse, und »der kleine *dschihad*« war der Krieg gegen die Feinde des Islam.[15] Im Denken Bin Ladens ist die Zuordnung der beiden Bedeutungen zweifellos umgekehrt.

Wie verhält es sich mit dem Aufruf, die amerikanischen Truppen von der Arabischen Halbinsel zu vertreiben? Die westliche Menschen so beunruhigende Antwort lautet, dass die muslimische Tradition tatsächlich eine solche Aufforderung rechtfertigt. Bernard Lewis, Professor für die Geschichte des Vorderen Orients an der Princeton University, weist darauf hin, dass einer der ersten Nachfolger des Propheten, der Kalif Umar, ein »endgültiges und unumstößliches Dekret« erließ, dass Juden und Christen aus dem »heiligen Land Hidschaz« zu vertreiben seien, der Region, in der die heiligen Städte Mekka und Medina liegen. Dabei stützte er sich auf die Prophetenworte: »Es soll keine zwei Religionen in Arabien geben.« Seitdem war es nach Lewis Nichtmuslimen nur gestattet, in anderen Teilen Arabiens und stets nur auf Zeit zu wohnen. Als Großbritannien und Frankreich das Osmanische Reich nach dem Ersten Weltkrieg zerstückelten und über Irak, Ägypten, Sudan, Syrien und Palästina herrschten, »knabberten sie nur an den Rändern Arabiens in Aden und den in einem Waffenstillstand befindlichen Scheichtümern des Golfs, waren jedoch klug genug, sich in die Angelegenheiten der Halbinsel militärisch überhaupt nicht und politisch nur wenig einzumischen.«[16] (Natürlich dürfte diese Zurückhaltung auch etwas damit zu tun gehabt haben, dass Arabien vor der Entdeckung des Erdöls überwiegend eine ungastliche, nur von kriegführenden Stämmen bewohnte Wüste war.)

Somit kann Bin Laden sich auf Aussprüche des Propheten stützen, wenn er behauptet: »Die Vereinigten Staaten besetzen die Länder des Islam in den heiligsten seiner Territorien, in Arabien.«[17]

Dr. Sa'd al-Faqih, der in London wohnende saudische Dissident, hat für mich das, was ich bei Bernard Lewis fand, noch etwas näher erläutert: »Ich glaube nicht, dass es einen vernünftigen Menschen gibt, der überzeugt wäre, dass die Amerikaner in Saudi-Arabien bleiben sollten [...] Wenn Sie ein gläubiger Muslim sind, gibt es eine religiöse Pflicht, es nicht hinzunehmen, dass Nichtmuslime sich als Militär im Land aufhalten, erst recht nicht im heiligen Land.«

Dr. al-Faqih hat niemals Gewalt gegen Amerikaner befürwortet, doch viele seriöse Muslime teilen seine Ansicht. Der ehemalige stellvertretende Ministerpräsident des Jemen, Abd ul-Wahhab al-Ansi, drückte es so aus: »Die US-Streitkräfte sind weder beliebt noch willkommen.« Ein britischer Diplomat in der Region sagte mir, er habe 1998 eine Unterhaltung mit einigen seiner amerikanischen Kollegen gehabt, in der er ihnen sagte, ihre Anwesenheit in Saudi-Arabien sei »völlig ungeschickt, provozierend und kontraproduktiv«. Akhtar Raja, ein in London lebender Anwalt, der sich auf die Vertretung von Muslimen spezialisiert hat, bemerkte dazu: »Gebt uns das Unsrige zurück, verlasst Saudi-Arabien. Was würdet ihr sagen, wenn ich eine *dschihad*-Gruppe in den Vatikan schicken würde?«[18]

Natürlich waren viele Muslime nicht glücklich über die in Saudi-Arabien stationierten US-Truppen und über die Nahostpolitik der Vereinigten Staaten, aber nur eine winzige Minderheit tritt für Gewalt gegen amerikanische Bürger ein. Und im Koran finden sich viele Stellen, die Bin Ladens Aufrufen zur Gewalt gegen alle Amerikaner zuwiderlaufen. So äußert sich der Koran beispielsweise ausdrücklich über den Schutz, der Zivilpersonen zu Kriegszeiten gewährt werden muss, und fordert Toleranz gegenüber den »Menschen des Buchs«, gerade gegenüber Juden und Christen, denen Bin Laden den Krieg erklärt hat.[19]

Um zu verstehen, warum Bin Laden nach der Opposition gegen die Außenpolitik der USA nunmehr zum Töten Tausender von amerikanischen Zivilpersonen aufruft, muss man sich klar machen, dass die USA in seinen Augen bei ihrer Behandlung von muslimischen Zivilisten ebenso gewalttätig vorgegangen waren. Auf dem Videoband von *al-Qa'ida,* das im Sommer 2001 im Vorderen Orient zirkulierte, nennt Bin Laden wiederholt die muslimischen Zivilisten, die von Israel bis zum Irak Angriffen ausgesetzt waren, an denen er den Vereinigten Staaten die Schuld gibt. Sein Zorn entzündet sich an den Bildern sterbender Kinder im Irak, und er erklärt: »Mehr als eine Million [Iraker] sterben, weil sie Muslime sind!«, und den US-Präsidenten Clinton bezeichnet er als »Schlächter«. Für Bin Laden ist die Sache ganz einfach: Angriffe gegen amerikanische Bürger sind notwendig, damit sie »die bittere Frucht schmecken« können, deren Geschmack Muslime seit langem kennen. Es ist merkwürdig, dass der Heilige Krieg dieses »heiligen« Mannes am Ende auf nichts als schlichte Rachgier hinausläuft.

Am 12. März 1998 wurde eine Konferenz von rund vierzig afghanischen *ulama* oder Religionsgelehrten über die Frage einberufen, was man angesichts der amerikanischen Militärpräsenz am Golf unternehmen solle. Das war für Bin Laden von größter Bedeutung. Obwohl er wahrscheinlich im Koran gut bewandert ist, müssten selbst seine entschiedensten Anhänger zugeben, dass Bin Laden kein religiöser Gelehrter ist und nicht die Autorität hat, selbst ein *fatwa* zu verkünden. Die afghanischen Gelehrten beschlossen: »Die Versammlung der Gelehrten Afghanistans [...] erklärt nach islamischem Recht den *dschihad* gegen Amerika und seine Anhänger.« Ende April wurde ein ähnliches *fatwa* von einer Gruppe pakistanischer Gelehrter in Karatschi verkündet.[20]

Jetzt hatte Bin Laden die Unterstützung von Dutzenden religiöser Gelehrter und die nötige Rückendeckung, um zu einem wirklichen *dschihad* aufzurufen. Sein Militärkommandeur Mohammed Atif schickte Chalid al-Fauwaz in London ein Fax und ersuchte ihn dringend, den Text des afghanischen *fatwa* in der Zeitung *al-Quds al-Arabi* zu bringen, was anschließend denn auch geschah.[21]

Vier Tage nach der Verkündung des afghanischen *fatwa* veröffentlichte Bin Laden einen Brief, in dem er die Gründe für seine

Kriegserklärung wiederholte. Darin unterstrich er »das Elend der Besetzung der Arabischen Halbinsel durch die Amerikaner«. Auf die Operation Wüstensturm bezogen fragte er: »Warum waren daran auch weibliche amerikanische Soldaten beteiligt?« – in seinen Augen die denkbar schlimmste Beleidigung für einen Muslim. Um seine Position weiter zu untermauern, zitierte er einen berühmten muslimischen Gelehrten aus dem Mittelalter: »Unter Gelehrten besteht seit langem Einigkeit, dass der Kampf gegen den ungläubigen Feind für jeden Muslim Pflicht ist [...] Scheich Ibn Taimija hat gesagt [...] nächst dem Glauben ist nichts so sehr Pflicht, als sich gegen den Feind zu verteidigen, der der Religion und der Welt ein Verderbnis ist.« Und er schloss mit den Worten: »Wir rufen Gott den Allmächtigen an, Seinen Zorn und Seine Abscheu auf die amerikanischen Soldaten im Golf, ihre Verbündeten, die Juden in Palästina und alle diese Heuchler regnen zu lassen und alle Kräfte des Himmels zu entsenden, um sie zu töten.«

Weitere wichtige Unterstützung für Bin Ladens Aufrufe, die Amerikaner aus Saudi-Arabien zu vertreiben, kam im Juni aus dem Munde eines angesehenen Mannes. Der Imam der Moschee des Propheten in Medina, Scheich Ali al-Hudaifi, forderte vor einer großen Versammlung von Gläubigen beim Freitagsgebet den Abzug der amerikanischen Truppen und kritisierte die Vereinigten Staaten. Audiokassetten mit seiner Rede kursierten sehr bald innerhalb der muslimischen Welt, und Broschüren mit ihrer Übersetzung erschienen in Pakistan auf Englisch und Urdu.[22]

Wieder zurück in Afghanistan, forderte Bin Laden am 14. Mai im Anschluss an mehrere Nukleartests durch die indische Regierung eine eigene muslimische Kernwaffe. In seinem Aufruf »Gefahren und Zeichen der indischen Kernexplosionen« heißt es: »Die Welt wurde letzten Dienstag durch das Getöse von drei unterirdischen indischen Kernexplosionen aufgeschreckt [...] Wir rufen die muslimische Gemeinschaft und Pakistan – vor allem seine Armee – dazu auf, sich auf den *dschihad* vorzubereiten. Dazu muss auch eine nukleare Streitmacht gehören.« Am 26. Mai hielt Bin Laden in Afghanistan eine Pressekonferenz ab, in seinem Camp Badr, das nach einer entscheidenden Schlacht des Propheten Mohammed benannt war.[23]

Dem pakistanischen Journalisten Isma'il Chan erschien Bin Ladens Auftritt bühnenreif: »Ich sah, wie eine Staubfahne sich näherte, dann drei Wagen heranfahren und diese vermummten Burschen, und in dem Augenblick, als er ausstieg, gab es ein Geknalle, ein wildes Schießen. Und diese Burschen feuerten raketengetriebene Granaten in Richtung der Berge.« Chan zählte vierundzwanzig Leibwächter.

Bin Laden saß an einem Tisch, flankiert von seinem obersten Berater, Aiman az-Zawahiri, und seinem Militärkommandeur Abu Hafs (Mohammed Atif). Er sprach zunächst davon, dass etliche seiner Anhänger im Januar in Saudi-Arabien verhaftet worden seien und dass man bei ihnen eine amerikanische Stinger und mehrere Boden-Luft-Raketen vom Typ SA-7 gefunden habe, ein weiterer Hinweis darauf, dass es *al-Qa'ida* gelungen war, einige der effektivsten tragbaren Flugabwehrraketen zu beschaffen.[24]

Sodann gab Bin Laden die Gründung der Internationalen Islamischen Front bekannt. Wie Chan sagte, schloss er mit Andeutungen, dass seine Gruppe sehr bald in irgendeiner Form aktiv werden würde. »Diese Sache beschäftigt mich noch immer, verstehen Sie, er sprach von etlichen guten Nachrichten in den kommenden Wochen.«

Neun Wochen später gingen vor zwei US-Botschaften in Afrika schwere Sprengladungen hoch.

Nach Angaben Chans waren auf der Konferenz auch zwei Söhne von Scheich Umar Abd ur-Rahman anwesend, der in den Vereinigten Staaten wegen seiner Beteiligung am Bombenanschlag auf das World Trade Center von 1993 eine lebenslange Haftstrafe verbüßt. Die beiden Männer namens Asadullah und Asim, beide etwa Mitte zwanzig, äußerten gegenüber Chan, sie würden in die Fußstapfen ihres Vaters treten und »den *dschihad* fortsetzen«. Die beiden Söhne verteilten eine Postkarte mit dem Bild ihres ins Gebet vertieften Vaters. Auf der Karte werden auf Arabisch alle Muslime aufgefordert, Juden und Christen anzugreifen: »Spaltet ihr Volk, reißt sie in Stücke, vernichtet ihre Wirtschaftssysteme, verbrennt ihre Fabriken, zerstört ihr Vermögen, versenkt ihre Schiffe und tötet sie zu Lande, zu Wasser und in der Luft [...] Gott wird sie durch Eure Hände heimsuchen.«[25]

Ein weiterer pakistanischer Journalist, Rahimullah Jusufzaj, konnte Bin Laden privat einige Frage stellen. Als er von ihm wissen wollte, ob seine Familie ihn immer noch finanziell unterstützte, antwortete der aus seiner Heimat Verbannte sibyllinisch: »Blut ist dicker als Tinte« und: »Ich bin reich in meinem Herzen.«

Bin Ladens Finanzen waren seit langem Gegenstand wuchernder Spekulationen. Mitarbeiter der US-Regierung veranschlagen den Wert der Firmengruppe der Laden-Familie auf fünf Milliarden Dollar. Aus drei Gründen – die Firmen befinden sich in Privatbesitz, die Familie wahrt strenges Stillschweigen, und Saudi-Arabien ist eine der geschlossensten Gesellschaften der Welt – ist das bestenfalls eine informierte Schätzung. Das Bild wird noch dadurch komplizierter, dass neben dem Hauptfamilienunternehmen, der Saudi-Binladin-Gruppe, noch kleinere Familienkonzerne existieren, an denen nur ganz wenige Mitglieder des Clans beteiligt sind.[26]

Die Familie zählt heute mehrere hundert Mitglieder, und einige ihrer Geschäftstätigkeiten sind mit denen der herrschenden Familie Sa'ud selbst verflochten, die sich im Allgemeinen hinter einer Phalanx von Stellvertretern verschanzt, um ihre Geschäfte zu verschleiern.

Anfang der achtziger Jahre regelte die Familie Bin Laden den Nachlass von Mohammed bin Laden.[27] Osamas Anteil am väterlichen Erbe betrug, so ein der Familie nahe stehender Gewährsmann, 35 Millionen Dollar.[28] Doch 1991 schätzten Vertreter der US-Regierung den Gesamtwert seines Vermögens auf 250 Millionen Dollar, was nur die Vermutung zulässt, dass er entweder sein Geld sehr gut angelegt hatte oder dass die zweite Zahl zu hoch gegriffen war.

Fest steht dagegen, dass Bin Laden während seiner Zeit im Sudan mit finanziellen Problemen zu kämpfen hatte. Aufschlussreiche Informationen ergaben sich 2001 aus Zeugenaussagen im Prozess in Manhattan wegen des Sprengstoffanschlags auf die Botschaften drei Jahre zuvor. Ein ehemaliges Mitglied von *al-Qa'ida* sagte, Ende 1994 habe es »eine Krise« gegeben. »Bin Laden sagte, es sei kein Geld da, und er habe sein ganzes Geld verloren.« Nach Angaben dieses Zeugen wurden die Gehälter der Gruppenmitglieder gekürzt.[29] 1996 wandte sich Bin Ladens persönlicher Pilot an ihn um Geld, weil seine Pilotenlizenz verlängert werden müsse. Er wurde abgewiesen, weil das Geld zu knapp sei.[30] Dem Piloten wurde außerdem gesagt, die Gruppe könne keine 500 Dollar entbehren, um die Arztkosten für seine Frau während einer komplizierten Schwangerschaft zu bezahlen. Und in einem Brief aus dem Jahr 1997 beklagte sich ein führendes Mitglied der *al-Qa'ida*-Zelle in Kenia, er würde gern seine kranke Mutter besuchen, müsse jedoch »immer daran denken, dass wir nur 500 Dollar haben«.[31]

Für diese Geldprobleme gab es zwei Gründe. Erstens erkannte die saudische Regierung Bin Laden 1994 die saudische Staatsbürgerschaft ab und ließ anschließend seine beträchtlichen Bankguthaben im Land einfrieren. Außerdem investierte Bin Laden von 1991 an, als er im Sudan lebte, riesige Summen in den Straßenbau, die Gründung einer islamischen Bank und eine Vielzahl landwirtschaftlicher Projekte – umfangreiche Investitionen, die er zurücklassen musste, als der Sudan ihn 1996 des Landes verwies. Nach Schätzungen eines Arabers aus der Region, der mit Bin Ladens Unternehmensgruppe vertraut ist, verlor Bin Laden im Sudan rund 150 Millionen Dollar.

Trotz alledem hatte er auch weiterhin Zugang zu beträchtlichen Summen, nachdem er 1996 den Sudan verlassen hatte und nach Afghanistan gegangen war. Nach Angaben eines westlichen Diplomaten in Pakistan gab Bin Laden den Taliban »Millionen für Bauprojekte« im Gebiet um Kandahar, unter anderem für eine große Moschee, einen Staudamm und landwirtschaftliche Projekte.[32] Bestimmte Familienmitglieder versorgen ihn möglicherweise auch heute noch mit Geld, das ihm aus dem Nachlass seines Vaters zusteht. Außerdem erhält er nach nahöstlichen Gewährsleuten und hohen US-Regierungsvertretern weiterhin beständig Spenden von seinen Sympathisanten, vor allem Geschäftsleuten aus Saudi-Arabien und den Golf-Anrainerstaaten.[33] Einer dieser Geschäftsleute ist möglicherweise Chalid bin Mahfuz, der in Saudi-Arabien unter Hausarrest steht, weil er angeblich Gelder der riesigen Nationalen Handelsbank, die sich im Besitz seiner Familie befindet, an Wohlfahrtsorganisationen überwiesen hat, die nur Aushängeschilder Bin Ladens sind.[34] Und schließlich profitiert Bin Laden vermutlich bis heute von Geld, das eigentlich muslimischen humanitären Organisationen gespendet und zum Teil an ihn weitergeleitet wurde.[35]

Das Aufdecken der Geldquellen Bin Ladens wird zudem dadurch erschwert, dass er nicht mit Banken arbeitet, die Zinsen verlangen, da der Koran »Wucher« verbietet. Damit kommen 99 Prozent aller Banken der Erde für ihn gar nicht erst in Frage. Es bedeutet ferner, dass Versuche der US-Regierung, auf das Vermögen Bin Ladens zuzugreifen, vor allem der Beschwichtigung der Öffentlichkeit dienen, ohne Bin Laden spürbar zu schaden. Trotzdem gab US-Präsident Bush innerhalb einer Woche nach den Anschlägen vom 11. September 2001 neue Maßnahmen bekannt, Bin Ladens Bankkonten einzufrieren. Diese Schritte werden aller Wahrscheinlichkeit nach so wenig fruchten wie die Bill Clintons nach den Sprengstoffanschlägen auf die beiden US-Botschaften in Afrika 1998.

Bin Laden unterhält jedoch Beziehungen zu Banken, die nach islamischen Prinzipien arbeiten, beispielsweise die Dubai Islamic Bank in den Vereinigten Arabischen Emiraten, eine der ersten Banken der modernen Welt, die keine Zinsen berechnet.[36] 1999 reisten Vertreter der US-Regierung in die Emirate, um mit der dortigen Regierung darüber zu sprechen, wie man Bin Laden daran hindern könnte, seine Finanztransaktionen über diese Bank abzuwickeln. Daraufhin bemühte sich die Regierung, »innerhalb der Bank für Ordnung zu sorgen und ihren Ruf wiederherzustellen«.[37]

Auf welchen Wegen gelangen Gelder zu Bin Laden nach Afghanistan, einem Land, das seit über zwei Jahrzehnten vom Krieg verwüstet wird und wo sich die nächste funktionierende Bank Hunderte von Kilometern entfernt im benachbarten Pakistan befindet? Manche Gelder kommen mit Kurier und andere durch das jahrhundertealte *hawala*-System untereinander verbundener Geldwechsler. Dieses System, das sich seit langem im Vorderen Orient bis hin nach Vorderasien bewährt hat und bei dem Zahlungen nicht mit Banknoten, sondern per Handschlag geleistet werden, beruht allein auf gegenseitigem Vertrauen.[38] Jahr für Jahr kursieren auf diesem Wege Hunderte Millionen Dollar, ohne dass diese Geldströme irgendwelche sichtbaren Spuren hinterlassen.[39]

Obwohl Afghanistan von der äußeren Welt weitgehend abgeschnitten ist, betreiben die Geldwechsler in Kabul ein erstaunlich hoch entwickeltes Geschäft. An einer Straße entlang dem Fluss Kabul liegen Dutzende kleiner Läden, deren Besitzer hinter großen Stapeln von Afghani, der Landeswährung, sitzen und gute Geschäfte machen. Sie handeln mit praktisch allen Währungen der Welt außer dem russischen Rubel, mit dem sie sich nicht die Hände schmutzig machen wollen. Man kann sich leicht vorstellen, wie einer von Bin Ladens Leuten hierher kommt und sich mit Bargeld versorgt, nachdem er vom nahe gelegenen Hauptpostamt, ein Gebäude, das von Menschen wimmelt und von der US-Regierung sicher nicht als Ziel eines Raketenangriffs ausgewählt wird, einige Telefonate geführt hat. (Tatsächlich habe ich im September 1998 vom pakistanischen Peschawar aus mit Mohammed Atif, dem Militärkommandeur Bin Ladens, der sich in der Hauptpost von Kabul befand, telefoniert und Faxe gewechselt.)

Natürlich macht eine gewisse kleine Menge an umlaufenden Zahlungsmitteln ihren langen Weg durch Afghanistan, das so arm ist, dass die Weltbank seine Wirtschaftsindikatoren gar nicht mehr verzeichnet. Und Rüstungsgüter und Sprengstoffe sind nicht schwer zu beschaffen in einem Land, in dem es nach über zwei Jahrzehnten Krieg mehr als genug davon gibt. Die Vereinigten Staaten und Saudi-Arabien haben während des Krieges gegen die Sowjetunion zur Bewaffnung des afghanischen Widerstands sechs Milliarden Dollar ins Land gepumpt, und als die Kommunisten das Land verließen, fanden die zurückgelassenen Waffen schnell ihre Abnehmer. Jeder Afghane, der etwas auf sich hält, besitzt mindestens eine Waffe.

Und der Terrorismus – das weiß auch Bin Laden – ist per definitionem »asymmetrische Kriegsführung« ohne übermäßig hohen finanziellen Aufwand. Die geschätzten Kosten der 1993 in der Tiefgarage des World Trade Center gezündeten Sprengladung, die sechs Menschen tötete und an einem der bekanntesten Gebäude der Welt Sachschäden in Höhe von 500 Millionen Dollar anrichtete, betrugen gerade mal 3000 Dollar.[40] Als ein von *al-Qa'ida* ausgebildeter Terrorist 1998 von Pakistan in die USA geschickt wurde, um dort Terroranschläge vorzubereiten, musste er mit 12 000 Dollar auskommen.

Angesichts der Komplexität und der erforderlichen minutiösen Planung der Operation vom 11. September 2001 und der von ihr angerichteten Schäden waren auch deren Kosten relativ gering; sie lagen Schätzungen zufolge in einem Bereich zwischen 200 000 und 500 000 Dollar. Die Verschwörer beschränkten die Ausgaben für die Operation auf ein Minimum; sie übernachteten in billigen Motels und verköstigten sich in Schnellrestaurants. Die einzige Extravaganz, die sie sich leisteten, waren mehrere zehntausend Dollar für Flugunterricht und das Training in Flugsimulatoren für Passagierflugzeuge. *Al-Qa'ida* ist es gelungen, diese vergleichsweise kleinen Summen in Angriffe zu investieren, die den Vereinigten Staaten Schätzungen zufolge einen wirtschaftlichen Schaden von 100 bis 300 Milliarden Dollar zufügten.

Letztlich führt uns jedoch die Frage nach dem Geld auf eine falsche Fährte. Normalerweise ist niemand mit noch so viel Geld dazu zu bewegen, ein Passagierflugzeug mit hoher Geschwindigkeit in einen Wolkenkratzer zu lenken. Und Geld kann auch nicht die offensichtliche Disziplin der Männer erklären, die am 11. September 2001 die Vereinigten Staaten angriffen; keiner von ihnen prahlte über seine Pläne in einer Weise, dass sie die Aufmerksamkeit der Polizei erregt hätten, und keiner wurde wegen irgendeines geringfügigen Vergehens verurteilt, das möglicherweise ihre Ausweisung aus den USA zur Folge gehabt hätte. Ein ehemaliger hoher Mitarbeiter der CIA, der Dutzende von Agenten geführt hat, äußerte sich beeindruckt von der »Kompetenz« der Attentäter. Das unschätzbare Gut Bin Ladens in diesem Heiligen Krieg ist seine Fähigkeit, junge Männer anzuziehen, die bereit sind, aus sich Märtyrer zu machen.

KAPITEL 6

Ermittlung und Vergeltung: Die Sprengstoffanschläge auf die Botschaften

»Wenn ein Bombenattentat heute noch irgendeinen Einfluss auf die öffentliche Meinung haben soll, dann muss es über die Absicht von Vergeltung oder Terrorismus hinausgehen. Es muss reine Zerstörung sein.«

Joseph Conrad, »Der Geheimagent«

»Und ihr werdet die Wahrheit erkennen, und die Wahrheit wird euch frei machen.«

Inschrift in der Lobby der CIA (Joh. 8:32)

1998 war die Bühne bereitet für Bin Ladens bislang spektakulärsten Terrorangriff: die fast gleichzeitig erfolgenden Sprengstoffanschläge auf die US-Botschaften in Kenia und Tansania. *Al-Qa'ida*-Mitglieder gaben dem Anschlag in Nairobi die Bezeichnung Operation Heilige Ka'ba nach der Stätte in Mekka, die der muslimischen Welt als die heiligste gilt; der Anschlag in Daressalam erhielt den Codenamen Operation al-Aqsa, nach der Moschee in Jerusalem, der drittheiligsten Stätte des Islam.[1]

Am 28. Mai erklärte Bin Laden in einem Interview mit den ABC News in Afghanistan, wegen der US-amerikanischen Militärpräsenz in Saudi-Arabien fordere er den Tod aller Amerikaner. »Wir machen keinen Unterschied zwischen Menschen in Militäruniformen und Zivilisten: Sie alle sind Ziele«, sagte er und prophezeite einen »schwarzen Tag« für Amerika.[2] Zu diesem Zeitpunkt waren die Planungen für die Anschläge auf die beiden US-Botschaften schon sehr weit gediehen.

Der Anschlag in Nairobi war seit fünf Jahren vorbereitet worden. Bereits 1993 war ein Anschlag auf die US-Botschaft in Nairobi geplant. 1995 zog ein jordanisches Mitglied von *al-Qa'ida*, Mohammed Auda, von Pakistan nach Mombasa in Kenia, um dort einen Fischhandel zu eröffnen – dieselbe Tarnung, die einige

Jahre später beim Sprengstoffanschlag auf die U.S.S. *Cole* im Jemen benutzt werden sollte. Er würde das häufige Kommen und Gehen von Leuten außerhalb der normalen Geschäftszeit sowie Anlieferungen von Waren aus dem Ausland erklären.[3] Bald darauf heiratete Auda eine junge Kenianerin.[4] Bekannte des Paars schildern ihn als einen gläubigen Muslim, der fünf Mal am Tag seine Gebete verrichtete und dessen einzige Lektüre der Koran war. Er mochte keine Zigaretten und lehnte das Fernsehen kategorisch ab.[5]

Aber Auda war mehr als nur ein ergebener Muslim, der sich bemühte, für seine junge Familie den Lebensunterhalt zu verdienen. Anfang der neunziger Jahre hatte er in Afghanistan eine umfassende Ausbildung im Umgang mit Waffen und Sprengstoffen erhalten. Wie Auda später einem Agenten des FBI sagte, verwendete seine Zelle in Kenia bei wichtigen Nachrichten Codewörter: »Schwerarbeit« war *dschihad*, »Werkzeuge« waren Waffen, »Kartoffeln« standen für Handgranaten und »Waren« für gefälschte Dokumente.[6]

Ein Hinweis darauf, welche Bedeutung *al-Qa'ida* der Operation in Kenia beimaß, war die Entsendung von Abu Ubaida al-Banschiri, einem ehemaligen ägyptischen Polizisten, der Anfang der neunziger Jahre als Bin Ladens Nummer zwei und als Militärkommandeur der Gruppe fungierte. Im Frühjahr 1996 kam al-Banschiri bei einem Fährunglück auf dem Viktoriasee ums Leben.[7]

Für ihn wurde einer der Führer von *al-Qa'idas* Kenia-Zelle, Harun Fazil, 1997 nach Nairobi geschickt. Fazil wurde 1972 auf den Komoren vor der ostafrikanischen Küste geboren. Der schmächtige Mann von 1,63 Meter verließ die Komoren im zarten Alter von fünfzehn Jahren und begab sich zur religiösen Ausbildung nach Pakistan.[8] 1994, mit 22 Jahren, absolvierte er eine paramilitärische Ausbildung in einem afghanischen Camp und zog anschließend nach Kenia.[9] Fazil, der sich heute auf freiem Fuß befindet, wird von den US-Strafverfolgern als ein Mann beschrieben, der sich »sehr gut« mit Computern auskennt und fließend Suaheli, Arabisch, Französisch und Englisch spricht. Außerdem sei er ein »tief gläubiger« Muslim, dessen Frau ihr Gesicht auf der Straße ganz unter einem Schleier verberge.[10]

In Nairobi teilte Fazil ein Haus mit Wadih al-Haqqi, der während der Zeit Bin Ladens im Sudan dessen persönlicher Sekretär war und später wegen seiner Beteiligung an den Anschlägen auf die beiden US-Botschaften in Afrika vor Gericht gestellt und verurteilt wurde.[11] Im Mai 1998 mietete Fazil in einem ruhigen Stadtteil von Nairobi eine Villa, wo die Bombe hergestellt werden sollte. Etwa einen Monat später kauften zwei weitere Mitglieder von *al-Qa'ida* einen Nissan-Lastwagen, das Transportfahrzeug für die Sprengladung.[12]

Ein weiterer Verschwörer bei diesem Attentat in Kenia war Mohammed Raschid al-Auhali, der ebenso wie Bin Laden aus einer wohlhabenden, prominenten und gläubigen Muslimfamilie in Saudi-Arabien stammte.[13] Geboren wurde er 1977 im englischen Liverpool, wo sein Vater die Universität besuchte, um ein Magisterexamen abzulegen. Al-Auhali wurde religiös erzogen und verschlang als Heranwachsender Zeitschriften und Bücher über den *dschihad* wie *Die Liebe und die Stunde der Märtyrer* und die von Bin Ladens Dienstleistungsbüro veröffentlichte Zeitschrift *Dschihad*. Er besuchte eine theologische Universität in Riad, trug sich 1996 mit dem Gedanken, in Bosnien oder Tschetschenien zu kämpfen, und beschloss am Ende, ein Ausbildungscamp in Afghanistan zu besuchen.[14]

Als al-Auhali im Ausbildungslager *Chalidan* in Afghanistan ankam, sagte man ihm, er müsse einen Tarnnamen annehmen wie alle anderen. Irgendwann erhielt er eine Audienz bei Bin Laden, der ihm riet, sich noch weiter ausbilden zu lassen. Er wurde in den schwarzen Künsten der Vorbereitung und Durchführung von Sprengstoffanschlägen und Personenentführungen unterwiesen, wobei der Schwerpunkt auf der Planung von Attentaten auf Militärstützpunkte und Botschaften der USA und der Entführung von Botschaftern lag. Außerdem lernte er, wie man sich abschirmte und Informationen beschaffte. Danach meldete al-Auhali sich freiwillig zum Kampf auf der Seite der Taliban, die sich mit den früheren Herrschern Afghanistans im Norden des Landes im Krieg befanden. Er zeichnete sich im Kampf aus und erhielt anschließend eine Spezialausbildung in »Operation und Führung der Zelle«. Die Zelle war in Sektionen aufgeteilt – Nachrichtendienst, Verwaltung, Planung und schließlich Ausführung. Außerdem lernte er die Geländeerkundung von Zielobjekten mit Hilfe von Einzel- und Videoaufnahmen.[15]

Jetzt schien al-Auhali seinen Oberen bereit für eine große Aufgabe. Drei Monate vor den Bombenanschlägen erfuhr er schließlich seinen Auftrag: Er sollte bei einer Operation gegen die Amerikaner in Afrika ein Märtyrer werden. Man machte eine Videoaufnahme von ihm, in der er sich zu einem Märtyrer im Namen der »Armee zur Befreiung der islamischen heiligen Länder« erklärte.[16] Bei der Pressekonferenz vom 26. Mai in Afghanistan, auf der Bin Laden für die kommenden Wochen von »guten Nachrichten« gesprochen hatte, war er anwesend. Auf Grund der von Bin Laden bei dieser Gelegenheit ausgesprochenen Drohungen gab das US-Außenministerium am 12. Juni eine Warnung heraus, in der es hieß: »Wir nehmen diese Drohungen ernst, und die Vereinigten Staaten verstärken ihre Sicherheitsvorkehrungen bei zahlreichen US-Einrichtungen im Nahen und Mittleren Osten.«[17] Bezeichnenderweise wird in dieser Warnung Afrika nicht erwähnt.

Am 2. August 1998 traf al-Auhali in Nairobi ein, fünf Tage vor dem geplanten Anschlag, als die Führer der Zelle in Kenia gerade Vorkehrungen trafen, außer Landes nach Afghanistan zu gehen.[18] Die Verschwörer kamen im Hilltop Hotel zusammen, einer schäbigen Absteige von Prostituierten und ihren Freiern, um dort letzte Fragen zu besprechen und Vorkehrungen zu treffen.[19] Al-Auhali traf dort auch den Mann, der bei dem Selbstmordunternehmen sein Gefährte sein sollte, einen jungen Saudi, der unter dem Namen Azzam bekannt war und den er von Afghanistan her kannte.[20] Am 4. August spähten die beiden die Botschaft aus.[21] Am 5. August, zwei Tage vor dem Anschlag, traf im Kairoer Büro der Zeitung *al-Haijat* ein Fax von Aiman az-Zawahiris Dschihad-Gruppe ein, die mittlerweile praktisch zu einem Arm von *al-Qa'ida* geworden war.[22] In dem Fax hieß es, die amerikanischen Interessen seien in Kürze Ziel eines Anschlags, da die Vereinigten Staaten einen wesentlichen Anteil daran gehabt hätten, dass im Juni ein führendes Mitglied der Dschihad-Gruppe von Albanien an Ägypten ausgeliefert wurde.[23]

Die Sprengladung sollte am Freitag, dem 7. August, zwischen 10.30 und 11.00 Uhr vormittags gezündet werden, so dass fromme

Muslime, die etwa ein Drittel der kenianischen Bevölkerung ausmachen, sich zu diesem Zeitpunkt wahrscheinlich in ihrer Moschee befinden würden.[24] Azzams Aufgabe bestand darin, den Lastwagen zur Botschaft zu fahren. Al-Auhali sollte die Sicherheitswachen mit gezogener Pistole auffordern, die gesenkte Schranke an der rückwärtigen Einfahrt zur Botschaft zu öffnen, so dass Azzam das Fahrzeug möglichst nahe an das Botschaftsgebäude bringen konnte.[25]

Auf dem Weg zu ihrem Ziel rezitierten Azzam und al-Auhali religiöse Gedichte, um sich Mut zu machen. Als sie sich der Wache näherten, sprang al-Auhali aus dem Wagen, vergaß jedoch seine Pistole mitzunehmen. Nur mit einigen selbst gebastelten Blendgranaten bewaffnet, brüllte er die Wachen an, sie sollten die Schranke öffnen, und begann die Granaten zu werfen. Als er sah, dass die Schranke geschlossen blieb, Azzam jedoch den Lastwagen nahe genug an die Botschaft herangefahren hatte, um die Mission wie geplant auszuführen, sagte sich al-Auhali, dass das Verbleiben in der Nähe der Sprengladung kein Akt eines Märtyrers, sondern nur noch glatter Selbstmord war. Deshalb rannte er so schnell er konnte davon.[26]

Die Sprengladung, eine Mischung aus TNT und Aluminiumnitrat mit einem Gewicht von mehreren hundert Kilogramm, die von »Abd ur-Rahman«, einem ägyptischen Sprengstoffexperten, für *al-Qa'ida* hergestellt worden war, richtete ein furchtbares Blutbad an, dessen Ausmaße man erst verstehen kann, wenn man etwas über die Lage der US-Botschaft in Nairobi weiß. Die amerikanische Botschaft liegt an einer Kreuzung von zwei der belebtesten Straßen im Zentrum Nairobis, einer Stadt von rund zwei Millionen Einwohnern. Der nahe gelegene Bahnhof sorgt für einen konstanten Strom von Reisenden und von Verkäufern, die ihnen ihre Waren andienen, sowie für zahlreiche Busse, die ankommen und abfahren. Und die Sprengladung ging mitten an einem normalen Werktag hoch. Es war, als hätte man die Bombe in der Nähe von Manhattans Grand Central Terminal an einem Freitagmorgen gezündet. Oder vor dem World Trade Center.

Gegen 10.30 Uhr ging die gewaltige Ladung hoch.

»Die Glücklichen haben ihr Augenlicht verloren, und die Unglücklichen sind tot«, so fasste Patrick Fitzgerald, der Vertreter der Anklage für die Regierung der USA, in seiner Anklageschrift gegen die Täter die Wirkung der Explosion zusammen.[27]

Frank Pressley war für den Telefon- und Faxverkehr der Botschaft zuständig. Kurz nach 10.00 Uhr an diesem Freitagmorgen erörterte er in einer Sitzung einige Probleme mit den Faxgeräten. Als er zufällig aus dem Fenster blickte, sah er einige Menschen über den Parkplatz rennen und hörte ein Krachen wie von Feuerwerkskörpern – die Blendgranaten, die al-Auhali gerade gezündet und geworfen hatte. Dann hörte er eine größere Explosion, und »urplötzlich flog ich [...] Ich glaube, ein paar Minuten lang war ich nicht im Bilde. Ich schlug gegen eine Wand [...] Ich bemerkte, dass eine Decke verschwunden war. Ich versuchte aufzustehen. Es war schwierig. Ich stand auf und wollte einfach nicht glauben, was ich sah. Ich blickte um mich und sah an den Wänden dicke Batzen Blut oder eine Art rote Fleischmasse [...] Ein Teil meines Kiefers war nicht mehr da. Ein großes Stück meiner Schulter war nicht mehr da [...] Ich blickte nach unten und sah einen Knochen, der aus meinem Hemd ragte [...] Ich sah ein Paar Beine, einfach nur ein Paar Männerbeine in Hosen.«[28]

Sammy Nganga, ein dreiundfünfzigjähriger Kenianer, befand sich in einem Nachbargebäude der Botschaft. Er hörte zwei heftige Detonationen und fand sich halb unter Schutt begraben. Er blickte auf seine Beine hinunter und sah daraus Knochen hervorragen. Er konnte sich nicht bewegen, und da über ihm das Haus zusammengestürzt war, konnte er zwei Tage lang nicht geborgen werden. Eine Frau in seiner Nähe, die sich in ähnlicher Lage befand, hatte weniger Glück. Sie starb, bevor sie gerettet werden konnte.[29]

An diesem Morgen befand sich die US-Botschafterin nicht wie sonst in ihrem Büro in der Botschaft, sondern in einer Sitzung mit dem kenianischen Handelsminister im benachbarten Gebäude der Genossenschaftsbank. Die Botschafterin Prudence Bushnell, eine altgediente Diplomatin, war seit langem besorgt gewesen wegen der Sicherheit der Botschaft, die auf Grund ihrer Lage in der belebten Innenstadt nicht nur für Terroristen, sondern auch für Kriminelle ein lohnendes Ziel darstellte. Bushnell hatte am 24. Dezember 1997 nach Washington telegrafiert und auf die Bedrohung durch Terroraktionen und die extreme Verwundbarkeit der Botschaft auf Grund der zentralen Lage des Grundstücks sowie der Lage des Gebäudes unmittelbar an der Straße hingewiesen.[30] Im April 1998 schrieb sie erneut an die US-Außenministerin Madeleine Albright und brachte noch einmal ihre Besorgnis zum Ausdruck.[31]

Bushnells schlimmste Befürchtungen sollten sich leider bewahrheiten. Gegen 10.30 Uhr an diesem Morgen hörte sie eine laute Detonation, der eine zweite folgte, und plötzlich saß sie »nur noch da mit den Händen über dem Kopf«. Nach der zweiten Explosion war das einzige Geräusch, das die Botschafterin hören konnte, das unheimliche Klappern einer einzelnen Teetasse. Sie raffte sich auf und lief ins Treppenhaus, wo sie viele verschreckte Menschen fand, die ihren langen und unsicheren Weg ins Erdgeschoss hinuntergingen. »Manche beteten, andere sangen Kirchenlieder [...] Diese endlose Prozession von Menschen, deren Blut auf die unter ihnen Laufenden tropfte. Überall auf dem Geländer war Blut. Ich spürte, wie mir das Blut von jemand anderem auf die Haare und auf den Rücken rann.«[32]

Pressley, Nganga und Bushnell retteten bei dem Anschlag zwar ihr Leben, trugen jedoch körperliche und seelische Wunden davon. Zweihunderteins Kenianer und zwölf Amerikaner hatten dagegen keine Chance. Der Reporter der *New York Times*, der über den Prozess gegen die Verschwörer berichtete, schilderte, wie bewegt er war, als die Vertreter der Anklage der Reihe nach die Namen sämtlicher Personen vorlasen, die bei dem Attentat ihr Leben verloren hatten: »Es ist erschütternd, wie lange es dauert, bis Name, Alter und Geschlecht von zweihundertdreizehn umgekommenen Menschen vorgelesen sind. Es dauert zwanzig Minuten, vielleicht ein bis zwei Minuten mehr oder weniger [...] Eine Totenklage, die einen in ihrer äußersten Schlichtheit frösteln lässt.«[33] Viertausend weitere Personen wurden verletzt. Die Zahl der Toten wäre sogar noch höher ausgefallen, hätten sich die Sicherheitsbeamten nicht den Terroristen mutig entgegengestellt und sich geweigert, die Schranke zur Tiefgarage der Botschaft, dem eigentlichen Ziel der Attentäter, zu öffnen.[34] Wären sie dorthin gelangt, so die Vermutung eines Geheimdienstmitarbeiters der USA, wäre das Gebäude dem Erdboden gleichgemacht worden. So zerstörte die Explosion ein fünfstöckiges Gebäude neben der Botschaft, in dem sich eine Schule für angehende Sekretärinnen befand, und beschädigte ein fünfundzwanzigstöckiges Bankgebäude, das etwas weiter entfernt lag.[35]

Etwa neun Minuten nach dem Anschlag auf die US-Botschaft in Kenia – und mehrere Hundert Kilometer entfernt im Südosten – gab es eine weitere Detonation, ebenfalls vor einer US-Botschaft: in Daressalam in Tansania. Die Planung für dieses Attentat hatte nur wenige Monate in Anspruch genommen. Von den fünf Männern, die wegen ihrer unmittelbaren Beteiligung an dem Terrorakt vor Gericht kamen, befindet sich lediglich Chalfan Chamis Mohammed in den USA im Gefängnis.[36] Seine Aussage in diesem Prozess berichtet am ausführlichsten über die Organisation des Anschlags.

Mohammed wurde 1973 als Sohn verarmter Bauern auf einer Insel vor der Küste Tansanias geboren.[37] Als Heranwachsender zog er nach Daressalam und arbeitete dort im Lebensmittelladen seines Bruders. Mit einundzwanzig hatte er genug Geld gespart, um nach Afghanistan zu reisen und sich dort zu einem Kämpfer in einem Heiligen Krieg, vielleicht in Bosnien oder Tschetschenien, ausbilden zu lassen. Obwohl Mohammed sich niemals an die eisige Kälte des afghanischen Winters gewöhnen konnte, erhielt er eine denkbar umfassende Ausbildung: religiöse Indoktrination und Unterweisung im Gebrauch von Waffen, einschließlich Boden-Luft-Raketen, und von Sprengstoff.[38] Mohammed wurde nicht zu einem Einsatz in Bosnien oder Tschetschenien befohlen, sondern sollte nach Tansania zurückfahren und lediglich eine Telefonnummer hinterlassen, unter der man ihn bei Bedarf erreichen konnte. 1995 nach Afrika zurückgekehrt, eröffnete er ein Fischgeschäft wie Auda und befuhr die Küsten bis hinauf nach Kenia und Somalia.

Etwa zu der Zeit, als Bin Laden im Frühjahr 1998 den Amerikanern den Krieg erklärte, wurde Mohammed von einem Mann mit dem Namen »Husain« kontaktiert, dem er bei einem »*dschihad*-Job« helfen sollte. Mohammed war anscheinend der Typ, den *al-Qa'ida* als Wasserträger vorsah, sobald ein Terrorauftrag angelaufen war. Obwohl er Bin Laden »als Gelehrten und Führer« bewundert, ist Mohammed ihm nie persönlich begegnet und hat von seinem Aufruf zu Angriffen gegen die Amerikaner nur aus den Sendungen der BBC und CNN erfahren.[39] Trotz der Tatsache, dass er in afghanischen Camps ausgebildet wurde, die unter der Führung von *al-Qa'ida* standen, hatte er von der Gruppe nie auch nur gehört, was darauf schließen lässt, dass ein Mann wie Mohammed nicht über die erforderlichen Fähigkeiten und Eignungen verfügte, um zu einem Mitglied von *al-Qa'ida* zu werden.

Der ehemalige CIA-Mitarbeiter Dr. Jerrold Post, ein Pionier auf dem Gebiet der Erstellung psychologischer Profile von Terroristen, sagte während des Prozesses gegen Mohammed zu dessen Entlastung aus, als es darum ging, ob über ihn die Todesstrafe verhängt werden sollte. Im Verlauf mehrerer Gespräche gelangte Post zu bestimmten Einsichten über die Persönlichkeit des Angeklagten – Einsichten, die möglicherweise auf viele weniger gebildete freiwillige Kämpfer von *al-Qa'ida* zutreffen: »Ich sehe diesen jungen Menschen als extrem unterwürfig gegenüber einer religiösen Autorität, als jemanden, der außerhalb der Moschee ein ziemlich inhaltsloses Leben hatte. In der Moschee zeigte man ihm Bilder von der brutalen Behandlung der Muslime in Bosnien und Tschetschenien, und man sagte ihm, er müsse diesen leidenden Glaubensgenossen helfen. Er ging nach Afghanistan, um sich ausbilden zu lassen, nicht nur zu einer militärischen, auch zu einer ideologischen Konditionierung, was bedeutete, dass Mohammed über seine ersten, noch unvollkommenen Ideen, leidenden Muslimen zu helfen, hinaus indoktriniert wurde.«

Mohammed sagt, ranghöhere Mitglieder von *al-Qa'ida* hätten ihn nicht darüber aufgeklärt, welches möglicherweise das Ziel ihres Angriffs in Tansania sein werde. Das entspricht vermutlich der Wahrheit, weil *al-Qa'ida* ihre Aktionen auf der Ebene ihrer Zellen durchführt, deren Mitglieder nur das erfahren, was sie »wissen müssen«. Es widerspricht allerdings dem gesunden Menschenverstand anzunehmen, Mohammed habe keinerlei wie immer geartete Vorstellung davon gehabt, dass der Sprengstoff gegen die Amerikaner eingesetzt werden sollte.

Da er in der Hierarchie der Organisation einen relativ niedrigen Rang einnahm, erhielt Mohammed die Aufgabe, den Transport von Sprengstoffkomponenten zu organisieren und ein Haus zu finden, wo die Bombe gebaut werden konnte, am besten ein Einfamilienhaus mit hohen Mauern um das Grundstück, einem

Einfahrtstor und einem weitläufigen Gelände um das Haus, so dass niemand sehen konnte, was in und vor dem Haus vor sich ging. (Das ist genau so ein Haus, wie es die Männer, die das Attentat gegen die U.S.S. *Cole* verübten, zwei Jahre später benutzen sollten, als sie ihre Bombe bauten.) Mohammed musste außerdem Erfrischungen für seine Vorgesetzten holen.

Die Bombe bestand aus vier- bis fünfhundert Päckchen TNT jeweils von der Größe einer Coladose; der Sprengstoff wurde zuvor fein gemahlen – eine Aufgabe für Mohammed – und anschließend in Holzkisten verstaut.[40] Die TNT-Päckchen waren durch Draht mit Sauerstoff- und Acetylenflaschen verbunden, was die Sprengwirkung erhöhen sollte, und außerdem mit hundert Sprengkapseln, die an zwei Lkw-Batterien angeschlossen waren. *Al-Qa'idas* fähiger ägyptischer Sprengstoffexperte »Abd ur-Rahman«, der auch die Bombe für Kenia gebaut hatte, bastelte diese komplizierte Vorrichtung ohne irgendwelche schriftlichen Unterlagen kurz vor dem Anschlag zusammen. Wenige Tage vorher hatten die vier ranghöheren Mitglieder der Zelle, darunter »Husain« und »Abd ur-Rahman«, die Stadt verlassen, nach demselben Muster wie bei den Anschlägen in Kenia und später im Jemen. Mohammed hatte die Aufgabe, dem Mann zur Hand zu gehen, der die Bombe im Lastwagen zur Botschaft fahren würde, »Ahmad der Deutsche«, in Wirklichkeit ein Ägypter, der die Landessprache Suaheli nicht beherrschte. Mohammed fuhr den Lastwagen mit der Sprengladung, einen Kühltransporter, mit dem normalerweise Fleisch befördert wurde, in die Nähe der Botschaft, dann stieg er aus, und Ahmad fuhr die restliche Strecke allein.

Die Bombe ging exakt um 10.39 Uhr hoch, neun Minuten nach dem Anschlag in Nairobi.

Die in der Botschaft beschäftigte Übersetzerin Justina Mdobilu erinnerte sich später: »Ich sah plötzlich für den Bruchteil einer Sekunde so etwas wie einen Lichtblitz, und fünfzehn Sekunden lang dröhnte es wie bei einem Donner. Ich dachte, es sei ein Traum. Als ich um mich blickte, sah ich, dass die Menschen bluteten.« Elizabeth Slater, die in der Informationsabteilung der Botschaft arbeitete, erzählte über diesen Augenblick: »Es wurde stockfinster. Als ich das Treppenhaus hinunterging, lagen überall die verschiedensten Körperteile.« Als Slater aus dem Gebäude ins

Freie ging, sah sie einen Sicherheitsbeamten in einem entsetzlichen Zustand: »Er hatte überhaupt keine Haut mehr. Ich hatte nur noch den einen Gedanken, dass er möglichst schnell sterben möge.«[41]

Diese Bombe tötete elf Tansanier, fast alle Muslime. Amerikaner befanden sich nicht unter den Toten.

Etwa zur selben Zeit, als Mohammed verhaftet wurde, brachte der arabische Fernsehsender al-Dschazira ein Interview mit Bin Laden, in dem dieser seinen Jubel über die beiden Anschläge nicht verbergen konnte: »Dank der Gnade Gottes über den Muslimen war die Explosion erfolgreich und gewaltig. Sie haben es verdient. Jetzt werden sie das schmecken, was wir während der Massaker [im Libanon und in Israel] geschmeckt haben.«[42]

Der Mann, der am frühen Freitagmorgen, dem 7. August 1998, in die Einwanderungsabteilung des belebten Flughafens Karatschi in Südpakistan ging, sah nicht anders aus als Tausende von Ankömmlingen aus der Golfregion, die dort täglich mit dem Flugzeug ankommen. Mohammed Auda hatte am Tag zuvor Nairobi mit dem Flugzeug verlassen, war in Dubai umgestiegen und von dort weiter hierher geflogen. Er musste sich erleichtert gefühlt haben.

Aber irgendetwas war mit Audas Passfoto nicht ganz in Ordnung. Es zeigte einen Mann mit einem Bart, während Auda sich seinen Bart schon vor einigen Tagen abrasiert hatte, um weniger religiös zu wirken.[43] Ein pakistanischer Gewährsmann, der mit den Verhältnissen auf dem Flughafen vertraut ist, schilderte die Szene: »Zunächst wurde Auda durchgewinkt, doch dann schaute sich ein Mann von der Aufsicht den Pass noch einmal an, einen echten jemenitischen Pass, in dem nur das Foto nicht stimmte. Sie nahmen Auda beiseite, und später, nachdem sie durch die BBC von den Anschlägen erfahren hatten, fragten sie ihn direkt: ›Sind Sie ein Terrorist?‹ Nun hätten die meisten Menschen in einer solchen Situation gesagt: ›Natürlich nicht‹, doch Auda sagte überhaupt nichts. Als sie ihn zu den Bombenanschlägen befragten, antwortete er, er sei daran beteiligt gewesen, und versuchte, den Beamten der Einwanderungsbehörde davon zu überzeugen, dass dies eine gute Sache für den Islam gewesen sei. Darauf erwiderte der Beamte: ›Nicht in meinem Land.‹«[44] Auda wurde Geheimdienstoffizieren übergeben, vor denen er ein volles Geständnis ablegte.

Pakistans Informationsminister Muschahid Husain sagte mir lächelnd: »Dieses eine Mal waren unsere Einwanderungsbehörden ausgesprochen tüchtig [...] Er wurde offenbar von unseren Sicherheitsleuten verhört und legte ein Geständnis ab.« Diese glückliche Wendung sollte zu einem wesentlichen Bestandteil der bislang größten von der US-Regierung durchgeführten Ermittlungsaktion im Ausland werden und die anfängliche Vermutung zur Gewissheit werden lassen, dass *al-Qa'ida* hinter den Anschlägen steckte.

Am selben Wochenende, an dem Auda in Pakistan verhaftet wurde, versammelten sich Angehörige der amerikanischen High Society diesseits des Atlantiks in Rom, um eine Elefantenhochzeit zwischen Medien und Politik zu feiern: Die Brautleute waren Christiane Amanpour, die furchtlose Auslandskorrespondentin von CNN, und Jamie Rubin, lange Zeit das charmante öffentliche Gesicht des US-Außenministeriums und enger Ratgeber und Freund der US-Außenministerin Madeleine Albright. Die Zeremonie sollte außerhalb von Rom stattfinden, in dem mittelalterlichen Dorf Trevignano auf einem der Berge um den Lago di Bracciano. Hier gaben sich Leute von Rang und Namen ein Stelldichein, nicht nur Madeleine Albright, sondern von John F. Kennedy jr. und seiner Frau Carolyn Bessette bis zum Vorstandsvorsitzenden von Time-Warner, Gerald Levin.

Plötzlich machte unter den Hochzeitsgästen die Nachricht die Runde, dass in zwei US-Botschaften in Afrika etwas Furchtbares passiert sein müsse. Albright, gerade erst in Rom angekommen, rief Rubin an, bat ihn, sie bei den Gästen zu entschuldigen, und kehrte auf dem schnellsten Weg nach Washington zurück. Die Hochzeit ging jedoch wie geplant vonstatten: Ausnahmsweise brauchten Rubin und Amanpour auf keine Nachricht zu reagieren, bis auf die Neuigkeit, dass sie nun Mann und Frau waren.

Einer von Rubins engsten Freunden, Jordan Tamagni, damals Redenschreiber für Präsident Clinton, erinnerte sich, während der Hochzeitsfeierlichkeiten habe es sofort von allen Seiten Spekulationen gegeben, dass Bin Laden hinter den Anschlägen stecke. Viele glaubten allerdings, es würde schwer werden, »ihn zu kriegen«, falls er tatsächlich der Schuldige war. Ein weiterer Gast war Michael Sheehan, der für Albright gearbeitet hatte, als sie US-Botschafterin bei den Vereinten Nationen war. Bald darauf sollte Albright Sheehan den wichtigen Job eines Koordinators im Office of Counterterrorism (Amt für Terrorismusbekämpfung) im Außenministerium anbieten. Er war in mancher Hinsicht ein ungewöhnlicher Kandidat für eine Stelle in der Clinton-Administration: ein Republikaner und Oberstleutnant der US-Armee im Ruhestand, der in Panama als Teamleiter in den Special Forces gedient hatte.[45] Doch Albright hatte eine hohe Meinung von Sheehan und war überzeugt, er werde das Programm zur Terrorismusbekämpfung entschlossen umsetzen. Einer der Hochzeitsgäste erinnerte sich, Sheehan habe den Drahtzieher der Anschläge ohne Zögern benannt: »Es ist Osama bin Laden, und wir werden ihn finden.«

In den beiden folgenden Jahren verwendete Sheehan seine beträchtliche körperliche Energie und alle seine Geisteskräfte auf das Bemühen, Bin Laden vor Gericht zu bringen. Aber wieso konnte er so schnell so sicher sein, dass dieser tatsächlich der Drahtzieher hinter den Attentaten war? Obwohl Bin Laden damals den heutigen Tiefstand von Niedertracht noch nicht erreicht hatte, war er doch bereits seit Jahren Gegenstand eines starken Interesses der US-Regierung. Sein Name tauchte erstmals während der Untersuchung des Bombenanschlags 1993 auf das World Trade Center auf. In der Anklageschrift wurde er gemeinsam mit vielleicht hundert weiteren Mitverschwörern genannt, gegen die keine Anklage erhoben wurde, obwohl der starke Verdacht bestand, dass sie in irgendeiner Weise mit dem Anschlag zu tun hatten. Zu diesem Zeitpunkt hatte ihn jedoch der Radarschirm der Task Force on Terrorism des US-Kongresses noch nicht erfasst, die im September 1993 eine Liste von mehreren Dutzend »prominenten Personen des islamistischen Terrorismus« erstellt hatte, in der der Name Bin Laden bezeichnenderweise fehlte.[46]

Während des 1995 stattfindenden Prozesses gegen Scheich Umar Abd ur-Rahman und neun weitere Angeklagte, die später einer Verschwörung überführt wurden, die Wahrzeichen von New York City in die Luft sprengen zu wollen, fragten die Staatsanwälte mindestens einen der Zeugen, ob er einen Mann namens Bin

Laden kenne. 1996 wurde in New York von denselben Anwälten, die erfolgreich die Anklage gegen die Attentäter von 1993 vertreten hatten, eine Anklagejury zu Ermittlungen gegen Bin Laden eingesetzt. Die Leitung lag in den Händen von FBI-Agenten, die auch beim ersten Sprengstoffanschlag gegen das World Trade Center die Ermittlungen geführt hatten. Die anfänglichen Beschuldigungen gegen Bin Laden waren relativ begrenzt und stützten sich auf seine öffentlichen Erklärungen: Er habe zur Gewalt gegen US-amerikanische Soldaten aufgerufen.[47]

Auch die CIA hatte seit mehreren Jahren Bin Laden im Visier. Wenn man von Washington, D.C., aus zum Hauptquartier der CIA fährt, überquert man den Potomac und biegt in den George Washington Parkway ein. Im Unterschied zu den meisten Highways im Osten der USA führt diese Straße durch eine landschaftlich außergewöhnlich reizvolle, üppig bewaldete Gegend, dicht am sanft geschwungenen Lauf des Potomac entlang. Nach fünfzehn Minuten ist man in Langley in Virginia, wo die CIA alles versucht, sich möglichst wenig bemerkbar zu machen. Man verlässt den Parkway und passiert einen Sicherheitsposten, der nach dem Führerschein fragt. Es erleichtert die Angelegenheit, wenn man auf einen festen Termin verweisen kann. Beruhigt, dass sie es weder mit einem Kommunisten noch mit einem Terroristen zu tun haben, geben die bulligen Sicherheitsleute den Weg zum Hauptgebäude frei, das gut in den Wissenschaftspark einer modernen Universität passen würde.

Das Ende des Kalten Krieges erforderte ein radikales Umdenken in der Vorgehensweise der CIA, und diese Institution nimmt sich heute neuer Aufgaben an und pflegt eine Kultur der relativen Offenheit. (Ein Zeichen der Zeit ist der gut sortierte Laden mit Geschenkartikeln im Erdgeschoss, wo man Nippsachen aller Art erstehen kann, von CIA-Kaffeekannen bis zu CIA-Schlüsselanhängern.) In den letzten zehn Jahren hat die CIA die Mittel, die sie für den Kampf gegen Drogen und Terroristen – »drugs and thugs« – ausgibt, beträchtlich aufgestockt. Einer der Nutznießer des Antiterror-Budgets, auf das mittlerweile elf Milliarden Dollar entfallen, ist das 1986 gegründete Counter Terrorist Center (CTC) der CIA.[48]

In der ersten Zeit waren die Analytiker der CIA der Überzeugung, Bin Laden sei lediglich ein »Gucci-Terrorist« – jemand, der den einen oder anderen Terroranschlag finanziere, aber keine größere operative Rolle spiele. Nach dem ersten Anschlag auf das World Trade Center änderten sie ihre Meinung. Da sie während dieser Ermittlungen und der Untersuchung späterer Terrorakte, etwa des Bombenanschlags von 1995 auf eine Unterkunft von US-Soldaten in Saudi-Arabien, immer wieder auf den Namen Bin Laden stießen, beschlossen die Leute vom CTC, eine eigene Arbeitsgruppe zu bilden, deren einzige Aufgabe es war, seine Spur aufzunehmen. Im Gegensatz zu anderen derartigen Einheiten hat die Sondereinheit »Bin Laden« das Recht, ähnlich wie eine Außenstelle der CIA im Ausland zu handeln, ohne lange bei der Bürokratie in Washington Rückfragen stellen zu müssen.

Das CTC beschränkt sich nicht darauf, Daten über Terroristen zu analysieren; ihm gehören auch Beamte des Directorate of Operations der CIA an, und die über Bin Ladens Terroristennetz gesammelten Informationen werden von Agenten vor Ort genutzt, um die Aktionen seiner Organisation zu stören.

Das CTC stützt sich bei seinen Ermittlungen auf die vielfältigen Fachkenntnisse anderer Institutionen. Insbesondere arbeitet es eng mit dem FBI zusammen; so war beispielsweise der Mann, der in den letzten Jahren an der Spitze des CTC stand, früher bei dieser Behörde angestellt. Angesichts der traditionellen Animosität zwischen den beiden Institutionen kann man eine solche Entwicklung nur begrüßen. Neben dem FBI sind die unterschiedlichsten sonstigen Bundesbehörden im CTC vertreten, unter anderem die National Security Agency, die Telefongespräche rund um den Globus abhört, der Secret Service, die Federal Aviation Agency, die National Mapping Agency, das Verteidigungsministerium, das Außenministerium und das Bureau of Alcohol, Tobacco, and Firearms.[49]

Trotz all dieser Ressourcen haben sich Informationen über Bin Ladens Netz nur schwer gewinnen lassen. In den siebziger und achtziger Jahren des zwanzigsten Jahrhunderts haben US-amerikanische Behörden Informationen über Terroristen gesammelt, die im Sold von Staaten wie Syrien, Libyen und Iran standen. Gruppen wie die Organisation Abu Nidals (ANO) wiesen eine ausgeprägte Struktur auf und ließen sich deshalb systematisch analysieren. Das Netz Bin Ladens ist dagegen eine locker verbundene übernationale Gruppe mit diffuserer Organisationsstruktur, die es schwer macht, von außen in sie einzudringen – obwohl die US-Regierung bis zu einem gewissen Grad Erfolg damit hatte, ehemalige Mitglieder von *al-Qa'ida* als Informanten anzuwerben, ein einfacheres Geschäft als das Einschleusen eines Spions in deren Reihen. Was die Sache noch schwieriger macht, ist die starke religiöse Orientierung der Anhänger Bin Ladens. Ein langjähriger Mitarbeiter der CIA sagte mir: »Damals konnte ich noch mit einem weltlichen Terroristen bei einem Drink zusammensitzen – das kann man bei den Burschen Bin Ladens vergessen. Außerdem haben die eine gemeinsame Geschichte, und Außenstehenden begegnet man mit Misstrauen.«

Abgesehen von der Tatsache, dass die CIA und das FBI seit mehreren Jahren Ermittlungen gegen Bin Laden führen, gab es noch einen weiteren zwingenden Grund, warum die mit dieser Aufgabe Befassten nach den Anschlägen in Kenia und Tansania als Erstes *al-Qa'ida* im Verdacht hatten. Sie hatten seit über einem Jahr eine Zelle Bin Ladens in Kenia observiert und bereits spezifische Warnungen vor einem möglichen Anschlag auf die Botschaft in Nairobi erhalten. Am 21. August 1997, fast genau ein Jahr vor dem Anschlag, durchsuchte ein Agent des FBI in Begleitung eines kenianischen Polizisten das Haus von Wadih al-Haqqi in Nairobi. Sie nahmen ein Apple PowerBook sowie verschiedene Adress- und Tagebücher mit. Ein Computertechniker stellte von der Festplatte des Computers ein »Spiegelbild«, eine Kopie, her.[50] Auf ihr befand sich ein Brief von einem der Führer der *al-Qa'ida*-Zelle in Kenia. Aus dem Brief ging die Existenz der Zelle sowie die Kenntnis des Schreibers von Bin Ladens Aufruf zu Angriffen gegen Amerikaner hervor – wobei der Schreiber jedoch bemerkte, ihm und seinen Gefährten sei bislang ihr genauer Auftrag in Kenia unbekannt, da sie lediglich »Ausführende« seien.[51]

Es kam noch hinzu, dass neun Monate vor dem Anschlag in Nairobi ein Ägypter namens Mustafa Mahmud Sa'id Ahmad die US-Botschaft aufsuchte und den dortigen Geheimdienstleuten eröffnete, es sei ein Plan im Gange, mit Hilfe von Blendgranaten die Aufmerksamkeit der Wachen vor der Botschaft abzulenken, so dass ein Lastwagen mit einer Sprengladung in die Tiefgarage der Botschaft gefahren werden könne, genau der Plan *al-Qa'idas* für den Anschlag auf das Gebäude. Ahmad arbeitete für ein Unternehmen Bin Ladens in Kenia, so dass an seinen Informationen etwas dran sein musste.[52] Seine Warnung wurde jedoch nicht beachtet, wahrscheinlich wegen der riesigen Menge von glaubhaften Drohungen gegen US-Einrichtungen im Ausland, die bis heute Tag für Tag eingehen.

Neben der raschen Verhaftung Audas in Pakistan war eine weitere Wendung im Fall der Anschläge auf die Botschaften die Entscheidung von Mohammed al-Auhali, bei dem Attentat in Kenia nicht als Märtyrer zu sterben. Stattdessen begab er sich in ein Krankenhaus in der Stadt, wo er mehrere leichtere Verletzungen behandeln ließ. Am 12. August 1998 wurde er von kenianischen Beamten festgenommen, weil er keine gültigen Ausweispapiere dabeihatte, und wurde sogleich Agenten des FBI übergeben.[53] Im Verlauf eines Verhörs, das sich über eine Woche hinzog, gestand al-Auhali seine Beteiligung an dem Anschlag.[54]

Die Festnahmen und die Geständnisse von al-Auhali und Auda verwiesen eindeutig auf die Rolle von *al-Qa'ida* bei diesen Anschlägen – de facto kriegerische Akte gegen die Vereinigten Staaten. Nach Meinung vieler hoher Amtsträger in der amerikanischen Regierung war eine militärische Vergeltung gerechtfertigt. Dieser Antwort gaben sie die Bezeichnung Operation Infinite Reach (Operation grenzenloser Zugriff), man hätte sie aber ebenso gut Operation grenzenloser Übergriff nennen können. So wie es zwei Anschläge auf US-Botschaften in zwei Ländern gegeben hatte, sollte es in zwei Ländern Anschläge gegen Ziele geben, die mit Bin Laden in einem Zusammenhang standen. Wie du mir, so ich dir. Und nicht ein Mal, sondern zwei Mal.

Die Operation grenzenloser Zugriff rückt die Stärken und Schwächen der Erhebung nachrichtendienstlicher Erkenntnisse über *al-Qa'ida* sowie den von vornherein begrenzten Erfolg einer Militäraktion gegen Bin Ladens Netz in ein helles Licht. (Ohne Zweifel denken die Verantwortlichen in der Regierung Bush an diese Operation, während sie sich auf einen – wie es gegenwärtig aussieht – langfristig angelegten und mehrgleisigen Aktionsplan als Antwort auf den 11. September einlassen.)

An dem klaren, warmen Morgen des 20. August 1998 befand sich das Pressekorps des Weißen Hauses auf Martha's Vineyard, der Ferieninsel vor der Küste von Massachusetts. Präsident Clinton hatte drei Tage zuvor seine ausweichende Aussage im Fall Monica Lewinsky gemacht und gegenüber den Amerikanern so etwas wie eine Entschuldigung geäußert, weil er sie über seine Beziehung zu der jungen Praktikantin in die Irre geführt hatte. Die große Story war abgehakt, und jetzt war Clinton für die Sommerferien auf Martha's Vineyard. Die Journalisten erwarteten nichts anderes als einen ruhigen Tag, in dessen Verlauf der höchste Urlauber der Nation vielleicht ein wenig Golf spielen und später mit einigen seiner berühmten Freunde etwas herumhängen würde – seine üblichen Urlaubsvergnügungen. Also setzten sie sich hin und sahen sich einen Film an, *Wag the Dog – Lieber gestern als nie*, ein fast zu perfektes Beispiel dafür, wie das Leben die Kunst nachahmt. In ihm inszeniert ein Präsident einen vorgetäuschten Krieg mit einem Land, von dem noch nie jemand etwas gehört hat (in diesem Fall Albanien), um die Aufmerksamkeit der Öffentlichkeit von einem seiner Techtelmechtel abzulenken.

Gegen ein Uhr mittags unterbrach Clintons Sprecher Mike McCurry die Vorführung, um den Journalisten mitzuteilen, der Präsident werde eine Erklärung zur nationalen Sicherheit abgeben. Gegen zwei Uhr gab ein ernster Clinton den versammelten Reportern bekannt, es seien Marschflugkörper gegen Ziele in Afghanistan und im Sudan, die in einem Zusammenhang mit Bin Laden ständen, auf den Weg gebracht worden, als Vergeltung für dessen Rolle bei den Bombenanschlägen auf die beiden US-Botschaften in Afrika.[55]

Kurz darauf flog der Präsident zurück ins Weiße Haus, wo er vom Oval Office aus eine Ansprache an die Nation hielt. »Unser Ziel war der Terror«, sagte er. »Unser Auftrag war klar; einen Schlag gegen das Netz radikaler Gruppen zu führen, die sich Osama bin Laden angeschlossen haben und von ihm finanziert werden, einem Mann, der möglicherweise der herausragende Organisator und Geldgeber des internationalen Terrorismus in der heutigen Welt ist [...] Heute Morgen haben die Vereinigten Staaten gleichzeitig mehrere Schläge gegen Einrichtungen und die Infrastruktur von Terroristen in Afghanistan geführt. Unsere Angriffe richteten sich gegen einen der aktivsten terroristischen Stützpunkte auf der Welt. Dort befanden sich wichtige Elemente des Netzes und der Infrastruktur Bin Ladens, und der Stützpunkt hatte buchstäblich Tausenden von Terroristen auf der ganzen Welt als Ausbildungslager gedient. Wir haben Grund zu der Annahme, dass dort heute eine Versammlung wichtiger terroristischer Führer stattfinden sollte, was die Dringlichkeit unserer Aktion deutlich macht. Unsere Streitkräfte haben ferner eine Fabrik im Sudan angegriffen, die mit dem Netz Bin Ladens zusammenarbeitet und chemische Kampfstoffe produziert.«

Die Militärschläge gegen Bin Laden waren in höchstem Maße ungewöhnlich. Die Regierung Clinton hatte bislang Angriffe gegen Ziele gerichtet, die mit Saddam Hussein und Slobodan Milošević zusammenhingen, doch dies waren Führer von Ländern, die sich mit den Vereinigten Staaten mehr oder weniger in einem Krieg befanden. Jetzt waren eine *individuelle Person* und deren Anhänger der Grund für Angriffe mit Raketen, die sich gegen zwei souveräne Nationen richteten, auf deren Territorium *al-Qa'ida* sich festgesetzt hatte.

In einer Verbeugung vor der Durchführungsverordnung des Präsidenten von 1976, die es jedem Angestellten der US-Regierung untersagte, sich an einer Verschwörung zu einem politischen Mord oder an einem solchen Anschlag selbst zu beteiligen, legten die Regierungsvertreter Wert auf die Feststellung, dass die Angriffe das Ziel verfolgten, Bin Ladens »Infrastruktur« zu treffen, und dass er selbst nicht das Ziel sei. Doch das war reine Wortklauberei, denn schließlich hatte der Präsident selbst bekannt gegeben, dass die Schläge so gewählt wurden, dass sie mit einem vermuteten Treffen der Führer von *al-Qa'ida* zeitlich zusammenfielen.[56]

Ein hoher pakistanischer Beamter sagte mir, die USA hätten Pakistan keine Warnung zukommen lassen, dass dessen Luftraum für den Einsatz von Marschflugkörpern gegen Afghanistan genutzt würde. Seinen Angaben zufolge hatten bereits im April amerikanische Kriegsschiffe in der Nähe pakistanischer Gewässer Manöver abgehalten und Raketentests durchgeführt. Kurz nach dem Abschuss der Raketen habe ein US-General bei einem Besuch in Pakistan Vertreter der Regierung über die Luftschläge informiert, damit Pakistan wisse, dass es keine Raketen seiner langjährigen Feinde, der Inder, seien.

Ein hoher Mitarbeiter der US-Regierung beschrieb die Aktionen der Regierung Clinton während der Tage, die zu den Luftschlägen führten. Innerhalb einer Woche nach den Terroranschlägen, am 14. August, waren die Spitzenpolitiker im Weißen Haus zu dem Schluss gelangt, der Verantwortliche für die Anschläge sei Bin Laden, und hatten einen Aktionsplan entwickelt.[57] Clintons Berater sagten dem Präsidenten, sie hätten die Sache hin und her gewendet. Er habe folgende Optionen – gegen Bin Laden weiterhin mit legalen Mitteln vorzugehen, einen militärischen Vergeltungsschlag zu führen oder beides gleichzeitig zu tun. Die Berater sagten Clinton ferner, dass geheimdienstliche Hinweise auf einen geplanten weiteren Anschlag Bin Ladens deuteten.[58] Sie rechneten für den 20. August mit einer Konferenz der Führer Bin Ladens in Afghanistan, und falls er sich zu einem Gegenschlag entscheide, müsse dieser auf jeden Fall am 20. August erfolgen. Wie der Regierungsmitarbeiter weiter ausführte, war Clinton sich darüber im Klaren, dass man ihm vorwerfen werde, er wolle damit nur von der Affäre mit Monica Lewinsky, ablenken. Trotzdem entschloss er sich zu einem Vergeltungsschlag.

An diesem Punkt legten die CIA und das Pentagon eine Liste mit möglichen Zielen vor. Das erste war die Gruppe von Bin Ladens Camps im Osten Afghanistans. Der Lagerkomplex in der Nähe der Stadt Chost bestand aus sechs Stützpunkten mit den Bezeichnungen *Badr 1, Badr 2, al-Faruq, Chalid ibn al-Walid, Abu Dschidal* und *Salman al-Farisi.*[59] Der gesamte Komplex konnte bis zu sechshundert Kämpfer aufnehmen.[60] Das zweite war die angebliche Fabrik zur Herstellung chemischer Kampfstoffe in Khartum im Sudan.

Die afghanischen Lager wurden tatsächlich von *al-Qa'ida* zur Ausbildung benutzt und befanden sich seit Jahren dort.[61] Kurz nach den Luftschlägen habe ich in Pakistan Saifullah Gandal interviewt, einen Studenten des islamischen Rechts in Islamabad, der 1992 in einem der Ausbildungscamps in Chost gewesen war. Zusammen mit etwa hundert weiteren pakistanischen Studenten hatte er einen fünfzehntägigen Kurs absolviert, der aus religiöser Unterweisung am Morgen und einer Ausbildung an der Waffe am Nachmittag bestand. Außerdem zeigte man mir Aufnahmen von der militärischen Ausbildung (einschließlich der Bedienung von

Panzern), die Journalisten 1997 in dem Lagerkomplex gemacht hatten.

Bei der Bombardierung der Lager fanden zwanzig Personen den Tod, darunter einige Pakistanis.[62] Unter den Toten befanden sich auch mindestens sechs Anhänger Bin Ladens: drei Jemeniten, zwei Ägypter und ein Türke, woraus man folgern kann, dass die Lager von Angehörigen zahlreicher Nationalitäten genutzt wurden. Trotzdem war der Angriff letztlich ein Fehlschlag: Als er erfolgte, befanden sich Bin Laden und weitere Führer von *al-Qa'ida* an einem anderen Ort. So viel zu der geheimdienstlichen Erkenntnis, dass sich am 20. August 1998 führende Terroristen in dem Lager aufhalten würden. (Die Fehlinformation stammte wahrscheinlich aus Kreisen der pakistanischen Regierung.)[63]

Für den Umstand, dass die Führer von *al-Qa'ida* sich nicht im Lager Chost befanden, gab es mehrere Gründe. Die Evakuierung des amerikanischen diplomatischen Personals aus dem benachbarten Pakistan sowie aller Ausländer aus Kabul in den Tagen vor dem Angriff waren für die Anhänger Bin Ladens ein Hinweis, dass etwas im Busch war.[64] Außerdem hatte Mohammed Auda einem FBI-Agenten erzählt, am 6. August 1998, einen Tag vor den Sprengstoffanschlägen auf die beiden Botschaften in Afrika, sei aus Afghanistan die Nachricht gekommen: »Alle [Leute Bin Ladens] sind evakuiert worden. Wir rechnen mit einem Vergeltungsschlag durch die US Marine.«[65] Die Führung von *al-Qa'ida* war clever genug zu erkennen, dass die amerikanische Vergeltung weder in Form eines Angriffs durch ein Kommando der Special Forces gegen ihre Lager noch in Form eines Bombenangriffs durch die US Air Force erfolgen würde – in beiden Fällen würde es gerade jene Todesfälle geben, die das Pentagon auf jeden Fall vermeiden wollte –, sondern in Form eines Angriffs mit Marschflugkörpern, abgeschossen von amerikanischen Zerstörern, die Hunderte von Kilometern entfernt das Arabische Meer durchpflügten. Und es gab einen endgültig zwingenden Grund für Bin Laden, sich nicht in den Lagern von Chost aufzuhalten. Er hatte in diesem Lager am 26. Mai 1998 in aller Öffentlichkeit eine Pressekonferenz abgehalten und zwei Tage später, neun Wochen vor den Anschlägen, am selben Ort den ABC News ein ausführliches Interview gewährt. Bin Laden ist wahrlich kein Dummkopf, und nachdem er fünf Jahre lang die beiden Anschläge geplant hatte, war die Stelle, an der er der Welt seine finsteren Pläne mitgeteilt hatte, der letzte Ort, an dem er anschließend noch seinen Turban hinhängen würde. Bereits am 16. Mai hatte er einem pakistanischen Journalisten gesagt, er verfüge über »Informationen, dass die Amerikaner planen, meine Stützpunkte zu bombardieren, also bin ich sehr vorsichtig«.

Ein afghanischer Reporter, der für eine westliche Nachrichtenagentur tätig war, traf einen Tag nach den Luftschlägen im Lagerkomplex ein und sagte, ihm hätte sich ein Bild äußerster Zerstörung geboten; sämtliche Gebäude, auch die Lagermoschee, lägen in Trümmern. In dem Komplex seien nur sechzig oder siebzig Männer am Leben geblieben. In ihrer Wut hätten sie den Reporter angegriffen und sein Handy und seine Kameras zertrümmert. Fast hätten sie ihn sogar hingerichtet, wenn nicht ein höherer Taliban eingeschritten wäre.

Zwei oder drei der amerikanischen Marschflugkörper, die in Afghanistan einschlugen, waren nicht explodiert. Nach afghanischen und pakistanischen Quellen verkauften die Taliban mindestens einen davon an Vertreter der chinesischen Regierung, die daran interessiert waren, sie auseinander zu nehmen und daraus Erkenntnisse über ihre Wirkungsweise zu gewinnen. Offiziell wollten die Taliban diese Geschichte nicht kommentieren, wenn sie sie auch nicht dementierten. Nach diesen Vergeltungsschlägen interviewte ich Habib Ahmad, einen neunzehnjährigen Pakistani, der bei dem Angriff schwere Verbrennungen davongetragen hatte. Ich sprach mit ihm an seinem Krankenbett in einem Krankenhaus in Peschawar, inmitten seiner erzürnten Freunde und seiner Angehörigen. Der junge Mann schilderte, wie es war, zur Zielscheibe von vielleicht fünfzig Tomahawk-Marschflugkörpern zu werden: »Nach dem Abendgebet studierten wir den Koran, danach gingen wir schlafen. Dann hörten wir einen großen Lärm. Als wir aus der Moschee kamen, sahen wir einen Marschflugkörper auf das Lager zufliegen. Dort waren viele Menschen. Die Verletzten schrien. Die heiligen Koran-Bücher waren verbrannt. Wir waren vollkommen entsetzt.«

Ahmad behauptete, er sei im Camp nur im Koran unterwiesen worden, obwohl es wenig glaubhaft erscheint, dass man dafür extra von Pakistan, wo sich buchstäblich Tausende von religiösen Schulen befinden, nach Afghanistan reisen muss. Angeblich hat Ahmad sich im Camp *Chalid ibn al-Walid* aufgehalten, das sowohl mit Bin Laden als auch mit Harakat ul-Mudschahidin, einer Gruppe von Kaschmir-Kämpfern, in Verbindung stand.

Obwohl die Marschflugkörper tatsächlich Bin Ladens Camps getroffen hatten, gab es unter den Toten nur Anwohner und einige Kämpfer der unteren Ränge. Und die Gebäude der Camps waren aus den Steinen, dem Holz und Lehm errichtet, die für afghanische Dörfer typisch sind, was einen Wiederaufbau in kürzester Zeit erleichterte. So besuchte der pakistanische Journalist Rahimullah Jusufzaj den Komplex nur zwei Wochen nach dem Vergeltungsschlag und berichtete: »Das Leben ist in den einfach gebauten Camps zur Normalität zurückgekehrt.«[66]

Die Vorstellung, Bin Laden sei durch Angriffe mit Marschflugkörpern einzuschüchtern, vermittelt zudem ein falsches Bild von seiner Psyche. Dieser Mann und seine nächsten Anhänger haben drei Jahre lang gegen die Sowjets in Afghanistan gekämpft und Wert darauf gelegt, an der vordersten Front zu bleiben, ständig bedroht von Kampfhubschraubern. Bin Laden scheint in der Erinnerung an die Situationen, in denen er knapp dem Tod entronnen war, geradezu zu schwelgen, wenn er sagt: »Einmal war ich nur dreißig Meter von den Russen entfernt, und sie versuchten, mich gefangen zu nehmen. Ich war unter Beschuss, aber in meinem Herzen war ich so ruhig, dass ich eingeschlafen bin.«[67] Sein Freund Chalid al-Fauwaz sagte mir über den wenig erfolgreichen Gegenschlag der Amerikaner, für Bin Laden und seine Männer »war dieser Angriff nichts Besonderes, sie sind an die Angriffe der Russen mit SCUD-Raketen gewöhnt. Für solche Männer ist so etwas nur noch ein Spaß.«[68]

War der Angriff auf die afghanischen Camps letztlich ein Blindgänger, so erwies sich der Schlag gegen die angebliche Fabrik zur Herstellung chemischer Kampfstoffe im Sudan als ein Fiasko der Geheimdienste, fast eine Generalprobe für die spätere versehentliche Bombardierung der chinesischen Botschaft in Belgrad während des Kosovo-Krieges 1999. Unter einem Hagel von vielleicht einem Dutzend Marschflugkörpern wurde die *asch-Schifa*-Produktionsanlage dem Erdboden gleichgemacht, so dass von ihr nur noch ein rauchender Schutthaufen und ein paar verbogene Metallträger übrig blieben. Der sudanesische Informationsminister hatte keine Schwierigkeiten, sofort den Bezug zu Clintons Affäre mit Monica Lewinsky herzustellen, als er im Fernsehen Clinton als »notorischen Lügner« und Mann »mit über hundert Freundinnen« bezeichnete.[69]

Ein hoher Vertreter der US-Regierung rechtfertigte den Angriff im Sudan mit folgenden Argumenten: Bin Laden unterhalte Mitarbeiter und Firmen im Sudan und sei in Gesprächen zwischen dem Sudan und Irak im Interesse einer militärischen Kooperation als Makler aufgetreten; der Manager der Fabrik wohne in Bin Ladens früherem Haus, und die Anlage werde von sudanesischem Militär scharf bewacht. Die CIA habe einen Agenten in den Sudan geschickt, der eine Bodenprobe bei der Fabrik entnommen habe. Diese habe Spuren des chemischen Wirkstoffs EMPTA aufgewiesen, der ausschließlich als Zwischenprodukt zur Herstellung des Nervengases VX Verwendung findet. Der Regierungsmitarbeiter sagte, die chemische Analyse der Probe sei überzeugend, aber sie allein habe nicht den Ausschlag gegeben. Vier Jahre lang habe Bin Laden sich bemüht, chemische Kampfstoffe zu erwerben. Er beschloss seine Argumentation mit den Worten: »Für mich war das eine idiotensichere Angelegenheit.«

In dieser Argumentation finden sich noch einmal die von der Regierung öffentlich genannten Gründe: Es war eine Anlage zur Herstellung chemischer Kampfstoffe, sie wurde scharf bewacht, gehörte zum militärisch-industriellen Komplex des Sudans, und es gab Verbindungen zum Irak und zu Bin Laden.[70] Das alles erwies sich später als falsch oder nicht stichhaltig.

Es ist unmöglich, eine negative Aussage zu beweisen, doch alle Anzeichen deuten darauf hin, dass die Fabrik *nicht* chemische Kampfstoffe, sondern Arzneimittel herstellte. Tom Tullius von der Universität Boston untersuchte in zwei verschiedenen Laboratorien dreizehn an verschiedenen Stellen der Anlage entnommene Bodenproben und entdeckte dabei keine Spuren von EMPTA, dafür jedoch von Ibuprofen,[71] einem pharmazeutischen, zur Produktion entzündungshemmender und schmerzlindernder Präparate verwendeten Wirkstoff.

Der Sudan ist wirtschaftlich ein Armenhaus, deshalb war die

Fabrik, in der die Hälfte der Medikamente des Landes produziert wurde, eine Art Vorzeigestück und wurde regelmäßig von hohen politischen Würdenträgern und von Geschäftsleuten besucht.[72] Einer der Besucher der Fabrik war Peter Cockburn, ein englischer Industrieller, der in den Monaten vor der Bombardierung mehrmals in der Fabrik war und nichts Ungewöhnliches bemerkt hatte. Außerdem wurde die Fabrik keineswegs scharf bewacht, und es gab keine Bereiche innerhalb des Fabrikgeländes, zu denen Besuchern der Zutritt untersagt war.[73] Nach Aussage von Henry Jobe, dem amerikanischen Chemie-Ingenieur, der die Fabrik entworfen hatte, war sie gar nicht dafür geeignet, sowohl Medikamente als auch chemische Kampfstoffe zu produzieren. Der deutsche Botschafter im Sudan teilte nach der Bombardierung seiner Regierung in Bonn telegrafisch mit, dass die Vereinigten Staaten einen Fehler gemacht hätten.[74] Eine englische Tageszeitung brachte es in einer Schlagzeile auf die lockere Formulierung: »Whoops! What a Cock-up!«,[75] etwa: Auweia! Das ging aber in die Hose!

Die Behauptung, die Fabrik gehöre in Wirklichkeit Bin Laden, ist zweifelhaft. Salah Idris, der die Anlage einige Monate vor dem Angriff für 28 Millionen Dollar gekauft hatte, bestreitet, Bin Laden zu kennen oder jemals Geschäfte mit ihm gemacht zu haben. Auch hier ist es unmöglich, eine Aussage in dieser Form zu beweisen, doch Idris beauftragte die angesehene Detektei Kroll Associates, seine Behauptungen zu verifizieren. Diese fand lediglich folgende Verbindungen zwischen Idris und Bin Laden: Abd ul-Basit Hamza, einen gemeinsamen Geschäftsfreund im Sudan, und Chalid bin Mahfuz, einen Schwager Bin Ladens, der Idris in geschäftlichen Dingen berät.[76]

Die Argumentation der US-Regierung hat aber noch weitere Löcher. So wusste diese zum Beispiel zum Zeitpunkt des Angriffs nicht, dass die Fabrik an Idris verkauft worden war.[77] Unter den früheren Eigentümern befand sich auch die Familie Ba'bud, eine Familie jemenitischer Herkunft aus Hadramaut wie die Bin Ladens. Die Ba'buds hatten mit Osama eine Zeit lang geschäftlich zu tun, doch das ist kaum überraschend, da er von 1991 bis 1995 der größte Geschäftsmann im Sudan war. Tatsächlich gab es geschäftliche Verbindungen der Fabrik mit dem Irak, bei denen es jedoch nur um tierärztliche Präparate ging, von denen mit Zustimmung der Vereinten Nationen 1998 eine Schiffsladung geliefert wurde. In Khartum mietete Bin Laden ein Haus, dessen Eigentümer später oberster Geschäftsführer der *asch-Schifa*-Anlage wurde, *nachdem* Bin Laden des Landes verwiesen worden war.[79] Das kann ein harmloser Zufall sein: Schließlich ist die wirtschaftliche Elite des Sudans sehr klein. Es könnte aber auch etwas Schlimmeres bedeuten – *wenn* man von der zweifelhaften Prämisse ausgeht, dass in der Fabrik chemische Kampfstoffe produziert wurden.[80]

Eine sorgfältige Untersuchung der *asch-Schifa*-Anlage durch einen Forscher am Center for Nonproliferation Studies des Monterey Institute gelangte zu dem Schluss: »Es ist immer noch *möglich*, dass zu irgendeinem Zeitpunkt eine kleine Menge eines Zwischenprodukts zur Herstellung von VX in *Schifa* produziert oder gelagert oder auf dem Firmengelände oder in dessen Nähe transportiert wurde. Doch die verfügbaren Belege in ihrer Gesamtheit legen den Schluss nahe, dass die Anlage bei der Entwicklung [von chemischen Kampfstoffen] wahrscheinlich in keiner Hinsicht eine Rolle gespielt hat.«[81]

Schließlich sagte mir noch ein ehemaliger offizieller Mitarbeiter der Vereinten Nationen, der mit dem irakischen Rüstungsprogramm vertraut ist: »Wir haben die militärische Zusammenarbeit Iraks mit dem Sudan verfolgt. Wir hatten eine Liste mit den Namen von Irakern, die sich zu diesem Zweck im Sudan aufhielten. Wenn dabei auch diese Fabrik im Spiel gewesen wäre, dann hätten wir sie beobachtet [was wir jedoch nicht getan haben].« Seltsamerweise zeigte die US-Regierung keinerlei Begeisterung über eine mögliche Untersuchung durch die UN, ob die *asch-Schifa*-Anlage nun chemische Kampfstoffe produzierte oder nicht, während sie gleichzeitig begeistert Bomben über dem Irak abwerfen ließ, weil dieser nicht uneingeschränkt mit UN-Inspekteuren kooperierte, deren Aufgabe es war, die Kapazität des Iraks zur Produktion chemischer Kampfstoffe festzustellen.[82]

Unmittelbar nach dem Vergeltungsschlag im Sudan ließ die US-Regierung ein Bankguthaben von Idris in Höhe von 24 Millionen Dollar bei einer amerikanischen Bank mit der Begründung einfrieren, er unterhalte möglicherweise Verbindungen zu Terroristen, nur um diese Maßnahme acht Monate später wieder rückgängig zu machen.[83] Vertreter der US-Regierung erklärten anschließend, das sei kein Eingeständnis, dass Idris weder Umgang mit Terroristen habe noch in der Anlage Massenvernichtungsmittel produziere. Statt ihm gegenüber, wie es angebracht gewesen wäre, ihr Bedauern auszusprechen und sich zu entschuldigen, machten sie verleumderische Bemerkungen über seinen Charakter (hinter vorgehaltener Hand natürlich).[84]

Wenige Wochen nach diesen wenig erfolgreichen Vergeltungsschlägen befand ich mich wieder in Pakistan. Dort äußerte ein westlicher Diplomat mir gegenüber die Meinung, sie seien trotzdem nützlich gewesen, denn sie hätten etwas gezeigt: »Wir kriegen euch. Sie waren ein Warnsignal – ›wenn ihr euch mit uns anlegt, habt ihr ein ziemliches Problem‹.«

Diese Militärschläge hatten allerdings auch eine unbeabsichtigte Wirkung: Sie machten Bin Laden aus einer marginalen Persönlichkeit in der muslimischen Welt zu einer weltweiten Berühmtheit. Immerhin lagen zu dieser Zeit in den Buchhandlungen Islamabads bereits zwei Biografien Bin Ladens aus. Heute erhalten in Pakistan neugeborene Söhne häufig den Namen Osama.[85] Maulana Sami ul-Haqq, ein fülliger Gelehrter, der die vermutlich größte religiöse Akademie Pakistans leitet, erklärte, die Militärschläge hätten Bin Laden zu einem »Symbol für die gesamte islamische Welt [gemacht]. Gegen alle diese äußeren Mächte, die versuchen, die Muslime zu vernichten. Er ist der Tapfere, der seine Stimme gegen sie erhob. Er ist ein Held für uns, aber erst Amerika hat ihn zu einem Helden gemacht.«

KAPITEL 7

Die American Connection: Von Brooklyn nach Seattle

»Wir müssen Terroristen sein ... Der Große Gott sagte: ›Und rüstet für sie, soviel ihr an Kriegsmacht und Schlachtrossen (aufzubringen) vermögt, um damit Gottes und eure Feinde einzuschüchtern‹.«

Scheich Umar Abd ur-Rahman,
geistiges Oberhaupt der ägyptischen Mitglieder von al-Qa'ida,
bei einer Frage-und-Antwort-Runde mit Anhängern,
Los Angeles, Dezember 1992

Im November 1986 verpflichtete sich Ali Mohammed zu einem dreijährigen Dienst in der US-Armee. Ali Mohammed wurde einer Versorgungskompanie in Fort Bragg in North Carolina zugewiesen, dem Sitz des Hauptquartiers der Special Forces, der hoch geheimen Elitetruppe der US Army. Am dortigen John F. Kennedy Special Warfare Center belegen die Soldaten der Einheit, die Elite des US-Militärs, Seminare zu solch esoterischen Themen wie »psyops« (über die Ausführung psychologischer Operationen gegen feindliche Kräfte). Dass Ali Mohammed als Sergeant dort binnen eines Jahres selbst Seminare unterrichten durfte, zeugt von seinem Talent und Engagement.[1] Die Soldaten der Special Forces werden für die riskantesten Missionen eingesetzt: Während des Golfkrieges drangen Einheiten der Truppe tief in den Irak ein und lenkten die amerikanischen Bomber zu ihren Zielen, und schon kurz nach den Anschlägen auf das World Trade Center sickerten Soldaten der Special Forces nach Afghanistan ein und machten sich auf die Suche nach Bin Laden.[2] Fort Bragg ist also einer der letzten Orte auf der Welt, an dem man ein Mitglied von Bin Ladens Terrorgruppe vermuten würde. Und doch spielte Ali Mohammed, wie sich inzwischen gezeigt hat, eine wesentliche Rolle im Netzwerk von *al-Qa'ida.*

Die Fähigkeit, seine Fühler bis ins innerste Uhrwerk vieler

amerikanischer Institutionen und Organisationen hinein auszustrecken, ist einer der besorgniserregendsten Qualitäten von Bin Ladens Terrornetz. Tatsächlich haben sich die Vereinigten Staaten in den letzten zwei Jahrzehnten als eines der ergiebigsten Betätigungsfelder von *al-Qa'ida* erwiesen. Hier wurden Gelder gesammelt, neue Gefolgsleute rekrutiert und unzählige Mitglieder ausgebildet.

Ali Mohammed ist ein erschreckendes Beispiel dafür, wie leicht es Bin Ladens »Schläfern« offenbar fällt, in eine hoch geheime Abteilung des US-Militärs einzudringen und auf amerikanischem Boden Terroranschläge auszuhecken. Noch erschreckender ist, dass sein Werdegang – von seiner Geburt in Ägypten 1952 bis zu seiner Verhaftung in den Vereinigten Staaten 1998 – eine Art Blaupause für den Lebenslauf der *al-Qa'ida*-Rekruten ist, die sich in den neunziger Jahren hinter der Fassade eines nach außen normalen Lebens verbargen, während sie ihre Pläne für die verheerenden Anschläge vom 11. September 2001 schmiedeten und mit unerschöpflicher Geduld warteten, bis ihre Zeit gekommen war.[3]

Mohammed war ein ungewöhnlich weltlicher und vielseitig begabter Mann. Aufgewachsen in der ägyptischen Hafenstadt Alexandria, ging er nach der Schule auf die Militärakademie in Kairo. In den dreizehn Jahren, die er von 1971 bis 1984 in der ägyptischen Armee diente, stieg er zum Major auf.[4] Parallel dazu studierte er Psychologie an der Universität von Alexandria und schloss das Studium 1980 mit einem Bachelor of Arts ab.[5]

Irgendwann Mitte der achtziger Jahre bot er sich der CIA als Informant an. Das war nur der erste von mehreren Versuchen Mohammeds, für die US-Regierung zu arbeiten. Nach einigen Wochen jedoch brach die CIA den Kontakt zu ihm ab. Begründung: Ali Mohammed sei »nicht zuverlässig«[6] – eine, wie sich im Nachhinein herausstellte, grandiose Untertreibung. Immerhin war Mohammed zu der Zeit bereits Mitglied des ägyptischen Dschihad.[7]

Nach seiner Entlassung aus der ägyptischen Armee betrieb Mohammed etwas, was Geheimdienste als Gegnerbeobachtung bezeichnen – er arbeitete in der Antiterror-Abteilung einer ägyptischen Fluglinie.[8] Im darauf folgenden Jahr zog er in die Vereinigten Staaten, wo er nach mehreren Monaten Arbeitslosigkeit als Sicherheitsbeamter bei der Wach- und Schließgesellschaft American Security Services im kalifornischen Sunnyvale unterkam. In dieser Zeit heiratete er eine amerikanische Staatsbürgerin, die medizinisch-technische Assistentin Linda Sanchez. Beides, Eheschließung und Armeedienst, sollte sein Einbürgerungsverfahren beschleunigen. Die US-Bürgerschaft ist etwas, was Mitglieder von *al-Qa'ida* hoch schätzten, und ein US-Pass würde es Ali Mohammed, wie er einem Kollegen im Special Warfare Center gegenüber äußerte, erlauben, ungehindert den Nahen Osten zu bereisen.[9]

Mohammeds Führungszeugnis in Fort Bragg zeichnet das Bild eines sehr intelligenten und engagierten Menschen. Außer seiner Muttersprache Arabisch sprach er Englisch, Französisch und Hebräisch, und neben seinem Dienst fand er noch Zeit, sich auf seine Promotion in Islamwissenschaften vorzubereiten.[10] Auch als Soldat bewies er eine hohe Einsatzbereitschaft: Er ließ sich zum Fallschirmspringer ausbilden, wurde bei seinem körperlichen Fitnesstest für »außergewöhnliche Leistungen« ausgezeichnet und erhielt eine Medaille für hervorragende Handhabung des M-16-Sturmgewehrs.[11] Auch seine Vorgesetzten waren beeindruckt, und in seinem Zeugnis attestierten sie ihm neben einer »tadellosen« persönlichen Führung »durchgängig gute Ergebnisse« und ein »absolutes Verantwortungsbewusstsein«.

Dass Mohammed in den Lehrkörper am Special Warfare Center aufgenommen wurde, verdankte er seinen intimen Nahostkenntnissen. Als Assistenzlehrer half er dem Seminarleiter bei der Vorbereitung von Unterrichtseinheiten zu Politik, Geschichte, Kultur und Militär der Länder des Nahen Ostens.[12] Sein Vorgesetzter, Norville De Atkine, hat Mohammed als »einen guten, überaus intelligenten Soldaten« im Gedächtnis behalten. »Wenn eine Vorlesung über den Islam anstand«, sagte De Atkine, »bat ich ihn, die Stunde an meiner Stelle zu halten.«[13] Darüber hinaus übersetzte Mohammed militärische Instruktionen aus dem Englischen ins Arabische und umgekehrt und erstellte für den Unterricht am Special Warfare Center eine Reihe von Videofilmen über den Nahen Osten. Laut seinem militärischen Führungszeugnis hielt er auch eine »herausragende« Vorlesung über die

Specnaz, die in Afghanistan eingesetzten Elite-Sondereinheiten der Sowjetarmee. Dass die Vorlesung so hervorragend war, dürfte mit daran gelegen haben, dass sein Wissen auf persönlichen Erfahrungen beruhte: Mohammed hatte einen Urlaub von der Armee dazu benutzt, Seite an Seite mit Bin Ladens Männern zu kämpfen.

In den Videofilmen, die Mohammed für den Unterricht vorbereitet hatte, tritt er elegant in dunklem Geschäftsanzug, blauem Hemd und schwarzer Krawatte gekleidet auf. Der erste Eindruck ist der eines energischen und intelligenten Mannes, der mit 1,85 Meter und knapp über 85 Kilogramm auch körperlich Eindruck zu erzeugen versteht.[14] Der zweite Eindruck ist, dass seine in fließendem, aber nicht akzentfreiem Englisch vorgetragene Einstellung zum Nahen Osten kaum mit der offiziellen US-Politik übereinstimmt.

Auf einem der Bänder stellt ihm sein Vorgesetzter De Atkine die folgende Frage: »Warum ist Israel eine Gefahr für die arabische Welt? Ich meine, es hat doch nur fünf Millionen [jüdische] Einwohner.« Mohammeds Antwort: »Es geht nicht um die fünf Millionen Menschen. Es geht darum, dass Israel expandieren will.«

»Glauben Sie das wirklich?« bohrt De Atkine weiter.

»Ich glaube es, weil Israel eine große Gefahr für unsere Existenz in der Region darstellt«[15], erwidert Mohammed und fügt dann noch hinzu: »Wir akzeptieren keinen Frieden ... Keine internationalen Konferenzen. Nichts, keine Kompromisse.«[16]

Vier von Mohammeds vorgesetzten Offizieren bestätigen, dass er keinen Hehl aus seiner islamistischen Gesinnung machte und sich sogar damit brüstete, im Libanon arabische Kämpfer ausgebildet zu haben.[17] Seinen direkten Vorgesetzten allerdings störten Mohammeds Ansichten nicht. »Was er zu mir sagte, war so ziemlich dasselbe, was ich während meiner Zeit im Nahen Osten – insgesamt fast acht Jahre – tagtäglich zu hören bekam, und zwar, dass die amerikanische Nahostpolitik von Grund auf falsch ist«, sagte De Atkine.[18]

Mohammeds oberster Vorgesetzter, Oberstleutnant Robert Anderson, fand die Ansichten des Ägypters zumindest teilweise irritierend. Insbesondere eine Unterhaltung mit Mohammed schreckte Anderson auf. In der Unterhaltung ging es um den ägyptischen Präsidenten Anwar as-Sadat, den Soldaten des eigenen Landes 1981 wegen seines Friedensschlusses mit Israel ermordet hatten. »Ich sagte ihm, dass ich Anwar as-Sadat für einen wahren ägyptischen Patrioten hielt«, berichtete Anderson. »Darauf erwiderte Mohammed mit eisigem Blick: ›Nein, Sadat musste weg, er war ein Verräter.‹«[19] Nicht genug, er brüstete sich gegenüber Anderson auch noch damit, dass er derselben Armee-Einheit wie as-Sadats Attentäter angehört habe.[20]

Auch dass Mohammed 1988 seinen Urlaub von der Truppe dazu benutzte, ohne Erlaubnis nach Afghanistan zu gehen und gegen die Sowjets zu kämpfen, gefiel Anderson ganz und gar nicht. »Um als Soldat der Vereinigten Staaten nach Afghanistan reisen zu dürfen, hätte er die Genehmigung seines Kommandeurs einholen müssen, und die hätten wir ihm natürlich niemals erteilt«, merkte Anderson an.[21] Mohammed brachte aus Afghanistan mehrere Trophäen zurück, darunter eine militärische Landkarte und einen Uniformgürtel der russischen Sondereinheiten, den er Anderson schenkte. »Den Soldaten, der den Gürtel getragen hatte, habe Mohammed, wie er mir erzählte, eigenhändig getötet«, berichtete Anderson.[22] Der Kommandeur fand Mohammeds politische Ansichten und seine nicht genehmigte Afghanistanreise so beunruhigend, dass er sich zu einem ungewöhnlichen Schritt entschloss und zwei nachrichtendienstliche Meldungen zu den Vorfällen verfasste[23] – auf die jedoch niemand reagierte und die, wie ein Sprecher von Fort Braggs auf Nachfrage erklärte, in den Archiven nicht mehr auffindbar seien.[24]

Anderson ist überzeugt, dass Mohammed niemals in die USA hätte einreisen, geschweige denn einen Job in Fort Braggs bekommen können, hätte nicht jemand beim CIA oder im State Department sein Visum abgesegnet. »Nicht in meinen wildesten Träumen kann ich mir vorstellen, wie er das sonst hätte bewerkstelligen können«, meinte er.[25] Die CIA bestätigte allerdings nur, dass sie Anfang der achtziger Jahre, also vor Mohammeds Ankunft in den USA, kurz mit ihm in Kontakt gestanden hatte. Der *Boston Globe* dagegen meldete, dass Mohammed in der Tat von einem Visum-Programm für nachrichtendienstlich nützliche Personen profitiert hatte.[26] Falls das zutrifft, dann muss die CIA – ironisch genug – gehofft haben, ihn eines Tages als Informanten nutzen zu können.

1989 trat Mohammed aus der US Army aus, womit seine Kontakte zur Welt des Militärs jedoch nicht endeten. Nach außen führte er zwar eine sehr prosaische Existenz (und gründete eine Import/Export-Firma für Lederwaren), tatsächlich jedoch verlief sein Leben alles andere als in normalen Bahnen. Ali Mohammed unternahm häufig Reisen in die afghanischen Kriegsgebiete, und wenn er in den USA war, wies er in New York lebende militante Islamisten in die Grundlagen der militärischen Taktik ein.[27]

Diese Islamisten wiederum hatten Verbindungen zu einem islamischen Flüchtlingszentrum, dem *al-Chifa* Refugee Center in Brooklyn, das als »Afghan Refugee Services Inc.« im Dezember 1987 gegründet wurde, um sich angeblich um »die Bedürfnisse und das Wohlergehen des afghanischen Volkes und insbesondere der Flüchtlinge vor der sowjetischen Invasion« zu kümmern.[28] Nadschat Chalili allerdings, ein Amerikaner afghanischer Abstammung, der in den achtziger Jahren Spenden für afghanische Flüchtlinge sammelte, erklärte 1993, dass er noch nie etwas von einem *al-Chifa*-Center gehört hätte.[29] Tatsächlich hatte *al-Chifa* – arabisch für »die Verborgenheit« – in den sechs Jahren seines Bestehens so gut wie nichts mit Flüchtlingen, ob nun afghanischer oder sonstiger Herkunft, zu tun. Stattdessen fungierte das Zentrum als eine Art Rekrutierungsbüro für in den USA lebende Muslime, die gegen die sowjetischen Besatzer kämpfen wollten. Einem Bericht der *New York Times* zufolge wurden bis zu zweihundert Kampfwillige durch das Zentrum nach Afghanistan geschleust.[30]

Einer von Ali Mohammeds Freunden aus dem Umkreis von *al-Chifa* war as-Saijid Nusair, ein Amerikaner ägyptischer Herkunft, der später im Zusammenhang mit der Ermordung des radikalen jüdischen Rabbi Meir Kahane im Jahr 1990 vor einem Hotel in Manhattan wegen unerlaubten Waffenbesitzes verurteilt wurde.[31] Mohammed hatte Nusair im Gebrauch von Waffen unterwiesen und mit ihm Überlebenstaktiken im Feld trainiert.[32] Nach dem Attentat auf Kahane stieß die Polizei in Nusairs Apartment in New Jersey auf Unterlagen der US-Armee, die offensichtlich von Mohammed stammten.[33] Die fein säuberlich ins Arabische übersetzten Unterlagen – auf einigen stand sogar »John F. Kennedy Special Warfare Center, Special Forces Airborne« – befassten sich zwar hauptsächlich mit Fragen des militärischen Trainings, einige jedoch enthielten auch Memoranden über die Aufstellung amerikanischer Militäreinheiten im Nahen Osten. Daneben fanden die Polizisten in Nusairs Apartment auf Arabisch verfasste Anleitungen zum Bau von Bomben und – ebenfalls arabische – Schriften, die sich unter anderem auf einen Anschlag auf das World Trade Center bezogen.[34] Unglücklicherweise kamen die Ermittler erst nach dem Bombenanschlag auf das World Trade Center 1993 dazu, diese Unterlagen zu übersetzen.[35]

In derselben Zeit, in der Ali Mohammed in der Umgebung von New York militante Islamisten aus dem Umfeld des *al-Chifa*-Center im Waffengebrauch unterwies, sammelte er auch eifrig Bonusmeilen für *al-Qa'ida* – auf Reisen nach Ägypten, Saudi-Arabien, Kenia, Tansania, Uganda, in die Vereinigten Arabischen Emirate, den Sudan, nach Marokko, Pakistan, Afghanistan und Somalia.[36] Ali Mohammed kam, wann immer er gerufen wurde – nach Afghanistan 1991, wo er Bin Ladens Umzug in den Sudan arrangierte,[37] und nochmals 1992, als er Kommandeure von *al-Qa'ida* nahe Chost im Osten des Landes trainierte.[38] Außerdem unterrichtete er *al-Qa'ida*-Mitglieder in einer Reihe von Aufklärungstechniken, angefangen damit, wie man mit versteckten Kameras arbeitet, bis hin zum Lesen von Landkarten und Bauplänen, Fähigkeiten, die sie anhand von Brücken und Sportstadien übten.[39] 1993 reiste er unter dem Deckmantel seiner Import/Export-Firma nach Kenia, wo er die US-Botschaft in Nairobi auskundschaftete und seine Erkenntnisse an Bin Laden weitermeldete. 1994, nach einem missglückten Attentat auf Bin Laden, flog Mohammed nach Khartum und nahm dessen Leibwächter zur Weiterbildung unter seine Fittiche. Noch im selben Jahr schickte Bin Laden ihn mit dem Auftrag nach Dschibuti, mögliche Anschlagsziele auf französische Militärstützpunkte und die amerikanische Botschaft auszuspähen.[40]

Von 1992 bis 1997 lebte Ali Mohammed, wenn er nicht gerade für den *dschihad* um die Welt flog, in einem Apartment in der kalifornischen Stadt Santa Clara. Seine Vermieterin beschreibt ihn als einen sehr höflichen, unauffälligen Mann. 1997 zogen Mohammed und seine Frau zusammen nach Sacramento, wo er als Computer-Netzwerkspezialist für Valley Media arbeitete, einen Musik- und Videogroßhändler.[41] Eine Durchsuchung seines Hauses im August 1998 förderte Unterlagen über die Ausführung von Attentaten, die Überwachung von militärischen und staatlichen Zielen, die Planung von Terroroperationen und den Umgang mit Sprengstoffen zu Tage.[42]

So unglaublich es klingt, selbst in der Zeit, in der er im Auftrag von *al-Qa'ida* durch die Welt reiste, bewarb er sich weiter bei amerikanischen Regierungsbehörden. 1993 diente er sich dem FBI als Übersetzer an, zwei Jahre später beantragte er eine Sicherheitsüberprüfung, da er als Wachman bei einem Unternehmen arbeiten wollte, das geheime Aufträge für das Verteidigungsministerium ausführte.[43] Bei seinem Bewerbungsgespräch im FBI prahlte er offenbar mit seinem Insiderwissen und eröffnete den Agenten, dass die Bin Laden-Gruppe plane, die saudische Regierung zu stürzen. Bei einem weiteren Bewerbungsgespräch mit FBI-Agenten gestand er, Bin Ladens Leibwächter trainiert zu haben. Und in Telefongesprächen, die er im August 1998 mit einem FBI-Mitarbeiter führte, erklärte Mohammed, er wisse, wer die Anschläge auf die Botschaften in Kenia und Tansania ausgeführt habe, weigerte sich aber, die Namen zu nennen.

Im September 1998 flog Ali Mohammeds Doppelleben auf, und er wurde unter dem Verdacht verhaftet, an der gegen das Leben von Amerikanern gerichteten Verschwörung von *al-Qa'ida* beteiligt zu sein.[44] Obwohl alles darauf hindeutet, dass er zum inneren Führungszirkel Bin Ladens gehörte, war er, wie sich zeigte, nicht Zelot genug, sich selbst zu opfern. Statt *al-Qa'ida* zu schützen und lebenslänglich hinter Gitter zu wandern, ließ er sich auf eine inoffizielle Absprache mit den Strafverfolgungsbehörden ein. Welches Spiel Mohammed da genau spielte, bleibt unklar – was im Übrigen auch für seine wirklichen Beweggründe gilt. Vielleicht gefiel es ihm einfach, Ränke zu schmieden und sein Draufgängertum unter Beweis zu stellen, wofür ihm sowohl Bin Laden als auch das US-Militär zweifelsohne reichlich Gelegenheit geboten hatten. Was immer auch dahinter gesteckt haben mag, am Ende könnte er sich als der bislang wertvollste Zeuge gegen den Kopf von *al-Qa'ida* erweisen: Ali Mohammed ist die direkte Verbindung zwischen Bin Laden und den Bombenanschlägen auf die US-Botschaften in Kenia und Tansania.

Unterdessen nannten die Muslime, die im *al-Chifa*-Center aktiv waren, das angebliche Flüchtlingszentrum ganz offen »Dienstleistungsbüro«, der Name der Organisation, die Bin Laden in Pakistan finanziert hatte, um die *dschihad*-Kämpfer in Afghanistan zu unterstützen – und aus der *al-Qa'ida* hervorgegangen war.[45] Das *al-Chifa*-Center war zu Bin Ladens wichtigster Zweigstelle in den Vereinigten Staaten geworden und fungierte als Schaltzentrale der Außenposten in Atlanta, Chicago, Connecticut und New Jersey. (Insgesamt waren in 26 US-Bundesstaaten Rekrutierungsbüros für den afghanischen *dschihad* aktiv.)[46] Bin Ladens Mentor, der charismatische Mitbegründer des ursprünglichen Dienstleistungsbüros, Abdullah Azzam, kam häufig zu Besuch und benutzte seine Auftritte in der benachbarten Moschee dazu, Spenden zu sammeln und neue Kämpfer zu rekrutieren. In einem 1998 aufgenommenen Video verkündet Azzam vor einer Menge von mehreren hundert Gläubigen, dass »der einzige Weg zur Schaffung einer muslimischen Gesellschaft über Blut und Märtyrertum führt«.[47]

Das *al-Chifa*-Center – an einer heruntergekommenen Ecke der Atlantic Avenue in einem schäbigen, dreistöckigen Haus über einem Chinarestaurant mit dem wenig glücklich gewählten Namen Fu King gelegen – sah nicht gerade wie eine Pforte zum Paradies aus. Dennoch brodelte es vor Leben. Seit seiner Gründung im Jahr 1987 stand das Center unter der Leitung von Mustafa Schalabi, einem frommen Muslim aus Ägypten, der eine Ausbildung als Chemiker absolviert und nach seiner Ankunft in New York 1980 eine Elektroinstallationsfirma gegründet hatte.[48]

Einer von Schalabis Mitarbeitern im Zentrum war das spätere *al-Qa'ida*-Mitglied Dschamal al-Fadl, der 1986 mit einem Studentenvisum in die Vereinigten Staaten einreiste und kurze Zeit später eine Amerikanerin heiratete.[49] Ein anderer hieß Mahmud Abu Halima und war 1993 an dem Bombenanschlag auf das World Trade Center beteiligt.

Dass sich der militante ägyptische Gelehrte Scheich Umar Abd ur-Rahman nach seiner Einreise in die USA 1990 schnell einleben konnte, war mit ein Verdienst von Schalabi, der für den prominenten Ägypter ein Haus im Brooklyner Bay-Ridge-Gebiet anmietete.[50] Abd ur-Rahman vergalt ihm diesen Freundschaftsdienst allerdings schlecht: Kaum hatte der Scheich angefangen, in der an das Center angrenzenden Moschee zu predigen, gerieten sich die beiden über die Frage in die Haare, wofür die *al-Chifa*-Gelder auszugeben seien.[51] »Als die Sowjets [1989 aus Afghanistan] abzogen, war immer noch etwas Geld übrig«, erklärte der ägyptische Wissenschaftler Sa'd ud-Din Ibrahim, mit dessen Kusine Schalabi seit Mitte der achtziger Jahre verheiratet war. »Schalabi war ein Mann der Prinzipien und sagte, dass wir uns mit den Leuten, die das Geld gespendet hatten, über die weitere Verwendung der Spenden beraten müssten. Abd ur-Rahman war damit überhaupt nicht einverstanden, da er mit dem Geld andere Anliegen unterstützen wollte. Das war der Auslöser für die Spannungen.«

Scheich Abd ur-Rahman wollte mit den Spenden die Sache unterstützen, die ihm am meisten am Herzen lag: den ägyptischen Dschihad. Schalabi dagegen beharrte darauf, das Geld den um die Macht in Afghanistan kämpfenden Muslimen zukommen zu lassen. Im Laufe des Streits fing Abd ur-Rahman an, Schalabi in seinen Predigten als »schlechten Muslim« zu verurteilen, und als dann auch noch in mehreren Moscheen im Gebiet von New York Wandinschriften auftauchten, in denen Schalabi in seiner Eigenschaft als Leiter des Centers finanzielles Missmanagement vorgeworfen wurde, war sein Schicksal offenbar besiegelt.

Am 1. März 1991 betrat eine bis heute nicht identifizierte Person den bewachten Komplex, in dem Schalabi wohnte (Besucher mussten sich von einem Wachmann per Knopfdruck die Türe öffnen lassen), begab sich zu Schalabis Apartment (dessen Tür nicht aufgebrochen worden war) und stach ihn nieder.[53]

Es überrascht mich nicht, dass etliche Mitglieder der muslimischen Gemeinde in Brooklyn und mehrere Verwandte Schalabis glauben, dass der bis heute nicht aufgeklärte Mord von jemandem aus dem engeren Umfeld des Scheichs verübt wurde. Ibrahim erzählte mir, dass seine Kusine, die zunächst nicht mit dem FBI sprechen wollte, später zu Protokoll gab, dass ihr Ehemann von Gefolgsleuten Scheich Abd ur-Rahmans bedroht worden war. Schalabi hatte seine Frau und seine dreijährige Tochter zurück nach Ägypten geschickt und ein, zwei Tage vor seiner Ermordung mit den Vorbereitungen für eine Reise nach Pakistan begonnen.[54]

Nach Schalabis Tod wurde das *al-Chifa*-Center von Getreuen Bin Ladens übernommen, unter ihnen auch Wadih al-Haqqi, der am Tag vor Schalabis Ermordung von Tucson nach New York geflogen war.[55] Al-Haqqi, ein weiteres *al-Qa'ida*-Mitglied mit amerikanischem Pass, war 1960 im Libanon als Sohn katholischer Eltern zur Welt gekommen, später aber zum Islam konvertiert.[56] 1978 ging er in die Vereinigten Staaten, um an der University of Louisiana in Lafayette Stadtplanung zu studieren.[57] Al-Haqqi, dünn, bärtig und mit struppigen Haaren, war nach Auskunft eines seiner Professoren niemand, der mit seinen politischen Ansichten hausieren ging.[58] Doch in den acht Jahren, die er benötigte, um sein Studium abzuschließen, fing er an, sich für den afghanischen *dschihad* zu begeistern, und reiste für eine saudische Hilfsorganisation, die muslimische Weltliga, in die nordpakistanische Stadt Peschawar. [59] Dschamal Isma'il, der damals an der Universität von Peschawar studierte, beschreibt al-Haqqi, der wegen seines gelähmten rechten Arms nicht an den Kämpfen teilnehmen konnte, als einen »sehr zurückhaltenden Mann mit einem sehr hageren, schwächlichen Körper, der überhaupt nicht militant wirkte«.[60]

1985 heiratete al-Haqqi in Arizona die zum Islam übergetretene Amerikanerin April Ray.[61] »Sie war so schön und er so glücklich«, erinnert sich seine Schwiegermutter, die ebenfalls zum Islam konvertierte Krankenschwester Marion Brown. Nach der Eheschließung richtete das Brautpaar ein Fest für mehrere Dutzend Gäste aus. Doch das Leben der jung Verheirateten sollte nicht leicht werden. »Er war«, erzählte Brown, »ein treu ergebener Ehemann, ein wunderbarer Vater und ein prächtiger Schwiegersohn.« Doch trotz seines Abschlusses in Stadtplanung, fügte sie hinzu, musste er sich mit Handlangerjobs – Aushilfe in einem Dunkin-Donuts-Restaurant, Aufseher und Taxifahrer – begnügen.

Ein Jahr nach der Hochzeit bekamen Wadih und April einen Sohn, das Erste von mehreren Kindern, und zogen nach Quetta, einer Wüstenstadt im Südwesten Pakistans. Auch seine Schwiegermutter zog nach Quetta, wo sie eineinhalb Jahre als Oberschwester im dortigen Krankenhaus arbeitete. Al-Haqqi, erzählte sie, arbeitete für Abdullah Azzam und fuhr häufig mit Kinderbüchern im Gepäck nach Afghanistan.[62]

Von 1987 bis 1990 hielt sich al-Haqqi mehrfach im *al-Chifa*-Center in Brooklyn auf, das er nach Schalabis Ermordung kurzfristig leitete. Dort traf er mit drei Männern zusammen, die später für das Vorhaben verurteilt wurden, verschiedene Wahrzeichen Manhattans in die Luft zu jagen.[63] 1993 fiel sein Name während des World-Trade-Center-Prozesses. Einer der Attentäter berichtete den Ermittlern, dass er versucht habe, von al-Haqqi Waffen zu kaufen.[64] Zu der Zeit hielt sich al-Haqqi bereits im Sudan auf, wo er als Bin Ladens persönlicher Sekretär arbeitete.

1996 und 1997 pendelte al-Haqqi zwischen Arlington in Texas, wo er als Manager für Lone Star Tires arbeitete, und der kenianischen Hauptstadt Nairobi.[65] Sami al-Asad, ein Freund al-Haqqis aus Texas, sagte: »Ich wusste über ihn nur, dass er sich für humanitäre Projekte in Afrika engagierte – wo und wie genau, darüber weiß ich nichts, weil nie die Rede darauf kam.« Al-Haqqi gründete eine Organisation mit dem umständlichen, aber sehr direkten Namen »Help Africa People«, die ein Malaria-Impfprogramm durchführte.[66] Darüber hinaus versuchte er sich – wenig erfolgreich – im Import/Export-Geschäft und handelte mit Edelsteinen, Kaffee und sogar Straußenfleisch.[67] Auf einer Fotografie, die bei seiner Verhandlung als Beweismittel vorgelegt wurde, sieht man ihn auf einem Strauß reiten.

Nach Ansicht der amerikanischen Strafverfolgungsbehörden allerdings beschränkte sich al-Haqqi nicht darauf, Reifen zu verkaufen, auf Straußen zu reiten und sich für humanitäre Zwecke zu engagieren. Vielmehr war er ihrer Überzeugung nach damit beschäftigt, die kenianische *al-Qa'ida*-Zelle aufzubauen. In Nairobi lebte er mit Harun Fazil zusammen, der verdächtigt wird, eine Schlüsselrolle bei dem Anschlag auf die US-Botschaft in Kenia gespielt zu haben. Obgleich al-Haqqi nicht im Verdacht einer direkten Beteiligung an dem Anschlag stand, wurde er auf Grund irreführender Aussagen gegenüber der den Fall Bin Laden untersuchenden Anklagejury und falscher Angaben in seiner Aussage bezüglich der *al-Qa'ida*-Verschwörung zur Ermordung von Amerikanern des Meineids angeklagt und im Juni 2001 in allen Anklagepunkten für schuldig befunden.

Der Bombenanschlag auf das World Trade Center von 1993 nimmt sich zusehends wie eine Generalprobe der verheerenden *al-Qa'ida*-Angriffe auf die Twin Towers acht Jahre später aus. Mehrere der an dem Anschlag von 1993 Beteiligten hatten Verbindungen zum *al-Chifa*-Center. Mahmud Abu Halima, der, wie bereits erwähnt, 1990 und vermutlich mit *al-Qa'ida* in Afghanistan gekämpft hatte, war ein Mitarbeiter von Schalabi gewesen,[68] während der Mann, der möglicherweise hinter Schalabis Ermordung stand und dem enge Kontakte zu *al-Qa'ida* nachgesagt werden, Scheich Umar Abd ur-Rahman, im Zusammenhang mit dem Bombenanschlag auf das World Trade Center zu einer langen Haftstrafe verurteilt wurde. In einem *al-Qa'ida*-Video, das im Sommer 2001 im Internet auftauchte, bezeichnet Bin Laden den Scheich als »Geisel« in den Händen der Amerikaner. »Wie wir hören, ist er krank«, sagt Bin Laden in dem Video. »Die Amerikaner behandeln ihn schlecht.«

Ramzi Jusuf, der operative Kopf des Anschlags auf das World Trade Center, scheint zwar kein häufiger Gast im *al-Chifa*-Center gewesen zu sein, unterhielt aber enge Verbindungen zu *al-Qa'ida*-Angehörigen. Als er im September 1992, ein paar Monate vor dem Bombenanschlag, von Peschawar nach New York flog, befand er sich in Begleitung von Ahmad Adschadsch, der wegen eines Verstoßes gegen die Einwanderungsbestimmungen unmittelbar bei seiner Einreise auf dem Kennedy Airport verhaftet wurde.[69] In Adschadschs Besitz fand sich ein Sprengstoffhandbuch, dessen Titel in der Gerichtsverhandlung nach dem Anschlag, wo es als Beweismittel vorgelegt wurde, fälschlicherweise als »Die Grundregel« übersetzt wurde – ein Irrtum, den die *New York Times* korrigierte, die ihn korrekt mit »*al-Qa'ida,* die Basis« übersetzte.[70]

Eine weitere aufschlussreiche Verbindung zwischen Jusuf und Bin Laden läuft über Jusufs Onkel Zahid Scha'iq, der Mitte der neunziger Jahre Regionalleiter der in Peschawar ansässigen Hilfsorganisation Mercy International Relief war.[71] Zur selben Zeit arbeitete die Niederlassung der Hilfsorganisation in Nairobi eng mit *al-Qa'ida* zusammen und stellte unter anderem Ausweise für Bin Laden und Ali Mohammed aus.[72] Nachdem die Polizei 1997 Wadih al-Haqqis Haus in Nairobi durchsucht hatte, wurden acht Kartons mit persönlichen Unterlagen von ihm im Büro von Mercy International Relief untergebracht.[73] Darüber hinaus berichtete 1993 die als zuverlässig geltende pakistanische Zeitschrift *The Herald,* dass Zahid Scha'iq den Islamic Coordination Council leite.[74] Gegründet worden war die Organisation von Bin Ladens

Mentor Abdullah Azzam, um die Aktivitäten von zwanzig Hilfsorganisationen in der Stadt besser koordinieren zu können.

»Die Spur Ramzi Jusufs lässt sich nach Afghanistan zurückverfolgen«, erklärt Vincent Cannistraro, Leiter des Antiterror-Centers der CIA von 1988 bis 1990. In den USA angekommen, so Cannistraro weiter, rekrutierte Jusuf zur Vorbereitung des Bombenanschlags auf das World Trade Center eine Gruppe »nützlicher Idioten«, und diese »Idioten« waren es dann auch, die die Sachen ausbaden mussten, als Jusuf sich aus dem Staub machte. (Nach dem gleichen modus operandi gingen interessanterweise auch die *al-Qa'ida*-Drahtzieher der Anschläge auf die US-Botschaften und die U.S.S. *Cole* vor.)

Nach dem Anschlag in New York 1993 tauchte Jusuf für zwei Jahre unter. Zuerst ging er nach Thailand, dann, nach einem Zwischenstopp auf den Philippinen, weiter nach Pakistan, wo er in einem Gästehaus Bin Ladens in Peschawar, *Bait asch-Schuhada* (»Haus der Märtyrer«), wohnte.[75] Der *al-Qa'ida*-Angehörige (und regelmäßige Gast des *al-Chifa*-Centers) Dschamal al-Fadl sagte, als er wegen der Botschaftsanschläge vor Gericht stand, aus, dass er Jusuf irgendwann zwischen 1989 und 1991 im *al-Qa'ida*-Trainingslager Sadda an der pakistanisch-afghanischen Grenze gesehen habe.[76] Leiter des Lagers in der Kuram Agency (ein Stammesgebiet in der wie ein Keil nach Afghanistan hineinragenden Region Paratschinar) war der von allen afghanischen Führern Bin Laden am nächsten stehende Abd ur-Rasul Saijaf.[77] Jusuf berichtete später einem FBI-Agenten, dass er ein halbes Jahr in einem Lager in Afghanistan verbracht und dort gelernt habe, wie man Bomben baut, bevor er später selbst den Umgang mit Sprengstoff unterrichtete.[78] Wie für *al-Qa'ida*-Attentäter typisch, benutzte auch Jusuf in seinen Bomben umgebaute Casio-Uhren als Zeitzünder.[79]

Als Jusuf Anfang der neunziger Jahre auf den Philippinen lebte, nahm er Kontakt mit der (nach dem gerade erwähnten Abd ur-Rasul Saijaf benannten) islamistischen Terrorgruppe Abu Saijaf auf, die von Bin Ladens Schwager Mohammed Chalifa finanziert worden war. Chalifa streitet zwar ab, Jusuf zu kennen, doch laut Auskunft eines US-Beamten hielten sich die beiden zur gleichen Zeit auf den Philippinen auf.[80]

Einer von Jusufs Terrorpartnern auf den Philippinen war Wali Chan Amin Schah, der unter Bin Laden seine Ausbildung in Afghanistan erhalten hatte.[81] Tatsächlich hatte Bin Laden in einem Interview mit ABC News nur Gutes über Amin Schah zu berichten. »Man nennt ihn auch den Löwen«, erzählte Bin Laden. »Wir waren gute Freunde. Gegen die Russen kämpften wir Seite an Seite in denselben Schützengräben.«[82] Pech für Jusuf, dass die philippinische Polizei 1994 zufällig auf seine Spur stieß, als ihm bei einem Sprengstoffexperiment in Manila ein Missgeschick passierte und dichte Rauchwolken aus seinem kleinen Apartment quollen. Bei seiner überstürzten Flucht ließ Jusuf seinen Computer zurück. Nachdem die Ermittler die Festplatte entschlüsselt hatten, entdeckten sie zu ihrem nicht geringen Erstaunen detailliert ausgearbeitete Pläne zum Absturz von elf Passagierflugzeugen und zur Ermordung von Papst Johannes Paul II.[83] Ein Jahr später fiel Jusuf in Islamabad FBI-Agenten in die Hände, die bei ihm unter anderem die Adresse eines Bin-Laden-Gästehauses fanden.[84]

Ebenfalls zu Jusufs Crew gehörte Abd ul-Hakim Murad, ein Pakistani, der in den Vereinigten Staaten eine Ausbildung zum Berufspiloten absolviert hatte. Murad gestand gegenüber philippinischen Ermittlern, dass er abgesehen von dem geplanten Anschlag auf den Heiligen Stuhl und die Entführung mehrerer amerikanischer Verkehrsflugzeuge auch geplant habe, ein Flugzeug auf das CIA-Hauptquartier in Virginia stürzen zu lassen.

Sozusagen offiziell wurden die Verbindungen zwischen Abu Saijaf und Jusuf, als die Gruppe im April 2000 aus einer Schule auf einer der südlichen Inseln der Philippinen fünfzig Menschen entführte. Im Austausch für ihre Geiseln forderten die Entführer unter anderem die Freilassung von Jusuf, der in den USA zwischenzeitlich zu einer Haftstrafe von 240 Jahren verurteilt worden war.[85]

Eine vollständige Darstellung der von den USA aus operierenden *al-Qa'ida*-Mitglieder und -Anhänger würde den Rahmen dieses Buches sprengen. Einige von ihnen jedoch haben es wegen ihrer Besonderheiten – und wie sie ihr Leben unter den Ungläubigen geführt haben – verdient, dass man näher auf sie eingeht.

Man würde nicht unbedingt erwarten, in einem Vergnügungspark wie Disney World auf einen Gefolgsmann von *al-Qa'ida* zu stoßen, und doch war Disney World eine Zeit lang Arbeitgeber des amerikanischen Staatsbürgers und *al-Qa'ida*-Anhängers Ihab Ali.[86] Der in den USA ausgebildete Ali versuchte sich in Orlando, Florida, in einer ganzen Reihe von Aushilfsjobs: im Magic Kingdom, in einem Sheraton Hotel, in einer Wells Fargo Bankfiliale und als Taxifahrer.[87] 1989 ging er nach Peschawar, um sich am *dschihad* gegen die Sowjetunion zu beteiligen.[88] Vier Jahre später half er beim Kauf eines amerikanischen Flugzeugs mit, das für die sudanesische *al-Qa'ida* bestimmt war.[89] Dann lernte Ali in einer Flugschule in Norman, Oklahoma, fliegen, bevor er Mitte der neunziger Jahre nach Kenia ging, wo er als Pilot für *al-Qa'ida* arbeitete und in brieflichem Kontakt zu Wadih al-Haqqi stand.[90] 1999 wurde Ali verhaftet, hat sich aus religiösen Gründen aber bislang geweigert, mit den Behörden zu kooperieren.[91] Als ehemaliger *al-Qa'ida*-Pilot dürfte er jedoch nach dem 11. September erneut und intensiver ins Blickfeld der Ermittler geraten sein.

Ein weiterer in den Vereinigten Staaten aufgewachsener Bin-Laden-Rekrut ist der 1969 in Kalifornien geborene, palästinensischstämmige Ra'd Hidschazi.[92] Während seines Studiums an der California State University in Sacramento wandte Hidschazi sich einer militanten Form des Islam zu und wurde in Trainingscamps Bin Ladens in der Nähe von Chost im Osten Afghanistans ausgebildet. Nach einem Zwischenspiel als Taxifahrer in Boston 1997 brach er überraschend nach Jordanien auf, wo er sich Material zum Bau von Bomben besorgte.[93] Doch sein Plan, während der Millenniumsfeier Anschläge auf heilige christliche Stätten in Amman auszuführen, wurde von jordanischen Ermittlern durchkreuzt: Im Oktober 2000 wurde Hidschazi in Syrien festgenommen und nach Jordanien ausgeliefert, wo er 2002 wegen terroristischer Aktivitäten verurteilt wurde.[94]

Im Oktober 2001, da dieses Buch in Druck geht, waren mehrere amerikanische *al-Qa'ida*-Mitglieder afrikanischer Abstammung noch nicht identifiziert. Bei den Verhandlungen der Botschaftsattentate sagte der *al-Qa'ida*-Pilot al-Husain Charschtu aus, dass der Gruppe, als sie Mitte der neunziger Jahre im Sudan ihr Hauptquartier aufgeschlagen hatte, auch »mehrere« Afroamerikaner angehört hätten. Und als der pakistanische Journalist Hamid Mir im Mai 1998 Bin Laden in Afghanistan interviewte, wurden ihm dort zwei Amerikaner afrikanischer Abstammung vorgestellt.

Die tödlichen Terrorangriffe vom 11. September 2001 waren nicht der erste Versuch von *al-Qa'ida*, den Heiligen Krieg auf amerikanischen Boden zu tragen. Laut Angaben offizieller US-Stellen hatte Bin Ladens Netzwerk Pläne ausgearbeitet, das Jahr 2000 – das neue Millennium – mit einer Serie von Bombenanschlägen einzuläuten.

Vereitelt wurde der Plan, als am 14. Dezember 1999 an einem Grenzübergang in Washington State der dreiunddreißigjährige Algerier Ahmad Rassam verhaftet wurde.[95] Als Rassam seinen Wagen von der aus Kanada kommenden Fähre heruntersteuerte, wurde er von der US-Zollinspektorin Diana Dean angehalten. Ihr war aufgefallen, dass der Mann trotz der Dezemberkälte schwitzend und mit zitternden Händen hinter dem Steuer saß.[96] Rassam versuchte noch zu fliehen und ein anderes Auto in seine Gewalt zu bringen, wurde aber schnell gestellt.[97] In seinem Wagen fand die Polizei knapp 60 Kilogramm Sprengstoff, und bei einer Durchsuchung seiner Wohnung in Montreal wurde eine Landkarte von Kalifornien entdeckt, auf der drei Flughäfen eingekreist waren: Los Angeles, Long Beach und Ontario.[98] Sofort nach Rassams Verhaftung spekulierten die Behörden, dass er möglicherweise an der Westküste gelegene amerikanische Wahrzeichen wie das TransAmerica-Hochhaus in San Francisco oder die Space Needle in Seattle im Visier gehabt haben könnte (Rassam hatte in Seattle unweit des Aussichtsturms ein Motelzimmer gebucht[99]). Die Angst vor einem möglichen Anschlag auf die Space Needle veranlasste die Stadtbehörden, die dort geplante Millenniumsfeier abzusagen.[100]

Eineinhalb Jahre lang weigerte Rassam sich beharrlich, auch nur ein Wort über das geplante Ziel seines Anschlags zu verraten. Doch nachdem er im April 2001 des Terrorismus für schuldig befunden wurde und mit einer 130-jährigen Haftstrafe rechnen musste, erklärte er sich zur Kooperation bereit. Er gestand den Behörden, dass er vorgehabt habe, einen Bombenanschlag auf den Los Angeles International Airport zu verüben – ein Plan, den die US-Ermittler mit zeitgleichen Plänen von *al-Qa'ida* in Verbindung brachten, Anschläge auf ein US-Kriegsschiff im Jemen und unterschiedliche Ziele in Jordanien auszuführen.[101]

Rassams Weg in die Arme von *al-Qa'ida* verlief alles andere als geradlinig. Nachdem er 1988 die Oberschule in Algerien abgeschlossen hatte, ging er nach Korsika, wo er ohne Arbeitserlaubnis Weintrauben pflückte und in einer Ferienanlage als Maler arbeitete. 1994 zog er nach Montreal, wo er von der Sozialhilfe lebte und sein Einkommen mit Kofferdiebstählen und Kreditkartenbetrügereien aufbesserte. Sein Leben als Kleinkrimineller hinderte ihn nicht daran, regelmäßig in den Montrealer Moscheen zu beten.[102]

Vier Jahre später, 1998, ging er nach Afghanistan in das *al-Qa'ida*-Ausbildungslager *Chalidan.* Zuvor hatte er sich in Pakistan mit dem Palästinenser Abu Zubaida getroffen, laut amerikanischen und britischen Informationen wichtigster Anwerber für Bin Ladens Trainingscamps und Drahtzieher der vereitelten Millenniumsanschläge auf Touristenziele in Jordanien.[103] Nach seiner Ankunft in *Chalidan* gehörte Rassam mehrere Monate einer vielsprachigen, aus Arabern, Deutschen, Schweden, Franzosen, Türken und Tschetschenen bestehenden Gruppe an. (Auch Mohammed Raschid al-Auhali, der später das Selbstmordattentat auf die US-Botschaft in Kenia verübte, und der jordanischstämmige Amerikaner Ra'd Hidschazi hielten sich Ende der neunziger Jahre im Lager *Chalidan* auf.)[104] Rassam durchlief das übliche *al-Qa'ida*-Trainingsprogramm, wurde im Umgang mit vielen Waffen und Sprengstoffen ausgebildet und lernte in speziellen Kursen, wie man elektronische Schaltkreise für Bomben baute. Darüber hinaus brachten seine Lehrer ihm bei, wie man Anschläge auf Flughäfen, Eisenbahnlinien und militärische Einrichtungen ausführt, und unterwiesen ihn in den subtileren Spielarten des Attentats. Eine der Methoden, die er dabei kennen lernte, bestand darin, einen Türgriff mit einem giftigen Stoff einzureiben, der über die Haut in die Blutbahn des nichts ahnenden Opfers eindringt und es tötet.[105] Bestandteil der Ausbildung waren auch Vorträge über frühere Terroranschläge: über Fehlschläge, etwa den abgebrochenen Attentatsversuch auf den ägyptischen Präsidenten Hosni Mubarak in Äthiopien 1995; und über Erfolge, beispielsweise den mit einem Lastwagen ausgeführten Sprengstoffanschlag auf eine Kaserne der US-Marines in Beirut im Jahr 1983.[106]

Ungefähr um diese Zeit herum führte *al-Qa'ida* in *Chalidan* Experimente mit Zyanid durch. Ziel war es, die Chemikalie über die Luftzufuhr in die Klimaanlagen von US-Regierungsgebäuden einzuschleusen. Dazu inszenierten Rassams Mitstreiter abscheuliche Versuche, bei denen sie Hunden das Gift injizierten. Einmal sperrten sie einen Hund in eine Kiste, in der sich eine Mixtur aus Zyanid und Schwefelsäure befand. (Wie nicht anders zu erwarten, verendete der Hund innerhalb weniger Minuten.)[107]

Eine Gruppe von Algeriern, die zur selben Zeit wie Rassam ihr Training in dem Camp durchlief, vereinbarte, sich später in Kanada zu treffen, eine gute Basis, da man von dort aus relativ leicht in die Vereinigten Staaten gelangen konnte.[108] In Kanada angekommen, wollten sie zunächst einige Banken ausrauben und das Geld für Terroroperationen gegen amerikanische Ziele verwenden. Andere Gruppen planten ähnliche Aktionen in Europa, der Golfregion und Israel.[109]

Im Februar 1999 kehrte Rassam nach Montreal zurück. Mit sich führte er 12 000 Dollar, die ihm ein *al-Qa'ida*-Vertreter gegeben hatte, ein Handbuch für den Bau von Bomben und eine gewisse Menge Hexamin, einen Sprengkraftverstärker.[110] Den Sommer über spielten Rassam und ein Mitstreiter mit dem Gedanken, einen Anschlag auf ein israelisches Ziel in Kanada zu verüben, doch bis zum Herbst hatten sie es sich anders überlegt: Sie beschlossen, ein Ziel innerhalb der Vereinigten Staaten anzugreifen.[111] In dieser Zeit agierte Rassam auch als Anlaufstelle für Algerier in Montreal, die sich in Bin Ladens Trainingscamps in Afghanistan auf den *dschihad* vorbereiten wollten. Von Rassam aus lief der Kontakt weiter über das *al-Qa'ida*-Mitglied Abu Dauha, ein in London lebender Algerier.[112] (Im Juli 2001 beschuldigten amerikanische Staatsanwälte Abu Dauha, innerhalb von *al-Qa'ida* eine zentrale Rolle zu spielen. Als die britische Polizei daraufhin Dauhas Wohnung durchsuchte, fand sie dort neben mehreren gefälschten Ausweisen auch Aufzeichnungen über Ausgangsstoffe für den Bau von Bomben, die der Sprengstoffmischung entsprachen, die in Rassams Wagen gefunden worden war.)[113]

Von November bis Anfang Dezember 1999 hielt sich Rassam hauptsächlich in einem Hotel in Vancouver auf, wo er aus Casio-Uhren vier Zeitzünder konstruierte – als gleich mehrfache Rückversicherung, sollte einer der Zünder versagen. Daneben kaufte oder stahl er in lokalen Düngemittelgeschäften Chemikalien für den Bau von Bomben – Harnstoff, Salpetersäure und Schwefelsäure – und stellte geringe Mengen an RDX und HMTD her, hochexplosive Chemikalien, die die Sprengkraft seiner Bomben noch verstärkt hätten.[114] Am 14. Dezember packte Rassam die Materialien in einen Mietwagen und machte sich auf den Weg nach Victoria, British Columbia, wo er die Fähre nach Washington State nahm. Aus Angst, dass auf der langen Autofahrt von der kanadischen Grenze nach Los Angeles Vibrationen den Sprengstoff zünden könnten, hatte er geplant, nach seiner Ankunft in den Vereinigten Staaten mit dem Zug nach Los Angeles zu fahren.[115]

Glücklicherweise schaffte Rassam es nicht über die Grenze. Mit seiner Festnahme wurde wahrscheinlich ein potenziell verheerender Bombenanschlag auf den größten Flughafen von Los Angeles mitten in der Vorweihnachtszeit vereitelt.

Die Verhaftung dieses Absolventen eines *al-Qa'ida*-Trainingscamps ist ein weiterer Beweis für die herausragende Rolle, die Afghanistan spielte, ein Land, in das Hunderte, vielleicht sogar Tausende Muslime wie Rassam gegangen sind, um sich in der Kunst des Heiligen Krieges unterweisen zu lassen. Während Rassam die letzten Vorbereitungen für den Anschlag auf den Flughafen von Los Angeles traf, befand ich mich auf dem Weg nach Afghanistan, wo ich der Frage nachgehen wollte, warum die Taliban Bin Laden und *al-Qa'ida* offensichtlich ungestraft gewähren ließen und warum sie die Existenz von einem Dutzend oder mehr Trainingslagern tolerierten, in denen die Rassams von morgen ihre tödlichen Fertigkeiten perfektionierten.

KAPITEL 8

Wahre Gläubige: Die Taliban und Bin Laden

»Things fall apart; the center cannot hold;
Mere anarchy is loosed upon the world,
The blood-dimmed tide is loosed, and everywhere
The ceremony of innocence is drowned;
The best lack all conviction, while the worst
Are full of passionate intensity.«

W. B. Yeats, »The Second Coming«

Maulawi Hafizullah, ein Mitarbeiter im Außenministerium der Taliban, verkündete: »Wir werden Bin Laden niemals ausliefern. Die USA haben aus einem Mann ein Monster gemacht. Wir können eine ›Heroinbombe‹ zünden, die eurer Atombombe gleichkommt.« Letzteres war eine Anspielung auf die Tatsache, dass die Vereinten Nationen Afghanistan unter den Taliban als den weltweit führenden Produzenten von Opium angeprangert hatten, der Rohstoff, aus dem Heroin gewonnen wird.[1]

Ich war im Dezember 1999 nach Afghanistan gereist, um mich mit führenden Mitgliedern der Taliban zu treffen und mehr über ihre Bewegung zu erfahren – und darüber, warum sie Bin Laden und anderen militanten Islamisten seiner Couleur trotz Druck seitens der Vereinten Nationen, die erst kurz zuvor Sanktionen gegen das Land verhängt hatten, Unterschlupf gewährten.

In Anbetracht der alles andere als freundschaftlichen Beziehungen zwischen diesen Glaubenskriegern und den Vereinigten Staaten erscheint es im Nachhinein wie eine Ironie der Geschichte, dass das State Department 1996 die Machtübernahme der Taliban in Kabul anfangs begrüßte. Auch wenn die Unterstützung aus Washington nicht gerade überschwänglich ausfiel, erklärten die Vereinigten Staaten doch öffentlich, dass es daran, wie die Taliban das islamische Recht auslegten, »nichts auszusetzen« gebe.[2]

Für diese anfängliche Unterstützung lassen sich mehrere Gründe anführen, deren erster schlichte Ignoranz war. Die USA hatten ihre Botschaft in Kabul 1989 aus Sicherheitsgründen geschlossen und so kaum eine Vorstellung davon, wer die Taliban waren.[3] (Das Botschaftsgebäude, das ich 1993 bei einem Besuch in Kabul zu sehen bekam, war ein Monolith aus Beton mit verriegelten Fenstern, auf dessen Mauern meterhoch Unkraut wucherte – eine passende Metapher für den traurigen Zustand der amerikanischen Afghanistan-Politik. Am 27. September 2001 stürmten afghanische Demonstranten, die »Lang lebe Osama!« skandierten, die Botschaft, plünderten sie und steckten sie in Brand.) Das State Department, das seine Informationen über Afghanistan hauptsächlich von den Pakistanis bezog, war bereit, jede Gruppe zu unterstützen, die in der Lage zu sein schien, dem Land eine gewisse Stabilität zu bringen. Zudem dürfte im Washingtoner Außenamt bekannt gewesen sein, dass sich der amerikanische Erdölkonzern Unocal bei den Taliban darum bewarb, für mehrere Milliarden Dollar eine Pipeline durch Afghanistan zu bauen, die die Erdöl- und Erdgasfelder Zentralasiens mit Häfen am Indischen Ozean verbinden würde – und zwar, und das war das eigentlich Verlockende an dem Projekt, unter Umgehung des Iran.[4] Dabei kamen Unocal mächtige Verbündete zu Hilfe, unter anderem der ehemalige US-Botschafter in Pakistan, Robert Oakley, der im Aufsichtsrat des Energiekonzerns saß.[5] Die Taliban versprachen, politisch stabile Verhältnisse und damit die Grundvoraussetzung dafür zu schaffen, dass Unocal seine Pipelinepläne endlich weiter vorantreiben konnte. Zugleich hegte man auf amerikanischer Seite auch gewisse Hoffnungen, dass die Taliban, wie sie in früheren Erklärungen angedeutet hatten, eine harte Linie gegen den Drogenanbau fahren würden.[6]

Bereits ein Jahr später hatten sich die amerikanischen Illusionen in Bezug auf die Taliban-Bewegung in Luft aufgelöst. Anlässlich ihres Pakistanbesuchs 1997 verkündete die damalige amerikanische Außenministerin Madeleine Albright: »In Anbetracht der unsäglichen Behandlung von Kindern und Frauen durch die Taliban und ihres generellen Mangels an Respekt vor der Würde der Menschen kann kein Zweifel daran bestehen, dass wir in Opposition zu ihnen stehen.«[7]

Nach Afghanistan gelangt man am leichtesten via Pakistan, einem von weltweit nur drei Ländern, die den heiligen Kriegern im Nachbarland zunächst diplomatische Anerkennung gewährten. (Die anderen beiden, Saudi-Arabien und die Vereinigten Arabischen Emirate, haben inzwischen im Gegensatz zu Pakistan ihre diplomatischen Beziehungen zu den Taliban wieder abgebrochen.) Das nimmt nicht wunder, waren doch die islamistischen Parteien Pakistans und der mächtige pakistanische Geheimdienst Inter Services Intelligences (ISI) ausschlaggebend mit am Aufstieg der Taliban zur Macht beteiligt.[8] Damit soll nicht gesagt werden, dass die Bewegung ihre Entstehung Pakistan verdankte. Es war eine Gruppierung afghanischer Religionsstudenten, die 1994 – scheinbar aus dem Nichts kommend – die im Süden des Landes gelegene Stadt Kandahar eroberten. Doch als die Taliban immer mehr an Boden gewannen, zögerte der militärisch-religiöse Komplex Pakistans nicht, sein Geld auf eine Bewegung zu setzen, die in dem immer noch von Bürgerkriegen zerrissenen Afghanistan wie der sichere Sieger aussah. So unterstützte etwa der Innenminister in Benazir Bhuttos Regierung, General Nasirullah Babur, die Taliban anfangs als Berater, wie auch Fazl ur-Rahman, Führer einer der religiösen Parteien des Landes.[9]

1998 überraschte mich ein in Pakistan stationierter amerikanischer Beamte mit der Einschätzung, dass bis zu 10 000 der insgesamt rund 30 000 Taliban-Kämpfer – und somit erstaunliche zwanzig bis vierzig Prozent – aus Pakistan stammen. Wie sehr Afghanistan unter dem Einfluss von Pakistan steht, wird auch deutlich, wenn man sich vor Augen hält, dass alle Telefonanrufe nach Afghanistan über eine Vermittlungsstelle in Pakistan laufen und dass der Treibstoff, der die motorisierten Einheiten und Panzer der Taliban in Bewegung hält, ausschließlich via Pakistan ins Land gelangt.

An einem schwülen Tag im Herbst 1999 lief ich hinüber zur pakistanischen Vertretung im Washingtoner Botschaftsviertel, um ein Visum zu beantragen. Das Prozedere, an dessen Ende man ein Visum in der Hand hält, vermittelt üblicherweise einen verblüffend akkuraten Vorgeschmack auf das Land, in das man reisen möchte. (In diesem Zusammenhang drängt sich mir unwillkürlich die Erinnerung an die zwei Tage auf, die ich gemeinsam mit ungefähr hundert Leidensgenossen, eingepfercht in einem winzigen, stickigen Zimmer im indischen Konsulat in Paris, darauf wartete, dass man mir mein Visum aushändigte.)

Die pakistanische Botschaft residiert in einer einstmals vornehmen Villa, die dringend eines neuen Anstrichs und neuer Teppiche bedarf. Während ich vor dem Büro des Presseattachés wartete, sah ich einen Mann, der mir irgendwie bekannt vorkam. Ich ging zu ihm hinüber und erklärte ihm, dass ich auf der Suche nach dem Presseattaché sei. »Das war ich – bis sie mich gestern gefeuert haben«, gab er mir niedergeschlagen zur Antwort. Als er das sagte, fiel mir sein Name wieder ein, Malik. Im vorigen Jahr hatte ich bei ihm ein Visum für Pakistan beantragt und mir daraufhin eine Vorlesung über die Gefahr eines Putsches militanter Islamisten anhören müssen. Stattdessen hatte nun vor ein paar Tagen das Militär die Macht übernommen – und Malik auf die Straße gesetzt.

Die pakistanische Armee hatte einen Putsch ganz alter Schule inszeniert, einen Putsch, der direkt aus einem CIA-Handbuch aus den fünfziger Jahren stammen könnte. Am 12. Oktober 1999 hatten Soldaten die Flughäfen des Landes geschlossen und die nationale Fernsehanstalt besetzt, die daraufhin alle Programme einstellte und stattdessen ununterbrochen dröge Volkstanzdarbietungen ausstrahlte.[10] Irgendwann kündigte ein Sprecher an, dass der neue Landesherr in Kürze zur Nation sprechen würde. Dann, mitten in der Nacht, trat General Parwiz Muscharraf in akkurater Uniform vor die Fernsehkameras und verlas eine gestelzte, zweiminütige Erklärung, die unter dem Strich besagte, dass zum vierten Mal in der fünfzigjährigen Geschichte des Landes die Armee die Macht übernommen hätte. »Die Streitkräfte haben keinen anderen Ausweg mehr gesehen, um einer weiteren Destabilisierung des Landes vorzubeugen«, verkündete Muscharraf.[11] Der Putsch wurde von nahezu allen Seiten begrüßt,[12] nachdem Pakistans »demokratische« Politiker das Land jahrelang systematisch geplündert hatten.[13] Die Pakistanis hatten die Nase gestrichen voll, und die Rückkehr zur Militärherrschaft erschien den meisten als die einzige dem Land noch verbliebene Chance.

Im Gegensatz zu den häufigen blutigen Machtkämpfen in Pakistan war Muscharrafs Staatsstreich ein »sanfter« Putsch. Natürlich hatte es Verhaftungen gegeben – Premierminister Nawaz Scharif und einige seiner Kabinettsmitglieder waren festgesetzt worden –, aber das neue Regime war in dieser Hinsicht nicht vergleichbar mit dem Militärregime, das unter General Zija ul-Haqq das Land in den achtziger Jahren beherrscht hatte. Zija, der in seiner auf Hochglanz polierten Uniform, mit seinem glatten, nach hinten gekämmten Haar, einem üppigen Schnurrbart und schwerlidrigen, von dunklen Ringen umrandeten Augen wie der Caudillo einer Bananenrepublik aus den dreißiger Jahren aussah, hatte es verstanden, etliche amerikanische Journalisten und Politiker zu umgarnen, die daraufhin den Umstand ignorierten, dass er potenzielle Rivalen genüsslich exekutieren ließ und das Land mit eiserner Faust regierte.[14]

Der Staatsstreich der pakistanischen Militärs spielte den Taliban – und damit auch Bin Laden – in die Hände. In den achtziger Jahren hatte Zija die Armee mit Islamisten durchsetzt, die hinter den Kulissen einen wichtigen Beitrag zum spektakulären Siegeszug der Taliban leisteten und überdies gegen das westliche Ansinnen, die Taliban zur Ausweisung Bin Ladens zu bewegen, immun waren.[15]

Ich fragte Malik, was er nun mit seinem Leben anzufangen gedachte. »Nun, es ist wahrscheinlich nicht gerade die beste Zeit, nach Pakistan zurückzukehren«, erwiderte er gedrückt. »Ich könnte ins Gefängnis geworfen werden. Ich weiß wirklich nicht, was ich jetzt tun soll. Ich bin ein Karrierebeamter. Ich habe zwei Kinder. Ich versuche, das Ganze philosophisch zu nehmen, etwas anderes kann ich sowieso nicht tun. Früher«, fuhr er fort und wies dabei auf den ausladenden Schreibtisch im Büro des Presseattachés, »saß ich dort, heute«, mit einer Handbewegung deutete er auf die Besuchercouch, »sitze ich hier.«

Ich erinnerte ihn an das Gespräch, das wir vor einem Jahr geführt hatten, und an seine Angst, dass die Islamisten die Macht im Land übernehmen würden. »Das ist immer noch möglich«, gab er zurück. »Viele Offiziere in der Armee sind Islamisten. Der neue Staatschef, General Muscharraf, mag weltlich orientiert sein, aber auch er kann gestürzt werden. Das Problem mit militärischen Staatsstreichen ist, dass jeder neue Coup die Wurzeln der Demokratie weiter schwächt.«

Obwohl Malik gerade erst seine Stelle verloren hatte und lediglich deshalb in die Botschaft gekommen war, um einige Papiere zu unterzeichnen, die nur dazu dienten, seine Entlassung aus dem diplomatischen Dienst zu beschleunigen, versprach er mir, dem neuen Presseattaché auszurichten, dass ich hier gewesen sei, und sich darum zu kümmern, dass mein Antrag bearbeitet werden würde. Das war typisch für die Pakistanis: das Bedürfnis, ungeachtet der Umstände Gastfreundschaft zu beweisen.

Auf dem Flug nach Islamabad ging ich in Gedanken nochmals die erstaunlichen Parallelen zwischen Pakistan und Israel durch. Beide Länder verdankten ihre Entstehung der Religion – das eine als Heimat der Muslime auf dem indischen Subkontinent, das andere als Heimat der Juden in der Diaspora. Bei der Gründung beider Länder nach dem Zweiten Weltkrieg stand Großbritannien Pate, das sich von einem Empire verabschiedete, in dem die Sonne zwar niemals unterging, dessen Kosten ihm aber über den Kopf gewachsen waren. Pakistan hatte sogar seinen eigenen – wenn auch kaum publik gewordenen – Holocaust durchlitten, die Ermordung von bis zu einer Million Muslimen, die auf der Flucht aus Indien in ihre neu geschaffene Heimat waren.[16] Beide Länder fühlten sich von Feinden umzingelt und führten wiederholt Krieg gegen ihre Nachbarn, beide haben im Interesse einer größeren nationalen Sicherheit Atombomben entwickelt – und in beiden übten religiöse Parteien eine weitaus größere Macht aus, als ihr kleiner Stimmenanteil bei den Wahlen erahnen lassen würde.

Ich traf zur Zeit des Ramadan in Pakistan ein. Pakistanis aller Klassen und Altersgruppen befolgten die Anweisung eines der fünf Grundpfeiler des Islam: das Fasten von der Morgen- bis zur Abenddämmerung während des heiligen Monats. (Die anderen vier Grundpfeiler sind: das Glaubensbekenntnis, die Pilgerfahrt, das Gebet und das Almosengeben.) Gleich drei Kanäle im Hotelfernsehen zeigten dieselben Livebilder aus Mekka: Hunderttausende Männer, die den heiligsten Ort des Islam, die Ka'ba, umkreisten, ein würfelförmiger, mehrere Stockwerke hoher Steinbau, in dessen Mauern der den vorislamischen Arabern wie den heutigen Muslimen gleichermaßen heilige Schwarze Stein eingelassen ist.[17]

Es war Dezember, und in den frühen Morgenstunden war es schon recht kühl, doch bis zur Mittagszeit hatte die Sonne die sanfte Brise erwärmt, die das sich verfärbende Laubwerk der Bäume rascheln ließ. Um zwei Uhr nachmittags hatten die meisten Büros geschlossen und lagen die Straßen weitgehend verlassen da. Dann, kurz vor Sonnenuntergang, brach auf den Straßen plötzlich ein wahres Verkehrschaos aus; vom Hunger getriebene Autofahrer machten sich auf den Weg dorthin, wo sie ihr *iftar* einnehmen wollten, die Mahlzeit, die das Ende der täglichen Fastenzeit markierte. Anschließend, während die Menschen in den Häusern blieben und sich mit Hingabe dem Essen widmeten, legte sich für ungefähr eine Stunde wieder eine fast unheimliche Stille über die Stadt.

So streng der Ramadan beachtet wird, Pakistan weist auch eine überaus weltliche Seite auf. In der Buchhandlung in der Nähe meines Hotels lagen westliche Zeitschriften aus. Im Hotelfernsehen konnte ich neben der asiatischen Ausgabe von MTV, in der immer wieder eine aufgestylte indische Moderatorin schwärmerische Liebesbriefe von ihren Fans vorlas, auch Kabelsender empfangen, wo Shows liefen, in denen Pamela Anderson und ihr Dekolleté die Hauptrollen spielten.

Nichtsdestotrotz ist Pakistan ein Land, in dem die »Ehre« der Frau sehr hochgehalten wird. An meinem zweiten Tag in Islamabad betrat ich ein Eiscafé in einer der feinsten Gegenden der Stadt. Mehrere Tische von mir entfernt unterhielt sich eine Frau mit ihrem Mann, die, als sie mich sah, sofort ihren Schleier herunterließ und ihn nicht mehr hob, bis ich eine Viertelstunde später das Café wieder verließ. Ein andermal besuchte ich den UN-Club, einen der wenigen Orte, an dem die Ausländer in Islamabad in ihrer Freizeit zusammenkommen. Am Anschlagbrett hing eine Liste mit Regeln bezüglich des Verhaltens im und um den Swimmingpool, darunter folgendes, sehr dezent formuliertes Verbot: »Brustfreies Baden der Frauen ist nicht möglich.«

Aus Angst vor Anschlägen militanter Islamisten schloss der Club allabendlich um halb elf. Diese Angst war keineswegs unbegründet. Mitte November 1999 hatten unbekannte Terroristen, offensichtlich aus Protest gegen die bevorstehenden Sanktionen gegen Afghanistan – verhängt wegen der andauernden Gastfreundschaft, die die Taliban Bin Laden boten –, eine Reihe bestens koordinierter Raketenangriffe auf die US-Botschaft und den UN-

Komplex in Islamabad verübt.[18] Dass bei den bis heute nicht aufgeklärten Anschlägen niemand ums Leben kam, war reiner Zufall.

Die »unbekannten« Terroristen repräsentieren nur einen Bruchteil der Pakistanis, die bereit und willens sind, Bin Laden zu verteidigen. In Pakistan genießt Osama bin Laden nahezu Kultstatus. »Meiner Meinung nach ist er hier populärer als irgendeiner der politischen Führer des Landes«, erklärte Hamid Mir, Herausgeber einer einflussreichen Tageszeitung in der Landessprache Urdu. Eine Titelgeschichte über Bin Laden garantiert pakistanischen Zeitschriften reißenden Absatz. Eine solche Titelstory, abgedruckt in der Wochenzeitschrift *Wudschud*, führte eine ebenso ausführliche wie abstruse Liste von einhundertfünfzig in Israel und den Vereinigten Staaten ausgebildeten palästinensischen Kommandos auf, die angeblich Gewehr bei Fuß stünden, den saudischen Exilanten zu fangen oder zu töten.[19]

Bin Ladens Ansichten fielen bei bestimmten Mitgliedern der pakistanischen Geistlichkeit auf überaus fruchtbaren Boden – die, wie bereits erwähnt, 1997 ein *fatwa* verfasst hatten, in dem sie seine Forderung nach dem Abzug der amerikanischen Truppen aus Saudi-Arabien wiederholten.[20] Außerdem überboten sich die Führer der religiösen Parteien Pakistans gegenseitig in Androhungen des bewaffneten Kampfes gegen die Amerikaner, sollten diese es wagen, ihre Hand gegen Bin Laden zu erheben.[21] Ein solcher Aufruf stammte aus dem Mund des bekannten muslimischen Gelehrten Mufti Izam ud-Din Schamzaj, der einen Boykott westlicher Waren forderte und hinzufügte: »Weil Amerika Krieg gegen einen Muslim führt, ist laut der *schari'a* das Vergießen amerikanischen Blutes zulässig.«[22] Eine Versammlung von Islamisten im April 2001 vor den Toren Peschawars lockte Hunderttausende Pakistanis an, die Bin Laden als Held verehren. In einigen Ständen auf der Kundgebung hingen riesige Poster mit seinem Konterfei, und die Teilnehmer der Zusammenkunft folgten getreulich dem Aufruf zum Boykott amerikanischer Waren.[23]

Nirgendwo jedoch ist Bin Laden populärer als in den pakistanischen *madrasas*, den islamischen Hochschulen, aus denen die Taliban viele ihrer Kämpfer rekrutieren. Anfang der achtziger Jahre förderte General Zija ul-Haqq die Einrichtung von *madrasas* entlang der pakistanisch-afghanischen Grenze, um damit Rekrutierungsreservoire für Kämpfer im Heiligen Krieg gegen die Sowjets zu schaffen.[24] Die Absolventen dieser Schulen, die zwar wenig über die Welt lernen, dafür aber umso mehr den Koran pauken müssen, zeichnet ein beeindruckender Eifer für den *dschihad* aus. In den neunziger Jahren dann entstanden überall im Land *madrasas.* Allein in der Provinz Pandschab waren 1997 über 200 000 Studenten an den *madrasas* eingeschrieben, die den Taliban Zehntausende von Kampfwilligen zuführten – Männer, die eine Art neuzeitliche Ausgabe der Tempelritter, der mittelalterlichen Mönchskrieger des Christentums, darstellen.

Die vielleicht berühmteste *madrasa* ist die unweit von Peschawar gelegene *Dschami'a Dar ul-Ulum Haqqanija* unter der Leitung des Maulana Sami ul-Haqq (Maulana ist der Titel für einen hohen geistigen Würdenträger). Sami ul-Haqq herrscht über insgesamt 2800 Studenten. Die meisten davon kommen aus Pakistan, aber einige Hundert auch aus Afghanistan und mehrere Dutzend aus den zentralasiatischen Republiken der ehemaligen Sowjetunion.[26]

Sami ul-Haqq empfing mich in einer Villa in einem ruhigen Vorort von Peschawar. Bis dahin hatte ich in ihm nicht viel mehr als einen jovialen Dorfmullah gesehen, der durch glückliche Umstände auf seinen Posten gelangt war: ein umgänglicher, warmherziger Bär von Mann, der unter seinem vollen Bart häufig lächelt. Dennoch spielt er eine weit bedeutendere Rolle, als der äußere Eindruck zunächst vermuten lässt. Er verfügt nicht nur über das Geld und den Einfluss, für sich und seine Entourage Fahrten durch Europa zu organisieren, sondern ist auch Teil eines komplexen Netzwerkes, das die islamistischen Parteien Pakistans mit den Taliban verknüpft. Sami ul-Haqq ist Leiter einer Fraktion der radikalen Dscham'ijat-i Ulama-i Islam (JUI), die er eine Zeit lang auch als Abgeordneter vertrat. Abgesehen von der Tatsache, dass acht (!) Kabinettsmitglieder der Taliban seine Schule durchlaufen haben,[27] bewundert Sami ul-Haqq auch inbrünstig Bin Laden, den er seit den achtziger Jahren kennt, als der militante Saudi seine Zelte in Peschawar aufschlug. (Einer von Ul-Haqqs Beratern teilte mir mit, er habe das CNN-Interview mit Bin Laden mit Vergnügen angeschaut, und fügte hinzu, dass er es im Warteraum eines Flughafens außerhalb von Paris gesehen habe.)

Sami ul-Haqq erzählte mir, wie seine Schule aus bescheidenen Anfängen heraus gewachsen war: »Mein Vater, Maulana Abdul, lehrte an einer bedeutenden *madrasa* in Indien. Nach der Teilung [von Indien und Pakistan im Jahr 1947] kam er hierher ... und baute eine kleine Schule auf.« Die *Dschami'a Dar ul-Ulum Haqqanija*, erklärte Sami ul-Haqq, wird von reichen Muslimen unterstützt und muss deshalb von ihren Studenten keine Gebühren verlangen, mit ein Grund für ihre Beliebtheit unter mittellosen Afghanen, von denen Tausende hier ihre Ausbildung erhalten haben.

Bei Einbruch der Abenddämmerung versammelte Sami ul-Haqq seine Entourage, um draußen im Garten das Abendgebet zu verrichten. Eine Gruppe muslimischer Männer beim Gebet zu beobachten, war für mich schon immer ein bewegendes Erlebnis gewesen. Diesen ins alltägliche Leben eingebundenen kollektiven Akt haben wir im Westen nahezu vollständig verloren. Millets Zeichnung aus dem Frankreich des neunzehnten Jahrhunderts von Bauern, die in ihrem Tagewerk innehalten, um das Angelus Domini zu beten, zeigt eine Szene aus einem uns heute zutiefst fremden Land.

Nach dem Gebet fragte ich Sami ul-Haqq nach seiner Meinung über Bin Laden. »Ich glaube nicht, dass er irgendwelche aggressiven Gedanken hegt«, lautete seine Antwort. »Er ist kein Saboteur, und er ist auch kein Terrorist ... Gott hat uns mit Gaben wie Öl und Gas gesegnet, aber es scheint, als wolle Amerika uns all das wegnehmen. Ich glaube, das Problem besteht darin, dass Amerika uns ungerecht behandelt.« So, wie Bin Laden die Sowjets bekämpfte, die mit ihrer Armee nach Afghanistan kamen, fuhr Sami ul-Haqq fort, so kämpfte er nun gegen die amerikanischen Soldaten in seiner Heimat Saudi-Arabien.

Gegen Ende unserer Unterhaltung wollte ich von Sami ul-Haqq wissen, ob seiner Überzeugung nach die gesellschaftlichen Umstürze der Taliban in Afghanistan auch in Pakistan bevorstünden. Dies war eine große Sorge eher weltlich orientierter Pakistanis, seitdem sich in den Regionen entlang der Grenze zu Afghanistan eine schleichende »Talibanisierung« vollzog. So hatten islamistische Gruppen wie die *Tahrik-i Taliban* das Fernsehen verboten und ahndeten Verbrechen nach Taliban-Vorbild mit Amputationen und ähnlich drastischen Strafen,[28] während unterdessen im Stammesgebiet Malakand lokale Mullahs die Einführung der *schari'a* verkündeten.[29] Aber nicht nur im Grenzgebiet, in ganz Pakistan befand sich der radikale Islamismus auf dem Vormarsch, getragen von extremistischen Gruppen wie der *Sipah-i Sahaba*, die hinter der Ermordung mehrerer hundert Angehöriger der schiitischen Minderheit stand.[30] Obgleich die meisten Pakistanis solche Terroraktivitäten verurteilten, belegten Umfragen ihre Aufgeschlossenheit gegenüber dem islamistischen Gedankengut. Eine von der angesehenen Zeitschrift *Newsline* 1998 in Auftrag gegebene Umfrage beispielsweise ergab, dass 57 Prozent der Pakistanis die *schari'a* »ihren Worten und ihrem Geist nach« favorisierten.[31] Im verzweifelten Bemühen, gegen seine sinkende Popularität anzukämpfen, schlug der damalige Premierminister Nawaz Scharif sogar vor, die Verfassung des Landes umzuschreiben und die *schari'a,* die islamische Rechtsprechung, zur alleinigen gesetzlichen Grundlage Pakistans zu erheben.[32]

Sami ul-Haqq überdachte meine Frage nach Pakistans Zukunft einen Moment, bevor er mit leidenschaftlicher Stimme erklärte: »Die Taliban werden in Pakistan deshalb immer populärer, weil die Menschen der Korruption müde sind. Es gibt keine Demokratie hier, keine Grundrechte. Die Menschen werden von diesem korrupten System erdrückt, demselben System, von dem die Amerikaner nicht wollen, dass wir es auf friedlichem Wege verändern. Wenn Amerika uns verbietet, unser wirtschaftliches, politisches und rechtliches System zu verändern ..., dann werden sich die Dinge hier genauso entwickeln [wie in Afghanistan].«[33]

Nach meiner Rückkehr ins Hotel schlug ich die neuesten Reiseempfehlungen des State Department für Afghanistan nach. Die folgenden Passagen waren typisch: »Amerikaner sind nach wie vor der Gefahr politisch und kriminell motivierter Angriffe, einschließlich Raub, Entführung und Geiselnahme, ausgesetzt. Die schätzungsweise fünf bis sieben Millionen abseits der großen Städte auf dem Land verteilten Landminen stellen eine weitere Gefahr dar ... Das State Department bittet alle Amerikaner, die trotz dieser Warnung in Afghanistan zu bleiben beschließen, dringend darum, äußerste Umsicht walten zu lassen, ihre Sicherheit beständig im Auge zu behalten und Vorkehrungen für den Fall einer plötzlichen Verschlechterung der Sicherheitslage zu treffen.«[34] Das Wörtchen »plötzlich« kam mir besonders passend vor.

Es dämmerte, als mich am nächsten Morgen der Ruf des Muezzin zum Morgengebet aus dem Schlaf riss. Nach dem Frühstück, das ein Kellner servierte, der sich, wie ich wusste, an das Fastengebot hielt und das mir deshalb Schuldgefühle verursachte, machte ich mich auf den Weg zur afghanischen Botschaft. In der Botschaft saßen Taliban-Vertreter mit schwarzen Turbanen hinter Schreibtischen, auf denen sich Visaanträge stapelten. Ich nahm am Schreibtisch eines Mannes Platz, dessen Namensschild ihn als »Ingenieur Abd ul-Chabir Hotaki, Dritter Sekretär« auswies.

»Was kann ich für Sie tun?«, fragte er mich knapp und ohne den Blick zu heben.

Ich erklärte ihm, dass ich ein Visum für Afghanistan benötigte und, auf seine Rückfrage nach meinen Gründen, dass ich an einem Buch über islamistische Bewegungen schreibe.

»Über wen schreiben Sie sonst noch?«

Ich brummelte etwas von militanten ägyptischen Gruppen und Bin Laden. Diese Antwort quittierte Hotaki mit einem durchdringenden Starren und der Replik: »Aber das sind anti-amerikanische Gruppen.«

Höflich lächelnd hörte ich zu, während er fortfuhr. »Ihr Verleger muss uns einen Brief schicken, in dem er explizit für Sie um ein Visum für Afghanistan ersucht«, erklärte er. »Danach wird es zehn Tage, vielleicht auch zwei Wochen dauern, bis Sie Ihr Visum erhalten.«

Am vereinbarten Tag kehrte ich zur Botschaft zurück, um mein Visum zu holen. »Dreißig Dollar für das Visum«, sagte der Mann hinter dem Schalter.

»Kann ich nicht in Rupien bezahlen?«

»Nur Dollar.«

Während ich darauf wartete, dass mein Visum ausgestellt wurde, studierte ich eine Liste mit Verhaltensregeln für Journalisten, die nach Afghanistan reisten. Zuerst musste man sich beim Außenministerium anmelden. Dann durfte man nur im Intercontinental Hotel in Kabul wohnen und musste einen von der Regierung gestellten »Führer« und einen Fahrer nehmen (die, wie konnte es anders sein, in Dollar zu bezahlen waren). Und schließlich: »Das Filmen und Fotografieren von Lebewesen ist strengstens verboten.«

Mit einem Lächeln händigte mir der Visabeamte meinen Reisepass mit dem Stempel des Islamischen Emirats Afghanistan aus.

»Nun können Sie gehen.«

Bevor ich nach Afghanistan aufbrach, stattete ich Rahimullah Jusufzaj einen Besuch ab, dem Leiter des *News*-Büros in Peschawar und festen freien Mitarbeiter von *Time,* BBC und ABC News. In Rahimullahs wenig einladendem Büro gaben sich üblicherweise Journalisten von auswärts, lokale Politiker und Bittsteller jeglicher Couleur die Klinke in die Hand; alle waren sie auf der Suche nach Hilfe, und alle wurden sie mit Humor und großer Geduld begrüßt. Rahimullah war ein streng gläubiger Muslim, der ohne zu Zögern eine Unterhaltung abbrach, wenn es Zeit zum Beten war. Außerdem war er mit zwei Eigenschaften ausgestattet, die vielen Journalisten abgehen: Bescheidenheit und Großzügigkeit. Er war der Erste aus seinem Dorf, der ein College abgeschlossen hatte, und jeden Freitag kehrte er nach Hause zurück, um Petitionen entgegenzunehmen und Streitereien zu schlichten. Ich wunderte mich immer, woher er die Zeit zum Arbeiten nahm, zumal in Anbetracht der erstaunlichen Fülle an Berichten und Beiträgen, die er hervorbrachte.

Rahimullah erhob sich hinter seinem überfüllten Schreibtisch und begrüßte mich mit der für ihn charakteristischen Herzlichkeit. Wir waren beide begierig darauf, uns über den erst kurz zuvor erfolgten Putsch in Pakistan auszutauschen: Als einen der Ersten hatte man den bisherigen Informationsminister Muschahid Husain verhaftet, vermutlich der eigentliche Kopf der gestürzten Regierung Nawaz Scharif. Ich hatte Husain in der Vergangenheit mehrfach interviewt und Sympathie für ihn entwickelt: Er war klug, offen und riss hin und wieder sogar ein paar Witze – Eigenschaften, die bei pakistanischen Politikern eher selten sind. Sein Geschick im Umgang mit den Medien rührte wahrscheinlich von seiner früheren Tätigkeit als Zeitungsherausgeber her, als der er Rahimullahs Chef gewesen war. Rahimullah meinte, dass das Militär Husain fürchte, weil »er sehr intelligent ist und weiß, wie man eine Medienkampagne gegen die Militärregierung inszeniert«, und sich deshalb ein paar Vorwürfe gegen ihn aus den Fingern sog.

Das Militär hatte auch versucht, prominente Pakistanis zur Unterstützung ihrer Regierung zu gewinnen. An Rahimullah war die Bitte herangetragen worden, in einem wichtigen politischen Ausschuss mitzuarbeiten, ein Ansinnen, dass er jedoch als völlig inakzeptabel zurückgewiesen hatte.

Natürlich kamen wir auch auf die Taliban zu sprechen, zu denen Rahimullah einen konkurrenzlos guten Zugang hatte, nicht nur, weil er einer der besten Journalisten Pakistans war, sondern auch, weil er wie die Taliban-Führung der Stammesgruppe der Paschtunen angehörte. Tatsächlich war und ist Rahimullah einer der wenigen Journalisten, die den öffentlichkeitsscheuen Führer der Taliban, Mullah Omar, interviewen durften. Omar war nach Rahimullahs Darstellung ein Mann, der Ausländer wie die Pest mied und die Staatskasse nach Art und Weise eines englischen Monarchen aus dem zwölften Jahrhundert verwaltete. »Mullah Omar hat in seinem Zimmer eine Kiste stehen. Wenn jemand Geld braucht, holt er einen Schlüssel aus seiner Tasche, schließt die Kiste auf und entnimmt ihr dicke Bündel Geldscheine«, die er dann an die Bittsteller verteilt.

Rahimullah bestätigte meinen Eindruck, dass die Taliban durchaus nicht so bedingungslos hinter Bin Laden standen, wie das in ihren öffentlichen Erklärungen zum Ausdruck kam. »In privatem Rahmen habe ich einiges an Kritik gehört«, berichtete er mir. »›Selbst jetzt, nach dem Krieg [gegen die Kommunisten], müssen wir uns noch um ihn kümmern‹, hört man immer wieder mit sarkastischem Unterton.« Andere Kenner der Szene verwiesen auf die Brüche innerhalb der Taliban zwischen Hardlinern und gemäßigten Kräften, die engere Kontakte zum Westen anstreben und denen Bin Laden ein Dorn im Auge ist.[35]

Rahimullah wünschte mir viel Glück für meine Reise, und mit steigendem Reisefieber machte ich mich auf den Weg nach Afghanistan. Ich nahm dieselbe Route, die ich zwei Jahre zuvor vor meinem Treffen mit Bin Laden genommen hatte, und übernachtete einmal mehr im Spinghar Hotel in Dschalalabad, wo ich der einzige Gast war. Der Portier war mir noch von meinem letzten Aufenthalt im Gedächtnis, nur dass er sich zwischenzeitlich einen beeindruckenden Bart hatte wachsen lassen, zweifelsohne, um sich bei der lokalen Taliban-Führung einzuschmeicheln. Für das Privileg, in seinem Null-Sterne-Hotel absteigen zu dürfen, stellte er mir die exorbitante Summe von 80 Dollar pro Nacht in Rechnung – ein Betrag, der dem durchschnittlichen Jahreseinkommen eines Afghanen nahe kommt. Später stattete er mir einen Besuch in meinem Zimmer ab und wollte wissen, ob ich ein paar Dollar oder Pfund »übrig« hätte; er »sammle« nämlich ausländische Geldscheine. Chuzpe im Stil der Taliban!

Am nächsten Morgen brach ich nach Kabul auf. Glückliche Familien, schrieb Tolstoi, sind sich alle gleich, unglückliche Familien dagegen jede auf ihre eigene Weise unglücklich. Dasselbe ließe sich auch über die Familie der Nationen sagen. In diesem Fall wäre Afghanistan, nach so gut wie allem, was man sieht und erlebt, keine glückliche Nation. Laut einem Reiseführer aus den siebziger Jahren sollte die Fahrt von Dschalalabad nach Kabul zweieinhalb Stunden dauern.[36] Heute braucht man um die sieben Stunden. Zwei Jahrzehnte Krieg haben die Straße in kaum mehr als eine von riesigen Kratern aufgerissene Schotterpiste verwandelt – und kleinen Jungen und alten Männern eine neue Nebenerwerbsquelle erschlossen, die Schotter in die Schlaglöcher schaufeln und darauf hoffen, dass ihnen aus den Fenstern vorbeifahrender Autos etwas Trinkgeld zugeworfen wird.

Bei der Einfahrt nach Kabul passierten wir Straßen, die mich an Dresden nach den Feuerstürmen des Zweiten Weltkrieges oder Grozny nach der zweiten Einnahme durch die Russen erinnerten. Es überrascht nicht, dass die Kinder in Kabul, wenn sie Krieg spielen, im Gegensatz zu den meisten westlichen Kindern nicht »Peng, Peng« schreien. Stattdessen rufen sie »Tak, Tak« – das trockene Geräusch des Feindfeuers, mit dem sie aufgewachsen sind.

Ramadan in Kabul: Im Vergleich dazu muss einem die Fastenzeit in Savonarolas Florenz wie ein einziges rauschendes Fest vorgekommen sein. In einem Land, in dem Millionen frieren und hungern, fasten die Gläubigen. Wie im Spinghar in Dschalalabad war ich der einzige Gast in dem abweisenden, zerbröckelnden und unangemessenerweise Intercontinental genannten Hotel. Umso beliebter war ich bei den Mitarbeitern des Hotels, die wie

Hyänen, die Blut geleckt hatten, um mich herumschlichen. Eines Nachts kam ein junger Kellner in mein Zimmer und erzählte mir eine zu Herzen gehende Geschichte. Er sei, sagte er, in seiner Familie der Einzige, der einer bezahlten Arbeit nachgehe, tagsüber auf einer Baustelle und nachts hier im Hotel. »Ich verdiene im Monat nur vier Dollar für mich und meine Familie. Ich kann sie nicht ernähren. Sie wissen, es ist Ramadan. Ich würde Sie niemals belügen.« Das war ein Schicksal, das die meisten seiner Landsleute mit ihm teilen; selbst hoch qualifizierte Leute wie Ärzte bringen üblicherweise nur sechs Dollar im Monat nach Hause. Ich gab dem Kellner Afghani im Gegenwert von zwanzig Dollar, woraufhin er mich umarmte und bat: »Bitte erzählen Sie hier niemandem etwas davon.«

In der Hotelhalle finden sich noch Spuren anderer Zeiten – Wegweiser zum Ballsaal, ein Schild, das auf die Bar verwies, und Werbeplakate für Intourist-Reisen in die Sowjetunion. Doch das war alles längst vergangen. Im Kabul des Jahres 1999 fing die nächtliche Ausgangssperre um 21 Uhr an. Ab 20 Uhr waren die Straßen praktisch leer gefegt, mit Ausnahme der jungen Taliban-Kämpfer, die an allen Kreuzungen standen und jedes vorbeikommende Auto gründlich in Augenschein nahmen. Einige von ihnen hatten sich die Augen mit schwarzem Kajal umrandet, was ihnen einen zugleich wilden und katzenartigen Ausdruck verlieh. Frauen dagegen war es verboten, sich zu schminken.

Die Taliban haben dem Großteil des Landes ihre ultrapuristische Version des Islam aufgezwungen. Männer dürfen sich weder rasieren noch ihre Bärte stutzen. Frauen müssen die den gesamten Körper bedeckende *burqa* tragen und dürfen ihr Haus nur in Begleitung eines männlichen Verwandten verlassen. Für die Einhaltung der Erlasse der Taliban sorgen die Religionspolizisten des mit dem fast schon poetischen Namen versehenen Ministeriums »für die Förderung der Tugend und die Verhütung des Lasters«, die in Pick-ups in den Straßen patrouillieren und Missetäter mit Stockschlägen zur Räson bringen.[37] Den Gipfel der Absurdität erklommen die Tugendwächter der Taliban mit der an alle Hausbesitzer gerichteten Anordnung, die Fenster schwarz anzustreichen, damit niemand auch nur durch Zufall die Gesichter der Frauen in den Zimmern erblicken konnte.[38] Im benachbarten Iran – wegen seiner frauenfeindlichen Politik immer wieder Zielscheibe heftiger Kritik – dürfen Frauen zumindest arbeiten, wählen und sich um politische Ämter bewerben.

Die Taliban begründen den Verschleierungszwang und die Restriktionen für Frauen mit dem Hinweis darauf, dass dies den kulturellen Normen Afghanistans entspreche. Was sie verschweigen, ist, dass sie damit in Wahrheit die kulturellen Normen der Paschtunen meinen, einer ethnischen Gruppe, die knapp die Hälfte der afghanischen Bevölkerung stellt und der praktisch die gesamte Führungsspitze der Taliban-Bewegung entstammt.[39] Obwohl im angrenzenden Pakistan kein Gesetz das Tragen der *burqa* vorschreibt, sieht man in paschtunischen Gebieten kaum eine unverschleierte Frau. Ein Sprichwort bringt die soziale Stellung der paschtunischen Frauen auf den Punkt: »Frauen«, heißt es da, »gehören ins Haus oder ins Grab.«[40]

Es ist wichtig, die Motive zu verstehen, die sich hinter dieser Beschränkung der Frauen auf ihr Haus verbergen. Die Taliban sehen darin keine Beschränkung der Rechte von Frauen, wie es in den meisten Teilen der Welt ausgelegt wird, sondern im Gegenteil, ihrer Auffassung nach *gewähren* sie den Frauen damit die vollen, ihnen nach der *schari'a* zustehenden Rechte. Oder, wie der Gouverneur der Taliban in Herat es ausdrückte: »Wir haben den Frauen ihre Rechte gegeben, so wie das Gott und sein Gesandter vorgeschrieben haben, also dass sie in ihren Häusern bleiben und in *hidschab* [Abgeschiedenheit] religiöse Unterweisungen entgegennehmen sollen.«[41]

Für die anderen ethnischen Gruppen des Landes, hauptsächlich Tadschiken, Hazara und Usbeken, sowie für die Einwohner der größeren Städte und vor allem Kabuls stellen die sozialen und religiösen Vorstellungen der paschtunischen Taliban Importe aus einer anderen Kultur dar.[42] Welche Veränderungen die afghanische Gesellschaft durchgemacht hat, wird deutlich, wenn man bedenkt, dass Kabul, wie ein japanischer Besucher 1967 schrieb, bereits in den sechziger Jahren etwas von einer kosmopolitischen Stadt an sich hatte: »Die Männer mit ihren gut geschnittenen Anzügen und italienischen Schuhen hätten Regierungsangestellte in einer beliebigen westeuropäischen Stadt sein können ... Auch die Frauen trugen elegante Kleider und hochhackige Schuhe und –

zur Überraschung vieler aus unserer Reisegruppe – keinen *tschador*, wie der lange Schleier aus Tuch, den muslimische Frauen tragen, in diesem Teil der Welt genannt wird.«[43] Zu der Zeit war Kabul eine unumgängliche Zwischenstation auf dem Landweg nach Indien. Berauscht vom afghanischen Haschisch, blieben Hippies wochenlang in der Stadt hängen, und wohlhabende Frauen aus Pakistan verbrachten hier, wo sie – anders als in ihrer Heimat – Miniröcke tragen und sich auf ausgelassenen Partys vergnügen konnten, ihren Urlaub.

Die besondere Weltsicht der Taliban geht jedoch über die Tradition der paschtunischen Kultur hinaus. Eine dermaßen extreme Bewegung konnte nur in einem Land entstehen, das das Trauma von zwei Jahrzehnten Krieg durchlitten hat. Die Taliban erinnerten mich ein wenig an die Roten Khmer, die nach dem verheerenden Stellvertreterkrieg, den die Sowjetunion und die Vereinigten Staaten in Kambodscha ausgefochten hatten, 1975 praktisch aus dem Nichts aus dem Dschungel kamen und den Kambodschanern ihre maoistische Version des Paradieses aufzwangen. Im Gegensatz zu den Roten Khmer errichteten die Taliban kein totalitäres Regime, das Millionen der eigenen Landsleute abschlachtete. Was sie allerdings mit ihnen teilten, war dieselbe absolute Gewissheit darüber, wie das Paradies auf Erden zu erschaffen sei. Die Roten Khmer nannten ihr Paradies das Jahr null. Für die Taliban ist es die Herrschaft der *schari'a.* Hatten sie erst einmal die *schari'a* in allen Teilen der Gesellschaft durchgesetzt, dann, so waren sie überzeugt, würden die Afghanen sich der Tugendhaftigkeit zuwenden und die perfekte Gesellschaft erschaffen. Nebensächlichkeiten – beispielsweise die Frage danach, wie sich das Land nach zwei Jahrzehnten des Krieges wieder auf die Beine bringen ließ – interessierten die Taliban wenig. Während um die fünf Millionen Afghanen, ein Drittel der Gesamtbevölkerung des Landes, mit »ernsthaften Nahrungsmittelknappheiten« zu kämpfen hatten, waren die Taliban vollauf mit so abstrusen Fragen beschäftigt wie der, welche besondere Kleidung den Angehörigen der Hindu-Minderheit im Land zum Zwecke der besseren Unterscheidung vorgeschrieben werden sollte.[44]

Dabei steht die Auslegung der *schari'a* durch die Taliban in vielen Bereichen mit den Lehren und dem Leben des Propheten

Mohammed in Widerspruch. So war der Prophet in erster – und sehr glücklicher – Ehe mit der reichen Händlerin Chadidscha verheiratet, einer älteren Witwe aus Mekka, die ihn in ihrem florierenden Geschäft beschäftigte. In krassem Widerspruch dazu haben die Taliban verfügt, dass Frauen weder zur Schule gehen noch arbeiten oder sich auch nur irgendjemandem außerhalb der eigenen Familie zeigen dürfen.[45]

Der Koran dagegen fordert Frauen wie Männer auf, sich nach Kräften vor der Versuchung durch das andere Geschlecht zu hüten: »Sag den gläubigen Männern, sie sollen (statt jemanden anzustarren, lieber) ihre Augen niederschlagen.« Im Weiteren werden die Frauen angehalten, sich züchtig zu kleiden: »... den Schmuck, den sie (am Körper) tragen, nicht offen zeigen, soweit er nicht (normalerweise) sichtbar ist, ihren Schal sich über den (vom Halsausschnitt nach vorne heruntergehenden) Schlitz (des Kleides) ziehen und den Schmuck, den sie (am Körper) tragen, niemandem offen zeigen, außer ihrem Mann, ihrem Vater, ihrem Schwiegervater, ihren Söhnen, ihren Stiefsöhnen, ihren Brüdern, den Söhnen ihrer Brüder und ihren Schwestern, ihren Frauen, ihren Sklavinnen, den männlichen Bediensteten, die keinen (Geschlechts-)Trieb (mehr) haben, und den Kindern, die noch nichts von weiblichen Geschlechtsteilen wissen.«[46] Diese Anordnungen werden in der muslimischen Welt auf unterschiedlichste Weise in die Praxis umgesetzt, von den einfachen Schleiern vieler pakistanischer Frauen bis zu den alles verhüllenden Roben, welche die Frauen im ländlichen Jemen tragen.

Obwohl die Taliban häufig als monolithischer Block gesehen werden, hat es innerhalb der Bewegung eine Spaltung zwischen Hardlinern und eher gemäßigten Kräften gegeben, die für eine stärkere Öffnung gegenüber der Außenwelt eintreten. Im Laufe des Jahres 1999 vollzog sich ein stillschweigender Wandel in einer der für die Taliban wichtigsten Fragen: dem Ausbildungsverbot für Mädchen und Frauen. Erik de Mul, der die Arbeit der unterschiedlichen in Afghanistan tätigen UN-Organisationen koordinierte, sprach von einem informellen Wandel, der sich in einer, wie er es ausdrückte, hauptsächlich in ländlichen Regionen entstandenen »Grauzone« abspielte. Da die Taliban dazu neigten, die größeren Städte als »besetzte Gebiete« zu betrachten, als Sodoms und Gomorrhas, die für ihre Verfehlungen in der Vergangenheit bestraft werden mussten, setzten sie ihre Erlasse dort unnachgiebiger durch.

Am stärksten spürbar wurden diese Veränderungen im Bereich der Ausbildung von Mädchen. Das Schwedische Afghanistankomitee, eine der größten Hilfsorganisationen im Land, meldete, dass in den sechshundert vom Komitee unterstützten Schulen inzwischen 30 000 Mädchen unterrichtet werden und dass, noch erstaunlicher, »in manchen ländlichen Regionen Afghanistans heute mehr Mädchen zur Schule gehen als jemals zuvor in der Geschichte des Landes«.[47] Und UN-Vertreter berichteten, dass seit 1998 selbst in Kandahar und Kabul einige Privatschulen eröffnet wurden, die heute von Tausenden von Mädchen besucht werden. Eine dieser Schulen, diskret in einem an einer Seitenstraße Kabuls gelegenen Privathaus untergebracht, wurde von einem Lehrerehepaar geführt. Dafür, dass das Ehepaar in einem im Haus eingerichteten provisorischen Klassenraum rund zwanzig Mädchen Schreiben, Rechnen und Fremdsprachen beibrachte, erhielt es von einer westlichen Hilfsorganisation fünfzig Dollar im Monat.[48]

Die Taliban, von denen keiner darauf erpicht war, seinen islamistischen Ruf durch ein allzu »liberales« Auftreten zu schädigen, zögerten, diese Veränderungen offiziell zu bestätigen. Zudem darf die Kurskorrektur der Taliban nicht überbewertet werden: Für Mädchen endet die Schulbildung nach wie vor mit dem zwölften Lebensjahr.

Das Jahr 1999 brachte noch weitere Veränderungen in Afghanistan. Da die Taliban inzwischen eingesehen hatten, dass sie auf der einen Seite Frauen nicht verbieten konnten, sich von männlichen Ärzten behandeln zu lassen, *und* ihnen zugleich das Ausüben des Arztberufs untersagen, durften in den städtischen Kliniken nun, wenn auch nur in geringer Zahl, wieder Krankenschwestern und Ärztinnen arbeiten. Nachdem die lokalen Autoritäten im Mai 1999 ihr Plazet gegeben hatte, startete das World Food Program (WFP) in Herat ein dreijähriges medizinisches Ausbildungsprogramm für über hundert Frauen – etwas, was nach Aussagen eines WFP-Mitarbeiters in den Jahren zuvor schlicht undenkbar gewesen wäre. Und in Kandahar erfuhr ich von einer Gruppe männlicher Ärzte, das Verbot, Frauen zu behandeln, sei aufgehoben worden.

Ende der neunziger Jahre gab es für Frauen erstmals auch wieder hier und da Möglichkeiten, eine Arbeit anzunehmen. Seit 1997 hat etwa das WFP in Kabul und der weiter im Norden gelegenen Stadt Mazar-i Scharif insgesamt 49 Bäckereien eingerichtet, die ausschließlich afghanische Frauen führen, zumeist Witwen, die andernfalls zu einem Leben in Armut verdammt wären.[49]

Dennoch, unter dem Strich fällt die Menschenrechtsbilanz der Taliban düster aus. Ein Besuch bei Isaac Levi, dem letzten Juden in Kabul, bescherte mir eine einzigartige Sicht auf das Thema. Levi, der sich einen langen weißen Bart hatte stehen lassen und auf dem Kopf einen Hut aus Karakul trug, lebte in einem weitläufigen, heruntergekommenen Haus, das bis auf ein verwahrlostes Zimmer – sein Wohnbereich – leer stand. Er war vor rund sechzig Jahren in Herat geboren worden, lebte aber seit fünfundzwanzig Jahren in Kabul. Als ich zu ihm kam, richtete er mir aus Kissen eine bequeme Sitzgelegenheit her, während in einem elektrischen Kocher Reis garte, sein Mahl für den bevorstehenden Sabbat. Auf meine Frage, was er am Sabbat tun würde, antwortete er traurig und besorgt: »Ich werde zum Allmächtigen Gott beten.«

Vor der sowjetischen Invasion 1979 hatten bis zu sechzig jüdische Familien in Kabul gelebt, berichtet Levi. Seine Kinder, vier Söhne und eine Tochter, sind längst schon nach Israel ausgewandert. Sich selbst bezeichnet er als Rabbi und Hüter der letzten Thora in Kabul. Im Mai 1999 war er, wie er erzählte, »wegen der Ausübung von Zauberei gefangen genommen und verprügelt« worden. Anschließend hatte man ihn 49 Tage im Pol-i Tscharchi-Gefängnis festgehalten, einem berüchtigten Kerker ein paar Kilometer vor den Toren der Stadt. Seine geliebte Thora war vom Innenministerium konfisziert worden.

Warum er denn, frage ich ihn, Kabul noch nicht verlassen habe? »Dieses Haus gehörte meinem Vater und anderen Mitgliedern der jüdischen Gemeinde«, erwidert er. »Wenn ich gehe, fällt es in die Hände der Taliban. Es ist meine Pflicht, diesen Ort zu bewahren.«

Auf die Frage, wovon er lebe, antwortet er etwas ausweichend, er bete als Geistlicher dafür, dass die Leute von ihren Kopfschmerzen befreit würden. (Mein Dolmetscher erzählte mir später, dass viele Leute zu Levi kamen, um sich von ihm aus der Hand lesen zu lassen.) Da er keinen Wert darauf lege, dass seine Nachbarn den Taliban melden, dass er sich mit Ausländern treffe, erklärte er das Gespräch nach knapp einer Viertelstunde für beendet.

Isaac Levi ist kein Einzelfall. Amnesty International wirft den Taliban vor, nach der Einnahme von Mazar-i Scharif im August 1998 Tausende von schiitischen Hazara ermordet zu haben, und in einem im Frühjahr 2000 vom US-Außenministerium veröffentlichten Bericht hieß es, dass die Taliban »zahllose ernsthafte Verstöße gegen die Menschenrechte« begangen hätten. Mit zu den schwersten Verstößen kam es dabei dem Bericht zufolge bei den Kämpfen mit den ehemaligen Machthabern im Norden des Landes, wo die Taliban Massenexekutionen an Zivilisten durchführten, ganze Dörfer zwangsumsiedelten, Häuser niederbrannten, Felder in Brand steckten und die Menschen zur Zwangsarbeit heranzogen.[51]

Ich war begierig, aus erster Hand zu erfahren, wie die Taliban mit den Menschenrechten umgehen, und beschloss, das Pol-i Tscharchi-Gefängnis unangemeldet zu besuchen. Am Tor wurde ich von dem stellvertretenden Gefängnisleiter Mullah Chan Dschan freundlich begrüßt. Nachdem er mich darüber aufgeklärt hatte, dass er erst vor einem Monat auf diesen Posten berufen worden sei, setzte ich ihm mein Anliegen auseinander. Der Mullah, ein freundlicher, warmherziger Mann, erlaubte mir, die Anlage nach Gutdünken zu besichtigen.

Mein erster Weg führte mich zum zentralen Gefängnishof, auf dem sich Hunderte von Gefangenen aufhielten. Trotz der allgemein schlechten Bedingungen schien, zumindest dem ersten Eindruck nach, keiner von ihnen misshandelt worden zu sein. Insgesamt saßen in Pol-i Tscharchi 1800 Häftlinge ein, die man nach vier Kategorien unterschied: »politische« Gefangene, Kriegsgefangene der gegen die Taliban kämpfenden Nordallianz, gewöhnliche Kriminelle und Leute, die von den Tugendwächtern aufgegriffen worden waren. Die weitaus meisten Insassen gehörten einer der beiden ersten Kategorien an. Einer der politischen Gefangenen erzählte mir, dass er seit elf Monaten im Gefängnis saß und nicht wisse, ob und wann er jemals wieder entlassen werde. Ich unterhielt mich auch mit einem der fünfzehn von der Religionspolizei eingelieferten Häftlinge, einem älteren Mann, der Alkohol getrunken hatte und den man dabei erwischt hatte. Nachdem die Tugendwächter ihn verprügelt hatten, war er ins Gefängnis gebracht worden, wo er nun schon seit zweieinhalb Monaten war.

Die geringe Anzahl der wegen Tugendverstößen Einsitzenden deutete darauf hin, dass der Krieg gegen die in der Nordallianz zusammengeschlossenen Kräfte der früheren Regierung die Taliban dazu zwang, ihren kulturellen Krieg auf Sparflamme zu schalten. Diesen Eindruck fand ich auf meiner Reise durch das Land auf vielfache Weise bestätigt. Wohin ich auch kam, immer sah ich Männer, die Fußball spielten, und kleine Jungen, die Drachen steigen ließen, beides Dinge, die von den Taliban schon vor längerer Zeit verboten worden waren. In Taxis hörte ich oft – was ebenfalls verboten war – indische Musik, und auf den Straßen waren mehr Frauen ohne Begleitung unterwegs als bei meinem letzten Besuch im Jahr 1997. Auch wenn dies alles andere als umwälzende Veränderungen waren, wiesen sie doch auf ein Nachlassen des Drucks hin. Das war möglicherweise eine Reaktion der Machthaber auf die politische Realität, die darin bestand, dass viele Afghanen die von den Taliban propagierte neofundamentalistische Spielart des Islam ablehnten.

In einer Angelegenheit dagegen blieben die Taliban unnachgiebig: Osama bin Laden. Das gab mir gleich mein erster offizieller Gesprächspartner in Kabul – Planungsminister Qari ud-Din Mohammed Hanif – unmissverständlich zu verstehen. Qari ist ein religiöser Titel und bedeutet, dass sein Träger, in diesem Fall also der Planungsminister, den gesamten Koran auswendig rezitieren kann. Hanif hatte dieses wahrlich immense Unterfangen im Alter von neun begonnen und drei Jahre später abgeschlossen, eine Qualifikation, die ihm bei seiner Aufgabe, das Land wiederaufzubauen, aber kaum von Nutzen sein dürfte. Ein Zeichen dafür, wie schlecht es um das Land stand, war selbst im Büro des Ministers sichtbar: der Hauch, den ich beim Ausatmen ausstieß. Abgesehen von Brennmaterial herrschte auch an anderen Ressourcen Mangel: Das gesamte Ministerium verfügte gerade einmal über vier Computer. (Afghanistan, so viel war klar, benötigte keine Notfallpläne für das damals die halbe Welt in helle Aufregung versetzende Jahr-2000-Problem.) Auf Hanifs Schreibtisch fiel mir ein Briefbeschwerer der Central Asia Gas Pipeline Ltd. ins Auge, ein etwas deplatziert wirkendes Relikt des einst milliardenschweren, zu der Zeit aber schon längst nicht mehr existierenden Unternehmens.

»Wir sind ein verletztes Volk«, empörte sich der Minister über die Sanktionen, die die Vereinten Nationen erst unlängst wegen der Weigerung, Osama bin Laden auszuweisen, über Afghanistan verhängt hatten. »Wir brauchen Salbe auf unsere Wunden – stattdessen reibt man uns Salz hinein.« Seit In-Kraft-Treten der Sanktionen, erklärte er, habe sich der Preis der Grundnahrungsmittel verdoppelt und der *Afghani* über zehn Prozent seines Wertes verloren. Auf meine Frage nach Bin Laden antwortete er: »Dieses Thema ist heißer als die Sonne. Wir müssen die Tradition respektieren. Osama bin Laden ist kein Terrorist, sondern ein heiliger Krieger. Der Westen wirft ihm das nur vor. Wir haben eine Tradition der Gastfreundschaft, und er ist unser Gast. Das ist eben die Tradition unseres Volkes.«

In der Tat fühlt sich die Taliban-Führung dem uralten und ausführlichen Verhaltenskodex der Paschtunen verpflichtet, dem *paschtunwali*.[52] Im *paschtunwali* spielen zwei Konzepte eine herausragende Rolle: *melmastija*, »die Verpflichtung, allen Gästen ohne Erwartung von Entlohnung oder sonstiger Vorteile Gastfreundschaft zu entbieten«, und *nenawate*, das Recht eines Flüchtenden auf Zuflucht.[53] Die führende moderne Autorität zum Thema Afghanistan definiert *nenawate* als die Pflicht, »bis zum Tode für einen Menschen zu kämpfen, der bei mir Zuflucht gesucht hat, ungeachtet seiner Abstammung«.[54] (*Nenawate* bedeutet wörtlich das »Eintreten«, hier das Eintreten eines Täters nach begangener Tat ins Haus seiner Opfer unter Bekundung friedlicher Absichten, um Blutrache zu vermeiden. Die Opferseite darf sich diesem Begehren eines Täters nicht verschließen.) Wie sehr dieser Stammeskodex der Schutzgewährung auch heute noch lebendig ist, beschreibt ein Artikel, der 1998 in einer pakistanischen Zeitung erschien: »Unlängst erst stimmte ein Stammesältester eher der Zerstörung seines festungsartigen Hauses zu, als dass er dem Gouverneur einen flüchtigen Mann ausgeliefert hätte.«[55] Für die Taliban ist die Auslieferung Bin Ladens ebenso unvorstellbar, wie es für einen christlichen Priester im Mittelalter das Ansinnen gewesen wäre, jemanden der weltlichen Autorität auszuhändigen, der in seiner Kirche um Asyl nachgesucht hatte.

Am entschlossensten von allen Taliban, mit denen ich sprach, vertrat Maulawi Hafizullah vom Außenministerium diese Linie. Ohne dass ich ihn danach gefragt hätte, ließ er eine viertelstündige Tirade über das amerikanische Vorgehen gegen Bin Laden vom Stapel: »Wir lieben das amerikanische Volk«, erklärte er, »und wir möchten Albright, Clinton und Cohen sagen, dass sie die zukünftigen Interessen der USA in dieser Region gefährden ... Mit den Sanktionen haben sie auch Afghanen, die nicht notwendigerweise hinter den Taliban stehen, gegen sich aufgebracht und in die Arme der Regierung getrieben ... Wir können uns von Gras ernähren, wir brauchen kein Pepsi. Nun, da wir in die Enge getrieben worden sind, bleibt uns kein anderer Ausweg als der Kampf.« Schon während des Zweiten Weltkrieges, merkte Hafizullah noch an, als die Alliierten Afghanistan bedrängten, mehrere hundert im Land lebende Deutsche an sie auszuliefern, hatte Kabul sich verweigert. »Das waren noch nicht einmal Muslime«, erklärte er, »und wir haben sie trotzdem nicht ausgeliefert.«

Der Entscheidungsprozess in der Taliban-Regierung ist zwar ebenso transparent wie der in Leonid Breschnews Politbüro, doch eines ist klar: Das letzte Wort gehört Mullah Omar, dem Mann, der die Religionsstudenten 1994 nach Kandahar führte und der seinen Führungsanspruch dadurch absegnete, dass er sich in den Mantel des Propheten hüllte, eine der heiligsten Reliquien Afghanistans, die im gesamten vergangenen Jahrhundert nur drei Mal öffentlich zur Schau gestellt worden war.[56] Mullah Omar, ein sehr zurückgezogener Mann, der nur selten Interviews gibt, lebt in einem einfachen Haus in Kandahar – was bedeutet, dass Kandahar, nicht Kabul das spirituelle Herz und politische Zentrum der Taliban ist. Omar bekleidet innerhalb der afghanischen Regierung zwar kein offizielles Amt, doch als *amir ul-mu'minin*, als »Beherrscher der Gläubigen«, ist er die höchste Autorität diesseits des

Paradieses. Und die höchste Autorität des Landes hat seine Haltung zu Bin Laden unmissverständlich klar gemacht: »Auszuliefern [Bin Laden] ist für uns ebenso undenkbar, wie eine der Säulen des Islam zu missachten.«[57]

Abgesehen von seinem Status als Ehrengast hat Bin Laden sich den Taliban auch als wertvoller Verbündeter verdient gemacht und sie über Jahre hinweg mit Geld und Kämpfern unterstützt, zum Beispiel 1996, als sich die Taliban zum entscheidenden Sturm auf Kabul rüsteten und von Bin Laden drei Millionen Dollar erhielten.[58] Ein für die Nachrichtenagentur Associated Press arbeitender afghanischer Journalist berichtete mir, dass er im Winter 1997 an der Front nördlich von Kabul mit eigenen Augen »eine Art Division« von Bin Laden-Kämpfern gesehen habe, die Seite an Seite mit den Taliban gekämpft hätten. Sie seien, fuhr er fort, gut ausgerüstet gewesen und hätten sogar über Panzer verfügt.[59] 1999 unterstützten vierhundert unter Bin Ladens Kommando stehende Araber – die so genannte Brigade 055 – die Taliban im Krieg gegen die feindliche Nordallianz.[60]

So gesehen überrascht es kaum, dass Dr. Abdullah, der Außenminister der Nordallianz, mit zu den besten Kennern der militärischen Fähigkeiten von Bin Ladens Einheiten zählt. Ende September 2000 empfing mich Abdullah im eleganten Mayflower Hotel in Washington zum Tee. Die Brigade 055, sagte er, sei anfangs im Gebiet um Kabul eingesetzt gewesen, später aber nach Norden verlegt worden. Anhand von abgefangenen Funknachrichten konnte sein Geheimdienst zwei Bin Laden unterstehende Kommandeure identifizieren, die die Einsätze im Gebiet von Kunduz leiteten. »Sie sind gute Kämpfer«, sagte er. »Nicht *taktisch* gut, aber ihre Kampfmoral ist außergewöhnlich entwickelt.« Bin Ladens Gefolgsleute, erklärte er, zögen den Selbstmord der Gefangenschaft vor. Seine Soldaten, erzählte er, hätten 1999 nahe der Stadt Tscharikar die Leichen von vier Arabern entdeckt, die sich, statt sich zu ergeben, mit ihrer letzten Granate selbst in die Luft gesprengt hätten.

Im Herbst 2000 war Abdullah das Alter Ego des militärischen Führers der Nordallianz, Ahmad Schah Mas'ud. Die beiden gaben ein ungleiches Paar ab: Hier Mas'ud, der Soldat in seinem Tarnanzug und der für die Bewohner des Pandsch-Scher-Tales typischen graubraunen Wollmütze auf dem Kopf, dort Abdullah, der Berufsdiplomat in seinem maßgeschneiderten blauen Jackett (mit einem adretten roten Einstecktuch), frisch gestärktem weißem Hemd und silbernen Manschettenknöpfen. Doch der äußere Eindruck trügt: Abdullah hat die Schrecken der Schlachtfelder zur Genüge kennen gelernt. Nach einer Ausbildung zum Augenarzt Anfang der achtziger Jahre in Kabul schloss er sich 1985 Mas'uds Armee im Pandsch-Scher-Tal an und richtete dort ein Krankenhaus ein – eben zu der Zeit, als die Sowjetarmee einige der verheerendsten Angriffe des gesamten Krieges auf Mas'uds Stellungen im Pandsch-Scher unternahm. Der Arzt und seine Helfer hatten alle Hände voll zu tun – mehr als das. Es fällt schwer, längere Zeit am Stück in Augen zu blicken, die eine so konzentrierte Intensität ausstrahlen wie die Abdullahs – und zwar nicht die Intensität eines Neurotikers, sondern die eines Menschen, der in seinem Leben allzu viel gesehen hat.

Danach schloss sich Abdullah der von Mas'ud formierten Allianz an und stieg im Laufe der Jahre zum Außenminister auf. Nach Mas'uds Ermordung am 9. September 2001 spielt Abdullah jetzt eine entscheidende Rolle nicht nur für die amerikanischen Bemühungen, Informationen über Bin Laden zu gewinnen, sondern auch für das weitere militärische Vorgehen gegen den *al-Qa'ida*-Drahtzieher und die Taliban.

Wie nahe stehen sich Bin Laden und Mullah Omar? Laut einem weit verbreiteten Gerücht hat Bin Laden durch eine Eheschließung seine Bande zu dem Führer der Taliban weiter gefestigt. Er soll, heißt es, eine von Omars Töchtern geheiratet haben, eine Vermutung, die allerdings von jedem Taliban-Vertreter, mit dem ich sprach, ins Reich der Fantasie verwiesen wurde. (Im Jahr 2000 nahm sich Bin Laden eine Jemenitin zur vierten und damit letzten nach dem islamischen Recht erlaubten Frau.)

Die Beziehungen zwischen den Taliban und Bin Laden waren und sind keineswegs frei von Spannungen. Auf der einen Seite ist Bin Laden ihr Gast, und sie wollen ihn nicht an die Vereinigten Staaten ausliefern. Andererseits bereitet er der Taliban-Führung mit seinen wiederholten Aufrufen zur Gewalt gegen US-Bürger seit geraumer Zeit erhebliche Kopfschmerzen. Das macht ihre sowieso schon schwierigen Bemühungen um internationale Anerkennung noch komplizierter. Laut einem Bericht hatten sich die Taliban im Frühsommer 1998 bereits mit der saudi-arabischen Regierung darauf verständigt, Bin Laden an Riad auszuliefern, ein Deal, der letztendlich jedoch an den Bombenanschlägen auf die US-Botschaften in Kenia und Tansania und die anschließenden Raketenangriffe der USA auf Ziele in Afghanistan scheiterte.[61]

Im Februar 1999 spitzten sich die Spannungen zwischen Bin Laden und seinen Gastgebern zu. Nach Angaben der Tageszeitung *al-Quds al-Arabi* wurde Bin Laden, der anlässlich des Kleinen Bairam, des Festes des Fastenbrechens am Ende des Ramadan, dem Taliban-Führer seinen Respekt erweisen wollte, von Mullah Omar bewusst brüskiert und musste mehrere Stunden warten, bis er empfangen wurde. Grund dafür war offensichtlich, dass Mullah Omar über die öffentlichen Drohungen erbost war, die Bin Laden Ende Dezember 1998 gegenüber den USA ausgestoßen hatte.[62] Die *New York Times* deutete in einem Bericht gar an, dass es zwischen Soldaten der Taliban und Bin Ladens Leibgarde zu einem Schusswechsel gekommen sei.[63] Dieses Gerücht wurde von Vertretern der Taliban zwar dementiert, doch erklärten sie, dass sie im Februar 1999 nicht nur Bin Ladens Satellitentelefone konfisziert und ihn gebeten hätten, seine politischen und militärischen Aktivitäten einzustellen, sondern seine Bewegungen seitdem auch von einer zehnköpfigen Wache observieren ließen.[64] Im Anschluss daran hörte Bin Laden auf, der Weltpresse Interviews zu geben. (Stattdessen lässt er seine Ausführungen und öffentlichen Auftritte von seinen eigenen Leuten auf Video aufnehmen und diese dann über arabische Medien weiterverbreiten.)

Im Juni 2001 verkündete Mullah Omar, dass alle von Bin Laden ausgesprochenen *fatwas* »null und nichtig« seien, da er nicht über die religiöse Autorität zu ihrer Herausgabe verfüge.[65] Das klingt zwar gut, hat aber wenig zu bedeuten, da die afghanischen *ulama* schon mehrfach *fatwas* ausgesprochen haben, die Bin Ladens Haltung in solchen Punkten wie der Anwesenheit amerikanischer Soldaten in Saudi-Arabien wiederholten.

Wenn die Taliban schon kein sonderliches Interesse daran bekundet haben, Bin Laden zur Räson zu bringen, so haben sie sich noch weniger darum bemüht, die Trainingscamps zu schließen, die er nach wie vor auf afghanischem Territorium unterhält. Im Gegenteil, die Waffen, mit denen die Kämpfer in diesen Lagern ausgerüstet werden, werden – gegen Bezahlung – von den Taliban geliefert.[66] Ein afghanischer Journalist berichtete mir von Gesprächen, die er im Herbst 1999 in Kabul mit Pakistanis geführt hatte, die aus religiösen Schulen in Peschawar, Quetta und Lahore kamen und unterwegs zur militärischen Ausbildung waren. (Die Pakistanis stellten das zahlenmäßig größte Kontingent einer polyglotten Gruppe, der ansonsten noch Tschetschenen, Kaschmiris, Usbeken, Tadschiken, Bangladeschis, Ägypter, Algerier, Libyer, Jemeniten, chinesische Uiguren, Burmesen und sogar einige Afroamerikaner angehörten.)[67]

Auf der Grundlage dessen, was ich in meinen Interviews mit US-Vertretern sowie pakistanischen und afghanischen Quellen erfuhr, zählte ich für das Jahr 2000 rund ein Dutzend in Afghanistan aktive Trainingslager. Laut einem UN-Mitarbeiter, der häufig nach Afghanistan kam, befand sich zwanzig Kilometer südlich von Dschalalabad, in einem Gebiet also, in dem Bin Laden über die Jahre hinweg immer wieder aktiv war, ein Lager mit arabischen und tschetschenischen Kämpfern.

Abdullah benannte vier Hauptlager von Glaubenskriegern der islamistischen Internationale. Eines davon, in der Nähe von Chost, wurde im August 1998 zwar von amerikanischen Cruise Missiles zerstört, anschließend aber wieder aufgebaut. Das zweite Lager, nahe Hadda im Gebiet von Dschalalabad, war von Bin Ladens Gruppe genutzt worden. Das dritte lag südlich von Kabul bei Tscharasjab und hatte früher Gulbuddin Hekmatjar als Basis gedient. Ich hatte das Lager 1993 besichtigt und wusste aus eigener Anschauung, dass es mit seinem damals schon vorhandenen, weitläufigen Kasernenkomplex ideal für Ausbildungszwecke geeignet war. Das vierte Camp befand sich in Uruzgan im südlichen Zentralafghanistan.

Im Laufe des Jahres 1999 begann die pakistanische Regierung, die ihre Taliban-Schützlinge ansonsten kaum kritisierte, sie wegen der ihr langsam, aber sicher Kopfzerbrechen bereitenden Trainingscamps unter Druck zu setzen. In zunehmender Zahl nämlich beteiligten sich inzwischen die Absolventen dieser Lager an den blutigen Konflikten, die zwischen Schiiten und Sunniten in ganz Pakistan ausgebrochen waren und bereits mehrere hundert Todesopfer gefordert hatten.[68] Eine Woche, bevor General Muscharraf Nawaz Scharif stürzte, hatte der Premierminister erklärt, dass seiner Regierung »eindeutige Hinweise auf die Existenz von Trainingslagern in Afghanistan vorliegen«, die »Terroristen ausbilden und nach Pakistan schicken, um unsere Mitbürger zu töten«.[69] Im Juni 2000 dann überreichte die pakistanische Militärregierung den Taliban eine Liste mit 18 Lagern, in denen ihrer Ansicht nach pakistanische Terroristen trainiert wurden. Tatsächlich schlossen die Taliban daraufhin auch zwei der genannten Camps in der Nähe von Kabul – nach Auskunft von Bewohnern benachbarter Dörfer allerdings nur mit der Folge, dass die Kämpfer nach Norden zogen und sich am Krieg gegen die Nordallianz beteiligten.[70]

Unter dem Strich führten die Taliban die meisten ihrer militärischen Trainingscamps fort, auch wenn ihr Außenminister Wakil Ahmad Mutawakkil im Januar 2000 CNN gegenüber die folgende und kaum der Wahrheit entsprechende Erklärung abgab: »Wir sind weder auf irgendwelche Camps noch darauf angewiesen, weitere Kämpfer auszubilden. Die Camps sind automatisch geschlossen worden.« Nachdem die Taliban die Lager nicht geschlossen haben, sieht es nun ganz danach aus, als würde der amerikanische Präsident George W. Bush das für sie übernehmen.

Trotz Anzeichen einer Mäßigung Ende der neunziger Jahre befanden sich die Taliban ab 2001 zusehends im Griff der Hardliner innerhalb der Bewegung. Anfang des Jahres ordnete Mullah Omar unter Hinweis darauf, dass Darstellungen des Menschen unislamisch seien, die Zerstörung aller Statuen im Land an. Entsprechend dieser Anordnung begannen die Taliban mit der systematischen Zerstörung Tausender historisch wertvoller buddhistischer Statuen in Afghanistan, Relikte aus der Zeit, als das Land ein Zentrum der buddhistischen Kultur war. Die wütenden Proteste, die diese Aktionen sowohl im Westen als auch in der muslimischen Welt auslösten, wuchsen sich zum Proteststurm aus, als die Taliban ihre Absicht bekannt gaben, die zwei riesigen, über dreißig Meter hohen Buddhastatuen zu sprengen, die im dritten und fünften Jahrhundert aus einer Felswand in Zentralafghanistan herausgeschlagen worden waren und in den siebziger Jahren zu den wichtigsten Touristenattraktionen des Landes gezählt hatten. Im März 2001 wurden Taliban-Milizionäre ausgeschickt, die in den Jahren zuvor schon geschändeten Statuen mit Hilfe von Artillerie und Sprengstoff ein für alle Mal dem Erdboden gleichzumachen.[71] Dann, in einem Beschluss, der auf gespenstische Weise an Hitlers Nürnberger Gesetze erinnerte, wurden die afghanischen Hindus angewiesen, gelbe Abzeichen an ihrer Kleidung zu tragen und ihre Häuser mit einer gelben Schärpe zu kennzeichnen. Zudem wurde ihnen verboten, mit Muslimen zusammenzuwohnen.

Parallel dazu erschwerten die Taliban die Arbeit der internationalen Hilfsorganisationen in ihrem zerstörten Land immer mehr. Im August 2001 wurden sechzehn afghanische und acht westliche Mitarbeiter von Shelter Now, darunter auch zwei Amerikaner, unter dem Vorwurf verhaftet, sie hätten christliche Missionierung betrieben, ein Verbrechen, auf das für Afghanen der Tod und für Ausländer Gefängnis oder Abschiebung steht.[72]

Nach den Luftangriffen vom 11. September weigerten die Taliban sich weiterhin beharrlich, ihren Verbündeten Bin Laden auszuliefern. Es schien, als wäre ihre Revolution in ihr jakobinisches Stadium eingetreten – ohne dass ein Thermidor in Sicht gewesen wäre. Doch Ende 2001 war die Bewegung, nachdem sie fünf Jahre lang den größten Teil Afghanistans beherrscht hatte, weitgehend vernichtet. Am 7. Oktober begannen die Vereinigten Staaten mit schweren Bombenangriffen auf Kommando- und Kontrollstützpunkte der Taliban, und die Nordallianz startete nördlich von Kabul einen Artillerieangriff. Viele Kommentatoren, darunter auch ich selbst, vermuteten, dass die Taliban heftig Widerstand leisten würden, doch diese verstanden die neue Art der Kriegsführung nicht. Sie gingen davon aus, dass die Vereinigten Staaten in Afghanistan auf die gleiche Weise Krieg führen würden, wie die Sowjets das getan hatten, dass sie also eine große Anzahl von stationären Bodentruppen ins Land schicken würden, die man mit Guerilla-Überfällen schlagen könnte. Stattdessen jedoch arbeiteten die USA mit vernichtenden, gezielten Bombenangriffen, die von Spezialtruppen vom Boden aus geleitet wurden und den Kampfgeist der Taliban schwächten. Viele ihrer Befehlshaber wechselten auf die andere Seite – entweder gegen Geld oder weil sie erkannten, woher der Wind wehte. Am 10. November fiel die erste bedeutende Talibanstadt, Mazar-i Scharif der Nordallianz in die Hände, und kurz darauf folgten Herat und Kabul.

Die Einnahme von Kandahar am 7. Dezember bedeutete das Aus für die Taliban als lebensfähige Bewegung. Hohe Talibanführer jedoch, darunter auch Mullah Omar selbst, sind entweder in Afghanistan auf dem Land untergetaucht oder über die Grenze nach Pakistan gegangen. Diese Führer werden für die neue afghanische Regierung und für die im Land stationierten amerikanischen und europäischen Streitkräfte mit Sicherheit ein bleibendes Problem darstellen.

KAPITEL 9

Die heiligen Krieger des Jemen

»Der Glaube ist jemenitisch, die Weisheit ist jemenitisch.«

Jemenitisches Sprichwort

»Die Köpfe der Ungläubigen flogen in alle Richtungen, und ihre Gliedmaßen lagen überall verstreut herum. Der Sieg des Islam war gekommen, und unser Sieg im Jemen wird sich fortsetzen.«

Osama bin Laden über das Bombenattentat auf die U.S.S. Cole *in einem Rekrutierungsvideo für* al-Qa'ida, *2001*

Es war ein schwüler, leicht bewölkter Morgen am 12. Oktober 2000, als zwei jemenitische Männer in ihrem Kleinlaster zu einem Strand in der Nähe der südlich gelegenen Hafenstadt Aden fuhren und dort ein kleines Boot abluden, das mit etwa 200 bis 300 Kilogramm Sprengstoff bepackt war.[1] Sie wussten, dass ihnen nur wenig Zeit blieb, ihre Mission zu erfüllen, da das Kriegsschiff U.S.S. *Cole* lediglich wenige Stunden zum Auftanken benötigte. Eilig drückten sie einem zwölfjährigen Jungen ein Trinkgeld in die Hand, damit er ihr Fahrzeug bewachte, stießen ihr Boot ab und begaben sich auf die fünfzehnminütige Fahrt dorthin, wo der große Zerstörer vor Anker lag.[2]

Die Bombenleger besaßen noch die Geistesgegenwart, sich zu erheben und der Crew an Deck des Kriegsschiffes zuzuwinken, ehe sie ihre Ladung zündeten, die sie – so glaubten sie zumindest – auf direktem Weg ins Paradies bringen würde.[3] In der irdischen Welt jedoch riss die Explosion ein 12 auf 17 Meter großes Loch in den stählernen Rumpf der *Cole* und tötete siebzehn amerikanische Soldaten. Neununddreißig erlitten zum Teil schwere Verletzungen, und es entstand ein Sachschaden im Wert von einer viertel Milliarde Dollar.

Keine Terrorgruppe hatte je zuvor ein amerikanisches Kriegsschiff angegriffen, weshalb das Bombenattentat ein unglaublicher Schock für das Pentagon war. Dabei hätte ein solcher Anschlag im Grunde genommen keine Überraschung sein dürfen. Im Verlauf des letzten Jahrzehnts hat der Jemen eine internationale Schar militanter Muslime angelockt, die dort auf Grund der schwachen Zentralregierung und der abgelegenen Bergregionen günstige Trainingsmöglichkeiten vorfinden – und ideale Bedingungen für Angriffe auf amerikanische und britische Ziele.[4] (Nach dem 11. September unternahm die jemenitische Regierung einen entschlossenen Versuch, gegen *al Qa'ida*-Zellen im Lande vorzugehen. Es bleibt abzuwarten, wie erfolgreich diese Bemühungen sein werden.)

Für meine Reise in den Norden, auf einer Straße, die auch als »Kidnapper Alley« bekannt ist, hatte mir die Regierung sehr zuvorkommend eine bewaffnete Eskorte zur Verfügung gestellt: einen Toyota-Pick-up mit einem aufgeschraubten Maschinengewehr sowie ein halbes Dutzend jemenitischer Soldaten in orangefarbenen und braunen Wüstenuniformen. Mein erstes Problem im Jemen bestand also darin, meine Leibwächter wieder loszuwerden. Denn nur wenn ich sie abschüttelte, konnte ich weiterfahren und Scheich Mohammed bin Schadschi besuchen, einen Stammesführer, der von seinem Wüstenfort an der jemenitischen Nordgrenze zu Saudi-Arabiens »Leerem Viertel« über einen weiten, unwirtlichen Gebietsstreifen regiert. Ich hoffte, von ihm etwas mehr über den berüchtigtsten Sohn dieses Landes zu erfahren.

Bei Sa'da ließen wir die Soldaten zurück; vermutlich dachten sie, wir wollten eine örtliche Touristenattraktion besichtigen. Plötzlich stießen einige von Bin Schadschis bewaffneten Kriegern zu uns. Sie drängten sich recht ungeniert in unseren Wagen und fuhren mit uns einige Dutzend Kilometer nach Osten, durch eine öde, mit Steinen übersäte Hügellandschaft, in der außer uns kein Lebewesen zu sehen war.

Zumindest nicht, bis zwei Schüsse über uns die Luft zerrissen. Der Anführer von Bin Schadschis Kriegern, ein Doppelgänger von Omar Sharif in seiner Rolle in *Lawrence von Arabien*, sprang aus unserem Wagen, die gut geölte Kalaschnikow schussbereit im Anschlag. Sogleich folgte ihm mein Fahrer, der seine eigenen

Waffen für solche Fälle bereitliegen hatte. Ein verbeulter orangefarbener Pick-up kam mit quietschenden Bremsen neben uns zum Stehen, und drei junge Männer mit grimmigen Gesichtern sprangen mit gezogenen Waffen heraus. Auf beiden Seiten erhob sich ein lautes Geschrei. Die jungen Männer behaupteten später, sie hätten nur um eine Mitfahrgelegenheit für einen ihrer Freunde bitten wollen und keine bösen Absichten gehabt – alles in allem eine ziemlich faule Ausrede. Mein Übersetzer sagte, er sei sicher, sie hätten uns entführen wollen, aber angesichts des ernsthaften Widerstands ihr Vorhaben wieder aufgegeben.

Was auch immer ihre wahren Absichten gewesen waren, ihr Vorgehen galt jedenfalls als schwerwiegender Verstoß gegen die Stammesregeln. Der Anführer der jungen Revolverhelden bot Omar Sharif seine Waffe als Entschädigung an, ein Angebot, das mit der Begründung abgelehnt wurde, die Angelegenheit müsste dann von ihren jeweiligen Scheichs aufgegriffen werden und könnte sich zu einem größeren Streit entwickeln. In diesen Gegenden werden größere Streitigkeiten unter Einsatz von schwerem Geschütz gelöst.

Das Ganze schien mir ein passender Auftakt für meine Reise ins Innere des Jemen zu sein, ein Land, das für Entführungen und terroristische Aktivitäten bekannt ist. Die schwache Kontrolle der Regierung über die abgelegeneren Gebiete des Jemen wird dadurch weiter untergraben, dass das Land immer noch unter den Folgen einer Reihe von Bürgerkriegen leidet, in denen Kommunisten gegen Nationalisten und jene dann gegen militante Islamisten kämpften. Ein Erbe dieser Kriege, von denen der letzte erst 1994 stattfand, sind die geschätzten 65 Millionen Waffen, die auf eine Bevölkerung von 18 Millionen Jemeniten verteilt sind.[5] Was das bedeutet, lässt sich leicht ausrechnen.

Ein etwas alberner Film mit dem Titel *Sekunden der Entscheidung*, der wenige Monate vor dem Anschlag auf die U.S.S. *Cole* gedreht wurde, zeigt Samuel L. Jackson als heldenhaften Marineoffizier, der zu Unrecht eines Massakers an jemenitischen Zivilisten beschuldigt wird. Der Film beginnt mit einer Szene, in der eine wütende Menge Jemeniten, von denen einige heimlich automatische Waffen bei sich tragen, die amerikanische Botschaft in San'a belagern und schließlich stürmen. Diese Geschichte ist ganz eindeutig ein Hollywood-Konstrukt, denn in Wirklichkeit residiert die amerikanische Botschaft im Jemen nicht in einem zerfallenen alten Palast an einem großen, öffentlichen Platz, der zu wütenden Demonstrationen geradezu einlädt, sondern steht sehr weit zurückgesetzt von der Straße und wird geschützt von Mauern und unerschrockenen Wachposten. Gleichwohl steckt auch ein Körnchen Wahrheit in diesem Bild einer aggressiven jemenitischen Bevölkerung, das der Film zeichnet. Einen Tag nach dem Angriff auf die *Cole* explodierte eine Bombe an der britischen Botschaft, zerstörte eine Außenwand und ließ sämtliche Fenster bersten. Da der Sprengkörper um sechs Uhr morgens gezündet wurde, gab es keine Verletzten.[6] Im Januar 2001 wurde ein Flugzeug, das den amerikanischen Botschafter in den Jemen bringen sollte, von einem sich selbst als pro-irakisch bezeichnenden Aktivisten entführt, der dann jedoch überwältigt werden konnte. Auf Grund von Terrordrohungen im Juni 2001 wurden FBI-Agenten, die Ermittlungen über den Anschlag auf die *Cole* durchführten, aus dem Jemen abgezogen, und die amerikanische Botschaft stellte ihre Arbeit bis auf das absolut notwendige Minimum ein. Die jemenitische Polizei verhaftete zehn militante Muslime, die angeblich Verbindungen zu Bin Laden hatten und mit Material für den Bau von Bomben, mehreren Handgranaten sowie mit Karten von dem Gebiet um die amerikanische Botschaft ausgestattet waren.[7]

Trotz seiner gesetzlosen Geschichte hat sich der Jemen seiner charmanten Einwohner und seiner außergewöhnlich schönen mittelalterlichen Städte wegen in den letzten Jahren zu einem beliebten Touristenziel entwickelt. Die Altstadt San'as besteht aus einem Labyrinth jahrhundertealter, brauner und mit weißem Stuck verzierter Mini-Hochhäuser aus Lehmziegeln, die bis zu zwölf Stockwerke hoch sind und an übergroße Lebkuchenhäuser mit Zuckerguss erinnern. Auf der obersten Etage jedes Hauses befindet sich der *mafradsch*, fraglos der wichtigste Raum, denn er ist dem nachmittäglichen *qat*-Kauen vorbehalten, dem vornehmlichen Freizeitvergnügen der jemenitischen Männer. Die bitteren grünen *qat*-Blätter bewirken eine gedämpfte Euphorie, die zum geselligen Gespräch anregt.[8]

Im Labyrinth der Gassen darunter spielen sich Szenen ab, die aus einem Gemälde von Hieronymus Bosch stammen könnten, wäre er jemals so weit in den Süden gekommen: Schmiede stellen Nägel über dem offenen Feuer her, Handwerker bearbeiten hölzerne Dolchgriffe auf einer langsamen Drehbank oder schärfen Klingen in einer Wolke aus Metallstaub, Straßenhändler preisen den Massen auf den gepflasterten Gassen lautstark ihre Waren an, Kamele mit Scheuklappen treiben riesige Holzmörser an, in denen Samen für Sesamöl zerstoßen werden, in schummrigen Läden werden alte, mit Perlen besetzte Musketen und Steinschlossgewehre verkauft, und Gewürzhändler bieten faustgroße Stücke bernsteinfarbener Myrrhe und Haufen von Weihrauchkörnern feil.

Die Männer schlendern in Kleidern durch die Straßen, die an anderen Orten merkwürdig wirken würden. Beispielsweise sieht man oft ein westliches Jackett über einem rockähnlichen Unterkleid, das von einem Gürtel mit der *dschambija* gehalten wird – einem schweren Krummdolch, der seinem Träger beim Hinsetzen sicherlich ernsthafte Probleme bereitet. Ich hatte zwar in meinem Reiseführer Bilder von jemenitischen Männern in einem solchen Aufzug gesehen, aber angenommen, dass diese Kleidung eher den Vorstellungen der nationalen Tourismusverbände als dem modischen Geschmack der Bewohner entsprach. Offensichtlich hatte ich mich geirrt. Mein Dolmetscher, der meinetwegen seinen eigentlichen Job als Webmaster bei einer Zeitung schwänzte, trug ebenfalls einen wunderschön verzierten, hundert Jahre alten Gürtel, an dem sowohl sein Dolch als auch sein Pager hingen.

Ich war zu Beginn des Ramadan ins Land gekommen, wenn die auftauchende Mondsichel den Anfang des Fastenmonats signalisiert, der an die Offenbarung des Koran an den Propheten Mohammed erinnert. Als die Dämmerung weiter fortschritt, erklangen die wohltönenden Stimmen der konkurrierenden Muezzins aus jeder Moschee – »*Allahu akbar, Allahu akbar*«: Gott ist groß, Gott ist groß. Nach Sonnenuntergang belagerte eine laute Schar von Männern, die den ganzen Tag gefastet hatten, ein Lebensmittelgeschäft, sie drückten dem Inhaber Geld in die Hand und kamen mit Papiertüten voller unbekannter, schmackhafter Esswaren wieder heraus. Ihre Frauen warteten geduldig in einiger Entfernung.

Während des heiligen Monats wird im Jemen die Uhr auf den Kopf gestellt. Die Geschäfte halten sich an ungewöhnliche Öffnungszeiten, öffnen am Nachmittag und schließen manchmal erst um drei Uhr nachts. Überrascht stellte ich fest, dass im Stadtzentrum von San'a um Mitternacht ebenso viel Betrieb herrschte wie in Manhattan. In einem Einkaufszentrum, das üppig mit Marmor ausgestattet war, nippten Gruppen schwarz gekleideter jemenitischer Frauen an ihrer Pepsi und ruhten sich von ihrer Arbeit bei Bally, Boss oder Baskin-Robbins aus. Um ein Uhr morgens gab die Band im Restaurant meines Hotels ihre »Hits« zum Besten. Der Refrain eines ihrer Stücke klang wie »Rastafari, Rastafari, Sinsemilla, Sinsemilla« – obgleich dies eher unwahrscheinlich ist. Einen anderen Gott als *den einen* anzurufen wird im Jemen nicht gerne gesehen. Und angesichts der Menge an *qat*, die sie kauen, haben die Jemeniten wohl kaum das Bedürfnis nach anderen Rauschmitteln.

Die ganze Nacht über eilten Männer mit hervorquellenden Augen wild kauend durch die Straßen von San'a. Als ich das erste Mal *qat* probierte, glaubte ich, auf einem klitschigen, bitteren Grasklumpen herumzukauen. Nachdem ich mich jedoch an den Geschmack gewöhnt hatte, stellte ich fest, dass die Blätter ein Gefühl hervorrufen, das die erhöhte Geistesschärfe nach einem doppelten Espresso mit der allgemeinen Sanftmut verbindet, die auf den Genuss eines Martinis folgt. Kein Wunder, dass jeder jemenitische Mann, vom Ministerpräsidenten angefangen, ein glühender Befürworter des *qat*-Kauens ist.

Erst sechs Wochen waren seit dem Anschlag auf die *Cole* vergangen, und dennoch lächelten und winkten mir die Menschen zu, während ich durch die Straßen der Altstadt schlenderte. Dafür befand sich direkt gegenüber von meinem Hotel eine Überführung, auf die in roten Buchstaben das Wort »Osama« gesprüht worden war – eine Erinnerung an den Zweck meines Besuchs.

Obgleich der Jemen das ärmste Land der Arabischen Halbinsel ist, sind überall auf den Straßen von San'a Mercedes-Limousinen und Toyota-Landcruisers zu sehen; einige Leute scheinen doch recht gut zu verdienen.[9] Der Jemen kann zudem mit Recht von sich behaupten, eine erwachende Demokratie zu sein. Oberst Ali Abdullah Salih, seit 1978 Präsident des Landes, hat ein etwas merkwürdiges politisches System eingeführt, das man mangels einer besseren Bezeichnung vielleicht als despotische Demokratie bezeichnen könnte. Wie in den meisten Diktaturen und Monarchien des Nahen und Mittleren Ostens sind die Porträts des Präsidenten allgegenwärtig, aber es gibt auch ein Parlament, das über einen gewissen Einfluss verfügt und in dem Gruppen verschiedener Richtungen vertreten sind, darunter auch das so genannte Jemenitische Reformbündnis Islah und die kleineren nationalistischen und sozialistischen Parteien. Der Jemen wird allgemein als das demokratischste der arabischen Länder angesehen, und das ist nicht einmal sehr geschmeichelt.[10]

Dennoch war es gerade diese relative Freiheit des Landes, die in den neunziger Jahren das Anwachsen der *dschihad*-Gruppen begünstigte. So gehörten beispielsweise Jemeniten zu den ersten Rekruten, die Bin Ladens Gruppe während des afghanischen Kampfes gegen die Sowjets anwarb. Nach Ende des Krieges 1989 kehrten sie in großer Zahl in den Jemen zurück, begleitet von Mitstreitern aus Ländern wie Syrien, Jordanien und Ägypten, denen in ihrer Heimat die Verhaftung drohte.[11] 1991 wurde in den Bergen des Nordjemen nahe der Stadt Sad'a ein Lager für die arabischen Freiwilligen errichtet.[12] Bin Laden finanzierte unterdessen eine Ausbildungseinrichtung in der südjemenitischen Provinz Abyan.[13]

Das erste Mal führten die Afghanistan-Veteranen im Dezember 1992, acht Jahre vor dem Angriff auf die U.S.S. *Cole*, einen Schlag gegen amerikanische Militäreinrichtungen als eine Bombe vor zwei Hotels in Aden explodierte. Wie schon erwähnt, waren dort etwa hundert amerikanische Militärangehörige auf ihrem Weg zur Operation Restore Hope untergebracht, jener zum Scheitern verurteilten amerikanischen Mission zur Versorgung der hungernden Somalis – ein Vorhaben, das von *al-Qa'ida* als Teil eines amerikanischen Plans zur Stärkung der militärischen Präsenz in den muslimischen Staaten interpretiert wurde.[14]

Die Bomben explodierten vor den beiden vornehmsten Hotels in Aden, dem Mövenpick und dem Sheraton Gold Mohur, und töteten einen österreichischen Touristen sowie einen Hotelangestellten, jedoch keine Amerikaner. Ein Beamter der amerikanischen Strafverfolgungsbehörde erzählte mir damals, dass Bin Laden hinter diesen Anschlägen stecke, es jedoch aus Mangel an Beweisen kaum möglich sei, den Fall zu verfolgen.[15] Nur Tage nach den Bombenanschlägen auf die Hotels verkündete das Pentagon, es werde den Jemen nicht länger als Basis für die Operation in Somalia nutzen. In seinem Interview mit CNN machte Bin Laden später sogar versteckte Andeutungen auf diese Angriffe: »Wenn die Vereinigten Staaten glauben und sich damit brüsten, dass sie immer noch so mächtig sind, selbst nach den Niederlagen in Vietnam, Beirut, Aden und Somalia, dann sollen sie ruhig an diese Orte zurückkehren.« Diese Warnung hätten sich die Vereinigten Staaten zu Herzen nehmen sollen.

Nach Angaben eines westlichen Diplomaten im Jemen und eines leitenden jemenitischen Regierungsbeamten handelte es sich bei dem Mann, der die Hotelattentate organisiert hatte, um Tariq al-Fadli, Sohn des abgesetzten Sultans von Abyan, einer Provinz in der Nähe Adens.[16] 1967 hatten die Sozialisten im Südjemen die Briten vertrieben, die über ein Jahrhundert lang den Stadtstaat Aden regiert hatten. Der seines Sultanats beraubte Vater al-Fadlis zog nach Saudi-Arabien, und Tariq al-Fadli wuchs in Dschidda auf.[17] Zwei Jahre lang kämpfte er in den achtziger Jahren in Afghanistan gegen die Kommunisten.[18] Dort traf er auch Bin Laden, zu dem er »gute Beziehungen« pflegte.[19] Nach dem Abzug der Sowjets aus Afghanistan 1989 kehrte al-Fadli als Anführer der arabischen Afghanistan-Veteranen in den Jemen zurück, wobei es sich allerdings eher um eine Ansammlung Gleichgesinnter als um eine offizielle Organisation handelte.[20] Bin Laden finanzierte ihren Heiligen Krieg, mit dem sie den Jemen von der sozialistischen Regierung im Südteil des Landes befreien wollten.[21]

Nach dem Bombenattentat auf die Hotels im Jahre 1992 schickten die Behörden eine bewaffnete Brigade, um al-Fadli in seiner Hochburg, einer Festung in den Maraqischa-Bergen bei Aden, zu verhaften; er ergab sich schließlich unter recht dubiosen Umständen.[22] Angeblich ebenfalls an den Anschlägen beteiligt war ein weiterer Veteran des Afghanistan-Krieges, al-Fadlis stellvertretender Kommadeur Dschamal an-Nahdi.[23] In beiden Fällen scheint die jemenitische Regierung unter Amnesie zu leiden: Al-Fadli ist heute Mitglied des vom Präsidenten persönlich ausgewählten Beraterstabs, und seine Schwester ist mit General Ali Muhsin al-Ahmar verheiratet, der zu Präsident Salihs Familie gehört, während an-Nahdi als Geschäftsmann in San'a tätig ist und einen Sitz im ständigen Ausschuss der herrschenden Partei des Jemen innehat.[24]

Die Anschläge waren das erste Zeichen, dass es Bin Laden und seinen Arabern im Jemen ernst war. Laut der amerikanischen Anklageschrift gegen ihn sprach Bin Ladens *al-Qa'ida* so genannte *fatwas* aus, die zu Angriffen auf militärische Ziele der USA im Jemen aufforderten.[25]

Die Drehungen und Wendungen im politischen Geschick des Jemen Mitte der neunziger Jahre erwiesen sich für die arabischen Gotteskämpfer von Vorteil. Bis 1990 war der Jemen in zwei Staaten geteilt, in die Jemenitische Arabische Republik im Norden und die Demokratische Volksrepublik Jemen im Süden. (Allgemein gilt in der Politik der Grundsatz, dass jegliche Kombination der Worte »Volk« und »Demokratie« im Namen eines Landes auf die gnadenlose Unterdrückung des Volkes und der demokratischen Grundsätze in diesem Land verweist.) Die nach 1990 erfolgte Vereinigung war die ganze Zeit über eine unsichere Angelegenheit, und 1994 erklärte der Nordjemen dem sozialistischen Süden den Krieg. Scheich Abd ul-Madschid az-Zindani, ein prominenter islamischer Gelehrter, Gründer des Jemenitischen Reformbündnisses Islah und wichtiger Rekrutierer für den afghanischen *dschihad* (amerikanische Regierungsbeamte zählen ihn zu Bin Ladens Verbündeten), mobilisierte die ehemaligen Afghanistan-Kämpfer für den Krieg gegen den Süden.[26] Diese mussten nicht groß ermuntert werden, handelte es sich doch um eine weitere günstige Gelegenheit, die gottlosen Kommunisten anzugreifen. Im Verlauf dieses Krieges kamen Zehntausende von Zivilisten ums Leben, und als die arabischen Kämpfer in der südlichen Hauptstadt Aden einfielen, brannten sie die einzige Brauerei des Landes nieder.[27] Die siegreiche Regierung des Nordjemen war den heiligen Kriegern dankbar und verteilte unter ihnen Posten in der Regierung des neu vereinigten Landes.[28]

Nach dem Krieg wurden Führer der arabischen Freiwilligen, wie Scheich az-Zindani und Tariq al-Fadli, in Präsident Salihs vereinigte nationale Regierung berufen. Bis zu einem gewissen Grad hat diese Strategie, die verschiedenen Gruppen des Landes unter einem »großen Zelt« zu sammeln, auch funktioniert. Sa'id Thabit,

Journalist und Sprecher von Scheich az-Zindani, vertritt beispielsweise einen Standpunkt zur militärischen Präsenz der Amerikaner auf der Arabischen Halbinsel, der Welten entfernt ist von Bin Ladens radikalen Erklärungen. »Werden die Amerikaner Mekka betreten?«, fragte Thabit. »Wenn nicht, dann haben wir kein Problem mit den Amerikanern. Die einzigen heiligen Stätten sind Mekka und Medina.« Thabit betonte außerdem, dass die Islah-Partei auf demokratischen Prinzipien beruhe, was sie unter den »Afghanistan-Veteranen« und anderen Islamisten nicht gerade beliebt mache. Als wir uns in seinem Büro unterhielten, betrat gelegentlich eine unverschleierte junge Frau den Raum – für mich der deutlichste Beweis, dass die Islah-Partei nichts gemein hat mit dem Neo-Fundamentalismus der *dschihad*-Kämpfer.

Dieser Eindruck verstärkte sich noch, als ich mich mit Abd ul-Wahhab al-Ansi, einem ehemaligen stellvertretenden Ministerpräsidenten des Jemen, im Empfangsraum eines ihrer Parteibüros traf. Überall lagen rote Polster und Kissen am Boden, auf denen man es sich gemütlich machen konnte. Die hohen weißen Stuckwände waren gekrönt von Rundfenstern aus buntem Glas mit blauen, roten, gelben und grünen Mosaiken. Al-Ansi trug einen elegant geschneiderten grauen Mantel mit einer Weste über seinem weißen Gewand. Er wirkte sehr besonnen und erklärte mir, dass seine Partei, die Islah (»Reform«), nicht einmal das Wort *Islam* im Namen trage. »Der Jemen ist ein muslimischer Staat, und niemand kann von sich behaupten, als einzige Partei den Islam zu vertreten.« Er betonte, dass sich die Islah im Gegensatz zu anderen islamischen Gruppen dem Mehrparteiensystem des Jemen verpflichtet fühle. »Die Demokratie«, so sagte er, biete »ein stabiles Gerüst für den Jemen«.[29]

Während einige jemenitische *dschihad*-Kämpfer Mitte der neunziger Jahre tatsächlich ihre Uniform an den Nagel hängten, hatte die Basis der arabischen Freiwilligen keine derartigen Absichten. Man denke nur an die guten Verbindungen, die weiterhin zwischen den heiligen Kämpfern im Jemen und in Afghanistan bestehen. 1999 befragte Julie Sirrs, eine ehemalige Geheimdienstanalytikerin des Pentagon, eine Reihe von Kriegsgefangenen der Nordallianz. Unter ihnen befanden sich auch zwei Jemeniten, die nach Afghanistan gekommen waren, um dort einige Monate zu kämpfen und anschließend kampferprobt und geschult wieder nach Hause zurückzukehren.[30] Beide sagten freiwillig aus, dass sie bereit seien »überall hinzugehen, um Amerikaner zu töten«.[31] Als die Vereinigten Staaten 1998 Bin Ladens Ausbildungslager in Ostafghanistan angriffen, waren unter den Toten auch drei Jemeniten.[32]

Im Jahr 1997 erwog Bin Laden ernsthaft, seine Basis von Afghanistan in die Heimat seiner Vorfahren zu verlegen, und schickte Gesandte zu einem Treffen einflussreicher Stammesführer, um die Einzelheiten dieses Plans zu erörtern. Der Zeitung *al-Quds al-Arabi* hatte er bereits mitgeteilt, die bewaffneten Stammeskrieger im Jemen, das bergige Terrain sowie »die saubere Luft, die man ohne Demütigung einatmen kann«, seien die Gründe, warum er einen solchen Umzug erwäge.[33] Einer der jemenitischen Stammesführer, die an den Beratungen über Bin Ladens Rückkehr teilnahmen, war Scheich Bin Schadschi, mit dem ich ein Interview führen wollte.

Nach unserer schon geschilderten Begegnung mit den als Anhalter getarnten Kidnappern fuhren wir in Richtung von Bin Schadschis Festung. Die steinige Straße wich einer flachen, weißen Wüste, die sich unvermittelt in die orangefarbene Dünenlandschaft des Leeren Viertels verwandelte. Endlich erreichten wir einen Wachturm und dahinter Bin Schadschis Lager, das aus einer Moschee und mehreren Villen bestand. Dort wohnten seine verschiedenen Ehefrauen, mit denen der Scheich zwanzig Söhne und zwanzig Töchter gezeugt hatte. Doch bevor wir zum eigentlichen Anlass meines Besuches kamen, mussten wir uns erst zu einem fürstlichen Mahl niederlassen, bestehend aus Lamm, Hühnchen, verschiedenen Salaten, Suppen und zum Nachtisch einen Kuchen, der dick mit jemenitischem Honig (angeblich ein Aphrodisiakum) bestrichen war. Der Scheich häufte beharrlich Berge von Speisen auf meinen Teller. Bei uns saßen etwa zwanzig seiner Gefolgsleute und Leibwächter in ansehnlichen grauen Nadelstreifen-Jacketts, weißen Gewändern und rot-weiß karierten Kopftüchern, die erst einmal ihre sämtlichen Waffen beiseite legten, ehe sie sich dem Festmahl zuwandten und ihr Ramadan-Fasten unterbrachen.

Anschließend begaben wir uns in Bin Schadschis *diwan* oder

Konferenzzimmer; es besaß die Länge eines Fußballfeldes, und an seiner Decke hingen mehrere Kristallleuchter. »Ich bin hier sehr wichtig«, klärte mich der Scheich sogleich auf, »und in San'a ist der Präsident sehr wichtig.« In der Tat ist Bin Schadschi so einflussreich, dass er seine eigenen Privatkriege führen kann, ohne eine Einmischung seitens der Regierung befürchten zu müssen. Als wir uns trafen, befand er sich gerade inmitten einer seit 18 Monaten andauernden Auseinandersetzung mit einem anderen Stamm, die mit Granatwerfern, Raketen und verschiedenen Kanonen geführt wurde. Achtzig Menschen hatten bereits ihr Leben verloren.[34]

Der Scheich erzählte mir, dass er Bin Laden mehrmals in Saudi-Arabien getroffen habe, bevor dieser 1991 in den Sudan gehen musste. Er sagte, er achte Bin Laden als »religiösen Gelehrten« und »saudischen Oppositionellen«. Allerdings, so fügte er nachdrücklich hinzu, habe er wenig Verständnis für dessen Aufrufe zu einem Heiligen Krieg. Um seinen Worten Gewicht zu verleihen, hatte der Scheich die etwas unangenehme Angewohnheit, meine Hand zu nehmen und immer wieder fest zu drücken.

Bin Schadschi erklärte, er gehöre zu der Gruppe von etwa zwanzig Stammesführern, die sich Anfang 1997 mit einigen Gesandten Bin Ladens getroffen hätten. (Ein fester Händedruck quittierte diese Aussage.) Das Treffen mit den Unterhändlern, zwei saudi-arabischen und zwei jemenitischen Religionsgelehrten, dauerte drei Stunden. Die Gelehrten baten um angemessenen Schutz für Bin Laden und um ein Gebiet, in dem er ungehindert operieren könne, am liebsten in den Bergregionen im Nordwesten des Jemen, an der Grenze zu Saudi-Arabien. Sie boten jedoch keine finanziellen Anreize. (Und wieder der obligatorische Händedruck.) Die Scheichs erklärten jedoch: »Wir betrachten euch als Jemeniten und werden euch daher nicht abweisen, aber wir bitten euch, jegliche politischen oder militärischen Aktivitäten gegen andere Staaten zu unterlassen.« Danach, so Bin Schadschi, hätten sie nie wieder etwas von Bin Laden gehört. (Hier drückte er meine Hand gleich mehrmals.)

Ungeachtet Bin Schadschis erklärter Toleranz wächst im Jemen generell die Feindseligkeit gegenüber den USA. Dies zeigte beispielsweise die Entführung von sechzehn westlichen Touristen bei Aden im Dezember 1998.[35] Unter den Opfern waren zwölf Briten, zwei Australier und zwei Amerikaner – eine Krankenschwester, ein Postbeamter, mehrere Universitätsdozenten, eine Lehrerin und eine leitende Angestellte der Xerox Corporation. Sie alle verbrachten ihren Weihnachtsurlaub im Jemen.[36]

Kidnapping ist gleichsam eine Art Heimindustrie des Jemen: Zwischen 1996 und 2000 wurden 150 Geiseln entführt, 122 davon waren Ausländer. Während dieser relativ zivilisiert ablaufenden Vorfälle wurden die Entführten stets gut behandelt, und die Kidnapper forderten für ihre Freilassung entweder Geld oder Entschädigung für irgendwelche lokalen Missstände.[37] Doch mit der Entführung von 1998 wurde mit dieser geradezu kuriosen gewaltlosen Tradition auf schreckliche Weise gebrochen. Die Gruppe, die für diese Entführung verantwortlich zeichnete, war die IAA, die Islamic Army of Aden. Ihre Kämpfer hatten gemeinsam mit *al-Qa'ida* trainiert, und bei einem heftigen zweistündigen Feuergefecht mit den Sicherheitskräften der Regierung kamen vier Geiseln und drei Kidnapper ums Leben.[38] (Man sollte es also tunlichst vermeiden, sich im Entführungsfall von Streitkräften der Dritten Welt »retten« zu lassen.)

Die Geschichte der IAA bietet einen faszinierenden Einblick in die *dschihad*-Gruppen im Jemen und ihre Verbindungen, sowohl zu Beamten der jemenitischen Regierung als auch zu Kämpfern außerhalb des Landes. Sie erinnert zudem an eine Mischung aus einer komischen Oper im Stile Gilbert und Sullivans und einer Shakespeareschen Tragödie, vermengt mit einer gesunden Dosis Kafka.

Zunächst wollen wir den Bösewicht des Stücks kennen lernen. Der Mann, der die Entführung leitete, war der 32-jährige Zain ul-Abidin al-Mihdar, besser bekannt als Abu Hasan.[39] (Chalid al-Mihdar, ein Angehöriger von Abu Hasans Volksstamm und vielleicht sogar mit ihm verwandt, sollte bei den Angriffen des 11. September 2001 auf die USA noch eine wichtige Rolle spielen.) Abu Hasan kämpfte in Afghanistan an der Seite Bin Ladens und gründete 1997 die Islamic Army of Aden, die jedoch nur wenig Ähnlichkeit mit einer echten Armee aufwies.[40] Die IAA veröffentlichte 1998 mehrere Kommuniqués, in denen sie die Bombenanschläge auf die amerikanischen Botschaften in Afrika guthieß.[41] Als Abu Hasan schließlich wegen der Entführung der Touristen vor Gericht stand, bezeichnete er seine Geiseln als »Abkömmlinge von Schweinen und Affen« und behauptete, er hätte noch mehr von ihnen getötet, wenn seine Pistole keine Ladehemmung gehabt hätte.[42]

Der zweite Bösewicht ist der Ägypter Abu Hamza, den die jemenitische Regierung als die graue Eminenz der IAA betrachtet.[43] Wäre das Ganze tatsächlich ein Drama von Shakespeare, hätte Abu Hamza die Rolle des Narren, der immer wieder im Stück auftaucht und Bemerkungen fallen lässt, die entweder absurd oder sachdienlich sind oder manchmal auch beides zugleich. Die jemenitische Regierung behauptet jedenfalls, er sei der führende Kopf der IAA, während Abu Hamza sich selbst lediglich als ihren »Medienberater« bezeichnet.[44]

Ihn findet man nicht im Jemen, sondern Tausende von Kilometern weiter nördlich in London, wo er in der Moschee von Finsbury Park, nur einige Meter vom Stadion des legendären Londoner Fußballklubs Arsenal entfernt, das Amt des Imam bekleidet. Echte arabische Oppositionelle betrachten Abu Hamza mit seinen selbst veröffentlichten Traktaten als eine Witzfigur, da er weder ein ernst zu nehmender islamischer Gelehrter noch eine wichtige politische Persönlichkeit ist.[45] Aber auch mit Witzfiguren ist gelegentlich nicht zu spaßen.

Ich besuchte Abu Hamza im November 1999 in seiner modernen Moschee am Ende einer Straße mit einfachen Häusern aus dem neunzehnten Jahrhundert. In der Eingangshalle hing ein Plakat mit der Bitte um Spenden für die Muslime in Tschetschenien: »Die Russen bombardieren unsere Brüder mit chemischen Waffen.« Auf einem langen Zeichentisch lagen Videos zum Verkauf. Einige der Titel sprangen mir sofort ins Auge: *Warum dschihad?* und *Kein Mitleid für das gottlose Amerika*, beide stammen von Abu Hamza. Junge Männer strömten aus den regennassen, lauten Straßen Londons in das Gebäude.

Heutzutage hat man fast den Eindruck, der einzig politisch korrekte Schurke für einen Film sei ein arabischer Terrorist mit Froschaugen, der die ganze Welt in die Luft jagen will, doch kein Drehbuchautor Hollywoods würde es je wagen, sich einen derartig grotesken Unhold wie Abu Hamza auszudenken. Er ist riesengroß und trägt das typische Gewand der Afghanen, den *schalwar qamis*, samt einer braunen Wollmütze. Das Erste, was an ihm auffällt, ist das eine Auge, das bewegungslos in seiner Höhle sitzt, sowie die Armstümpfe, mit denen er gestikuliert – beides Folgen einer Minenexplosion in Afghanistan. Gelegentlich befestigt er an diesen Stümpfen einen Haken, was ihm das finstere Aussehen eines typischen James-Bond-Bösewichts verleiht. Auch seine Aufrufe zu einem *dschihad* gegen die Feinde des Islam, die er medienwirksam in eloquente, zitierfähige Sätze verpackt, tragen wenig dazu bei, diese Wirkung zu mildern. Kein Wunder, dass die Produktionsbüros sämtlicher Fernseh-Talkshows seine Adresse in ihrer Kartei haben.

Da wir von einer kleinen Schar seiner Anhänger umgeben waren, beschloss ich, ihn nicht nach den Berichten zu fragen, denen zufolge er seine berufliche Karriere in England als Türsteher eines Nachtclubs im Londoner Rotlichtviertel Soho begonnen haben soll.[46] Ich fragte ihn auch nicht nach den Sozialhilfeleistungen, die er von der britischen Regierung bezieht, obwohl er diese doch so verabscheut. Der Reporter John Burns von der *New York Times* war bei einem Besuch der Moschee sechs Monate zuvor von einem algerischen Anhänger Abu Hamzas mit einer Pistole bedroht worden, so dass es ratsam schien, die Jungs nicht zu verärgern. Allerdings bat ich den Mann, ob er mir nicht – ganz allgemein – ein wenig von seinem Leben erzählen könnte.

Abu Hamza wurde 1958 als Mustafa Kamal im ägyptischen Alexandria geboren und kam mit zwanzig nach England, um an der Brighton University Tiefbau zu studieren.[47] (Dort machte er 1986 auch seinen Abschluss.) Als Student begegnete er Scheich Umar Abd ur-Rahman, dem geistigen Führer der ägyptischen Dschihad-Gruppe. Abu Hamza beschreibt den blinden Scheich, der heute wegen seiner Rolle bei geplanten Anschlägen auf New Yorker Wahrzeichen in einem amerikanischen Gefängnis sitzt, als »gutes Beispiel – er leuchtet uns den Weg«. Anfang der achtziger Jahre heiratete er eine westliche Frau, von der er heute geschieden ist. Dieser Verbindung entstammt ein Sohn namens Mohammed, vom dem später noch mehr zu berichten sein wird. 1987 traf Abu Hamza während des *hadschdsch*, der Pilgerreise nach Mekka, den Chefrekrutierer des afghanischen *dschihad*, Abdullah Azzam.

Für ihn ist Azzam »einer der hellsten Funken des *dschihad* in der heutigen Zeit«.

Vom Heiligen Krieg in Afghanistan angezogen, verbrachte Abu Hamza dort einen Großteil der Jahre zwischen 1989 und 1993. Er ließ sich in der ostafghanischen Stadt Dschalalabad nieder, wo er für die umliegende Provinz Nangahar als Chefingenieur arbeitete. Zu seinen Aufgaben gehörten der Bau von Häusern und die Räumung der zahllosen Minen auf dem Land. »1993 hatte ich meinen Unfall«, sagte er. Er kehrte nach London zurück und begann, »in einer Moschee zu unterrichten« und gemeinsam mit anderen Veteranen des Afghanistan-Krieges eine Organisation namens Supporters of *schari'a* (die Unterstützer der *schari'a*), abgekürzt SoS, aufzubauen.[48]

SoS vertritt den Standpunkt, dass der *dschihad* für alle, außer alten Menschen, Blinden und Frauen, eine bindende Pflicht darstelle.[49] Auch die Diskussionsforen der Organisation im Internet lassen daran keinen Zweifel. In einer Frage heißt es: »Ich möchte zu den Taliban ... weil ich mich dem *dschihad* anschließen will oder zumindest die dafür notwendige Kampfausbildung bekommen möchte. Was kostet es ungefähr in US-Dollar, ein Jahr bei den Taliban zu bleiben?« Die Antwort lautet: »Beantrage einfach ein Touristenvisum für Pakistan, das 90 Tage gültig ist ... Dort versuchst du, einen guten Muslim zu finden, der dir dabei hilft, nach Afghanistan zu kommen ... Ich denke nicht, dass du insgesamt mehr als 2000 Dollar brauchen wirst.« Ein weiterer Eintrag listet Konten bei pakistanischen Banken auf, über die man Geld an die Harakat ul-Mudschahidin überweisen kann, eine kaschmirische Terrorgruppe mit Beziehungen zu Bin Laden, die im Dezember 1999 ein Flugzeug der Indian Airlines entführte.[50]

In seinem Büro in der Nordlondoner Moschee erklärte mir Abu Hamza, dass er Mitte der neunziger Jahre mehrmals nach Bosnien reiste, um die dortigen Muslime zu unterstützen, die zu Zehntausenden von den Serben ermordet wurden, weil diese ein »ethnisch reines« Jugoslawien errichten wollten. Er verbrachte viel Zeit in Zenica in Zentralbosnien, wo mehrere hundert Araber stationiert waren, die sich ebenfalls am *dschihad* beteiligen wollten.

Ende der Neunziger wandte er seine Aufmerksamkeit dem Jemen zu. »Ich versuchte, die Islamisten im Jemen wachzurütteln«, berichtete er. »Die Vereinigten Staaten wollten dort einen Militärstützpunkt einrichten.[51] Wir standen in Kontakt mit den afghanischen *mudschahidin*, die im Nord- und Südjemen lebten. Es kursierten viele Warnungen, dass es zu einer Militäraktion kommen würde. Ich kannte einige Jemeniten, die zwischen den Ländern hin und her reisten.« In dieser Zeit zeigte sich Abu Hamza in einer Sendung, die über Satellit im gesamten Nahen und Mittleren Osten ausgestrahlt wurde, und rief zur Tötung von »Ungläubigen« im Jemen auf.[52] Diese Kontakte zu militanten Jemeniten, unter ihnen auch Abu Hasan, veranlassten die jemenitische Regierung, Abu Hamza als führenden Kopf der Islamic Army of Aden hinzustellen.

Ende 1998 traf auch eine Gruppe britischer Muslime der zweiten Generation im Jemen ein, deren Eltern aus Asien und dem Mittleren Osten stammten. Einige von ihnen, beispielsweise sein Sohn Mohammed, sein Schwiegersohn sowie der Pressesprecher der SoS-Gruppe, hatten enge Verbindungen zu Abu Hamza.[53] Die insgesamt acht Briten im Alter zwischen 17 und 23 Jahren waren in den Midlands oder im Großraum London aufgewachsen. Die meisten studierten Wirtschaft oder Informatik, und diejenigen, die bereits im Berufsleben standen, hatten ganz unauffällige Jobs, etwa bei einer Versicherung.[54] Kurzum, sie wirkten sehr normal und harmlos. Die »Aden Eight«, wie man sie später nannte, gaben vor, im Jemen Urlaub machen zu wollen, entweder um Verwandte zu besuchen oder um Arabisch zu lernen.[55]

Doch bei einer routinemäßigen Verkehrskontrolle in der Nähe von Aden am 24. Dezember 1988 kam eine weitaus interessantere Geschichte ans Licht.[56] In dem kontrollierten Wagen saßen drei der acht Männer. Sie versuchten zu fliehen, wurden jedoch schnell gefasst.[57] Ihre Verhaftung führte die jemenitische Regierung zu einem Haus, in dem sie einen wahren Schatz an Dingen entdeckten, die man normalerweise nicht mit einem harmlosen Urlaub in Verbindung bringen würde: Minen, Raketenwerfer, Computer, Chiffriergeräte und eine Vielzahl von Audiokassetten und Videobändern von Abu Hamzas SoS-Organisation.[58] Die Jemeniten behaupteten daraufhin, dass die jungen Briten mit Abu Hasans IAA in Kontakt stünden und einige von ihnen ein veritables Feuerwerk weihnachtlicher Bombenanschläge in Aden geplant hätten: auf eine anglikanische Kirche, das britische Konsulat, ein amerikanisches Minenräumkommando und das Mövenpick (auf das bereits sechs Jahre zuvor Bin Ladens Gruppe einen Anschlag verübt hatte).[59] Ein westlicher Diplomat im Jemen erzählte mir, einige der Briten hätten sich vor ihrer Verhaftung mit Abu Hasan getroffen – sicherlich nicht gerade jemand, den man sich als Arabischlehrer aussuchen würde.[60]

Der offizielle Standpunkt der britischen Regierung lautet, dass den acht Briten, von denen fünf nun Haftstrafen zwischen drei und sieben Jahren in jemenitischen Gefängnissen absitzen müssen, keine faire Gerichtsverhandlung zuteil wurde – was nicht zuletzt daran lag, dass der Präsident des Jemen ihre Schuld schon vor der Verhandlung öffentlich verkündet hatte.[61] Die Verteidiger der acht Männer sagen, ihre Mandanten seien in einigen Fällen unter Folter gezwungen worden, falsche Geständnisse abzulegen.

Wie immer die Wahrheit in dieser verworrenen Geschichte aussehen mag, die Verhaftung der Engländer am Heiligabend sollte bald schon tragische Konsequenzen haben.

Montag, 29. Dezember, kurz vor Mittag: Für eine Gruppe westlicher Touristen stand an diesem Tag ein Ausflug durch die Wüsten und Berge des jemenitischen Hinterlandes auf dem Programm, für eine Gruppe von Kidnappern, bewaffnet mit *Bazukas*, RPG-Granatwerfern und Kalaschnikows, war es jedoch der Tag der Rache für ihre unlängst inhaftierten militanten Brüder aus England.[62] Die insgesamt etwa zwanzig Kidnapper konnten den Konvoi, der durch die offene Ebene in Richtung Aden fuhr, deutlich erkennen.[63] Die Kämpfer sahen, dass die Insassen dieser Wagenkolonne allesamt *kafir* waren, ungläubig, und sie beteten, dass möglichst viele von ihnen Amerikaner wären. Ihr Anführer Abu Hasan war fest entschlossen, die Freilassung seiner britischen Kameraden zu erzwingen.[64]

In einem der Landcruiser saß Mary Quin. Die Vizepräsidentin der Xerox Corporation aus Rochester, New York, befand sich im Jemen, um die einzigartigen mittelalterlichen Städte zu besichtigen. »An diesem Tag sollten wir etwa dreihundert Kilometer zurücklegen«, erzählte sie mir. »Wir fuhren in fünf Geländewagen mit Allradantrieb auf einer Wüstenstraße und hatten gerade ein

Marktstädtchen passiert, als sich ein Pick-up zwischen zwei von unseren Fahrzeugen drängte. Das erste Zeichen, dass etwas nicht stimmte, waren die Schüsse. Ich dachte: ›Das wird bestimmt kein normaler Tag.‹ Wir verstanden nicht, was mit uns passierte. Typen mit Gewehren umstellten unsere Autos und eskortierten uns in die Wüste. Wir fuhren etwa zwanzig Minuten, bis wir zu einer Schlucht kamen.«

Quin schätzte, dass es sich um etwa achtzehn Entführer handelte: einen harten Kern, der ängstlich und angespannt wirkte (darunter ein Mann mit einem Satellitentelefon), und eine Gruppe örtlicher Dorfbewohner als Begleitung.[65] »Nur einer der Terroristen sprach Englisch«, berichtete sie. »Er erklärte uns, dass sie uns entführt hätten, weil die jemenitische Regierung einige ihrer englischen Kameraden verhaftet habe.« Die Kidnapper sagten, sie wollten außerdem gegen die unlängst durchgeführte Operation »Desert Fox« protestieren, bei der die Vereinigten Staaten vom 17. Dezember an siebzig Stunden lang über vierhundert Cruise-Missile-Angriffe auf den Irak gestartet und mehr als sechshundert Bomben auf irakische Ziele abgeworfen hatten.[66] Quins Entführer sagte ihr: »Sie sind nicht verantwortlich für die Bombardierung des Irak, aber Ihre Regierungen sind es.« Sie erzählte, die Geiselnehmer seien ganz offensichtlich sehr enttäuscht darüber gewesen, dass sich unter den Teilnehmern der Touristengruppe nur zwei Amerikaner befanden.

»Fast genau 24 Stunden nach unserer Entführung bemerkten wir plötzlich, dass wir befreit wurden«, berichtete sie weiter. »Es herrschte ein schreckliches Chaos – überall Gewehrfeuer und Granaten um uns herum. Zwei Stunden lang standen wir unter Beschuss.« Quin vermutete, ihre wissenschaftliche Ausbildung habe ihr dabei geholfen, die Situation rational zu beurteilen und ruhig zu bleiben. »Wir wurden gezwungen, den Entführern als menschliche Schutzschilde zu dienen«, fuhr sie fort. »Ich packte den Gewehrlauf eines Kidnappers, der angeschossen worden war, und beide zerrten wir so lange an seiner Kalaschnikow, bis ich sie ihm schließlich aus den Händen reißen konnte.« Die gebürtige Neuseeländerin zeigte nun, aus welch hartem Holz sie geschnitzt war, und versetzte dem Kidnapper »nicht ohne eine gewisse Genugtuung« einige Tritte in den Leib und gegen den Kopf.

Die jemenitische Regierung, die bei den Dutzenden von Entführungen zuvor noch nie einen Rettungsversuch gestartet hatte, hatte es versäumt, ihre Pläne den westlichen Diplomaten im Jemen mitzuteilen.[67] (Die Diplomaten hätten vermutlich von diesem Versuch abgeraten, weil sie wissen, dass die jemenitische Armee auf derartige Operationen nicht gerade spezialisiert ist.) Wie sich herausstellte, handelte es sich um einen groß angelegten Gegenschlag: Über zweihundert jemenitische Soldaten stürmten in einem Großangriff das Versteck der Kidnapper. Die jemenitische Regierung behauptete steif und fest, die Entführer hätten zuerst gefeuert – eine Aussage, der die überlebenden Geiseln entschieden widersprechen.[68]

Während der Schießerei befahl Abu Hasan seinem Adjutanten Usama al-Misri, einem Mitglied der Dschihad-Gruppe in Ägypten – die heute nachweislich zu *al-Qa'ida* zählt –, eine Frau zu töten, egal welche.[69] Unglücklicherweise kam al-Misri bei dem Gefecht ums Leben, so dass die Ermittler seine Verbindungen zur ägyptischen Dschihad-Gruppe und zu Bin Laden nicht weiter verfolgen konnten. Die beiden hatten in dem Jahr ein gemeinsames Kommuniqué herausgegeben, das den Tod aller Amerikaner forderte.

Drei Briten und ein Australier fanden während dieser stümperhaften Rettungsaktion den Tod, allesamt angesehene Männer und Frauen, darunter Dr. Peter Rowe, ein eigenwilliger Physikdozent an der Durham University in Großbritannien, dessen Abneigung gegen die Hochschulpolitik ebenso groß war wie die Liebe zu seinen Studenten.[70] Seine Frau Claire Marston, ebenfalls Universitätsprofessorin, wurde lebensgefährlich verletzt. Ruth Williamson, eine freundliche Schottin, die in der Gesundheitsfürsorge arbeitete, wurde von einem der Geiselnehmer exekutiert.[71] Ebenfalls getötet wurde Margaret Whitehouse, eine englische Grundschullehrerin, die gezwungen wurde, als menschlicher Schutzschild zu dienen. »Ruhig wie auf einem Sonntagsspaziergang« ging sie in ihren Tod und starb vor den Augen ihres Mannes.[72]

Abu Hasan und zwei weitere Angeklagte kamen im Januar 1999 vor Gericht. Abu Hasan stritt seine Schuld nicht ab; vielmehr erklärte er, dass seine Leute nach dieser Entführung noch weitere Angriffe auf britische und amerikanische Ziele in Aden geplant hätten. Obendrein wollte man auch eine Kirche attackieren, nach dem Prinzip: »Zwei Religionen können nicht nebeneinander bestehen, und auf der Arabischen Halbinsel darf niemals eine Kirchenglocke erklingen.«[73] Mit seinem Geständnis tat er seinen britischen Muslimbrüdern, die in den jemenitischen Gefängnissen schmachteten, keinen Gefallen – es waren genau die Pläne, die ihnen später zur Last gelegt wurden.

Die dringlichste Frage blieb dadurch jedoch unbeantwortet: Gab es eine Verbindung zwischen Abu Hasan und den islamistischen Elementen in der jemenitischen Regierung? Anzeichen für ein solches geheimes Einverständnis kamen gelegentlich in der Verhandlung zum Vorschein, beispielsweise in der Zeugenaussage eines Fahrers, der bei dem Touristikunternehmen arbeitete. Danach hatte Abu Hasan über das Satellitentelefon General Ali Muhsin al-Ahmar angerufen, einen Verwandten von Präsident Salih, der sich Berichten zufolge in den achtziger Jahren mit Bin Laden in Afghanistan getroffen hatte.[74] Warum sollte Abu Hasan sich während einer Entführung die Zeit nehmen, mit einem Mitglied der Präsidentenfamilie zu plaudern? Einer der anderen Fahrer sagte aus, Abu Hasan habe mit seinem Satellitentelefon eine unbekannte Person – die angeblich die Operation befehligte – angerufen und erklärt: »Wir haben die bestellte Ware: 1600 Kartons mit britischen und amerikanischen Stempeln«, ein kaum verschlüsselter Hinweis auf die sechzehn Touristen. Und der örtliche Stammesführer, der versucht hatte, mit Abu Hasan zu verhandeln, erzählte dem Gericht, der Entführer habe zu ihm gesagt: »Wir haben Kontakte auf höchster Ebene.«[75] Abu Hasan jedenfalls trieb eifrig seine Telefonrechnung in die Höhe und rief auch noch bei Abu Hamza in London an, um ihm zu sagen, er erwarte nicht, dass »die jemenitische Regierung in dieser Angelegenheit ebenso verfahre wie bei anderen Entführungen«.[76] Die Antwort auf diese Fragen nahm Abu Hasan jedoch mit ins Grab, als er fast genau ein Jahr vor dem Anschlag auf die U.S.S. *Cole* hingerichtet wurde.

Ein Unheil verkündender Zufall wollte es, dass der Dezember 1998 auch der Monat war, in dem die langwierigen Verhandlungen zwischen den Vereinigten Staaten und dem Jemen über eine Erlaubnis für US-Kriegsschiffe, in Aden aufzutanken, endlich abgeschlossen wurden.[77] Noch verhängnisvoller wirkt in diesem Zusammenhang, dass Mohammed al-Auhali, einer der Attentäter bei dem Anschlag auf die US-Botschaft in Kenia im August 1998, den amerikanischen Ermittlern bereits erzählt hatte, die Bin Laden-Gruppe habe als Nächstes Angriffe auf amerikanische Schiffe im Jemen geplant.[78] Dass diese Aussage aus einer sehr sicheren Quelle stammte (al-Auhali war in den Monaten vor den Botschaftsattentaten vom Jemen nach Afghanistan gereist, hatte sich dort mit Bin Laden getroffen und war dann weiter nach Kenia geflogen), hätte größeren Alarm auslösen müssen, als es offenbar der Fall war.[79] Wie al-Auhali vorhergesagt hatte, kam 1998 in Aden eine Schar militanter Islamisten zusammen, die alles in allem viel besser organisiert war als Abu Hasans Leute. Ihre Vorbereitungen für den Angriff auf ein weitaus ambitionierteres Ziel als eine harmlose Touristengruppe waren schon weit gediehen.[80]

Ihr Anführer war Mohammed Umar al-Harazi, ein Afghanistan-Kämpfer, der wie Bin Laden jemenitischer Abstammung, aber in Saudi-Arabien geboren war.[81] Ein amerikanischer Untersuchungsbeamter, der an den Verhören der jemenitischen Verdächtigen im *Cole*-Anschlag beteiligt war, bestätigte, dass al-Harazi nach dem Attentat der Bin Laden-Gruppe auf die Botschaft in Nairobi Mitglieder der Zelle im Jemen informierte: »Unser nächstes Ziel ist ein US-Kriegsschiff.«[82]

Zunächst erwogen die Kämpfer, einen RPG-Granatwerfer einzusetzen, gaben diesen Plan aber auf, so der Ermittler, weil »ein RPG-Granatwerfer nicht die angestrebte Wirkung gehabt hätte«. So kamen sie auf die Idee mit dem mit Sprengstoff beladenen Boot. Die Attentäter verwendeten hochexplosiven C4-Sprengstoff, der nur in sehr wenigen Ländern produziert wird, darunter auch in den Vereinigten Staaten und im Iran. Ein ehemaliger Angehöriger des amerikanischen Geheimdienstes sagt, der wasserfeste C4-Sprengstoff, der bei dem Anschlag auf die *Cole* benutzt wurde, könnte aus Beständen stammen, die Mitte der siebziger Jahre in Tennessee hergestellt wurden.[83]

Auch schon bevor die Vereinigten Staaten im Dezember 1998 das Abkommen mit der jemenitischen Regierung unterzeichneten, hatten amerikanische Schiffe inoffiziell in Aden zum Tanken angelegt. Folglich hatten die Verschwörer genügend Zeit gehabt, um die Verteidigungsanlagen der Kriegsschiffe mit scheinbar harmlosen *hauris* zu erforschen, schmalen Fischerbooten, die in Adens Hafen wie Mücken herumschwirren.[84]

Um den Erfolg des Angriffs auf die *Cole* nachzuvollziehen, muss man sich die Geographie des Hafens von Aden vor Augen führen. Er ist einer der schönsten Naturhäfen der Welt und besteht aus einer Reihe weißsandiger Buchten, über denen schroffe Klippen aufragen. Ein tiefblaues Meer erstreckt sich in alle Richtungen, so weit das Auge reicht, und am Horizont liegen riesige Öltanker vor Anker. Die Hafenanlage ist durch zwei gekrümmte Halbinseln geschützt, welche die Bucht wie Hummerscheren umschließen. Auf der einen befindet sich Klein-Aden, eine Gegend mit kleinen, bescheidenen Häusern, die meisten von den Briten erbaut, die Aden 1839 eroberten und bis 1967 unter ihrer Kontrolle hatten. Auf der anderen Halbinsel liegt die eigentliche Stadt Aden mit ihrem Passagierhafen, dem die Briten den Namen Steamer Point gaben.

Die Attentäter nutzten das ruhige, abgelegene Klein-Aden, um ihre Bomben zu bauen und den Motor des Bootes zu testen. Sie errichteten eine fast fünf Meter hohe Mauer aus Wellblech im Umkreis eines Hauses, damit sie bei ihrem Treiben nicht beobachtet werden konnten.[85] Auf der Steamer-Point-Halbinsel mieteten sie noch ein Haus auf einem Hügel mit Sicht auf die Tanks, an denen die Amerikaner ihre Schiffe auftankten.[86] Auf ihren Fahrten zwischen ihrer Bombenfabrik in Klein-Aden und ihrem Beobachtungsposten am Steamer Point müssen die Attentäter an einem riesigen Gelände vorbeigekommen sein, an dem ein auffallendes Schild mit dem Schriftzug »Bin Ladin International Ltd.« prangt. Diese Firma gehört zum Baugeschäft von Osamas Familie. Die Bin Laden-Familie ist am Wiederaufbau von Adens Flughafen beteiligt, der während des Bürgerkrieges 1994 schwer zerstört wurde, unter anderem auch von den Afghanistan-Veteranen. Wenn die Attentäter nur ein wenig Sinn für Humor hatten, haben sie sich bei diesem Anblick ein sarkastisches Grinsen sicher nicht verkneifen können.

Der erste Versuch, ein amerikanisches Kriegsschiff zu versenken, wurde am 3. Januar 2000 unternommen – dem heiligsten Tag des Ramadan, der »Nacht der Bestimmung«, in der Mohammed die ersten Verse des Koran empfing.[87] Die religiöse Bedeutung dürfte den Attentätern kaum entgangen sein: An diesem Tag zu sterben gilt als Zeichen der Gnade Gottes. Doch in dieser Nacht sollte niemand sterben. Das Boot mit mehreren hundert Kilogramm Sprengstoff an Bord stach von einem Strand bei Klein-Aden aus in See und sank sofort.[88] Die Attentäter hatten ihren Nachbarn zwar erzählt, sie seien Fischhändler, doch offenbar hatten sie keinen blassen Schimmer davon, wie man die Last auf einem Boot verteilen musste.[89] So schob sich ihr Ziel, der Zerstörer U.S.S. *The Sullivans*, aus dem Hafen von Aden, ohne dass die Mannschaft ahnte, wie knapp sie der Katastrophe entronnen war.

Richard Clarke, der mit der Koordination der amerikanischen Terrorabwehr beauftragt war, erzählte der *Washington Post*, zum gleichen Zeitpunkt wie die Attacke auf die *The Sullivans* hätte auch ein Bombenattentat auf das Radisson Hotel in Amman stattfinden sollen, geplant von einer Gruppe militanter Jordanier mit Kontakten zu Bin Laden. In diesem Hotel stiegen häufig amerikanische Touristen ab, um eine Gegend am Jordan zu besuchen, an der Johannes der Täufer gewirkt haben soll.[90] Doch auch dieser Plan wurde durchkreuzt.

Während diese gescheiterten Terrorakte noch geplant wurden, versammelten sich Osama bin Laden und andere Führer seiner Gruppe in einer religiösen Schule im afghanischen Kandahar. Ihr Treffen wurde von einer Nachrichtenagentur mit dem treffenden Namen Jihad Media auf Video aufgezeichnet – ein Band, das für die amerikanischen Ermittler aus verschiedenen Gründen von Interesse ist. Zum einen zeigt es einen sichtlich gealterten Bin Laden, durch dessen Bart sich weiße Strähnen ziehen, mit einer *dschambija* am Gürtel. In den wenigen Bildern, die von ihm existieren, hat man ihn noch nie mit diesem jemenitischen Dolch gesehen. Zweitens sagt auf diesem Band einer von Bin Ladens wichtigsten Gefolgsleuten, Aiman az-Zawahiri, der Führer des ägyptischen Dschihad: »Genug der Worte. Es ist an der Zeit, dieser lasterhaften und ungläubigen Macht [den Vereinigten Staaten], die ihre Truppen in Ägypten, Jemen und Saudi-Arabien ausbreitet, mit Taten zu begegnen.«[91] Und schließlich heiratete Bin Laden etwa um diese Zeit seine vierte Frau, eine Jemenitin aus der Provinz Abyan.[92] Diese Symbolik hat ihm sicherlich gefallen.

Auf dem Band sagt Bin Laden: »In dieser gesegneten Nacht

geloben wir ... die Juden und Christen aus den heiligen Stätten [der Arabischen Halbinsel] zu vertreiben.« Die Anspielung auf die »gesegnete Nacht« deutet meiner Ansicht nach darauf hin, dass das Video während des Ramadan aufgezeichnet wurde, vielleicht sogar am 3. Januar, während sich die jemenitischen Verschwörer für die Attacke auf die U.S.S. *The Sullivans* rüsteten. Wie bereits erwähnt, hat Bin Laden bei den Vorbereitungen seiner Anschläge stets den Kalender im Blick. Zudem gibt er gerne subtile Hinweise auf die bevorstehenden Aktionen seiner Gruppe. Im Mai 1998 hielt er eine Pressekonferenz in Afghanistan ab, um mitzuteilen, dass es »in den nächsten Wochen gute Nachrichten« geben werde. Neun Wochen später verwüsteten Bomben zwei amerikanische Botschaften in Afrika.

Im Januar, nach dem schmählichen Untergang ihres Bootes, verließen die Aden-Attentäter für kurze Zeit die Stadt und kehrten später zurück, um ihre Planungen zum Abschluss zu bringen.[93] Diesmal durfte nichts schief gehen. Mohammed Umar al-Harazi kam vor dem Anschlag auf die *Cole* mit Geld nach Aden und half bei den Vorbereitungen; laut einem leitenden jemenitischen Beamten reiste er nach der erfolgreichen Durchführung der Anschläge nach Afghanistan weiter.[94] Er war damit nicht der Einzige. »Zahlreiche Leute reisten umgehend vom Jemen nach Afghanistan«, und zwar alle um etwa die gleiche Zeit, berichtete Botschafter Michael Sheehan, der amerikanische Koordinator der Terrorabwehr, vor dem Kongress in Washington.[95]

Diejenigen, die in Aden blieben, um zu sterben, waren die beiden Selbstmordattentäter. Der eine benutzte den Decknamen Abdullah al-Musauwah und hatte sich 1997 in Lahidsch, einer islamistischen Hochburg in der Nähe Adens, einen falschen Ausweis auf diesen Namen ausstellen lassen.[96] Sein echter Name lautete Hasan Sa'id Awad al-Chamri, er war Ende zwanzig, Jemenit und stammte wie Bin Laden aus Hadramaut.[97] Es gibt ein Foto von al-Chamri, das er für die Anmeldung des Bootes verwendete, in dem sich später die Bombe befand. Darauf starrt er unfreundlich hinter einer Brille und einem üppigen Bart hervor.[98] Der andere Selbstmordattentäter ist bis heute nicht identifiziert worden, es soll sich aber angeblich ebenfalls um einen Jemeniten handeln, der in Saudi-Arabien lebte.

Außer den beiden werden noch weitere Personen zu den Verschwörern gerechnet. Dschamal al-Badawi, der Berichten zufolge zugab, in Bin Ladens Lagern in Afghanistan ausgebildet worden zu sein, wird beispielsweise von den Jemeniten verdächtigt, Besorgungen erledigt und Ausrüstung für die Attentäter gekauft zu haben.[99] Ebenfalls von den Jemeniten beschuldigt wurde der glücklose Fahd al-Qausi, der angeblich in dem Beobachtungshaus in der Nähe des Steamer Point warten sollte, bis der Code 101010 auf seinem Pager erschien – das Signal für ihn, den Anschlag auf die *Cole* mit einer Videokamera festzuhalten.[100] Allem Anschein nach schlief er jedoch ein und verpasste seinen Einsatz.[101]

Die Matrosen, die durch die Explosion ums Leben kamen, stammten größtenteils aus amerikanischen Kleinstädten, Orten wie Woodleaf in North-Carolina, Rex in Georgia, Kingsville in Texas oder Portland in North-Dakota.[102] Der Älteste von ihnen war gerade mal 35 Jahre alt, und einige waren noch keine zwanzig. Zu den Opfern zählte auch Marc Nieto, ein 24-Jähriger aus Fond du Lac in Wisconsin, der auf der *Cole* als Maschinist tätig war. Er hatte nur noch zwei Wochen bis zum Ende seiner sechsjährigen Dienstzeit bei der Navy vor sich und seiner Freundin Jamie DeGuzman, die ebenfalls als Matrosin auf der *Cole* diente, auf der Fahrt in Richtung Jemen bereits einen Heiratsantrag gemacht.[103] Nietos Mutter sagte: »Er hatte sehr hochfliegende Pläne und hätte diese Ziele auch erreicht. Er stand noch ganz am Anfang seines Lebens.« Das galt auch für die anderen sechzehn jungen Männer und Frauen, die nur deswegen getötet wurden, weil sie in der Armee ihres Vaterlands dienten.

Nicht einmal einen Kilometer vom Ankerplatz der *Cole* entfernt arbeitete Abd ul-Aziz Hakim, wie an den meisten Tagen, im Buchladen seiner Familie.[104] Der Laden ist voll gestopft mit staubigen Büchern und Zeitschriften, die an das Aden der sechziger Jahre erinnern, als es noch einer der geschäftigsten Häfen der Welt und ein stolzer Außenposten des britischen Weltreiches war. Vergilbte Ausgaben einer Zeitschrift namens *Commando* zeigen Nazis, die »Ergib dich oder stirb, englischer Schweinehund!« schreien. Daneben stapeln sich in den Regalen Bücher, die sich solch wichtigen Fragen widmen wie »Benötigt man bei geselligen Zusammenkünften am Nachmittag – etwa anlässlich einer Partie

Bridge oder Whist – nur einen Tisch für Freunde oder sollte es eine größere Party mit zwei oder mehr Tischen werden?« Die Druckwelle der *Cole*-Explosion zertrümmerte die Fenster in Hakims stabilem, viktorianischem Steinhaus. Drei Kilometer entfernt, im Stadtteil Ma'alla, sagte ein Taxifahrer, er sei sicher, das sei ein Erdbeben.

Wie bei den Anschlägen auf das World Trade Center 1993 und auf das Bundesgebäude in Oklahoma 1995 gingen die ersten ratlosen Berichte darüber von einem Unfall aus. Selbst als ein Unglücksfall so gut wie ausgeschlossen schien, hielt die jemenitische Regierung noch Tage an dieser Lesart fest und zögerte, die Möglichkeit eines Terrorakts einzuräumen. Auf der anderen Seite hatten amerikanische Regierungsbeamte in Washington, die von dieser Nachricht geweckt wurden – zumindest inoffiziell –, wenig Zweifel an der wahren Ursache der Explosion.[105] Innerhalb von vier Tagen wurde der Fall der Zuständigkeit des New Yorker FBI-Büros übergeben, das auf Grund seiner Ermittlungen zu den Anschlägen auf das World Trade Center und die afrikanischen Botschaften ein umfangreiches Wissen über den islamischen Terrorismus zusammengetragen hatte.[106] Sogleich wurden FBI-Agenten in den Jemen geschickt, die Bin Laden schon seit Jahren auf der Spur waren.[107]

Bei einem Besuch in Aden wenige Monate nach dem Anschlag auf die *Cole* stieg ich im Gold Mohur Hotel ab, das acht Jahre zuvor von Bin Ladens Anhängern bombardiert worden war. Nach diesem Attentat, das die vierte Etage des Hauses zerstört hatte, war das Hotel wieder sehr schön renoviert worden. Auf der Fahrt zum Gold Mohur, das auf einer Halbinsel im Golf von Aden liegt, wurde mein Taxi zu meiner Überraschung von zwei Sicherheitsteams überprüft. Als ich das Hotel erreichte, verstand ich den Grund. Die leicht zu verteidigende Halbinsel war von den amerikanischen Beamten als Operationsbasis für die Untersuchung des Attentats gewählt worden. In der Hotelhalle stand eine junge Frau mit einer Baseballmütze und unterhielt sich mit einem stämmigen Mann mittleren Alters, der unverkennbar nach FBI-Agent aussah. Und als ich versehentlich auf der falschen Etage aus dem Fahrstuhl trat, wurde ich von einem Marine-Infanteristen in voller Kampfmontur begrüßt.

Diese extrem strengen Sicherheitsauflagen wiesen auf die sehr reale Bedrohung hin, militante Jemeniten könnten die amerikanischen Ermittler ins Visier nehmen. Schließlich hatte die Untersuchung bereits problematisch angefangen. Das lag nicht nur an den kulturellen Gegensätzen zwischen dem FBI, unbestritten die erfahrenste Untersuchungsbehörde der Welt, und Jemens Polizeibehörde, deren eigene forensische Techniken sich oftmals auf die Folter beschränken, sondern auch an der Annahme amerikanischer Beamter, der Jemen würde ihnen bei der Untersuchung des Falles völlig freie Hand lassen.[108] Offenbar hatten die amerikanischen Ermittler die Lage in der Region völlig falsch eingeschätzt. Nach den Bombenattentaten von 1995 und 1996 auf militärische Einrichtungen der USA in Saudi-Arabien, bei denen insgesamt 24 amerikanische Militärangehörige getötet wurden, ließen die Saudis im Fall des ersten Anschlags rasch vier Verdächtige köpfen und zeigten ein Jahr später bei den Ermittlungen zum zweiten Attentat nur eine minimale Kooperationsbereitschaft mit den amerikanischen Behörden.[109] Im Jemen musste Präsident Salih nun der politischen Realität Rechnung tragen, dass die *Islah*-Partei über 20 Prozent der Parlamentssitze verfügt und viele Jemeniten jegliche militärische Präsenz der Amerikaner in ihrem Land ablehnen.

Die Reaktion des ehemaligen stellvertretenden Ministerpräsidenten al-Ansi spiegelt in diesem Zusammenhang die Haltung vieler Jemeniten wider: »Für den Bombenanschlag auf die *Cole* gibt es keine Rechtfertigung. Ich war schockiert und überrascht. Aber die USA tragen auch eine gewisse Verantwortung für den Vorfall wegen der Art und Weise, wie sie die Probleme des Nahen und Mittleren Ostens behandeln. Dabei geht es nicht nur um Palästina und die amerikanische Unterstützung für Israel, sondern um die amerikanische Politik insgesamt. Die militärische Präsenz der USA ist nicht erwünscht ... Und da Amerika diese Politik fortsetzen wird, muss es mit weiteren Vorfällen dieser Art rechnen.«

Eine Woche nach dem Attentat auf die *Cole* reiste FBI-Direktor Louis Freeh, der eine gewisse Ähnlichkeit mit dem smarten Polizeiagenten Elliot Ness besitzt, in den Jemen und lobte die Zusammenarbeit mit den Behörden vor Ort. Bei einer Pressekonferenz erklärte er, die Explosion der *Cole* sei auf »eine explosive

Vorrichtung auf einem im Wasser schwimmenden Beförderungsmittel« zurückzuführen. Einer der versammelten Schreiberlinge rief ihm daraufhin zu: »Sie meinen wohl eine Bombe in einem Boot« und löste damit allgemeine Heiterkeit aus.[110]

Zunächst erhielten die amerikanischen Agenten nur schlecht übersetzte und extrem gekürzte Transkripte der Verhöre mit den etwa sechzig Verdächtigen und mehreren hundert Zeugen, welche die Polizei aufgetrieben hatte.[111] Ende November hatten die beiden Regierungen jedoch ein Abkommen unterzeichnet, das es den amerikanischen Agenten gestattete, bei den Verhören anwesend zu sein und Fragen zu stellen. Mehr konnte man nicht erwarten, allerdings lieferte diese Vereinbarung bestenfalls widersprüchliche Ergebnisse. Sieben Monate später, im Juni 2001, flogen die letzten, im Land verbliebenen FBI-Agenten zurück in die USA, nicht wegen terroristischer Drohungen, sondern wegen der anhaltenden Streitigkeiten mit den Jemeniten über die Durchführung der Ermittlungen.[112]

Es stellt sich nun die Frage, wie es die amerikanische Regierung zulassen konnte, dass es überhaupt zu einer solchen Katastrophe kam? Schließlich wurde das Abkommen, das es den US-Kriegsschiffen gestattete, in Aden zu tanken, erst unterzeichnet, *nachdem* die Vereinigten Staaten aus einer sehr glaubwürdigen Quelle erfahren hatten, dass ein Angriff auf ein Kriegsschiff in diesem Gebiet geplant sei.

Im April 1999 veröffentlichte das Außenministerium seinen jährlichen Terrorismus-Bericht »Patterns of Global Terrorism«. Der Abschnitt über den Jemen ist ausgesprochen aufschlussreich. Darin wird zwar lobend erwähnt, dass der Jemen Schritte unternommen habe, um ausländische Extremisten zu zwingen, das Land zu verlassen, gleichzeitig wird aber auch auf die Entführung der westlichen Touristen durch die Islamic Army of Aden verwiesen.[113] Ein Jahr später, im nächsten Terrorismus-Bericht, wird die Regierung des Jemen wiederum gelobt, weil sie »einige internationale Anti-Terror-Konventionen« unterzeichnet und »zusätzliche Maßnahmen für eine verbesserte Kontrolle der Grenzen, des Staatsgebiets und der Reisedokumente« eingeführt habe. Anschließend wird jedoch darauf hingewiesen, dass »die Unfähigkeit der Regierung, ihre Autorität auch in abgelegenen Gegenden durchzusetzen, das Land nach wie vor zu einem sicheren Zufluchtsort für terroristische Gruppen« mache. Zu diesen Gruppen zähle auch die ägyptische Organisation Islamischer Dschihad, die sich laut der New Yorker Anklageschrift von 1998 inzwischen praktisch mit Bin Ladens Gruppe vereinigt haben soll.

Zweifellos kannten die Pentagon-Beamten und die amerikanische Gesandte im Jemen, Barbara K. Bodine, eine ehemalige Mitarbeiterin der Terrorabwehr, die das Tank-Abkommen von Aden mit unterzeichnete, den Inhalt der Anklageschrift gegen Bin Laden. Auch die Terrorismus-Berichte des Außenministeriums dürften ihnen bekannt gewesen kann. So drängt sich einem förmlich die Frage auf, warum um alles in der Welt Aden als Hafen zum Auftanken gewählt wurde.

Zu ihrer Verteidigung lässt sich als Erstes anführen, dass es sich bei Aden tatsächlich um einen wunderbar angelegten, natürlichen Hafen handelt, den besten in einem Umkreis von mehreren hundert Kilometern. Seine Lage am Roten Meer und somit in der Nähe des Suezkanals ist einer der Gründe, warum die Briten die Stadt über ein Jahrhundert lang okkupierten. In den siebziger und achtziger Jahren, als der Südjemen eine sozialistische Regierung hatte, tankten die Sowjets dort ihre Schiffe auf. Zweitens hofften die Vereinigten Staaten, die Unterstützung des Jemen für den Kampf gegen den Terrorismus zu gewinnen und das Land, das mit dem Irak verbündet ist, in die Pax Americana mit einzubeziehen.

Als General Anthony Zinni, der geachtete Befehlshaber der amerikanischen Streitkräfte im Nahen Osten und in Asien, vor dem US-Kongress erscheinen musste, um Rechenschaft abzulegen, übernahm er die volle Verantwortung für die Entscheidung, die US-Schiffe in Aden aufzutanken. Bei meinem Anruf in seinem Haus in Virginia wenige Tage nach dem Attentat erklärte er mit ausgesuchter Höflichkeit: »Wir brauchten dort unten einen Ort zum Auftanken. Keine der Möglichkeiten, die uns zur Verfügung standen, war perfekt. Wir prüften die Sicherheitslage in Aden, und die Probleme dort waren geringer als an anderen möglichen Orten wie Dschidda oder Dschibuti. Wir haben nicht genug Öltanker, um die einzelnen Schiffe auf hoher See aufzutanken, daher sind wir auf Häfen angewiesen.«

Die Entscheidung für Aden kostete siebzehn junge Amerikaner das Leben und verursachte 240 Millionen Dollar Schaden an einem der modernsten Zerstörer der amerikanischen Navy. Außerdem demonstrierten die USA damit ihre Ohnmacht gegenüber einer Form der Auseinandersetzung, die Verteidigungsexperten auch als asymmetrische Kriegsführung bezeichnen – eine sehr vornehme Umschreibung für den Kampf von David gegen Goliath.[114] Ein ehemaliger CIA-Mitarbeiter ließ dazu verlauten: »Die Entscheidung für Aden war die Folge eines offensichtlich falschen politischen Kalküls. Die Vereinigten Staaten hatten versucht, die jemenitische Regierung zu ködern, und ihnen einen 80-Millionen-Dollar-Vertrag angeboten.« Aber Aden, so der Beamte weiter, sei »in Bezug auf die Sicherheitslage ein Albtraum, da sich viele terroristische Gruppen in der Nähe aufhalten. Diese konnten den Hafen ganz leicht beobachten und ihr Vorgehen planen. Schließlich legten dort häufig amerikanische Schiffe an.« Ein anderer ehemaliger Mitarbeiter des amerikanischen Geheimdienstes, der Aden ebenfalls gut kennt, sagt: »Nach meinem Dafürhalten versuchte die amerikanische Regierung, dadurch ein engeres Verhältnis zu den Jemeniten aufzubauen; das war jedoch eine schlechte Idee, weil man es hier nicht mit einem uns freundlich gesinnten Land zu tun hatte.«

Abgesehen von der Tatsache, dass der Jemen ein Zufluchtsort für Terrorgruppen und der Hafen von Aden daher alles andere als sicher ist, muss man sich auch einmal in die Gedanken der Männer hineinversetzen, die hinter dem Attentat stecken. Diejenigen, die den Anschlag ausführten, glaubten wie Bin Laden, dass die Anwesenheit der amerikanischen »Ungläubigen« auf dem heiligen Land der Arabischen Halbinsel ein Verbrechen gegen Gott darstellt. Die amerikanischen Regierungsbeamten hielten Saudi-Arabien vermutlich genau aus diesem Grund für zu gefährlich und übersahen dabei, dass für die Dschihad-Kämpfer der Jemen ein ebenso heiliges Gebiet ist. Diesen Männern gilt jeder einzelne Quadratzentimeter der Arabischen Halbinsel als heilig.

Im Übrigen wird der Jemen sehr wahrscheinlich weiterhin militante Muslime anziehen, die sich für den *dschihad* ausbilden lassen wollen, falls die dortige Regierung dies auch künftig zulässt beziehungsweise es nicht verhindern kann. Auf meiner Reise besuchte ich auch kurz eine religiöse Schule, die nach Ansicht der amerikanischen Regierung in Wahrheit ein Trainingslager für diese Kämpfer ist. Die *madrasa* befindet sich wenige Kilometer von der nordjemenitischen Stadt Sa'da entfernt in dem kleinen Ort Dammadsch. Da ich früh am Morgen während des Ramadan dort eintraf, schliefen Studenten und Lehrer noch, so dass ich mich ungehindert umsehen konnte. Mein jemenitischer Übersetzer und mein Fahrer waren jedoch sehr nervös und wollten lieber im Auto warten.

Dammadsch ist eine kleine Welt für sich. Ihr Mittelpunkt ist ein großer, weiß getünchter Hörsaal für Gebete und Vorträge, der von einem Labyrinth einstöckiger Häuser umgeben ist, in dem die Studenten untergebracht sind. Die *madrasa* kann nur in einem nicht-religiösen Sinn als ökumenisch bezeichnet werden: Sie zieht Studenten aus der ganzen Welt an, darunter allein über dreißig aus Großbritannien (vor allem Birmingham). Andere stammen aus den Vereinigten Staaten, Deutschland, Frankreich, Algerien, Libyen, der Türkei, Indonesien, Russland und Indien. Dazu kommen noch Tausende von Jemeniten.[115] Der »amerikanische Taliban«, John Walker Lindh, versuchte 1998 auf einer Jemenreise, in Dammadsch zu studieren, es ist jedoch nicht geklärt, ob er bei dieser Unternehmung Erfolg hatte.[116]

Scheich Maqbul al-Wadi'i, der inzwischen verstorbene geistliche Leiter von Dammadsch, vertritt die *salafitische,* streng traditionelle Auslegung des Islam und lehnt, ähnlich wie die extrem puristische Interpretation der Taliban, Fernsehen und Radio, berufstätige Frauen und Demokratie ab.[117] Er meidet die Öffentlichkeit und ließ sich bislang nur ein Mal, im Juli 2000, von der englischsprachigen Wochenzeitschrift *Yemen Times* interviewen, wobei er sich bemühte klarzustellen: »Wir haben nicht vor, gegen andere Religionen zu kämpfen.« Der Scheich stritt auch Berichte ab, nach denen sich Absolventen seiner *madrasa* an den Heiligen Kriegen in Afghanistan, Kaschmir und Tschetschenien beteiligt hätten, und erklärte entschieden, seine Hochschule würde »terroristischen oder radikalen Gruppen« keine Zuflucht gewähren.[118]

Diese öffentlich zur Schau gestellte pazifistische Haltung passt jedoch nicht so recht zu der Aura der Gewalt, die den Scheich und seine *madrasa* umgibt. Kurz bevor Maqbul mit der

Yemen Times sprach, wurde in Dammadsch ein britischer Student, der sechzehnjährige Hosea Walker, erschossen – angeblich ein Unfall.[119] Während einer Predigt des Scheichs in einer seiner Moscheen in San'a 1998 explodierte eine Bombe, die zwei Menschen tötete und einige seiner Anhänger, darunter auch zwei Amerikaner und einen Kanadier, verletzte.[120] Etwa um die gleiche Zeit wurde einer der Leibwächter des Scheichs ermordet. Zudem lässt sich die Friedensliebe des Scheichs nur schwer mit dem *fatwa* in Einklang bringen, das er im März 2000 der extremistischen Muslimgruppe Laschkar Dschihad in Indonesien übermittelte: »Die Christen haben Konflikte geschürt … in denen sie über fünftausend Muslime massakrierten. Aus diesem Grund müsst ihr, ehrenwertes Volk des eines Glaubens, den totalen *dschihad* ausrufen und alle Feinde Gottes aus eurem Land vertreiben.«[121] Zudem sagen jemenitische Quellen, dass Waffen in Dammadsch ein alltäglicher Anblick seien. In seinem Interview mit der *Yemen Times* räumte der Scheich denn auch ein: »Die Studenten besorgen sich ihre Gewehre und Waffen selbst.«[122]

Die Ermittlungen im Anschlag auf die U.S.S. *Cole* waren im Sommer 2001 praktisch zum Stillstand gekommen. Die jemenitische Regierung hatte etwa ein halbes Dutzend Männer verhaftet, die direkt mit dem Verbrechen in Verbindung gebracht wurden, und hielt weitere Ermittlungen für überflüssig. Das FBI hingegen wollte die Untersuchung ausweiten und auch Mitglieder der jemenitischen Regierung, einen Anführer der Islah-Partei und einen mit Präsident Salih verwandten Armeegeneral miteinbeziehen. Kein Wunder, dass die jemenitische Regierung wenig Interesse an derartig umfassenden Nachforschungen verspürte. Ein jemenitischer Zeitungsredakteur meinte dazu: »Es bestand von Anfang an kein Zweifel daran, dass diejenigen, die direkt an dem Anschlag beteiligt waren, vor Gericht gestellt und hingerichtet würden, während die Leute im Jemen, die das Ganze finanzierten und ihre Macht dazu benutzten, das Attentat zu ermöglichen, niemals belangt werden würden.«[123]

Noch immer ist ungeklärt, welche Rolle Bin Laden beim Anschlag auf die *Cole* spielte, doch dass er darauf mit Schadenfreude reagierte, steht zweifelsfrei fest. Bei der Hochzeit eines seiner

Söhne im Januar 2001 in Afghanistan trug Bin Laden vor Hunderten jubelnder Hochzeitsgäste ein sehr aufschlussreiches Gedicht über die *Cole* vor: »Ein Zerstörer, den selbst die Mutigen fürchten. Er bringt Schrecken über den Hafen und die offene See. Flankiert von Arroganz, Hochmut und falscher Macht, steuert das Schiff durch die Wellen. Langsam nähert es sich seinem Untergang, noch immer umhüllt von einem riesigen Trugbild. Es wird von einem Beiboot erwartet, das auf den Wellen hüpft.«[124]

Weder die Regierung Clinton noch die Regierung Bush unternahmen nach dem Angriff auf die *Cole* militärische Aktionen gegen *al Qa'ida*. Bin Laden muss geglaubt haben, dass die Vereinigten Staaten nahezu jede Provokation tolerieren würden.

An einer anderen Stelle des Buches habe ich bereits ausführlich von meinem Besuch in Hadramaut erzählt. Erst wenn man diese Gegend gesehen hat, versteht man die konservative religiöse Kultur, die Osama bin Ladens Vater an seinen jüngsten Sohn weitergegeben hat. Um zum Heimatdorf der Bin Ladens zu gelangen, reiste ich durch das Wadi Dau'an, ein 150 Kilometer langes Tal, dessen Durchgangsstraße eher einem steinigen Feldweg ähnelt. Selbst siebzig Jahre nachdem Mohammed bin Laden dieses Tal verließ, um sein Glück in Saudi-Arabien zu suchen, huschen noch schwarz gekleidete Frauen wie Gespenster durch die Orte des Wadi und vermeiden jeden Blickkontakt mit einem Fremden. Auf den Feldern ernten die Frauen das Getreide, von Kopf bis Fuß in schwarze Umhänge gehüllt und mit den traditionellen kegelförmigen Strohhüten auf dem Kopf. Meine Versuche, die Hadrami-Frauen zu fotografieren, hatten einen derart heftigen Zornesausbruch meines einheimischen Fahrers zur Folge, dass ich das Vorhaben schnell aufgab.

Die Heimat der Bin Ladens liegt versteckt im Schatten der honigfarbenen Felsen, die sich viele hundert Meter hoch über dem Tal erheben. Es ist ein kleiner, enger Ort, und in den schmalen Gassen zwischen den hohen Mauern der Ziegelhäuser rennen Scharen von lachenden Kindern umher. Das Dorf trägt den Namen Ribat Ba'ischn, nach dem sufischen Heiligen Saijid Mohammed Ba'ischn, der in den Bergen über dem Ort begraben liegt. Man könnte es fast ironisch nennen, dass die Dorfbewohner von ar-Ribat dem Sufismus anhängen und die Gräber lang verstorbener Heiliger anbeten, eine Art der Verehrung, die Bin Laden als Götzendienst verabscheut. Umgekehrt lehnen die Einwohner ar-Ribats trotz ihrer extremen Armut und ihrer überaus konservativen Lebensweise Bin Ladens Form des Fanatismus entschieden ab.

Während Bin Laden Gedichte deklamierte und das *Cole*-Attentat pries, erklärte mir der liebenswürdige Mullah von ar-Ribat, der auf dem ehemaligen Familienbesitz der Bin Ladens eine Schule leitet: »Wir sind gegen diesen Heiligen Krieg. Das Attentat auf die *Cole* schadet eher dem Ruf des Jemen als dem Ruf der USA. Es tut uns Leid um die amerikanischen Jungen und Mädchen. Sie sind unsere Gäste.« Er beendete diese Rede mit der Einladung: »Kommen Sie zum Islam«.

Das letzte Wort zu diesem Thema gebührt jedoch einem der wenigen Verwandten Bin Ladens, die noch in ar-Ribat leben. Chalid al-Umari ist ein dreißig Jahre alter Cousin Osamas, der einen winzigen Lebensmittelladen an der Bin-Laden-Straße besitzt. Al-Umari wich zwar allen direkten Fragen zu seinem berühmten Verwandten aus, aber als ich ihn nach seiner Meinung über den *dschihad* befragte – ein Wort, das, wie schon erwähnt, nicht nur einen Heiligen Krieg bezeichnet, sondern jegliche Art von Anstrengung oder Bemühung für eine Veränderung hin zum Guten –, zeigte er stolz auf seinen dreijährigen Sohn und sagte: »Dies ist mein *dschihad.*«

KAPITEL 10

Das globale Netz: In achtzig *dschihads* um die Welt

»Wir sprechen immer von der Bin Laden-Organisation, aber in Wirklichkeit ist es eine Allianz. Nur selten findet man Palästinenser und Jemeniten, Sudanesen und Ostasiaten in ein und derselben Allianz. Bin Laden ist das Bindeglied zwischen Gruppen, die ansonsten nicht viel gemeinsam haben, wie etwa kaschmirische Separatisten und Ägyptens Islamischer Dschihad.«

Ein Mitarbeiter der US-Regierung, Washington 1998

Ahmad Rassam, der Terrorist, der einen Bombenanschlag auf den Internationalen Flughafen von Los Angeles verüben wollte, ging an einem stürmischen Tag im Dezember 1999 in Port Angeles im Bundesstaat Washington von Bord der Fähre aus Kanada und wurde von aufmerksamen Zollbeamten festgenommen. Die US-Ermittler ahnten damals noch nicht, dass sie durch diesen Fang ein vollkommen neues Bild der Organisation *al-Qa'ida* bekommen sollten: das Bild eines Netzwerks, das drei Kontinente und gut ein Dutzend Länder überspannt. Sie fanden heraus, dass *al-Qa'ida* zur Begrüßung des neuen Jahres 2000 ein Feuerwerk von Terroranschlägen geplant hatte: nicht nur den Anschlag auf den Flughafen von L. A., sondern auch Anschläge auf Touristenorte in Jordanien und auf ein US-Kriegsschiff im Jemen. Die Pläne wurden durch gute Polizeiarbeit und durch Fehler der Verschwörer vereitelt. Am Ende verhafteten die Strafverfolgungsbehörden Mitglieder von *al-Qa'ida* in England, Spanien, Deutschland, Italien und Syrien.[1] Diesem Erfolg stand jedoch die ernüchternde Erkenntnis gegenüber, dass *al-Qa'ida* nun, an der Schwelle des neuen Jahrtausends, eine wirklich weltumspannende Organisation geworden war.

Ein kürzlich erschienenes Buch über die Globalisierung postuliert eine neue Klasse von Weltbürgern, die »Kosmokraten«, die sich in London und Hongkong ebenso zu Hause fühlen wie in ihren Heimatstädten in Irland oder Nigeria.[2] Vielleicht sind Sie auf Ihren Reisen schon einmal einem Kosmokraten begegnet: einem Unternehmensberater, der nichts dabei findet, zu einer Konferenz nach Baku zu fliegen und am nächsten Tag bei einer Hochzeit in Oxford zu erscheinen, oder einem englischen Angestellten der Weltbank, der mit einer Russin verheiratet ist und jedes Jahr sechs Monate zwischen Polen und Kolumbien pendelt. Die Kosmokraten legen Wert auf eine exzellente Universitätsausbildung und können häufig eine Vielzahl von Abschlüssen an einer Reihe angesehener Hochschulen vorweisen. Nicht auf die Herkunft kommt es an, sondern auf Talent und Entschlossenheit.

Ganz Ähnliches gilt auch für Bin Ladens Organisation, die gleichermaßen Ergebnis der Globalisierung wie Reaktion darauf ist. Sie entstand im Feuer eines internationalen Konflikts zwischen der Sowjetunion und Afghanistan – einer kriegerischen Auseinandersetzung, in die Pakistani, Amerikaner, Saudis und Muslime aus der ganzen Welt hineingezogen wurden. Islamische Führer haben stets die Vorstellung der *umma*, der Weltgemeinschaft der Muslime, hochgehalten. Diese Vorstellung datiert die Globalisierung um über tausend Jahre zurück und ist ein weit stärkeres Band als ihr Gegenstück, das »Christentum«. Letzteres dürfte spätestens um die Zeit, als Heinrich VIII. beschloss, ein zweites Mal zu heiraten, seine Anziehungskraft verloren haben.

Bin Ladens Netz – in dem ebenfalls herausragende Qualifikationen geschätzt werden, wenn auch ganz spezielle – ist genauso kosmopolitisch wie die Kosmokraten. Das zeigt allein schon die Liste der Länder, in denen die Organisation hauptsächlich operiert hat: Sudan, Ägypten, Saudi-Arabien, Jemen, Somalia, Afghanistan, Pakistan, Bosnien, Kroatien, Albanien, Algerien, Tunesien, Libanon, Philippinen, Tadschikistan, Aserbaidschan, Kenia, Tansania, Kaschmir in Indien und Tschetschenien.[3] *Al-Qa'ida* hat außerdem Anhänger in den Vereinigten Staaten (in New York, Boston, Texas, Florida, Virginia und Kalifornien) und in Großbritannien (in London und Manchester). Gefolgsleute Bin Ladens wurden an so weit voneinander entfernt liegenden Orten wie Jordanien, Seattle, Frankreich, Uruguay und Australien verhaftet.[4]

In den Monaten nach den Anschlägen auf US-Botschaften in Afrika spürten die amerikanischen Geheimdienste Anhänger Bin Ladens auf, die Anschläge auf Botschaften in Albanien, Tadschikistan, Aserbaidschan, Uganda, Mosambik, Liberia, Gambia, Togo, Ghana, an der Elfenbeinküste und im Senegal planten.[5] David Carpenter, der im US-Außenministerium für die Sicherheit der amerikanischen Diplomaten verantwortlich ist, sagte vor dem Kongress, in den sechs Monaten nach den Bombenanschlägen hätten amerikanische diplomatische Einrichtungen auf der ganzen Welt 650 »glaubwürdige Drohungen« von Bin Ladens Organisation erhalten.[6] Nach Angaben eines für Terrorismusbekämpfung zuständigen US-Beamten gelten als »glaubwürdige Drohungen« verdächtiges Filmen einer Botschaft mit einer Videokamera, Hinweise aus abgehörten Telefongesprächen, die Anwesenheit eines Terroristen in einer bestimmten Stadt oder Informationen von V-Leuten.

Im Jahr 2001 plante *al-Qa'ida* Anschläge gegen amerikanische Botschaften im Jemen, in Bangladesch und Indien.[7] Drahtzieher der Verschwörung in Indien war Mohammed Umar al-Harazi, der auch den Bombenanschlag auf die U.S.S. *Cole* geplant hatte. Im Juli 2001 verhaftete die indische Polizei in Neu-Delhi zwei Männer mit sechs Kilogramm RDX, einem hochexplosiven Sprengstoff. Die Männer gestanden, sie hätten geplant, in den nächsten Monaten die stark frequentierte Visaabteilung der amerikanischen Botschaft in die Luft zu jagen. Angeblich handelten sie auf Anweisung eines Adjutanten von Bin Laden, den sie unter dem Namen Abd ur-Rahman as-Sa'fani kannten, einem Decknamen von al-Harazi.[8] Ende August beschuldigte die indische Polizei Bin Laden und fünf andere, darunter »as-Sa'fani«, sie hätten einen Bombenanschlag auf die amerikanische Botschaft geplant. Der Plan sei zwei Jahre lang vorbereitet worden.[9]

Mitglieder von *al-Qa'ida* sind regelrechte Weltenbummler. In den neunziger Jahren reiste ein führender Kopf der Gruppe, Mamduh Mahmud Salim, in die Türkei, nach Dubai, Aserbaidschan, Afghanistan, Pakistan, in den Sudan, nach Malaysia, auf die Philippinen und nach China.[10] Als er 1998 in Grüneck im Landkreis Freising verhaftet wurde, gab er an, er wolle in Deutschland Autos kaufen.[11] Der aus dem Libanon stammende Amerikaner

Wadih al-Haqqi pendelte in den achtziger Jahren zwischen Louisiana, New York und Pakistan; in den neunziger Jahren lebte er in Arizona, im Sudan, in Kenia und Texas und unternahm Abstecher nach Afghanistan, Deutschland und in die Slowakei.[12] Dass es sich bei *al-Qa'ida* um ein globales Netz handelt, bestätigen die Telefonate, die von Bin Ladens Satellitentelefon aus geführt wurden, einem Gerät von der Größe eines Notebooks, das 1996 für 7500 Dollar bei einer New Yorker Firma gekauft wurde. In den folgenden zwei Jahren gingen von diesem Telefon Hunderte von Anrufen nach London, in den Sudan, Iran und Jemen, Dutzende weitere nach Afghanistan, Aserbaidschan, Pakistan, Saudi-Arabien und Kenia.[13]

Kein Buch könnte gänzlich all die Staaten abdecken, in denen *al-Qa'ida* operiert hat. Ich möchte einige besonders interessante Fälle herausgreifen. An erster Stelle ist hier Ägypten zu nennen, das beim Aufbau von Bin Ladens Organisation eine zentrale Rolle gespielt hat und das immer noch vor seinem Einfluss auf der Hut ist – so sehr, dass meine letzte Recherchereise um ein Haar auf dem Flughafen von Kairo zu Ende gewesen wäre.

»Was ist das?«, fragte ein Zollinspektor und hielt triumphierend einen Stapel arabisch beschriebener Blätter hoch, den er aus meiner Tasche herausgefischt hatte.

Ich entschied mich für eine ehrliche Antwort, weil er das belastende Material natürlich lesen konnte. »Das ist Osama bin Ladens Kriegserklärung an die Amerikaner«, sagte ich so beiläufig wie möglich und erklärte ihm, dass es sich um Recherchematerial für ein Buch handle, an dem ich gerade schreiben würde. Ich hätte keinesfalls die Absicht, Kopien davon an irgendwelche Anhänger Bin Ladens zu verteilen – im Übrigen wäre die Erklärung für sie wohl ohnehin nichts Neues gewesen.

»Wo haben Sie das her?«, fragte der Inspektor mit leicht drohendem Unterton. »Von Jasir as-Sirri?«

Nun wurde es brenzlig. Jasir as-Sirri ist ein in London lebender ägyptischer Dissident, dem vorgeworfen wird, er habe 1993 den ägyptischen Ministerpräsidenten ermorden wollen.[14] (Der Anschlag scheiterte, doch ein kleines Mädchen kam dabei ums Leben.)[15] Für den unwahrscheinlichen Fall, dass as-Sirri jemals beschließen sollte, in sein Heimatland zurückzukehren, erwartet ihn eine dieser durchweg unerfreulichen Strafen: 25 Jahre Gefängnis, 15 Jahre Zwangsarbeit oder – aller Wahrscheinlichkeit nach – die Todesstrafe.[16]

»Nein, von as-Sirri ist es nicht.«

Der Beamte führte mich daraufhin einen Korridor entlang in ein Hinterzimmer, das mit Sicherheit nicht für eine gemütliche Tasse Tee mit Angehörigen der allgegenwärtigen Tourismuspolizei Ägyptens gedacht war. Hinter einem ausladenden Schreibtisch saß ein Sicherheitsbeamter in Zivil und fragte mich freundlich: »Haben Sie Jasir as-Sirri jemals getroffen?«

Das war eine wirklich heikle Frage, die äußerstes Fingerspitzengefühl erforderte: Ich hatte in der Tat einige sehr aufschlussreiche Stunden mit as-Sirri verbracht. Wenn ich dem Beamten das gleich sagte, würde unser Gespräch wohl noch länger dauern, andererseits würden sie bei einer Durchsuchung meiner Tasche ziemlich sicher as-Sirris Telefonnummer finden. Ich entschied mich, dem Beispiel Clintons zu folgen und die halbe Wahrheit zu erzählen.

»Ich habe am Telefon mit ihm gesprochen«, sagte ich.

Nach kurzem Zögern beschloss der Sicherheitsbeamte offenbar, mir zu glauben. Er sagte, ich könne gehen, und gab mir die Hand.

Beim Hinausgehen fragte ich mich, warum diese Leute so auf as-Sirri fixiert waren. Er ist ein schmächtiger Mann mit schütterem Haar, Ende dreißig, und leitet – in aller Öffentlichkeit – eine Organisation namens Islamisches Überwachungszentrum, die regelmäßig in Pressemitteilungen die ägyptische Regierung kritisiert und Informationen über militante Islamisten liefert. Dabei handelt es sich um eine sehr kleine Organisation, und as-Sirri hat weder innerhalb noch außerhalb Ägyptens viele Anhänger.[17] (Ende 2001 wurde as-Sirri in London verhaftet, weil die Attentäter, die sich als Reporter ausgegeben und den Afghanenführer Ahmad Schah Mas'ud ermordet hatten, Akkreditierungen von seinem Islamischen Beobachtungszentrum benutzten.)

Die Fixiertheit auf as-Sirri erstaunte mich zwar, doch grundsätzlich konnte ich die Wachsamkeit des Landes gegenüber militanten Islamisten gut verstehen. Seit mehr als 25 Jahren kämpft die ägyptische Gruppe Dschihad mit allen Mitteln gegen den Staat. Seit Anfang der neunziger Jahre kooperiert sie mit Bin Laden. In der Anklageschrift der USA gegen Bin Laden heißt es, dass *al-Qa'ida* 1998 mit Dschihad »praktisch verschmolzen« sei, aber das ist ein wenig irreführend, weil die ägyptische Gruppe möglicherweise der mächtigere Partner bei der Fusion war. Bin Laden mag zwar das allgemein bekannte Gesicht und der Geldgeber von *al-Qa'ida* sein, aber *all* ihre führenden Köpfe sind Ägypter, und ihre *gesamte* Ideologie und Taktik basieren auf ägyptischen Vorbildern. Man könnte ebenso gut sagen, dass eine Gruppe ägyptischer Dschihad-Kämpfer Bin Ladens Organisation übernommen hat und nicht umgekehrt.

Es ist nicht verwunderlich, dass Ideologie und Taktik von *al-Qa'ida* aus Ägypten kommen, denn Ägypten war in kultureller Hinsicht lange Zeit tonangebend in der arabischen Welt.[18] Die Kairoer al-Azhar-Universität ist seit Jahrhunderten eine maßgebliche Instanz für das islamische Denken. In den fünfziger und sechziger Jahren war Präsident Gamal Abd el-Nasser der Vordenker des modernen Panarabismus. Der führende Ideologe der *dschihad*-Bewegung, Saijid Qutb, hatte einst ein Lehrerseminar in Kairo abgeschlossen.[19]

Der Einfluss von Qutb auf die *dschihad*-Gruppierungen in Ägypten und in der Folge auf Bin Laden kann gar nicht hoch genug veranschlagt werden. Der Journalist und Kritiker Qutb besuchte als Student zwischen 1948 und 1951 die Vereinigten Staaten und war »entsetzt über den Rassismus und die sexuelle Freizügigkeit«. Er kehrte mit einem »kompromisslosen Hass auf den Westen und all seine Werke« nach Ägypten zurück und schloss sich auf der Stelle der islamistischen Muslimbruderschaft an, die in den vierziger Jahren bereits eine bedeutende Massenbewegung mit schätzungsweise einer halben Million Mitgliedern war. Sie kämpfte gegen das Regime von Präsident Gamal Abd el-Nasser, der sich 1952 an die Macht geputscht hatte.[20] Der Wahlspruch der Bruderschaft lautete vielsagend und unmissverständlich: »Der Koran ist unsere Verfassung, der Prophet ist unser Führer. Ein Tod zum Ruhme Gottes ist unser höchstes Ziel.«

Von 1954 bis zu seiner Hinrichtung 1966 verbrachte Qutb über zehn Jahre in Nassers höllischen Gefängnissen. Dort schrieb er sein Buch *Wegmarken,* im Grunde ein Plan für die Zerschlagung von Nassers Regime und damit aller Regime, die er für unislamisch hielt. In Qutbs Augen herrschte in Nassers Staat die *dschahilija,* und somit gehörte er für ihn einer Welt des vorislamischen Heidentums und der Barbarei an. Nasser habe eine Gesellschaft geschaffen, »in der der Islam nicht praktiziert wird«. Deshalb sei sie *kafir,* ungläubig. Für Qutb bedeutete *dschihad* außerdem mehr als nur den inneren Kampf mit sich zur Selbstläuterung oder einen Krieg zur Selbstverteidigung. Mit Hilfe des *dschihad* sollte »die Herrschaft Gottes auf Erden errichtet und die Herrschaft des Menschen beseitigt« werden. Durch seine Hinrichtung wurde Qutb zum Märtyrer, die Islamisten verschlangen gierig seine Schriften.[21] Der saudische Dissident Sa'd al-Faqih bezeichnet Qutbs Schriften als »außerordentlich wichtig« für die militante islamistische Bewegung.[22]

Die Stoßrichtung dieser Schriften ist eindeutig: Ägyptische Regierungsbeamte sind Ungläubige, und die einzige Möglichkeit, sie zu beseitigen, ist die Tat, nicht das Wort. Genauso argumentiert Bin Laden in Bezug auf das saudische Regime. (Diese Logik verlangt eine selektive Lesart islamischer Schriften. Der Prophet Mohammed hat selbst gesagt: »Einen muslimischen Glaubensbruder zu beleidigen, ist Sünde – ihn zu töten, ist Unglaube.«)[23]

Die Geschichte militanter ägyptischer Gruppierungen, die Qutbs Konzept *dschihadistischen* Handelns umgesetzt haben, ist kompliziert, geprägt von internen Zwistigkeiten und wechselnden Allianzen, wie sie für extremistische Organisationen typisch sind. Ich werde sie nur grob skizzieren. In den siebziger und achtziger Jahren begann die al-Dschama'at ul-Islamija, die »Islamische Gruppe«, einen Kampf gegen »korrupte« Elemente in der ägyptischen Gesellschaft. Ihre Anhänger brannten Videoshops nieder, plünderten koptische Juwelierläden (die christliche Minderheit der Kopten macht etwa zehn Prozent der ägyptischen Bevölkerung aus) und ermordeten Touristen.[24]

Im Jahr 1973 gründete der Medizinstudent Aiman az-Zawahiri (gemeinsam mit einem Elektroingenieur und einem Offizier der Armee) eine Schwesterorganisation, die Gruppe Dschihad. Sie arbeitete entschlossener auf den Umsturz des ägyptischen

Staates hin und griff gezielt Politiker und Regierungsgebäude an.[25] Anders als die Islamische Gruppe – die halböffentlich agierte, in Moscheen Geld sammelte und wohltätige Zwecke unterstützte – operierte Dschihad ganz im Verborgenen.[26]

Anfang 1981 arbeiteten die Islamische Gruppe und Dschihad bei ihrer bis heute erfolgreichsten Operation zusammen: der Ermordung des ägyptischen Präsidenten Anwar as-Sadat.[27] Für die militanten Gruppierungen zählte Sadat sowieso zu den »Ungläubigen«, doch als er mit Israel Frieden schloss – und das Abkommen 1979 unter den Augen von Präsident Jimmy Carter durch einen Händedruck mit dem israelischen Premierminister Menachem Begin auf dem Rasen des Weißen Hauses besiegelte –, unterzeichnete er sein eigenes Todesurteil.[28] Das historische Bild vom Händedruck mit Begin ging als Zeichen für eine neue Ära des Friedens um die Welt, die ägyptischen Kämpfer aber schäumten vor Wut. Scheich Umar Abd ur-Rahman, der geistige Führer sowohl von Dschihad als auch der Islamischen Gruppe, gab dem Mordanschlag seinen Segen.[29] Am 6. Oktober 1981 durchlöcherte ein 24-jähriger Armeeleutnant namens Chalid Islambuli as-Sadat während einer Militärparade mit einer Salve aus einer Maschinenpistole.[30] Danach rief Islambuli aus: »Ich habe Pharao getötet, und vor dem Tod habe ich keine Angst.«[31]

In dem Jahr nach Sadats Ermordung wurden Hunderte von Kämpfern wegen ihrer Beteiligung an der Verschwörung und anderer subversiver Umtriebe verurteilt.[32] Scheich Abd ur-Rahman wurde verhaftet, aber wieder freigelassen, als sich herausstellte, dass er während des Verhörs gefoltert worden war.[33] Az-Zawahiri wurde zu drei Jahren Gefängnis verurteilt.[34] Die Ermittlungen gegen Dschihad förderten eine Menge Erkenntnisse zu Tage, die für die ägyptische Regierung Anlass zur Beunruhigung waren: »eine harte Ausbildung im Umgang mit Waffen und Sprengstoff, Nachforschungen über das Verhalten und die Gewohnheiten von Schlüsselpersonen der Regierung sowie das Auskundschaften von strategischen Einrichtungen« – genau diese Art der Ausbildung und Planung sollte Jahre später charakteristisch für *al-Qa'idas* Operationen werden.[35]

Nach seiner Entlassung aus dem Gefängnis gründete az-Zawahiri Dschihad neu unter der Bezeichnung »Vorkämpfer der Eroberung«. Diesen Decknamen hat die Gruppe seither wiederholt verwendet.[36] Mitte der achtziger Jahre reiste az-Zawahiri zusammen mit vielen ägyptischen Kämpfern nach Pakistan, um die afghanischen *mudschahidin* zu unterstützen. Bis zum Abzug der Sowjettruppen wurden militante Gruppierungen durch diesen *dschihad* abgelenkt, und die religiös motivierten Gewaltakte in Ägypten ebbten bis 1990 ab, als die Afghanistan-Veteranen allmählich wieder in ihre Heimat zurückkehrten.[37]

Bemerkenswerterweise reiste az-Zawahiri Anfang der neunziger Jahre zwei Mal in die USA und sammelte Spenden für die Organisation Dschihad, die zu diesem Zeitpunkt praktisch bereits zu *al-Qa'ida* gehörte.[38] Er wurde von Ali Mohammed begleitet, dem ehemaligen Sergeanten der US-Army, der nun *al-Qa'ida* in militärischen Fragen beriet.

Dschihad versuchte vergeblich, 1993 den Innenminister und 1995 den Ministerpräsidenten des Landes zu ermorden. Mit einer Autobombe, die 1995 die ägyptische Botschaft in Islamabad zerstörte, hatte die Gruppe mehr Glück.

Anfang und Mitte der neunziger Jahre töteten ägyptische Kämpfer außerdem Polizisten, Kopten und Touristen, insgesamt schätzungsweise 1200 Menschen.[39] Die Gewaltakte erreichten 1997 einen Höhepunkt mit dem blutigen Massaker an 58 Touristen und vier Ägyptern in Luxor.[40] Die Terroristen jagten ihre Opfer wie Hunde, erschossen, erstachen und verstümmelten sie. Während sie ihr blutiges Werk verrichteten, tanzten sie ekstatisch.[41] Mit dem Massaker von Luxor verspielten die Dschihad-Gruppierungen restlos die Sympathie der Öffentlichkeit. Anführer der Islamischen Gruppe erkannten, dass sie im Begriff waren, die Unterstützung unter der Bevölkerung zu verlieren, die sie einst genossen hatten, und verkündeten 1998 einen Waffenstillstand mit der Regierung – ein Schritt, den az-Zawahiri vehement verurteilt hat.

Seither ist der große Einfluss az-Zawahiris auf Bin Ladens Denkweise immer deutlicher geworden. Einige Beobachter haben bereits die Vermutung geäußert, dass dieser unbekannte Arzt für *al-Qa'ida* wichtiger ist als Bin Laden selbst.[42] Wie der verstorbene Abdullah Azzam vor ihm hat az-Zawahiri seinen jüngeren Gesinnungsgenossen zu immer radikaleren Ansichten getrieben. Bei ihren seltenen öffentlichen Auftritten sitzt az-Zawahiri neben Bin Laden – ein vergeistigter, schweigsamer Mann Anfang fünfzig. Sein Gesicht wird von einer dicken Brille, einem Bart und einem weißen Turban geprägt. Er spricht sehr gut Englisch und tritt manchmal als Bin Ladens Dolmetscher auf.[43]

Um mehr über az-Zawahiri zu erfahren, besuchte ich Sa'd ud-Din Ibrahim, einen bekannten ägyptischen Soziologen, der sich Ende der siebziger Jahre näher mit dem Problem militanter Islamisten befasste. Ibrahim sagte mir, er habe az-Zawahiri als jungen Mann kennen gelernt, als er seine dschihadistische Karriere gerade begonnen hatte. »Sehr intelligent, sehr ruhig« habe er ihn erlebt. »Er stammt aus einer guten Familie mit Beziehungen zur ägyptischen Aristokratie; sein Vater war ein berühmter Arzt. Er wirkte gelassen und wusste sich auszudrücken – aber immer ruhig.«

Meine nächste Station auf der Suche nach az-Zawahiri war Muntasir az-Zaijat, der immer noch als ein inoffizieller Sprecher der Islamischen Gruppe fungiert. Weil er krank war, empfing er mich nicht, aber ich hatte das Vergnügen, sein Wartezimmer mit einer Frau zu teilen, die nicht nur in einen *hidschab* gewandet war, ein Kleidungsstück, das von Kopf bis Fuß alles verdeckt, sondern in einer Art ultrafundamentalistischen Übereifers auch noch schwarze Handschuhe trug – Accessoires, von denen angesichts der sengenden Hitze in Arabien schwerlich vorstellbar ist, dass der Prophet sie empfohlen hat. Da ich den Nachmittag frei hatte, beschloss ich, den Juden und Kopten einen Besuch abzustatten, die in der Vergangenheit von einigen Leuten der Klientel az-Zaijats angegriffen worden waren, weil diese das für ihre religiöse Pflicht gehalten hatten. Nicht weit von seinem Büro lag die Synagoge Sha'ar ha-Schamajim, 1905 erbaut in reinstem Jugendstil, die ohne weiteres auch in ein vornehmes Arrondissement in Paris passen würde. Nach außen hin wurde die Wirkung des Gebäudes von der lautstarken Unterhaltung schwer bewaffneter Polizisten in kugelsicheren Westen gestört, das Innere war allerdings, sofern das überhaupt möglich ist, noch deprimierender: In der Synagoge saß nur eine einzige alte Frau – eine von den zwei- oder dreihundert Juden, die in Kairo noch übrig geblieben sind, wie sie sagte. Ich fragte, ob am Abend ein Sabbat-Gottesdienst abgehalten werde, was sie verneinte. Es gebe keinen Rabbi, also gebe es auch keinen Gottesdienst. Die mittelalterlichen Kirchen im koptischen Teil Kairos hatten es etwas besser: Sie waren von Kerzen zu Ehren der Ikonen des heiligen Georg erleuchtet und wurden sorgfältig von älteren Gemeindemitgliedern gepflegt. In der einen oder anderen gab es sogar einen Priester.

Bei meinem nächsten Besuch laborierte az-Zaijat immer noch an einer schlimmen Erkältung, aber er erklärte sich bereit, mit mir über az-Zawahiri und die Geschichte der militanten Gruppierungen zu sprechen. Az-Zaijat, ein korpulenter, bärtiger Mann Ende vierzig, hatte sich in der Vergangenheit durch die Verteidigung militanter Islamisten in gewissen Kreisen der ägyptischen Gesellschaft keine Freunde gemacht. Einmal war er nur knapp dem Tod entronnen, als in seinem Auto eine Bombe explodierte.[44] Er gehe davon aus, sagte er, dass alle seine Telefongespräche abgehört würden.

Als Erstes klärte az-Zaijat mich über die Bestimmungen des Waffenstillstandsabkommens von 1998 auf und betonte ausdrücklich, es sei »kein Friedensabkommen«, sondern lediglich »eine Unterbrechung der bewaffneten Operationen«. Im Juli 1997, vor dem Massaker von Luxor, hatten Führer der Islamischen Gruppe die Idee eines Waffenstillstands begrüßt, und im März 1998 wurde er von der *schura,* dem »Rat« der Gruppe, beschlossen. Az-Zawahiri und Rifa'i Ahmad Taha protestierten gegen diesen Schritt und wurden, weil sie an ihrer militanten Einstellung und der Unterstützung von Bin Laden festhielten, aufgefordert, von ihren Führungspositionen zurückzutreten.[45]

Und az-Zawahiri selbst? »Ein ausgezeichneter Chirurg«, meinte az-Zaijat mit einem Lächeln. »Wenn man ihm begegnet, würde man nicht glauben, dass er irgendetwas mit Gewalttaten zu tun hat. Er ist sehr still, sehr ruhig, macht nicht viele Worte. Ein sehr nachdenklicher Mann.« Doch wenn az-Zawahiri spricht, verfehlen seine Worte ihre Wirkung nicht. Az-Zaijat erzählte, dass az-Zawahiri im Laufe seines Umgangs mit den *mudschahidin* des Afghanistan-Krieges einen gewissen reichen Mann »vom primären Geldgeber zum heiligen Krieger« bekehrt habe. Az-Zawahiri, unterstrich er, sei »Bin Ladens Kopf«.

Diese Ansicht bestätigten viele Informanten, darunter Hamid

Mir, ein pakistanischer Journalist, der in der Landessprache Urdu eine Biografie Bin Ladens geschrieben hat, und Abd ul-Bari Atwan, der Herausgeber der Zeitung *al-Quds al-Arabi*. Laut Atwan war az-Zawahiri derjenige, der Bin Laden auf den Weg der Gewalt brachte.

Das Videoband zur Anwerbung neuer *al-Qa'ida*-Kämpfer, das im Sommer 2001 kursierte, gehört zu den wenigen öffentlichen Äußerungen von az-Zawahiri. »Eines der Verbrechen von Amerika«, sagt er dort, »besteht darin, dass es beansprucht, der Beschützer der Demokratie und der Beschützer der Religionen zu sein. Wir haben uns in der arabischen Welt nicht mehr an den Islam gehalten. In Ägypten werfen sie viele Menschen in Gefängnisse – einige wurden zum Galgen verurteilt. Mord und Folter sind in den ägyptischen Gefängnissen an der Tagesordnung. All dies geschieht unter den Augen Amerikas.«[46]

Az-Zawahiri ist nicht der einzige Ägypter, der in *al-Qa'ida* eine wichtige Rolle spielt. Mohammed Atif, der militärische Befehlshaber der Gruppierung, war ägyptischer Polizeibeamter. Eine seiner Töchter heiratete Anfang 2001 Bin Ladens Sohn Mohammed. (Atif wurde bei einem amerikanischen Bombenangriff im November 2001 in der Nähe von Kabul getötet.) Anfang bis Mitte der neunziger Jahre war Abu Ubaida al-Banschiri, ein ehemaliger ägyptischer Polizist, Bin Ladens rechte Hand. Ein anderer Militärberater ist der aus Ägypten stammende amerikanische Soldat Ali Mohammed, der zurzeit in den Vereinigten Staaten im Gefängnis sitzt. Mohammed Schauqi Islambuli, der Bruder von Sadats Mörder, gehört ebenfalls *al-Qa'ida* an.[47] Auch der Sprengstoffexperte, der die Bomben für die Anschläge auf die beiden amerikanischen Botschaften in Afrika baute, ist Ägypter, ebenso der Koordinator dieser Anschläge, bekannt unter dem Namen Salih, sowie Rifa'i Ahmad Taha, der Mitunterzeichner von Bin Ladens *fatwa* aus dem Jahr 1998, alle Amerikaner zu töten.[48] Und zwei Söhne von Scheich Umar Abd ur-Rahman, dem geistigen Führer der ägyptischen Islamischen Gruppe, haben Führungspositionen in *al-Qa'ida* inne.[49] Als Bin Laden Anfang der neunziger Jahre im Sudan lebte, beklagten sich einige *al-Qa'ida*-Mitglieder sogar darüber, dass die Ägypter besser bezahlt und bevorzugt behandelt würden.[50]

Am 3. Februar 1999 mussten sich rund hundert militante

Islamisten wegen Terrorakten in Kairo vor Gericht verantworten, darunter in Abwesenheit az-Zawahiri und Jasir as-Sirri, dieser lästige Verfasser von Pressemitteilungen.[51] Auch az-Zawahiris jüngerer Bruder Mohammed, ein Ingenieur, saß auf der Anklagebank, außerdem Mustafa, der Bruder von Ali Mohammed. Er wurde zu fünf Jahren Gefängnis verurteilt.[52] Gegen die az-Zawahiri-Brüder wurde die Todesstrafe verhängt.[53]

As-Sirri lebt, wie gesagt, in Großbritannien, der nächsten Station dieser Reise um die Welt. Trotz einer Flut von Verhaftungen in jüngerer Zeit (die meisten auf Grund von Hinweisen aus Amerika) haben sich viele militante Araber, auf die in ihren Heimatländern das Gefängnis oder gar die Todesstrafe wartet, in London niedergelassen. Zu ihnen zählt auch Abd ul-Bari, ein Anwalt, der die Organisation Dschihad in Ägypten vertrat und eng mit az-Zawahiri zusammenarbeitete.[54] 1991 war Abd ul-Bari an der Verteidigung von as-Saijid Nusair beteiligt – einem führenden Mitglied der Gruppe von Terroristen, die Ende der achtziger und Anfang der neunziger Jahre in New York ansässig war – wegen dessen Rolle bei der Ermordung von Rabbi Meir Kahane in Manhattan.[55] Im Juli 1999 wurde Abd ul-Bari unter der Anklage verhaftet, er sei an Bin Ladens Verschwörung zur Ermordung von Amerikanern beteiligt.[56] Ferner wurde der Ägypter Ibrahim Id'arus verhaftet, der laut Angaben amerikanischer Ermittler 1997 von Aserbaidschan nach London gekommen war, um die dortige Zelle von Dschihad zu leiten.[57] Die Vorwürfe gegen Abd ul-Bari und Id'arus stützen sich im Wesentlichen darauf, dass sie gefaxte Bekennerbriefe zu den Bombenanschlägen auf die Botschaften in Afrika empfangen und veröffentlicht haben – was für sich genommen nicht strafbar ist.

Chalid al-Fauwaz, der unser CNN-Interview mit Bin Laden arrangierte, wurde Ende September 1998 ebenfalls von der britischen Polizei verhaftet.[58] Auf Grund eines Hinweises rief ich ihn mitten während der Verhaftung an. Als ich bei seinem Haus ankam, öffnete ein Mann von der Spurensicherung die Tür. Er trug einen glänzenden Silberoverall mitsamt Helm und Visier. Es sah wirklich so aus, als ob ein Astronaut in Chalids ruhiger Vorortstraße gelandet wäre.

Chalid war mir im Laufe der Zeit sympathisch geworden, und seine Verhaftung war ein Schock für mich. Er hatte zugegeben, dass Bin Laden sein Freund sei und dass sie zusammen die oppositionelle saudische Exilgruppe Rat- und Reformkomitee gegründet hätten. Er hatte sich jedoch immer überrascht gezeigt, wenn Bin Laden zu Angriffen auf Amerikaner aufrief: Er ging zwar nicht so weit, diese Aufrufe zu verurteilen, aber er entschuldigte sie auch nicht. Wie ich bereits erwähnt habe, erklärte er, dass es »unislamisch« sei, Zivilisten anzugreifen. Das sagte er mir und anderen Journalisten gegenüber, und ich glaube, dass das seine wahre Überzeugung ist.[59]

Ohne Zweifel hat die US-Anklage gegen Chalid einige Belastungsmomente vorzuweisen. Aus den Listen seiner Telefongespräche geht hervor, dass er zu der Zeit, als Bin Laden zu Gewalttaten gegen Amerikaner aufrief, regelmäßig in Kontakt mit *al-Qa'ida* stand. Chalid war zudem an der Verbreitung dieser Aufrufe über die Medien beteiligt. Mitte der neunziger Jahre gründete er in Kenia eine Autoimportfirma, in deren Geschäftsleitung wiederum Abu Ubaida al-Banschiri saß, der damalige militärische Befehlshaber von *al-Qa'ida*. Chalid wurde später von einem Informanten der US-Regierung in Kenia als *al-Qa'ida*-Mitglied identifiziert.[60] Er soll auch die Fotoarbeiten von Ali Mohammed bezahlt haben, als dieser 1993 die amerikanische Botschaft in Nairobi auskundschaftete.[61]

Ich bin überzeugt, dass es für Chalids Handlungsweise eine harmlose Erklärung gibt. Er trat als Bin Ladens inoffizielles Sprachrohr in den Medien auf und hatte insofern Kontakt zu *al-Qa'ida*. Wenn wir aber anfangen, die Kuriere zu verfolgen, geraten wir auf schlüpfriges Terrain. Die Autoimportfirma in Kenia handelte tatsächlich nur mit Autos. Als das Geschäft nicht mehr lief, wurde sie geschlossen.[62] Was die Bezahlung von Ali Mohammeds Ausgaben in Nairobi angeht, gibt es keinen Beweis dafür, dass Chalid auch nur wusste, warum Mohammed in der Stadt war. Der Informant, der der Regierung gesagt hatte, Chalid sei ein Mitglied von *al-Qa'ida*, könnte sich ganz einfach geirrt haben. Im Prozess um den Bombenanschlag auf die Botschaft identifizierte der leitende Staatsanwalt Patrick Fitzgerald Chalid als den Chef eines Trainingslagers in Afghanistan, aber Chalid hat mir gegenüber einmal beteuert, dass er niemals in diesem Land gewesen sei (sein ältester Bruder allerdings schon).

Selbst wenn diese harmlosen Erklärungen zutreffen, so sind doch die amerikanischen Gesetze für Verschwörungen so weit gefasst, dass Chalid schuldig gesprochen werden könnte, an dem Mordkomplott gegen die Amerikaner beteiligt gewesen zu sein. Momentan sitzen er, Id'arus und Abd ul-Bari in britischen Gefängnissen und warten auf die Entscheidung, ob sie an die Vereinigten Staaten ausgeliefert werden.

In Großbritannien lebt auch Anas al-Libi, ein weiterer Angehöriger von *al-Qa'ida*. Er wohnte in Manchester, bis er 1999 kurz vor einer Hausdurchsuchung die Stadt verließ. Die britische Polizei hätte ihn bei dieser Gelegenheit mit ziemlicher Sicherheit verhaftet. Al-Libi, der als Computerexperte gilt, schulte Anfang der neunziger Jahre *al-Qa'ida*-Mitglieder in Afghanistan in Überwachungstechniken. Mitte der neunziger Jahre kümmerte er sich im Sudan um *al-Qa'idas* Computer.[63] Er und Ali Mohammed reisten 1993 nach Nairobi und bezogen die Wohnung eines *al-Qa'ida*-Mitglieds, um die erwähnten Aufnahmen der amerikanischen Botschaft zu machen, der erste Schritt in dem auf fünf Jahre angelegten Plan, sie in die Luft zu sprengen.[64] Bei der Durchsuchung seines bescheidenen Hauses fand die britische Polizei ein 180-seitiges Handbuch mit dem Titel »Militärische Studien zum *dschihad* gegen die Tyrannen«.[65] Das Handbuch behandelt praktische Fragen: Wie führt man terroristische Operationen durch? Wie fälscht man Währungen? Wie organisiert man sichere Häuser?[66]

London war in den letzten zehn Jahren darüber hinaus das Ziel zahlreicher weiterer militanter Islamisten, von denen viele sich durch Bin Ladens Taten und Worte begeistern ließen. Eine der schillerndsten Gestalten ist Scheich Umar Bakri Mohammed, ein Syrer, der sich als Richter eines eigenen *schari'a*-Gerichts hochstilisiert. An einem für April erstaunlich milden Abend vorigen Jahres irrte ich durch die Straßen von Walthamstow auf der Suche nach dem Saal, in dem Scheich Bakri über das Thema »Osama bin Laden und der Terrorismus« sprechen sollte. Ich wusste, dass ich mich dem Ort näherte, als ich Transparente sah, die den »*Dschihad* gegen den Piratenstaat Israel« ausriefen. Das Treffen fand in einem unauffälligen Gemeindesaal statt, in dem sich eine Gruppe von Männern zum Gebet auf den Boden niederwarf. Der harte Kern zog ein militärisches Aussehen vor. Einige trugen *kufijas*, die traditionellen »Palästinensertücher«, und Kampfjacken; andere eine am Rand eingerollte Wollkappe, die sie als Veteranen des afghanischen Heiligen Krieges auswies – ob echte oder Möchtegern-Veteranen sei dahingestellt. Einige stellten stolz die Fotografenweste zur Schau, die unsere Fernsehkorrespondenten anzulegen pflegen, wenn sie signalisieren wollen, dass sie sich in einem Kriegsgebiet befinden. Der größte Teil der Anwesenden trug jedoch die unauffällige Kleidung von Studenten, Taxifahrern und Kleinunternehmern. Ich zählte etwa 250 Männer und, überraschenderweise, über hundert Frauen, von denen einige ganz verschleiert waren, die meisten aber nur Kopftücher umgebunden hatten. Es war eine polyglotte Schar aus Arabern, Afrikanern und Asiaten.

Während eine Gruppe von Männern die Video-Ausrüstung aufbaute, um Szenen aus Russlands blutigem »Blitzkrieg« in Tschetschenien vorzuführen, zeigte mir ein junger Mann Broschüren mit Titeln wie »*Dschihad* in Amerika?«. An den Wänden des Saals hingen Plakate mit Aufschriften des Inhalts: CLINTON: MEISTGESUCHTER TERRORIST oder JÜDISCHE BESATZER: TÖTET SIE, WO IMMER IHR SIE FINDET. Eine Wand schmückte ein Davidstern mit einem Totenkopf und zwei gekreuzten Knochen darüber.

Die Menge verstummte, als Scheich Bakri, eine würdevolle Erscheinung in einem schwarzen Talar, gestützt auf einen Stock, zum Podium schritt. »Wir sind nicht hier, um für Osama bin Laden zu werben, auch wenn wir ihn unterstützen«, begann er. Dann stellte er die rhetorische Frage: »Wer ist ein Terrorist? Wer bestimmt, was falsch ist und was richtig?« Während die Zuhörer an seinen Lippen hingen, fuhr Scheich Bakri fort. »Wir erkennen die Führungsrolle Bin Ladens an, obwohl wir ihn nie getroffen haben … diesen Mann, der sein Leben dem Islam geopfert hat … einen Mann, der ein Multimillionär ist.«

Als Nächster trat ein hochgewachsener, muskelbepackter junger Mann in einem T-Shirt und Tarnhosen an das Mikrofon. Er bezeichnete sich als Sicherheitschef von Scheich Bakris Organisation und erklärte mit einem starken Cockney-Akzent, dass es in Großbritannien »an und für sich nicht illegal« sei, Männer militärisch auszubilden.

Scheich Bakri hat gesagt, er habe Hunderte von britischen Muslimen für heilige Kriege in Tschetschenien und im Krisengebiet Kaschmir rekrutiert.[67]

Al-Qa'ida unterhält auch noch zu anderen *dschihad*-Organisationen auf der ganzen Welt lose, aber dennoch gute Verbindungen, darunter zu separatistischen Gruppierungen der Kaschmiris in Pakistan. Bei diesem Konflikt steht viel auf dem Spiel: Indien und Pakistan haben schon zwei Kriege um die herrliche Berg- und Seenlandschaft geführt, und Anführer auf beiden Seiten haben mit Eskalation des Konflikts bis hin zum Einsatz von Atomwaffen gedroht.[68] Nach Einschätzung der CIA ist Kaschmir der Konfliktherd, bei dem die Gefahr, dass Atomwaffen eingesetzt werden, am größten ist. Seit 1990 sind über 50 000 Menschen in der Region ums Leben gekommen, und jeden Tag gehen neue Meldungen von einem Bombenanschlag der Separatisten oder von Vergeltungsschlägen der indischen Soldaten ein.[69] Im Juli 2001 scheiterte ein politisches Gipfeltreffen zwischen Indien und Pakistan zur Kaschmir-Frage.[70]

Verbindungen zwischen *al-Qa'ida* und der kaschmirischen Terrorgruppe Harakat ul-Mudschahidin (HUM) wurden Ende August 1998 erkennbar, als die Vereinigten Staaten *al-Qa'idas* militärische Trainingslager in Afghanistan mit Cruise Missiles beschossen. Die meisten Anhänger Bin Ladens hatten die Lager vor den Schlägen verlassen, aber rund zwanzig Krieger kamen ums Leben, neun davon gehörten HUM an.[71] Und HUM ist nur eine von gut einem Dutzend separatistischen Gruppierungen in Pakistan, die Indien aus Kaschmir vertreiben wollen. Eine Splittergruppe von HUM entführte 1995 sechs westliche Touristen in Kaschmir.[72] Ein Ableger von HUM sollte später in die Entführung und Ermordung des amerikanischen Journalisten Daniel Pearl im Januar 2002 verwickelt sein.[73]

Im Dezember 1999 hatte ich Gelegenheit, die Terrortaktik der HUM ganz aus der Nähe zu verfolgen, als ich über die Entführung eines Flugzeugs der Indian Airlines berichtete. Das Flugzeug war in Katmandu in Nepal gekidnappt worden und nach Stopps in Indien, Pakistan und Dubai schließlich in Kandahar gelandet. Die Entführer forderten hartnäckig die Freilassung kaschmirischer Separatisten und eines pakistanischen Gelehrten, Maulana Mas'ud Azhar, die in indischen Gefängnissen saßen.[74] (Auch der HUM-Ableger, der 1995 die westlichen Touristen in Kaschmir entführt hatte, hatte mehrmals die Freilassung von Azhar gefordert, einer zentralen Figur in der Organisation.)[75]

Ich interviewte gerade in Kabul einen Minister der Taliban zu Bin Laden, als ich hörte, wo sich das Flugzeug befand. Ein Koordinator von CNN sagte mir, ich solle so schnell wie möglich nach Kandahar fahren. Die Reise wurde in den Medien zu einer albtraumhaften 24-stündigen Autofahrt aufgebauscht. Ich nahm ein Taxi, am Steuer saß ein freundlicher Mullah mit schwarzem Turban. Er hatte einst gegen die Sowjets gekämpft und sich schon früh den Taliban angeschlossen. Allerdings hinderte ihn das nicht daran, während der Fahrt zu verbotener indischer Musik zu singen. Wir kamen durch gebirgige Wüstenlandschaften und hier und da durch ein Dorf mit Lehmhäusern, in dem die Lautsprecher auf den Dächern der Moscheen die einzigen Zeichen der Moderne waren. Die 16-stündige Reise wurde zu einer Qual für unsere Rücken. Wir machten nur einmal in einem Straßenrestaurant eine halbe Stunde Rast, wo der Gelehrte und Taxifahrer gegen die Fastenregeln des Ramadan verstieß. Gut vierzig Männer, überwiegend Taliban-Kämpfer, warteten exakt, bis die Sonne hinter den Bergen verschwand. Es gab eine Vorspeise aus Datteln, darauf folgte ein üppiges Mahl aus Fladenbrot, Lamm in einer scharfen Sauce aus Joghurt und Karotten und ein *Qabuli-palau*, ein Reisgericht mit dünn geschnittenen Karotten, Rosinen und Lamm. Für drei Personen zahlten wir, einschließlich Trinkgeld und Getränke, zwei Dollar.

Wir fuhren die ganze Nacht in südliche Richtung nach Kandahar und kamen am Morgen des 27. Dezember am dortigen Flughafen an. Die Lage war außerordentlich angespannt, weil die Entführer soeben erst ein Ultimatum von drei Stunden gestellt hatten. Sie waren verärgert darüber, dass sie nur mit einem untergeordneten indischen Diplomaten verhandelt hatten, und wollten mit Regierungsmitgliedern sprechen. Andernfalls drohten sie, einige der 155 Passagiere zu ermorden. Einen Inder, einen Mann, der aus seinen Flitterwochen in Nepal zurückkehrte, hatten sie bereits erstochen. Er verblutete zwei Stunden lang auf seinem Sitz.[76]

Gegen Ende der Frist drohten die Entführer, zwei westliche Passagiere zu ermorden. Der Außenminister der Taliban, Wakil Ahmad Mutawakkil, teilte ihnen über Funk mit, dass eine hochrangige Delegation aus Delhi auf dem Weg nach Kandahar sei. Und er ließ sie wissen, dass er, falls einem der Passagiere ein Haar gekrümmt würde, seinen Soldaten befehlen werde, das Flugzeug zu stürmen. Wenige Minuten vor Ablauf des Ultimatums umstellte ein Trupp von etwa achtzig schwer bewaffneten, grimmig dreinblickenden Taliban das Flugzeug. Das Ultimatum lief ohne Zwischenfall aus.

In dem Flugzeug saß auch Jeanne Moore, eine kalifornische Psychotherapeutin Anfang fünfzig, die schwer gestörte Kinder behandelt. Glücklicherweise wusste sie nichts davon, dass die Entführer gedroht hatten, westliche Passagiere zu ermorden. Ihr war aber klar, dass es gefährliche Männer waren. Gleich zu Beginn hatte sie einen heftigen Schlag mit einem Gewehrkolben gegen den Kopf bekommen, als sie sich nur leise geregt hatte. Und sie hatte gehört, wie einer der Entführer, der »Doktor« genannt wurde, eine Reihe von Passagieren verprügelte. Den dumpfen Klang der Schläge werde sie nie mehr vergessen, sagte sie.

Zu einem bestimmten Zeitpunkt trieben die Männer alle Ausländer (also die, die nicht aus Indien oder Nepal stammten) zusammen und brachten sie in den vorderen Teil der Touristenklasse. Sie nahmen den Passagieren die Pässe ab, und dabei bemerkten sie, dass Moore Amerikanerin war. Die Entführer waren abwechselnd brutal und redselig. Moore brachte so etwas wie einen Dialog mit einem von ihnen zu Stande, der Burger genannt wurde. Sie unterhielten sich über die englische Grammatik und Syntax und über die Lewinsky-Affäre. Sie sagte sich, dass »jede Art von Kumpanei« hilfreich sei. Sie setzte Techniken ein, die sie auch bei Kindern anwandte: »Bring sie zum Reden, aber rege sie nicht auf.«

Vom Tower aus führte Außenminister Mutawakkil die Verhandlungen. Am Dienstag überredete er die Entführer, einen Teil ihrer ursprünglichen Forderungen fallen zu lassen, unter anderem die Exhumierung der Leiche eines Kaschmir-Kämpfers, der in Indien begraben ist, und ein Lösegeld in Höhe von 200 Millionen Dollar. Diese Bedingungen seien »unislamisch«. Die Taliban setzten die Entführer auch mit psychologischen Mitteln stark unter Druck, endlich zu einer Einigung zu gelangen. Jede Nacht fiel die Temperatur in der Wüste um Kandahar unter den Nullpunkt, und die Soldaten kauerten sich um Lagerfeuer, die in einem Halbkreis um den Airbus brannten. Das rote Flackern der Flammen tauchte den Jet in ein sanftes Licht.

Der UN-Vertreter in Afghanistan, Erik de Mul, ein aristokratisch wirkender Holländer, schritt auf dem Flughafengelände auf und ab. Er trug einen weichen Filzhut und einen Mantel und rauchte eine Zigarette nach der anderen. De Mul sollte die Taliban beraten. Die Reporter ließ er wissen, die Taliban würden die Verhandlungen geschickt und mit Fingerspitzengefühl führen.

Unterdessen verlor Jeanne Moore das Zeitgefühl: Die Kabine war immer verdunkelt, und die Passagiere verbrachten die meiste Zeit mit dem Kopf auf den Knien oder mit verbundenen Augen. Und Moore hatte keine Ahnung, wo sie sich überhaupt befanden, nur gewisse Vermutungen. Ungefähr am vierten Tag der Entführung half sie einer Passagierin, die »von Panik überwältigt wurde und nach einem Krankenwagen rief. Der Strom war gerade ausgefallen, und sofort wurde es noch stickiger.« Moore gelang es, die Frau ins Cockpit zu bringen, und so konnte sie zum ersten Mal einen Blick nach draußen werfen. Dort standen Gruppen von bärtigen, bewaffneten Männern, die Turbane trugen. *Willkommen im Islamischen Emirat Afghanistan.*

»Ich konnte den Druck auf die Entführer spüren«, sagte mir Moore. »Sie hatten nicht geschlafen. Sie sagten mir, es mache ihnen nichts aus zu sterben. Ich riet Burger, dass seine Männer sich abwechseln sollten, damit ein paar sich ausruhen konnten. Sie hatten immerhin Granaten bei sich ...«

Die Verhandlungen zogen sich den ganzen Mittwoch hin. Mittlerweile waren die Geiseln in einer sehr schlechten Verfassung. Sie saßen seit fünf Tagen in dem Flugzeug, zu essen gab es nur Brot, Reis und Bohnen. Die Toiletten im Flugzeug waren verstopft und stanken; die Motoren des Flugzeugs liefen seit Tagen ohne Unterbrechung und fielen jetzt immer wieder aus – damit auch Heizung und Klimaanlage.[77]

Am Donnerstag, dem 30. Dezember, erfolgte eine weitere Machtdemonstration der Taliban. Dieses Mal fuhr ein gepanzerter Mannschaftstransporter auf die Rollbahn, und ein Panzer ging auf einem kleinen Hügel vierhundert Meter entfernt in Stellung. Erneut umstellten Kommandotrupps das Flugzeug, und ein Pick-up-Laster, auf dem Taliban-Soldaten mit zwei Stinger-Luftabwehrraketen standen, umkreiste langsam den Jet. Im Flugzeug sagten die Entführer zu den Passagieren, wie Moore sich erinnert: »Keinen Mucks. Keine Bewegung.«

Mutawakkil nannte das Ganze eine routinemäßige Sicherheitsmaßnahme, aber die Botschaft war klar: Setzt der Krise ein Ende, oder wir greifen das Flugzeug an. Das wäre mit Sicherheit ein Blutbad geworden, da die Taliban nicht über Einheiten wie die amerikanische Delta Force oder die deutsche GSG 9 verfügten, die eigens für »chirurgische« Geiselbefreiungen ausgebildet sind.

Am Donnerstagabend hatten sich die Parteien endlich geeinigt. Die Inder willigten ein, Azhar und zwei weitere Kämpfer aus indischen Gefängnissen freizulassen: Muschtaq Ahmad Zargar, den Anführer von al-Umr, einer weniger bekannten Gruppierung von Kaschmir-Rebellen, und Umar Scheich, einen britischen Bürger, dessen Familie aus Pakistan stammt und der einen Abschluss der Londoner School of Economics hat.[78] (Zwei Jahre später sollte Scheich angeblich die Entführung des amerikanischen Journalisten Daniel Pearl in Karachi, Pakistan, organisieren.) Mutawakkil rief am Freitagmorgen die Reporter zusammen und teilte ihnen mit, man sei sich einig, aber die tatsächliche Freilassung der Passagiere sei eine außerordentlich delikate und potenziell gefährliche Angelegenheit.

(Später erfuhr ich, dass Bin Laden bei den Verhandlungen zwischen den Taliban und HUM hinter den Kulissen eine Schlüsselrolle gespielt hatte. Er hatte die Entführer gedrängt, für sich das Bestmögliche herauszuschlagen.)

Am Nachmittag landete ein Jet mit dem indischen Außenminister Jaswant Singh und den Kämpfern, die aus indischen Gefängnissen entlassen worden waren, auf dem Flughafen. In einer umständlich inszenierten Operation traten die Entführer aus dem Flugzeug und überzeugten sich, dass ihre Kameraden wirklich in

Kandahar waren. Dann erlaubten sie den Geiseln, in vier bereitstehende Busse einzusteigen. Die Geiseln wurden sofort zu einem Jet gebracht, der sie zurück nach Neu-Delhi flog. Moore verließ als Letzte das Flugzeug. Da sie völlig entkräftet war und an einer Virusgrippe litt, setzte man sie in einen Rollstuhl.

Nach der Freilassung gab Außenminister Singh in der Wartehalle des Flughafens eine Pressekonferenz. Der groß gewachsene, weißhaarige Diplomat, gekleidet in einen gut sitzenden grauen Nehru-Anzug, betonte zunächst in einer kurzen Stellungnahme, dass die indische Regierung den Forderungen der Terroristen *nicht* nachgegeben habe. Diese spektakuläre Verdrehung der Tatsachen trug er in vollem Ernst vor, so, als würde sein würdevolles Auftreten ausreichen, sie zur Wahrheit werden zu lassen. Ein australischer Reporter besaß, entsprechend der bekannt direkten Art seiner Landsleute, die Dreistigkeit, diese Version in Frage zu stellen. Singh ignorierte ihn und verließ mit seinem Gefolge den Saal. Der Fairness halber muss man sagen, dass seine Regierung unter außerordentlichem Druck gestanden hatte, die Krise zu lösen. Die flehentlichen Bitten der Geiselfamilien, ihre geliebten Angehörigen wieder nach Hause zu holen, beherrschten während des Entführungsdramas sämtliche Medien in Indien.

Kurz nach der Krise spekulierte der indische Premierminister Atal Behari Vajpayee in aller Öffentlichkeit, dass Pakistan womöglich bei der Entführung die Fäden gezogen habe. Unterdessen mutmaßten pakistanische Medien, sie könnte von der »geheimen Hand« des indischen Geheimdienstes eingefädelt worden sein. Diese absurden Theorien zeigen sehr deutlich, dass der gesunde Menschenverstand, wenn es um Kaschmir geht, auf dem indischen Subkontinent allzu häufig ausgeschaltet wird.

Die Operation war ein riesiger Erfolg für die Entführer. Sie erreichten nicht nur die Freilassung ihrer Mitstreiter, sondern die Taliban ließen sie auch noch entkommen, vermutlich nach Pakistan. Ein hoher US-Regierungsbeamter nannte die Aktion eine »erfolgreiche Mord-Entführung«.

Da ich mehr über HUM und andere separatistische Gruppierungen der Kaschmiri in Erfahrung bringen wollte, beschloss ich, nach Muzaffarabad zu reisen. Diese Stadt liegt nahe der Grenze, die Pakistans so genanntes Azad oder »Freies« Kaschmir vom indischen Kaschmir trennt, und ist das operative Hauptquartier der meisten militanten Gruppierungen.

Für die Fahrt von Islamabad nach Muzaffarabad heuerte ich Iljas an, einen 25-jährigen Taxifahrer und Angehörigen der winzigen christlichen Minderheit Pakistans. Vor der Abfahrt machte ich kurz Halt beim Informationsministerium, wo ein Beamter mir den erforderlichen Pass für Muzaffarabad aushändigte. (Die Stadt ist für gewöhnliche Besucher gesperrt.) Er sagte mir, in den letzten Monaten habe Dürre geherrscht und während der Festtage anlässlich des Endes des Ramadan hätten alle um Regen gebetet. Diese Gebete würden in Kürze erhört.

Wir verließen Islamabad auf der Straße zu der kleinen Bergstadt Murree, die den Briten als Zuflucht vor der sengenden Hitze des indischen Sommers gedient hatte. Die viktorianische Dreieinigkeitskirche, die Murrees Hauptstraße schmückt, könnte so auch in Sussex stehen. Während wir die dicht bewaldeten Hügel hinauffuhren, kamen wir an Verkehrsschildern vorbei, die uns auf Pfauen und Berglöwen in der Nähe hinwiesen. Iljas drehte die Anlage auf, fetzige Rap-Songs dröhnten aus den Lautsprechern, und Cher sang ihren Ohrwurm »I believe«. Iljas gefiel mir, glücklicherweise, denn wir würden demnächst sehr aufeinander angewiesen sein. Wir fuhren an einem weiteren Schild vorbei, das vor Erdrutschen warnte. Mittlerweile nieselte es ein wenig, und in den Bergen vor uns bildeten sich Nebelschleier. Als wir Murree erreichten, teilte uns eine Markierung auf einer Kreuzung mit, dass wir auf einer Höhe von knapp 2000 Meter angekommen waren. Der Regen ging in Schnee über.

Auf einmal erklärte Iljas: »Mr. Peter, Sir, ich bin schon bei Schnee gefahren, aber noch nie bei einem solchen Schneetreiben.«

Schon kam er ins Schleudern, fuhr auf einen Pick-up-Laster auf und demolierte unsere Stoßstange.

Ich sagte ihm, er brauche sich keine Sorgen zu machen, ich würde den Schaden bezahlen. Vorsichtig fuhren wir weiter, vorbei am Golfklub von Murree, der nur undeutlich zu erkennen war, weil aus dem Schneetreiben inzwischen ein undurchdringlicher Schneesturm geworden war. An der Straße reihte sich ein Autowrack an das andere, aber auf der schmalen Passstraße zurückzufahren wäre ebenfalls tollkühn gewesen. Da rutschten wir, wie auf ein Stichwort hin, langsam auf die Straßenbegrenzung zu und waren am Ende zwischen einem Metallgeländer und einer Steinmauer eingekeilt, Zentimeter von einem dreißig Meter tiefen Absturz in schneebedeckte Kiefern entfernt.

»Nächstes Mal nehmen wir Ketten mit«, meinte Iljas.

Doch wir brauchten die Hilfe jetzt. Ein Bus kam vorbei, und eine Gruppe kaschmirischer Männer stieg aus und schob uns wieder auf die Straße zurück. Iljas war ganz erschüttert und erklärte: »Gott und Jesus Christus haben uns heute gerettet.« Ich stimmte ihm zu, dass unser Rendezvous mit dem Tod zumindest vorläufig verschoben war. Darauf erwiderte Iljas: »Diese Engländer, die nicht an Gott glauben. Woran glauben sie denn? Dass die Welt sich einfach von selbst dreht?«

Wir fuhren langsam die schneebedeckte Bergstraße entlang durch kleine Städte, die von Moscheen mit grünen Dächern beherrscht wurden. Die Einheimischen saßen unter den Dachvorsprüngen und lachten schadenfroh, als sie unser arg mitgenommenes Taxi erblickten. Auf der Fahrt herunter nach Muzaffarabad besserte sich das Wetter allmählich. Wir überquerten einen Fluss und gelangten an eine Straßensperre, wo Soldaten unseren Pass kontrollierten und uns durchwinkten.

Als wir nach Muzaffarabad hineinfuhren, einer über nebelverhangene Hügel verstreuten Stadt, fielen mir Schilder auf, die die vor kurzem befreiten Streiter der Kaschmiri und die großen *mudschahidin* begrüßten. Nach einem raschen Imbiss in unserem Hotel machten wir uns zu der Gruppe HUM auf, deren Operationsbasis in einer weißen Villa am Stadtrand lag. Vor dem Gebäude parkten Jeeps und Pick-up-Laster in einer langen Schlange. Im Inneren schlenderte vielleicht ein Dutzend junger Männer mit Kalaschnikows herum. Einer führte mich zu einem Wortführer der Gruppe, einem stämmigen Mann Ende zwanzig, der eine Tarnjacke und eine braune Wollmütze trug. Der Sprecher – der ausdrücklich darum bat, anonym zu bleiben – winkte mich in einen Raum, der mit Bildern von Panzern, Maschinengewehren und RPG-Granatwerfern reich dekoriert war. Dort begann er mit der Geschichte, die sich als Standardeisbrecher bei meinen Gesprächen mit kaschmirischen Separatisten entpuppen sollte:

Punkt für Punkt schilderte er ausführlich die Vorgeschichte des Kaschmir-Konflikts. Hier eine gekürzte Version:

Die zwischen Indien und Pakistan aufgeteilte Region Kaschmir, die fast so groß ist wie die Britischen Inseln, ist seit der Unabhängigkeit der beiden Länder von Großbritannien im Jahr 1947 heftig umkämpft. Die eine Hälfte von Kaschmir liegt auf der indischen Seite der Grenze, aber die Einwohner sind mehrheitlich Muslime und möchten sich von dem überwiegend hinduistischen Indien lösen. Die separatistischen Gefühle sind durch zahlreiche Menschenrechtsverletzungen seitens der indischen Armee zusätzlich geschürt worden. In den letzten fünfzig Jahren haben Indien und Pakistan zwei ausgewachsene Kriege um Kaschmir geführt, 1947 und 1965. Nach dem Krieg von 1947 erreichten die Vereinten Nationen einen Waffenstillstand und legten auch die Grenzregion fest, die den pakistanischen »Azad« Kaschmir vom indischen Kaschmir trennt. Die Vereinten Nationen verlangten außerdem ein Referendum über die Zukunft Kaschmirs, das die indische Regierung aber verständlicherweise nicht zugelassen hat: Die Kaschmiris würden mit überwältigender Mehrheit für die Unabhängigkeit stimmen.[79]

Das jüngste Aufflackern des Konflikts begann Ende der achtziger Jahre, teils aus Enttäuschung über von Indien manipulierte Wahlen, teils weil mit dem Ende des Krieges gegen die Sowjets in Afghanistan ein Kader aus heiligen Kriegern für einen weiteren *dschihad* zur Verfügung stand.[80] HUM wurde 1985 unter dem Namen Harakat ul-Ansar als afghanische *mudschahidin*-Gruppe gegründet. Im Jahr 1997 setzte das amerikanische Außenministerium Harakat ul-Ansar auf seine Liste terroristischer Organisationen, und die Gruppe änderte danach ihren Namen in Harakat ul-Mudschahidin. (Der HUM-Sprecher, den ich interviewte, erklärte, das sei purer Zufall und die Namensänderung sei die Folge eines internen Streits gewesen.)

Im Mai 1999 eroberte eine gemeinsame Streitmacht aus pakistanischen Soldaten und mehreren hundert Separatisten – darunter auch Mitglieder von HUM – strategische Stellungen in der Region Kargil im indischen Teil Kaschmirs und wehrte zwei Monate lang sämtliche indischen Angriffe ab. Im Oktober stürzte General Parwiz Muscharraf, der die Kargil-Operation geleitet hatte, die Regierung von Ministerpräsident Nawaz Scharif, der sich schmählich aus Kargil zurückgezogen hatte.

Auf die Frage, ob HUM für die Entführung der Maschine der Indian Airlines verantwortlich gewesen sei, gab mir der Sprecher keine direkte Antwort. Seine Sympathien waren allerdings eindeutig auf Seiten der Entführer, und sei es nur, weil sie der Weltöffentlichkeit den Kaschmir-Konflikt wieder in Erinnerung gerufen hatten. Er leugnete auch, dass die Gruppe irgendwelche Verbindungen zu Bin Laden habe – das war allerdings seltsam, denn der Anführer von HUM, Fazil Rahman, hatte nur ein Jahr zuvor öffentlich erklärt, dass bei den Angriffen mit Cruise Missiles auf Bin Ladens Lager in Afghanistan HUM-Kämpfer getötet worden seien. Etwas freimütiger sprach der Funktionär über die künftigen Pläne der Gruppe und wies darauf hin, dass sie vor kurzem *fida'in* – Märtyrertrupps – gebildet hätten, die für Selbstmordattentate nach Indien geschickt werden sollten.

HUM ist nicht die einzige Gruppe, die solche Trupps aufstellt. Auch Tahrik-i Dschihad zählt dazu, deren Anführer nicht weit vom Hauptquartier der HUM in einer anderen ruhigen Straße von Muzaffarabad wohnt. Salim Wani, mit dem ich einige Stunden später sprach, ist eine charismatische Erscheinung, um die vierzig und Vater von drei Kindern, er spricht perfekt Englisch. Anders als der anonyme HUM-Sprecher trug Wani keine Militäruniform, sondern einen einfachen Jogginganzug, und hatte einen Wollschal über die Schultern gelegt. Er empfing mich in einem Raum mit Teppichen und ein paar Stühlen. Bei Tee und Keksen erzählte er mir, wie er zu einem Kaschmir-Kämpfer wurde.

Wani wurde im indischen Teil Kaschmirs geboren und besuchte die Universität in Srinagar, wo er im Hauptfach Wirtschaftswissenschaften studierte. Im Jahr 1988 schloss er sich kaschmirischen College-Studenten an, die gegen die Inder protestierten. Die Regierung ging massiv gegen die Demonstranten vor, und Wani floh nach Pakistan. »Mein Haus wurde ausgeraubt, mein Vater sieben Mal verhört«, sagte er. »Danach blieb mir nichts anderes übrig, als mich dem bewaffneten Kampf anzuschließen.« Wani trat in ein loses Bündnis militanter Kämpfer ein, das unter dem Namen United Jihad Council bekannt ist und 1990 gegründet wurde. Zunächst war die Bewegung wirkungslos, erzählte

Wani. »Aber schon 1996 fingen wir an, effektiver zu operieren, tauschten untereinander Waffen und Männer aus.« Im Jahr 1997 gründete Wani die Gruppe *Tahrik.* »Wir führten Operationen gegen indische Vorposten durch«, erklärte er. »Wir begannen mit Feuerwerkskörpern und Benzinbomben, im Laufe der Zeit nahmen wir den Indern aber Waffen ab und lernten, uns ihre Taktik zu Nutze zu machen und ihre Uniformen zu tragen.« Vor meiner Abreise bat Wani mich inständig, einem Onkel in Virginia herzliche Grüße auszurichten.[81]

Eine der Schlüsselfragen lautet, in welchem Ausmaß Gruppen wie *Tahrik* und HUM von der pakistanischen Regierung unterstützt werden. Westliche Diplomaten in Pakistan sagen, die Kämpfer würden Waffen und logistische Unterstützung erhalten, die ihnen der militärische Geheimdienst Pakistans ISI zuspiele.[82] Der HUM-Sprecher erklärte, seine Gruppe erhalte lediglich »diplomatische, moralische und politische« Unterstützung von Pakistan. Welche Version nun auch stimmen mag, in Anbetracht der Offenheit, mit der diese Gruppen operieren, besteht kein Zweifel, dass Pakistan ihnen freie Hand lässt.

Nehmen wir nur Laschkar-i Taijiba, die größte Gruppe der Kaschmir-Kämpfer in Pakistan, die in Islamabad sogar Büros hat. Wie andere Gruppen schickte auch Laschkar Hunderte von Männern zum Kampf gegen die Kommunisten nach Afghanistan. Bei meiner Ankunft im Büro von Laschkar wurde ich von ihrem Wortführer Abdullah Muntazir begrüßt, einem kleinen 24-jährigen Mann, der mit seinem dichten Bart viel älter wirkt. Laut Muntazir zielen viele Aktivitäten von Laschkar darauf ab, die öffentliche Meinung in Pakistan gegen Indien aufzubringen. Die Gruppe unterstütze rund 2200 »Gebetszentren«, die Informationen über indische Gräueltaten verbreiteten. Zu den jährlichen Kundgebungen kämen Hunderttausende von Pakistani.[83]

Laschkar kämpft aber nicht nur mit Worten. Nachdem er sich mit achtzehn Jahren der Gruppe angeschlossen hatte, so Muntazir, sei er zu einem dreiwöchigen Lehrgang nach Afghanistan geschickt worden, wo er unter anderem gelernt habe, wie man Luftabwehrgeschütze, Kalaschnikows, Pistolen und RPG-Granatwerfer bedient. Es folgte ein dreimonatiger »Lehrgang für Fortgeschrittene« im pakistanischen Teil Kaschmirs, wo die Teilnehmer lernten, Gebäude zu überfallen und Fahrzeuge aus dem Hinterhalt anzugreifen. Muntazir war nur an einer Operation beteiligt: einem gescheiterten Versuch, einen indischen Nachschubweg zu verminen.

Aufrufe zum Heiligen Krieg gegen Indien fallen in Pakistan auf fruchtbaren Boden – nicht nur in Azad Kaschmir, sondern im ganzen Land. Maulana Mas'ud Azhar, der religiöse Führer, der bei der Flugzeugentführung freigekommen war, trat etwa eine Woche danach in Pakistan auf und sprach in der südlichen Stadt Karatschi und in seiner Heimatstadt Bahawalpur vor begeisterten Menschenmengen. Umgeben von bis an die Zähne bewaffneten Leibwächtern, rief er zu einem *dschihad* zur Befreiung Kaschmirs auf. Im Februar 2000 gab Azhar die Gründung einer Splittergruppe von HUM bekannt, Dschaisch-i Mohammed (JEM), die seither versucht hat, hohe indische Regierungsbeamte zu ermorden, und mehrere Bombenanschläge im indischen Kaschmir durchführte. Die bewaffneten Unterstützer von JEM – mehrere hundert Männer – sind größtenteils Pakistanis und Kaschmiris, aber auch Afghanen und Araber. Amerikanische Regierungsbeamte vermuten, dass JEM von Bin Laden finanziell unterstützt wird.[84]

Während des Krieges gegen die Taliban Ende 2001 distanzierte die pakistanische Regierung sich von den militanten Kaschmiri-Gruppen und verhaftete wichtige Führer und zweitausend Anhänger. Nach der Entführung und Ermordung des amerikanischen Journalisten Daniel Pearl im Januar 2002 wurden diese Bemühungen noch verstärkt.

Tausende Kilometer von Kaschmir entfernt ist Bin Laden auch in einen inzwischen Jahrzehnte währenden islamistischen Aufstand auf den überwiegend katholischen Philippinen verwickelt. Ungefähr fünf Prozent der über fünfzig Millionen Einwohner sind Muslime, die in der Mehrzahl auf der zweitgrößten Insel Mindanao leben, viele sind aber auch auf Hunderte kleinerer Inseln im Süden verstreut. Seit 1972 führen mehrere islamische Gruppen einen Guerillakrieg gegen die Zentralregierung mit dem Ziel, einen unabhängigen Staat zu errichten. Zehntausende sind dabei bereits ums Leben gekommen.[85]

Zwei der bekanntesten Gruppen sind die mächtige Moro Islamic Liberation Front (MILF) – die ihre Kämpfer Anfang der neunziger Jahre zusammen mit *al-Qa'ida*-Leuten ausbilden ließ, im Sommer 2001 aber einen Waffenstillstand mit der philippinischen Regierung schloss – und die viel kleinere Abu Saijaf, die sich 1991 von der MILF abspaltete.[86] Diese Gruppierung wurde von Abd ur-Raziq Dschandschalani gegründet, der sich den Namen Abu Saijaf (»Träger des Schwertes«) gab, zu Ehren von Bin Ladens Verbündetem Abd ur-Rasul Saijaf, mit dem er während des Afghanistan-Krieges gegen die Kommunisten gekämpft hatte.[87] Abu Saijaf besteht aus einem harten Kern von etwa zweihundert Kämpfern und hat durch eine ganze Reihe von Entführungen seit 1993 schätzungsweise zehn Millionen Dollar erbeutet.[88] Unter den entführten westlichen Touristen befanden sich die Göttinger Familie Wallert sowie der Amerikaner Guillermo Subero. Im Juni 2001 teilte die Gruppe mit, Subero sei geköpft worden.

Während ich an dem Kapitel über *al-Qa'idas* Leute in Amerika schrieb, trainierte der Urheber des Bombenattentats auf das World Trade Center im Jahr 1993, Ramzi Jusuf, mit Abd ur-Rasul Saijaf und plante weitere Terrorakte mit Abu Saijaf. Er und ein Veteran von Bin Ladens Organisation, Wali Chan Amin Schah, arbeiteten 1994 gemeinsam mit Abu Saijaf Pläne aus, wie elf Passagierflugzeuge in die Luft gesprengt werden sollten. Auch Papst Johannes Paul II. sollte während seines Besuchs auf den Philippinen ermordet werden.[89] Die Verschwörungen wurden vereitelt, weil ein Sprengstoffexperiment in Jusufs Wohnung in Manila fehlschlug. Jusuf ließ einen Laptop zurück, in dem die ganze Operation genau geschildert war. Seit Jusufs Festnahme durch das FBI hat Abu Saijaf mehrfach seine Freilassung aus amerikanischer Haft gefordert.[90]

Ein weiterer Verbündeter von Abu Saijaf ist Mohammed Dschamal Chalifa, der mit einer Schwester Bin Ladens verheiratet ist. Er war während des Afghanistan-Krieges in Jordanien einer der wichtigsten Werber von Kämpfern für Bin Ladens Dienstleistungsbüro in Pakistan. Anfang der neunziger Jahre leitete Chalifa eine Möbelwerkstatt für Rattanmöbel auf den Philippinen und heiratete als eine seiner vier Frauen eine Filipina.[91] Er unterstützte zudem Abu Saijaf finanziell.[92] Im Jahr 1994 sprach ihn ein jordanisches Gericht wegen terroristischer Akte schuldig und verurteilte ihn zum Tode, doch zu diesem Zeitpunkt hatte er bereits beim amerikanischen Konsulat in Dschidda ein Visum für die Vereinigten Staaten beantragt und auch erhalten. Als Adresse gab er eines von Bin Ladens Familienunternehmen an.[93] Im Dezember 1994 wurde er in San Francisco verhaftet und nach Jordanien ausgeliefert, doch man ließ die Terrorismusanklage gegen ihn später wieder fallen.[94]

Chalifas Anwalt in den Vereinigten Staaten sagte mir 1997, sein Mandant habe tatsächlich Abu Saijaf Gelder zukommen lassen, allerdings für »humanitäre Zwecke« – eine nicht gerade plausible Erklärung, denn anders als die HAMAS in Palästina oder die Hizbullah im Libanon beschäftigt sich Abu Saijaf mit kaum etwas anderem als Entführungen und Bombenattentaten.[95] Chalifa lebt zurzeit in Dschidda und sagt über seinen berüchtigten Verwandten: »Bin Laden ist einer meiner 22 Schwäger, und ich entschuldige seine terroristischen Aktivitäten ganz und gar nicht. Die ganze Familie hat die Verbindung zu ihm abgebrochen, wir haben keinen Kontakt mehr mit ihm, weil wir wissen, was er treibt, und seine illegalen Aktivitäten nicht billigen.«[96]

Auch in Südrussland waren Gefolgsleute Bin Ladens aktiv, und zwar in den grausamen Kriegen, die seit 1994 Tschetschenien verwüstet haben.[97] Die Tschetschenen kämpften schon Mitte des neunzehnten Jahrhunderts gegen die Russen. Leo Tolstoi diente in einem Artillerieregiment im Kaukasus und zeichnet in seiner Erzählung *Die Kosaken* ein beeindruckendes Bild von den Tschetschenen: »Niemand sprach von Hass auf die Russen. Das Gefühl, das die Tschetschenen empfanden, die jungen und die alten, war stärker als Hass.«[98] Anderthalb Jahrhunderte später hat sich daran nicht viel geändert.[99] Die Russen versuchten, die unbeugsamen Tschetschenen in zwei Kriegen in die Knie zu zwingen. Der erste dauerte von 1994 bis 1996, der zweite flackert seit 1999 bis heute immer wieder auf.

Einer der gefürchtetsten Soldaten in diesem Krieg führt den Kampfnamen Chattab und hat angeblich zu Bin Laden eine »Vater-Sohn«-Beziehung entwickelt, während er als 17-Jähriger in Afghanistan gegen die Sowjets kämpfte. Ansonsten ist über seine Vergangenheit wenig bekannt. Presseberichten zufolge stammt er aus dem Mittleren Osten. US-Regierungsbeamte und saudische

Dissidenten sagen, dass Chattab – der Name geht auf einen Nachfolger des Propheten Mohammed zurück, den zweiten Kalifen, Umar ibn al-Chattab – ein Saudi und um 1970 in der Region al-Chaubar im Nordosten Saudi-Arabiens geboren sei. Sein Familienname ist angeblich as-Suwailim.[100] Auf allen Fotos blickt er finster in die Kamera, sein Gesicht ist von schwarzen Rastalocken, einem dichten Bart und einem Barett umrahmt. Er trägt die Tarnuniform der professionellen Guerillakämpfer.

Wir wissen über Chattab, dass er den größten Teil seines Erwachsenenlebens damit verbrachte, russische Soldaten in Afghanistan, Tadschikistan und Tschetschenien zu töten, und dass er daran mitwirkte, den tschetschenischen Befehlshabern eine radikalere Version des Islam einzutrichtern – zu Beginn des Krieges waren sie größtenteils nur dem Namen nach Muslime.[101]

Im August 1999 überfielen Chattab und der tschetschenische Feldherr Schamil Basajew russische Truppen im benachbarten Dagestan und lösten damit den zweiten Tschetschenien-Krieg aus. Auf einem Video, das um diese Zeit aufgenommen wurde, sagt Chattab: »Ich weiß nicht, wie viele russische Soldaten dort sind. Jeden Tag kommen weitere Kolonnen an ... Ich weiß nur, dass viele sterben werden, viele gefangen genommen werden und dass viel Blut vergossen wird.«[102] Chattabs schrecklicher Ruf wurde noch gesteigert, als bei einer Reihe von Bombenanschlägen im September 1999 Apartmenthäuser in ganz Russland in die Luft flogen. Annähernd dreihundert Menschen kamen dabei ums Leben. Für die Angriffe machten die Behörden ihn und Basajew, seinen Gesinnungsgenossen im Heiligen Krieg, verantwortlich.

Im Jahr 1999 unterhielt Chattab ein Lager in dem tschetschenischen Dorf Serschenjurt, wo er in erster Linie Tschetschenen und Dagestaner militärisch ausbildete, laut US-Regierungsbeamten aber auch militante Islamisten aus anderen Ländern. Ihm unterstehen inzwischen an die tausend Soldaten, von denen gut zweihundert aus dem Nahen Osten, Pakistan und Afghanistan kommen.[103]

Der Untertitel dieses Kapitels lautet »In achtzig *dschihads* um die Welt«. Dem globalen Charakter von *al-Qa'ida* und den zugehörigen Gruppierungen entspricht seit dem Blutbad vom 11. September 2001 die globale Anstrengung, sie zu zerschlagen. Die einst so stolzen – vielleicht allzu stolzen – Vereinigten Staaten nutzen dabei eifrig die Ressourcen anderer Staaten, etwa Saudi-Arabiens, Großbritanniens, Deutschlands und Russlands. Ohne Ausnahme haben sie alle selbst Grund, scharf gegen islamistische Gruppierungen vorzugehen, die ihre Sicherheit bedrohen. Diese Staaten bieten in erster Linie nachrichtendienstliche Unterstützung, aber vermutlich wird von ihnen auch militärische Hilfe kommen. Man kann ohne weiteres sagen, dass Bin Laden zwar Tausende, vielleicht Zehntausende von Verbündeten auf der ganzen Welt hat, jetzt aber auch Hunderte Millionen von Feinden.

In der Vergangenheit hat *al-Qa'ida* den Heiligen Krieg von seiner Basis in Afghanistan aus in Länder auf der ganzen Welt getragen. Jetzt trägt die Welt den Krieg zurück zu *al-Qa'ida*.

NACHWORT

Das Endspiel

»Shareef don't like it
Rock the Casbah
Rock the Casbah«

aus »Rock the Casbah« von The Clash

»Ich bin bloß ein armseliger Sklave Gottes. Ob ich lebe oder sterbe, der Krieg wird weitergehen.«

Osama bin Laden in einem Video, das am 27. Dezember 2001 veröffentlicht wurde

BIN LADEN

Markenname, aufgestempelt auf Heroinbeuteln, die 2002 in New York City verkauft wurden

Ursprünglich schrieb ich die letzten Zeilen für dieses Buch Ende August 2001. Zu dieser Zeit, dem Anbruch eines neuen Jahrhunderts, kamen mir die Vereinigten Staaten noch wie ein sehr sicheres Land vor. Wenn Bin Laden und sein Netzwerk zu den größten Bedrohungen dieser Sicherheit zählten, musste man sich keine Sorgen machen, denn statistisch gesehen war die Chance, an einem Schlangenbiss zu sterben, größer, als bei einem Terroranschlag ums Leben zu kommen. Die Erinnerung an den Kalten Krieg und an die Gefahr einer nuklearen Vernichtung war schon lange verblasst, wie ein Traum, an den man sich kaum mehr erinnern kann. Mittlerweile waren die Kultur und die militärische Macht der USA in der ganzen Welt so allgegenwärtig, dass man sich fast an das Römische Reich in seiner Blütezeit erinnert fühlte, als ihm noch keine Gefahr durch Goten oder Vandalen drohte.

Am 11. September fand diese selbstgefällige Haltung jäh ein schreckliches Ende. Auf einmal befanden sich die Vandalen mitten unter uns, und sie waren für den Tod von Tausenden von Amerikanern verantwortlich. Plötzlich hatten die fröhlichen Zeiten der Dot-com-Milliardäre, der rechtlichen Probleme des Rockmusikers Puff Daddy und die Ausführungen eines Gary Condit angesichts der vermissten Chandra Levy sich wie eine strahlende Fata Morgana in Luft aufgelöst. Und die unfassbaren Angriffe hatten ohne Vorwarnung stattgefunden; es war das folgenschwerste Versagen in der Geschichte der amerikanischen Geheimdienst-Versammlungen. John Walker Lindh, der »amerikanische Taliban«, ein unglückseliger zwanzigjähriger Kalifornier, war als Kämpfer bei den Taliban gelandet und hatte in Afghanistan Bin Laden kennen gelernt. Die amerikanischen Geheimdienste – deren Gehaltslisten dreißig Milliarden Dollar pro Jahr aufwiesen – waren jedoch in dieser Zeit nicht in der Lage, Lindhs Heldentat nachzumachen, so dass sie von *al-Qa'idas* Angriffen auf das »Heimatland« vollkommen überrascht waren. In sämtlichen Medien konnte man daraufhin die Kommentare zahlreicher Wichtigtuer hören oder lesen, die von einem Angriff auf den »American Way of Life« sprachen, auf alles, was die Vereinigten Staaten und ihre Kultur verkörperten. Solche Aussagen mögen vielleicht demjenigen, der sie äußert, psychologische Befriedigung verschaffen, aber letztlich tragen sie nichts dazu bei, die Motive von Bin Laden und seinen Anhängern zu erhellen.

Welche Beweggründe hat Bin Laden für sein Tun? Um diese Frage ernsthaft zu beantworten, dürfen wir uns nicht auf Zerrbilder verlassen, sondern sollten uns vielmehr mit Bin Ladens eigenen Aussagen über die Gründe für seinen Krieg gegen die USA beschäftigen. Schließlich haben wir es hier nicht mit irgendeinem dahergelaufenen Araber zu tun, der eines Morgens mit dem falschen Fuß aufgestanden ist und aus heiterem Himmel entschieden hat, dass Amerika DER FEIND sei. Bin Laden hat Gründe für seinen Hass auf die USA, und nur wenn wir diese Gründe verstehen, werden wir erahnen können, was zu den schrecklichen Ereignissen des 11. September führte.

In den unzähligen Äußerungen, die Bin Laden in der Öffentlichkeit von sich gegeben hat, klammerte er einige bemerkenswerte Dinge aus. So wettert er weder gegen den verderblichen Einfluss von Hollywood-Filmen oder gegen das bauchfreie Outfit von Madonna noch dagegen, dass pornografische Inhalte durch die amerikanische Verfassung geschützt sind. Er schimpft auch nicht über die Drogen- und Alkoholkultur des Westens oder die dort herrschende Toleranz gegenüber Homosexuellen. Diese Attacken überlässt er christlichen Fundamentalisten wie Jerry Falwell, der bereits verkündete, die Attentate des 11. September seien Gottes Rache an den Amerikanern, weil sie den Feminismus und die Homosexualität duldeten.

Offenbar kümmern Bin Laden solche kulturellen Fragen wenig. Er verurteilt die Vereinigten Staaten aus einem anderen, sehr einfachen Grund: wegen ihrer Politik im Nahen und Mittleren Osten. Damit meint er die anhaltende militärische Präsenz der USA in Arabien, die amerikanische Unterstützung Israels, die anhaltende Bombardierung des Irak sowie die Unterstützung von Regimen wie in Ägypten und Saudi-Arabien, die sich in den Augen Bin Ladens vom wahren Islam abgewandt haben.

Bin Laden befindet sich zwar tatsächlich im Krieg mit den Vereinigten Staaten, doch es handelt sich aus seiner Sicht um einen *politischen* Krieg, gerechtfertigt durch seine persönliche Auslegung des Islam. Dieser Krieg richtet sich folglich gegen die Symbole und Institutionen von Amerikas *politischer* Macht. Die Flugzeugentführer, die nach Amerika kamen, nahmen bei ihren Angriffen nicht etwa den Hauptsitz einer großen Brauerei, von AOL-Time Warner oder von Coca-Cola ins Visier, ganz zu schweigen von Las Vegas, dem West Village Manhattans oder gar dem Supreme Court. Ihr Angriff galt ganz bewusst dem Pentagon und dem World Trade Center, herausragenden Symbolen der militärischen und wirtschaftlichen Macht Amerikas. Somit fügt er sich perfekt ein in das Muster der früheren Angriffe von *al-Qa'ida* auf amerikanische Botschaften, Militäreinrichtungen und Kriegsschiffe. Einige Kommentatoren haben angedeutet, dass die Angriffe vom 11. September in irgendeiner Weise das Resultat der sozioökonomischen Ungleichheit zwischen dem Westen und der muslimischen Welt seien. Doch eine derartige Auffassung besteht schon die Prüfungen durch den gesunden Menschenverstand nicht: Wenn es bei den Angriffen tatsächlich um die Armut der islamischen Länder gegangen wäre, hätten die Flugzeugentführer bitterarme Afrikaner oder Afghanen sein müssen – nicht Sprösslinge der ägyptischen und der saudi-arabischen Mittelschicht. Außerdem stammen die *al-Qa'ida*-Führer meistens aus der Elite des Mittleren Ostens.

Geht man von diesem Hintergrund aus, können die Attentate dann wirklich als Auftakt zu einem »Kampf der Kulturen« gedeutet werden, wie ihn der Harvard-Professor Samuel Huntington in seinem berühmten Buch vorhersagte? »An die Stelle von Blöcken wie in der Zeit des Kalten Krieges treten kulturelle Gemeinschaften«, schreibt er, »und die Bruchlinien zwischen Zivilisationen sind heute die zentralen Konfliktlinien globaler Politik geworden.«[1] Huntington vertritt die Ansicht, dass die islamische Kultur mit dem Christentum und dem Hinduismus in Konflikt geraten wird, während innerhalb der Christenheit die Orthodoxen gegen die Katholiken kämpfen. Ein derartiges Aufeinanderprallen der Kulturen, so sagt er, werde künftig den Verlauf der Geschichte bestimmen.

In diesem Zusammenhang hob Huntington den Islam *an sich* als die dunkle Macht in der Welt von morgen hervor. Man muss sich nur einmal folgendes Zitat anschauen: »Die muslimische Neigung zum gewaltträchtigen Konflikt geht auch aus dem Grad der Militarisierung von muslimischen Gesellschaften hervor.«[2] Oder dieses: »Manche Westler, unter ihnen auch Präsident Clinton, haben den Standpunkt vertreten, dass der Westen Probleme nicht mit dem Islam, sondern mit gewalttätigen islamistischen Fundamentalisten habe. Die Geschichte der letzten 1400 Jahre lehrt etwas anderes.«[3]

Huntington schreibt auch: »Der Islam hat blutige Grenzen« – eine Behauptung, welche die bosnischen Muslime kaum unterstützen würden.[4] Huntington weist zwar mit Recht auf ein »islamisches Wiedererstarken« im zwanzigsten Jahrhundert hin, aber er stellt dieses Wiedererstarken fälschlicherweise in einen Kontext der Gewalt. Diese Argumentationsweise erinnert an jene amerikanischer Journalisten, die derartig in ihrem weltlich-liberalen Prisma gefangen sind, dass sie den christlichen Fundamentalismus für die Ermordung von Abtreibungsärzten verantwortlich machen. Dabei umfasst die christliche Erweckungsbewegung Millionen von Menschen, während die Gewalt gegen Abtreibungskliniken das Werk einiger weniger Fanatiker darstellt.

Auf den ersten Blick scheint die These vom »Kampf der Kulturen« perfekt auf Bin Laden zu passen. Schließlich ergötzt er sich stets ganz offen an Anschlägen auf amerikanische Ziele. Bei genauer Betrachtung richtet sich sein Zorn aber ebenso gegen einen der konservativsten muslimischen Staaten der Welt – Saudi-Arabien – wie gegen die Vereinigten Staaten. Und trotz aller öffentlicher Anprangerung der Juden hat *al-Qa'ida* bislang nicht ein einziges israelisches oder jüdisches Ziel angegriffen.[5]

Zudem verstößt es gegen den gesunden Menschenverstand, den »Islam« als einen monolithischen Block anzusehen. Im Islam finden sich ebenso viele verschiedene Strömungen wie im Christentum. Es gibt muslimische Ingenieurstudenten am MIT, die ihre eigenen Gebetsräume eingerichtet haben, Religionsgelehrte im Jemen, die an Wahlen teilnehmen, iranische Frauen, die am Aufbau eines erwachenden islamischen Feminismus mitwirken, eine gewaltlose muslimische Missionsbewegung mit Millionen von Anhängern namens Tablighi Dschama'at, die im Westen kaum bekannt ist, aber auch die religiösen Krieger der Taliban in Afghanistan, die im Namen Gottes die uralten Buddha-Statuen in ihrem Land zerstörten.[6]

Doch selbst im ehemaligen Jugoslawien, Huntingtons Paradebeispiel, wo in den Kriegen der neunziger Jahre zwischen orthodoxen Serben, bosnischen Muslimen und katholischen Kroaten 200 000 Menschen starben, trifft seine Analyse nur zum Teil zu. Es gibt zahlreiche Beweise dafür, dass erst ein Milošević nötig war, um den Jugoslawien-Krieg zu entfachen, ebenso wie es einen Hitler brauchte, um die »Endlösung« in Deutschland in Gang zu bringen. Sicherlich, sobald diese Ereignisse einmal ins Rollen gekommen waren, beteiligten sich auch »gewöhnliche« Deutsche und »gewöhnliche« Serben (und Kroaten und Muslime) begeistert an der Ermordung ihrer Nachbarn. Dennoch ist ein »jahrhunderte alter Hass« keine ausreichende Erklärung für Krieg und Völkermord. Vielmehr spielen politische Veränderungen die entscheidende Rolle. Deutschland war unter Bismarck für die Juden ein recht angenehmer Ort, und das gilt in Bezug auf die Muslime auch für das Jugoslawien unter Tito.

Die Theorie vom Kampf der Kulturen ist unbestritten ein verführerischer Versuch, die Welt nach dem Ende des Kalten Krieges zu erklären. Eine Theorie hat jedoch nur dann Bestand, wenn sie sich auf viele verschiedene Situationen anwenden lässt. Huntington listet zwar zahlreiche Beispiele auf, unter anderem den blutigen Krieg im Sudan zwischen dem islamistischen Regime und den animistischen und christlichen Rebellen, die anhaltenden Kämpfe zwischen Russen und Tschetschenen, die muslimischen Aufstände auf den Philippinen und die Auseinandersetzungen zwischen Arabern und Juden in Israel. Möglicherweise würde er auch die Ereignisse des 11. September dazu rechnen.

Doch zahllose Konflikte in der Welt widersprechen Huntingtons These. Der blutigste Völkermord der neunziger Jahre beispielsweise lässt sich nicht mit einem Kampf der Kulturen erklären, weil es sich um eine Auseinandersetzung zwischen Volksstämmen handelte: den Hutus und Tutsis in Zentralafrika. Dieser Krieg kostete 800 000 Menschen das Leben. In Somalia war das humanitäre Eingreifen des Westens 1992 nur eine Randepisode in einem Jahrzehnt brutaler Kämpfe zwischen verschiedenen Klans in dem mehrheitlich muslimischen Land. Auch der anhaltende Bürgerkrieg in Kolumbien, in dessen Verlauf Millionen von Menschen ihre Heimat verloren haben und Zehntausende getötet wurden, begann ursprünglich als Kampf zwischen Linken und Rechten und entwickelte sich im Laufe der Zeit zu einem brutalen Machtkampf um die Kontrolle des Kokainhandels.

Selbst Beispiele, die auf den ersten Blick die These vom Kampf der Kulturen zu bestätigen scheinen, erweisen sich bei näherem Hinsehen als weitaus komplizierter. In Kaschmir hat es den Anschein, als strebten die Muslime mit Pakistans Hilfe danach, sich vom Joch des hinduistischen Indien zu befreien. In Wirklichkeit jedoch kämpfen die meisten Kaschmiris um ihre nationale Unabhängigkeit; dabei stehen sie nicht nur der indischen Herrschaft feindselig gegenüber, sondern auch den militanten Islamisten aus Pakistan und anderen Ländern, die zu ihrer Unterstützung ins Land gekommen sind.[7]

Ein verlässlicheres Erklärungsmodell für die Auseinandersetzungen seit Ende des Kalten Krieges ist daher – wieder einmal – der Nationalismus. Dies gilt beispielsweise für den Konflikt im Kosovo. Denn 1999 wiesen die Kosovaren, die zwar dem Namen nach, weniger jedoch auf Grund ihrer Praktiken, als Muslime gelten können, ausdrücklich die »Hilfe« ausländischer Islamisten zurück, aus Angst, deren Eingreifen könnte ihren Unabhängigkeitskampf behindern.[8] Auch Kurden aus dem Irak und der Türkei kämpfen schon seit Jahrzehnten um mehr Unabhängigkeit von ihren muslimischen Landsleuten.

Viele dieser Auseinandersetzungen lassen sich zudem mit einer Erscheinung erklären, die Michael Ignatieff in Anlehnung an Freud als »Narzissmus der kleinen Differenzen« bezeichnet hat. Damit meint er Kriege, die zwischen kulturell verwandten Nachbarn geführt werden, was heutzutage beispielsweise auf viele Kriege in Afrika zutrifft.[9]

Und natürlich spielt bei den Konflikten nach dem Kalten Krieg immer auch die Machtpolitik eine Rolle. Nehmen wir nur Saddam Husseins Versuch, seinen arabischen Brüdern 1990 die Herrschaft über Kuwait zu entreißen, was schließlich von einer Allianz westlicher und nahezu aller muslimischen Staaten vereitelt wurde. Dass Hussein versuchte, unter dem Deckmantel des Islam die muslimische Welt während des Golfkrieges für seine Interessen zu vereinen, hätte man fast als bemitleidenswert bezeichnen können, wäre es nicht so maßlos zynisch gewesen. Die Muslime wussten allerdings ganz genau, dass Hussein ein skrupelloser und allgemein säkularer Herrscher war, der muslimische Gegner ohne Zögern ausschaltete, egal, ob es sich um militante Islamisten, Kurden, Schiiten oder die Marsch-Araber im Südirak handelte.

Sicher, der Golfkrieg war beim einfachen arabischen Mann nicht gerade populär, dennoch stellten Syrien, Saudi-Arabien, Ägypten, Qatar, Bahrain, Kuwait und Oman allesamt Truppen für die Operation »Desert Storm« bereit.[10] Religionsgelehrte der Saudis und Ägypter veröffentlichten sogar Erklärungen, in denen sie den Krieg gegen den Irak als einen Heiligen Krieg bezeichneten.[11] Die Regierenden muslimischer Nationen wollten nicht, dass sich der Irak zur führenden Macht in der Region entwickelte, auch wenn sie die schlichte Tatsache, dass ihnen die USA in dieser Rolle allemal lieber waren, mit rhetorischen Floskeln zu kaschieren suchten.

Huntington betrachtet den Krieg der Sowjetunion gegen Afghanistan in den achtziger Jahren als wichtigen Beleg für seine These und beschreibt ihn als einen »Krieg zwischen Kulturen, weil die Muslime ihn allenthalben als solchen ansahen und sich gegen die Sowjetunion versammelten«.[12] Gut möglich. Aber gerade das Beispiel Afghanistan verwandelte sich schon kurze Zeit später in einen Bumerang, denn nach dem Abzug der Sowjets 1989 wurde das Land von unzähligen Bürgerkriegen gebeutelt, in denen Afghanen gegen Afghanen, Islamisten gegen Islamisten, Schiiten gegen Sunniten und Tadschiken gegen Paschtunen kämpften. Hunderttausende Menschen kamen dabei bislang ums Leben.[13] Müssen wir nun also von einem *Kampf der Kumpanen* sprechen?

Bin Laden selbst erhoffte sich, einen Kampf der Kulturen zu provozieren. Einen Monat nach den Angriffen auf Washington und New York wurde er von einem arabischen Journalisten gefragt: »Was halten sie von dem so genannten ›Krieg der Kulturen‹? Sie verwenden ständig das Wort ›Kreuzritter‹ und ähnliche Begriffe. Heißt das, dass Sie den Krieg der Kulturen unterstützen?« Bin Laden erwiderte: »Es besteht kein Zweifel daran: Das Buch [der Koran] sagt das eindeutig. Die Juden und die Amerikaner haben diesen Aufruf zum Frieden in der Welt erfunden. Der Friede, nach dem sie rufen, ist ein großes Märchen. Sie betäuben die Muslime bloß, während sie sie zur Schlachtbank führen. Und das Schlachten findet weiterhin statt.«

Bin Ladens Plan, einen globalen Wettkampf zwischen »Gläubigen« und »Ungläubigen« zu entfachen, erwies sich jedoch als Reinfall. Mit den Angriffen auf Washington und New York – der nicht mehr zu überbietenden »Propaganda der Tat« – hoffte Bin Laden, in muslimischen Ländern anti-amerikanische Gefühle zu wecken, die deren Regierungen stürzen und durch Theokratien im Stil der Taliban ersetzen würden. Sandy Berger, Präsident Clintons Berater für nationale Sicherheit, hat scharfsinnig bemerkt, dass »Bin Ladens höchste ›Zwillingstürme‹ Pakistan und Saudi-Arabien sind.«[14] Die größte Pro-Osama-Kundgebung jedoch, die nach dem 11. September in Pakistan stattfand, wurde in Karatschi abgehalten, und in dieser Stadt mit ihren zwölf Millionen Einwohnern nahmen höchstens fünfzigtausend Demonstranten daran teil.[15] Die pakistanische Regierung ihrerseits unternahm Anfang 2002 den aggressiven Schritt, Tausende von militanten Islamisten einzusperren und gleichfalls Tausende von Religionsstudenten auszuweisen. Die »Talibanisierung« Pakistans, von der in Kapitel acht die Rede ist, wird gegenwärtig anscheinend zurückgefahren. Hinzu kommt, dass die Vereinigten Staaten nicht einen breit angelegten Krieg gegen Muslime führten, sondern im Grunde eine

Polizeiaktion gegen *al-Qa'ida* und die verbündeten Taliban in Afghanistan unternahmen, eine Kampagne, die großenteils von den Afghanen selbst durchgeführt wurde.

So ist der Kampf der Kulturen zwar nicht Wirklichkeit geworden, aber zwischen der muslimischen Welt und den Vereinigten Staaten besteht mit Sicherheit ein tiefer Abgrund des Missverstehens. Das zeigt eine große Meinungsumfrage, die nach dem 11. September von Gallup durchgeführt wurde. Bei einer Befragung in neun muslimischen Ländern, in denen etwa die Hälfte der muslimischen Weltbevölkerung lebt, wurde festgestellt, dass die Hälfte der Befragten eine schlechte Meinung von den Vereinigten Staaten hatte, während ein Viertel eine gute Meinung hatte. Zwei Drittel der Befragten betrachteten die Angriffe vom 11. September moralisch als nicht gerechtfertigt, aber fast 80 Prozent äußerten, auch die Militäraktion der USA in Afghanistan sei nicht gerechtfertigt. Und die Umfrage zeigte, dass überraschende 61 Prozent nicht glaubten, dass die Angriffe auf New York und Washington von arabischen Terroristen durchgeführt worden waren![16]

Dieses Ergebnis ist besonders erstaunlich, weil die Tatsache, dass die Flugzeugentführer aus Saudi-Arabien, Ägypten, dem Libanon und den Vereinigten Arabischen Emiraten kamen, von niemandem ernsthaft bestritten wird. Zudem gaben Bin Laden und seine Berater nach dem 11. September eine Reihe von weithin veröffentlichten Erklärungen ab, die an *al-Qa'idas* Rolle bei den Angriffen auf das World Trade Center wenig Zweifel ließen. Bin Laden selbst hat die Entführer als Männer aus dem Mittleren Osten bezeichnet; seinen Erklärungen zufolge scheint es sogar, als habe er möglicherweise einige von ihnen persönlich gekannt.

Die erste dieser Erklärungen wurde am 7. Oktober 2001 bekannt – eben an dem Abend, als die Vereinigten Staaten begannen, Taliban- und *al-Qa'ida*-Ziele mit Cruise Missiles und Bomben anzugreifen. Der Welt wurde das denkwürdige Bild vorgeführt, wie Bin Laden zwischen seinen Chefberatern auf einem Felsvorsprung saß – »und so ungerührt dreinschaute, als wäre er im Campingurlaub«, wie die unvergessliche Formulierung der *New York Times* lautete –, während auf seine Terroristen-Trainingslager und auf die militärischen Anlagen der verbündeten Taliban Cruise

Missiles vom Typ Tomahawk herunterhagelten. Gerade als auf der ganzen Welt viele, vielleicht sogar Hunderte Millionen Menschen wie gebannt die grobkörnigen grünen Nachtaufnahmen der Bombenangriffe in Afghanistan verfolgten, erschien mitten in der Berichterstattung der meistgesuchte Mann der Welt, um den Erfolg von *al-Qa'ida* zu feiern. »Amerika ist von Gott dem Allmächtigen in einem seiner lebenswichtigen Organe getroffen worden. So dass seine größten Gebäude zerstört wurden. Ehre und Dank sei Gott. Amerika ist von Norden nach Süden und von Westen nach Osten mit Schrecken erfüllt«, psalmodierte er. Bin Ladens Auftritt strahlte Siegesgewissheit aus und veranschaulichte perfekt, wie Heiliger Krieg, Inc., operiert – man benutzte die Satellitenstationen der Fernsehsender, um weltweit eine Botschaft über den Heiligen Krieg auszustrahlen. Es hat in der Geschichte nur wenige politische Erklärungen gegeben, die eine derart weite Verbreitung fanden.

Sechs Tage später warnte Bin Ladens Sprecher Suleiman Abu Ghaith, ein bis dahin unbekannter kuwaitischer Lehrer, auf einem weiteren Video, das auf der ganzen Welt gesehen wurde, Muslime in den Vereinigten Staaten und in Großbritannien davor, in Flugzeugen zu fliegen und in hohen Gebäuden zu wohnen.[17] Mitte Oktober führte der arabisch-sprachige Fernsehsender al-Dschasira dann ein Exklusiv-Interview mit Bin Laden, das aber nicht gesendet wurde, mit der Begründung, es sei nicht »von Interesse«. Als Journalist fand ich das merkwürdig. Schließlich war es das einzige Fernsehinterview, das Bin Laden nach dem 11. September gegeben hatte, und damit das Pendant zu dem Interview in den neunziger Jahren. Aus Gründen, die al-Dschasira nie überzeugend dargelegt hat, hielt der Sender das Interview zurück. CNN erwarb eine Kopie und strahlte das Gespräch im Februar 2002 ohne die Einwilligung von al-Dschasira aus. Hier folgen die Abschnitte des Interviews, in denen Bin Laden erkärt, es sei vertretbar, Zivilisten zu töten, und es gebe so etwas wie »guten« Terrorismus. Außerdem gibt er seine geistige Urheberschaft an den Ereignissen des 11. September zu. Entscheiden Sie selbst, ob diese Aussagen »von Interesse« sind:

Al-Dschasira-Korrespondent: Liebe Zuschauer, willkommen zu diesem ungeduldig erwarteten Interview mit dem Leiter der al-Qa'ida-*Organisation, Scheich Osama bin Laden. Scheich, die Frage, die die Menschen auf der ganzen Welt beschäftigt, lautet: Amerika behauptet, es habe Beweise, dass Sie hinter den Ereignissen in New York und Washington stehen. Was sagen Sie dazu?*

Bin Laden: Amerika hat viele Vorwürfe gegen uns erhoben. Seine Anklage, dass wir terroristische Aktionen ausführen, ist ungerechtfertigt. [...] Wenn es Terrorismus ist, Menschen zu derartigen Handlungen anzuspornen, und wenn es Terrorismus ist, jene zu töten, die unsere Söhne töten, dann mag die Geschichte bezeugen, dass wir Terroristen sind. [...]

Al-Dschasira-Korrespondent: Was halten Sie davon, unschuldige Zivilisten zu töten?

Bin Laden: Wir töten die Könige der Ungläubigen, die Könige der Kreuzritter und ungläubige Zivilisten im Tausch für unsere Kinder, die sie töten. Das ist vom Gesetz und vom Verstand her erlaubt.

Al-Dschasira-Korrespondent: Sie sagen also, dass diese Handlungen irgendwie auf Gegenseitigkeit beruhen. Sie töten unsere Unschuldigen, also töten wir ihre Unschuldigen.

Bin Laden: Also töten wir ihre Unschuldigen, und ich sage, das ist vom Gesetz und vom Verstand her erlaubt. [...]

Al-Dschasira-Korrespondent: Was ist mit den Twin Towers?

Bin Laden: Die Türme sind eine ökonomische Macht und keine Grundschule. Diejenigen, die sich darin befanden, sind Männer, die die größte Wirtschaftsmacht der Welt unterstützt haben. Sie müssen ihre Sache neu überdenken. Wir werden das tun, was sie tun. Wenn sie unsere Frauen und unser unschuldiges Volk umbringen, werden wir ihre Frauen und ihr unschuldiges Volk umbringen. [...] Nicht jeder Terrorismus ist verflucht; manche Arten des Terrorismus sind gesegnet. [...] Amerika und Israel üben den verdammenswerten Terrorismus aus. Wir praktizieren den guten Terrorismus, der sie daran hindert, in Palästina und anderswo unsere Kinder zu töten.[18]

Vertreter der USA entdeckten in Afghanistan ein Video von einem Treffen zwischen Bin Laden und einem saudischen Reporter im November 2001, das im folgenden Monat für die Medien freigegeben wurde. In diesem Film sehen wir den Privatmann Bin Laden, der mit seinen katzbuckelnden Kumpanen zurückschlägt.

Bin Laden ist guter Laune und lacht leise in sich hinein, während er über die Angriffe auf das World Trade Center spricht: »Wir hatten die Zahl der Todesopfer beim Feind im Voraus kalkuliert. [...] Wir hatten damit gerechnet, dass drei oder vier Stockwerke getroffen werden würden. Ich war von allen am optimistischsten. Aufgrund meiner Erfahrung auf diesem Gebiet [Bauwesen] hatte ich angenommen, dass das durch den Treibstoff im Flugzeug entstehende Feuer die Eisenträger des Gebäudes zum Schmelzen bringen würde, so dass der Bereich, wo das Flugzeug einschlug, und alle Stockwerke darüber einstürzen würden, nicht mehr. Das ist alles, worauf wir gehofft hatten.« Bin Laden fährt mit der Bemerkung fort: »Die Mitteilung, dass das Ereignis an dem Tag [Dienstag] stattfinden würde, hatten wir seit dem vorangegangenen Donnerstag.«[19] Auf dem Video erwähnt Bin Laden auch die Namen mehrerer Entführer, darunter Mohammed Atta, den Anführer.[20]

Am 27. Dezember 2001 senden Al-Dschasira und CNN eine öffentliche Erklärung Bin Ladens, die sich vielleicht als seine letzte erweisen wird. Bin Laden spricht hier wieder von Atta und spielt auf die Tatsache an, dass die anderen Entführer Saudis waren. Mit Bezug auf die »gesegneten Angriffe« auf das World Trade Center sagt er, der verheerende Schaden, den sie in den Vereinigten Staaten anrichteten, mache deutlich, wie »anfällig« dieses Land sei.[21]

Alle Erklärungen Bin Ladens fanden international weite Verbreitung, und trotzdem hält sich im Mittleren Osten häufig die Ansicht, die Angriffe auf das World Trade Center seien nicht von arabischen Terroristen verübt wurden, sondern gingen auf das Konto von – richtig geraten! – Juden. Als Begründung für diese Behauptung wird die Mutmaßung angeführt, dass am Tag des Angriffs 4000 Juden nicht zur Arbeit kamen. Mohammed Attas Vater, der in Kairo Rechtsanwalt ist, teilte Reportern mit, die Angriffe seien wahrscheinlich das Werk des israelischen Geheimdienstes.[22] Diese Verschwörungstheorie begegnete mir auch bei meiner Berichterstattung über den Anschlag auf die U.S.S. *Cole* im Jemen, als ansonsten anscheinend vernünftige und intelligente Jemeniten mir versicherten, dass er den Israelis zuzuschreiben sei.

Ein Kommentator hat diese Verschwörungskultur des Mittleren Ostens treffend beschrieben als »die tief eingewurzelte Überzeugung, dass praktisch jedes Negativereignis auf eine Verschwörung von außen zurückzuführen sei«.[23] Tatsächlich war es teilweise ein Resultat dieser Kultur der Konspiration, dass Bin Laden eine transnationale arabische Liga überzeugen konnte, dass die zahllosen Probleme der Mitgliederländer irgendwie alle durch die Vereinigten Staaten verursacht worden waren, nicht durch die Inkompetenz und die Korruption ihrer verschiedenen Regierungen, die zumeist autoritäre Kleptokratien sind.

Charles Hill, ein früherer US-Diplomat, erklärt in *Das Zeitalter des Terrors: Amerika und die Welt nach dem 11. September*, Grund für die Entwicklung des religiösen Terrorismus seien die *politischen* Versäumnisse der arabischen Regierungen. Hinter deren vermeintlicher Vielgestaltigkeit verberge sich

stets das gleiche Verständnis von der politischen Ordnung der Gesellschaft. [...] Die Macht befindet sich in den Händen eines Potentaten, der von einer Prätorianergarde umgeben ist. [...] Diejenigen, die sich in der Nähe des Machtzentrums befinden, haben ihren Nutzen davon, und die Schwachen werden nicht beachtet. [...] Bislang hat jedes Regime der arabisch-islamischen Welt versagt. Kein einziges war bislang in der Lage, seiner Bevölkerung eine realistische Hoffnung auf eine politische und wirtschaftlich bessere Zukunft zu geben. Keines von ihnen hat auf die Enttäuschung seiner Bürger eine andere Antwort gewusst als Unterdrückung und Propaganda, die den Volkszorn auf äußere Feinde lenken soll. Auf solchem Boden gedeiht der Terrorismus religiöser Fanatiker. Sie drohen den Regimen und erpressen sich so Vergünstigungen und finanzielle Mittel, die ihre Macht und ihren Enfluss noch weiter stärken. Das Ergebnis ist eine Spirale aus politischen Misserfolgen, Furcht und Hass.[24]

Die Auswüchse der Staatswesen im Mittleren Osten finden sich in den Entstellungen des Wirtschaftslebens widergespiegelt. Geschlossene Märkte und eine übergroße Abhängigkeit vom Öl als Einnahmequelle haben in den Wirtschaftswesen zu schmerzhaften Entstellungen geführt. Wenn man vom Bruttoinlandsprodukt der sechs Länder, die die Golfstaaten bilden, die Öleinnahmen abzieht, dann entspricht ihre Gesamtleistung der Finnlands.[25] Beschränkte ökonomische Möglichkeiten und die effektive Entrechtung der Bevölkerung im Mittleren Osten treiben viele Menschen dem islamischen Extremismus in die Arme. Verlockend ist der Islamismus aus verschiedenen Gründen: Er ist eine politische Lehre, die natürlich aus dem kulturellen Gefüge muslimischer Länder entsteht, seine Parole »Der Islam ist die Lösung« bietet ein simples Heilmittel für alle gesellschaftlichen Probleme, und er scheint eine hellere Zukunft zu versprechen als die Trugbilder des pan-arabischen Nationalismus und Sozialismus, die in vergangenen Jahrzehnten im Mittleren Osten traditionelles Grundsatzprogramm waren.

Innerhalb des islamischen Extremismus sind Angehörige einer winzigen Minderheit von der islamistischen Politik zum islamistischen Terrorismus übergegangen. Was ist der Grund für diesen Schritt? Über diese Frage wird viel diskutiert. Einige haben eine psychologische Erklärung vorgebracht: Die Zugehörigkeit zu einer terroristischen Vereinigung helfe gegen das Gefühl persönlicher Unzulänglichkeit. Dieses Argument lässt sich natürlich für jeden anführen, der einer Gruppe angehört, sei es ein Freimaurerorden wie die Shriner oder eben *al-Qa'ida*, und es trägt wenig zur Erhellung der Motive von *al-Qa'ida*-Mitgliedern bei. Brauchbarer ist hier vielleicht die Erklärung, dass Personen, die Terrorismus ausüben, ihn als vernünftige Alternative betrachten, um bestimmte politische Ziele zu verfolgen und um den Prozess der Veränderung der politischen Landschaft abzukürzen. Nach dem Zweiten Weltkrieg führte Menachem Begin, der spätere Premierminister Israels, mit seiner Untergrundorganisation *Irgun Zwai Leumi* in Palästina eine Terrorkampagne gegen britische Ziele durch, um den Abzug der Briten aus dem Land zu beschleunigen – eine Strategie, die sich als erfolgreich erwies.

Auch Bin Laden traf die taktische Entscheidung, den Terrorismus einzusetzen, um seine politischen Ziele zu verwirklichen. Die Angriffe auf die amerikanischen Botschaften in Afrika 1998 fanden nach dem Vorbild des Anschlags auf US-Marinekasernen im Libanon 1983 statt, der den Abzug amerikanischer Truppen aus dem Land beschleunigte. Mit seiner Terrorkampagne gegen die Vereinigten Staaten hoffte Bin Laden, sein altes politisches Ziel, die amerikanischen Truppen aus Saudi-Arabien zu vertreiben, zu erreichen.

Und erstaunlicherweise wird Bin Laden seinen Willen vielleicht bekommen, denn ein Ergebnis des 11. September, das eher nicht vorauszusehen war, ist eine Neubewertung der langjährigen Vernunftehe zwischen den Vereinigten Staaten und dem Haus der Al Sa'ud. Nach den Angriffen beschäftigten amerikanische Journalisten sich mit der Tatsache, dass ein großer Teil des islamischen Extremismus tatsächlich in Saudi-Arabien seinen Ursprung hat. Man braucht sich nur einmal vorzustellen, fünfzehn der neunzehn Entführer wären nicht Saudis gewesen (wie in Wirklichkeit), sondern Iraner. Außerdem stelle man sich vor, die Taliban hätten nicht aus Riad diplomatische und finanzielle Unterstützung erhalten, sondern von der Regierung in Teheran, und Bin Laden hätte Rückhalt beim iranischen Klerus und bei iranischen Wohltätigkeitsorganisationen und Firmen gehabt, nicht bei den entsprechenden Organisationen in Saudi-Arabien. Gibt es einen Zweifel daran, dass die Vereinigten Staaten, falls eine der obigen Annahmen Wirklichkeit gewesen wäre, längst aggressiv gegen den Iran vorgegangen wären? Seit langem bezeichnet die US-Regierung sowohl den Iran als auch den Irak als Staaten, die den Terrorismus fördern, doch es gibt nicht den geringsten Anhaltspunkt dafür, dass eines der beiden Länder am 11. September beteiligt war oder bei den Einsätzen von *al-Qa'ida* überhaupt eine Rolle spielt.

Anders liegt der Fall bei den Saudis, die in dem Bemühen, ihre eigene Legitimation als Hüter des orthodoxen Islam zu festigen, auf der ganzen Welt militante islamistische Bewegungen finanziert haben. Diese Politik, islamistische Gruppierungen, die sich gleichzeitig gezielt gegen den Westen richten, zu unterstützen, hat nun zu verheerenden Ergebnissen geführt, von Afghanistan bis nach Manhattan. Die Neubewertung der Allianz zwischen den USA und Saudi-Arabien nach dem 11. September hat ein höchst paradoxes Resultat erbracht: Bin Ladens Ruf nach Abzug der amerikanischen Truppen aus Saudi-Arabien findet seitdem bei Vertretern Amerikas Anklang. Senator Carl Levin, der Vorsitzende des Armed Service Committee im Senat, sagte im Januar 2002 zu Reportern: »Wir brauchen in dieser Region einen Stützpunkt, aber es sieht so aus, als sollten wir uns ein gastfreundlicheres Land suchen. […] Ich glaube nicht, sie möchten nicht, dass wir da bleiben.«[26] Im gleichen Monat teilte Präsident Bushs Stabschef, Andre H. Card Jun., dem CNN mit, die Vereinigten Staaten hätten ein Interesse daran, »die Fußspuren der USA« in Saudi-Arabien »zu reduzieren«, und das werde »mit der Zeit geschehen«.[27] Inoffiziell haben natürlich auch hohe saudische Vertreter zu verstehen gegeben, dass die Vereinigten Staaten »zu lange geblieben« seien.[28] Amerikanische Militärbefehlshaber haben für alle Fälle Pläne aufgestellt, um die 5000 US-Soldaten, die sich noch in Saudi-Arabien befinden, abzuziehen.[29]

Dass die Bedeutung der saudisch-amerikanischen Verbindung abnimmt, zeigt sich auch deutlich in zwei weiteren wichtigen Entwicklungen: Erstens darin, dass Russland und Venezuela darum wetteifern, Saudi-Arabien als führenden Öllieferanten für die Vereinigten Staaten zu ersetzen,[30] und zweitens darin, dass die Staaten des Mittleren Ostens bei ihrem Kampf gegen *al-Qa'ida* alle auf irgendeine Weise mit den USA zusammenarbeiten. Dazu gesellen sich heute auch Länder wie Jordanien und Jemen, die im Golfkrieg eher mit Saddam Hussein sympathisierten. Die meisten Regierungen im Nahen und Mittleren Osten stehen *al-Qa'ida* und ihren Verbündeten überaus feindlich gegenüber, denn ihnen ist bewusst, dass auch sie potenzielle Ziele der von Bin Laden propagierten Gewalt sind. Diese feindselige Haltung der Regierungen gegenüber den radikalen *dschihad*-Gruppen mit ihren umstürzlerischen Absichten wird allem Anschein nach von der Bevölkerung geteilt. Während der Rückhalt für extremistische Organisationen schwindet, gewinnen gemäßigte islamistische Gruppierungen, die bereit sind, innerhalb des existierenden politischen Systems zu arbeiten, immer mehr Zulauf.

Die Journalistin Genevieve Abdo ist der Ansicht, dass die Wurzeln der gemäßigten islamistischen Bewegung in Gruppen wie Ägyptens Gewerkschaften zu suchen sind und dass diese Bewegung bereits erste Schritte unternommen hat, um an die Regierungsmacht zu kommen.[31] Abdos These wird von ihrem Kollegen Anthony Shadid bestätigt, der aufzeigt, dass die gemäßigten Islamisten nicht nur in Ägypten zunehmend an Bedeutung gewinnen, sondern auch in Jordanien und im Iran.[32] (Allerdings findet in Israel und Palästina derzeit eine gegenläufige Entwicklung statt, da dort seit dem erneuten Beginn der Intifada die Hardliner auf beiden Seiten an Einfluss gewonnen haben.)

Im Jemen entwickelt sich momentan ebenfalls eine demokratische islamistische Bewegung. Zur islamistischen Islah-Partei, die über etwa zwanzig Prozent der Sitze im Parlament verfügt, gehören auch Anhänger der Muslimbruderschaft, die sich noch vor einem Jahrzehnt nicht an Wahlen beteiligt hätten.[33] Heute allerdings beteiligt sich die Islah als verantwortungsbewusster politischer Akteur an der jungen Mehrparteien-Demokratie.[34]

Im Grunde ist das Aufkommen islamistischer Bewegungen, die innerhalb eines demokratischen Systems agieren, alles andere als überraschend. Schließlich ist der Islam nicht an sich »anti-demokratisch«, und es gibt muslimische Konzepte wie die *schura* – »Rat« oder »Beratung mit dem Volk« –, die sich sehr gut in einen demokratischen Rahmen integrieren lassen.[35] Auch Wahlen sind letztlich nichts anderes als Beratungen mit dem Volk. So wie sich der Faschismus Francos, der Absolutismus im Europa des siebzehnten Jahrhunderts und die Bürgerrechtsbewegung im Amerika der sechziger Jahre aus christlichen Gesellschaften heraus entwickelten, sind auch in einem islamischen Umfeld sämtliche politischen Modelle möglich. Den Beweis dafür bietet Indonesien: Mit seinen über 200 Millionen Einwohnern ist es nicht nur eine der größten Demokratien, sondern auch das größte muslimische Land der Welt.[36] Natürlich darf man in diesem Zusammenhang nicht übersehen, dass sehr viele islamische Staaten bis heute von Diktatoren und autoritären Monarchen beherrscht werden.

Wenn es also einerseits den Befürwortern eines politischen Islam größtenteils nicht gelungen ist, in Ländern wie Sudan und Afghanistan lebensfähige islamistische Staaten zu errichten, andererseits aber einige Länder das Erstarken von gemäßigten islamistischen Gruppen und Parteien erleben, welche Bedeutung hat dann die Heiliger Krieg, Inc., in der sich die radikalsten Islamisten sammeln?

Um diese Frage zu beantworten, ist es hilfreich, sich die Geschichte einer ähnlichen Gruppe vor Augen zu führen: die Assassinen, eine radikale muslimische Sekte des elften und zwölften Jahrhunderts, die vermutlich als erste Gruppe in der Geschichte Terrorismus systematisch als Mittel zur Zerstörung ihrer Feinde einsetzte.[37] Die Assassinen verübten ihre Terrorakte von einer abgelegenen Festung in der bergigen Region aus, die heute zu

Syrien und Iran gehört. Von dort wurden sie losgeschickt, um ihre Feinde zu töten, hauptsächlich Anführer der regierenden Sunniten sowie eine kleine Zahl an Christen. Um die Sekte rankten sich viele Mythen, vor allem im Westen, wo man glaubte, die Assassinen würden vor ihren mörderischen Missionen Haschisch rauchen. (Acht Jahrhunderte später begab sich auch Mohammed Atta auf eine ausgedehnte Kneipentour, nur wenige Tage bevor er das Flugzeug der American Airlines in den Nordturm des World Trade Center lenkte.) Westliche Quellen aus dem Mittelalter wissen außerdem zu berichten, die Assassinen würden von einem geheimnisvollen Führer regiert, dem Alten Mann vom Berg, der eine sektenartige Gruppe von Mördern um sich geschart habe.

Zwischen *al-Qa'ida* und den Assassinen gibt es deutliche Parallelen: Auch *al-Qa'ida* hat sich für eine Basis im bergigen Hinterland Afghanistans entschieden, außer Reichweite der Staaten, die sie angreift. Und die Organisation setzt ebenfalls terroristische Mittel ein, um ihre Ziele zu erreichen. Bin Laden und seine Anhänger konzentrierten sich freilich weniger auf die Ermordung Einzelner – auch wenn sie 1995 versucht haben, Hosni Mubarak zu töten – als auf Akte der Massenvernichtung. Außerdem stehen beide Gruppen sowohl den sunnitischen Regierungen als auch dem Westen feindselig gegenüber. Allerdings waren die Assassinen eine Splittergruppe der schiitischen Minderheit im Islam, während Bin Laden einen neo-fundamentalistischen Islam sunnitischer Tradition predigt. Und wie der Alte Mann vom Berg ist auch Bin Laden mittlerweile von einer fast mythischen Aura umgeben.

Trotz ihrer terroristischen Gewalttaten gelang es den Assassinen nie, auch nur eine einzige Stadt zu erobern, und nach zwei Jahrhunderten waren sie wieder verschwunden. Werden Bin Ladens Gruppe und jene heiligen Krieger, die noch immer für die *dschihad*-Ausbildung nach Afghanistan kommen, wie die Assassinen lediglich als blutige Fußnote in die Geschichte eingehen? Oder können sie mit ihren Heiligen Kriegen mehr erreichen?

Die Antwort auf diese Fragen wird auch davon abhängen, wie gut die von den Amerikanern angeführte Koalition die Bedrohung durch Bin Laden und *al-Qa'ida* insgesamt bewältigt. Ich schreibe diese Zeilen sechs Monate nach den Angriffen auf das World Trade Center. *Al-Qa'ida* hat seitdem einige bedeutsame Rückschläge hinnehmen müssen; afghanische Muskelkraft und amerikanische Feuerkraft führten zur Niederlage der Taliban, und Afghanistan wird jetzt von einer weitgehend prowestlichen Regierung unter Hamid Karzaj geführt. Das ist wichtig, weil es bedeutet, dass *al-Qa'ida* nicht mehr ein ganzes Land als Hauptquartier zur Verfügung hat. Unter der Taliban-Regierung hatte die Organisation eine solche Bedeutung gewonnen, dass Afghanistan eher einem Land glich, das »von Terroristen unterstützt wird als einem Staat, der Terroristen unterstützt«, wie Zalmay Chalilzad bemerkte, der Afghan-Amerikaner, der die Bemühungen der US-Regierung, das zerstörte Land wieder aufzubauen, leitet.[38]

Die Niederlage der Taliban hat wichtige langfristige Implikationen, weil sie zweierlei bewirkt: Die *al-Qa'ida*-Führung wird in die Flucht geschlagen, und die Trainingslager in Afghanistan werden geschlossen. Ohne die organisatorischen Fähigkeiten von Männern wie Bin Laden und Aiman az-Zawahiri, die beide seit Jahrzehnten mit der Planung von paramilitärischen Aktionen befasst waren, und ohne die afghanischen Trainingslager der Terroristen wird die Fähigkeit der Gruppe, spektakuläre terroristische Operationen zu unternehmen, mit der Zeit abnehmen. Es gibt andere Länder, wie den Jemen und Tschetschenien, in denen noch *al-Qa'ida*-Nester existieren, die aber mit dem, was Bin Laden in Afghanistan geschaffen hatte, nicht zu vergleichen sind. Und das ist von entscheidender Bedeutung, denn es waren die afghanischen Trainingscamps, die ungeschulte Rekruten, die bloß eine generelle, unreife Abneigung gegen den Westen hegten, in Zellen aus fähigen Fachkräften verwandelten, die in der Lage waren, verheerende Bomben zu bauen oder so komplexe Operationen wie die Angriffe vom 11. September durchzuführen.

Wird der Tod oder die Gefangennahme Bin Ladens das Ende von *al-Qa'ida* bedeuten? Es besteht die Möglichkeit, dass Bin Laden bereits tot ist. Die US-Regierung führt derzeit an Überresten von *al-Qa'ida*-Kämpfern DNA-Tests durch, um zu bestimmen, ob das der Fall ist.[39] Falls Bin Laden noch lebt, ist sein Gesundheitszustand mit Sicherheit nicht gut; das letzte bekannt gewordene Videotape von ihm, das im Dezember 2001 gesendet wurde, zeigt einen Mann, der im vergangenen Jahr enorm gealtert ist. Zum Zeitpunkt dieser Aufnahmen war Bin Laden vierundvierzig, aber er sah aus, als wäre er zwanzig Jahre älter. Im Laufe seines halbstündigen Video-Auftritts bewegte Bin Laden die linke Körperseite überhaupt nicht, was nahe legt, dass er dort eine Verletzung erlitten hat.

Wenn man davon ausgeht, dass Bin Laden lebt – und das ist eine vernünftige Annahme, solange es keine schlüssigen Beweise für seinen Tod gibt –, wie leicht wird es dann sein, ihn zu finden? Die knappe Antwort darauf lautet, dass es wahrscheinlich schwierig sein wird. Afghanistan ist so groß wie Texas, und Bin Laden kennt es genau. In den frühen achtziger Jahren begann er, dort ausgedehnte unterirdische Bauten für seine Leute anzulegen, und die wird er benutzen, um sich zu verstecken. Seine Kerngruppe besteht aus mehreren hundert Männern, die das Gebiet in- und auswendig kennen. Sie sind kampferprobt, hoch motiviert und bereit, für ihren Emir zu sterben. Außerdem sind sie mit RPG-Granatwerfern und verschiedenen Maschinenpistolen bewaffnet und gut im Einsatz einer Reihe von Sprengstofftypen und Minen ausgebildet. Und schließlich kann ein entschlossener Feind, der sein eigenes Gelände kennt, auch der intensivsten Menschenjagd entkommen. Der somalische Kriegsherr Mohammed Aidid, der im Jahre 1993 in Mogadischu von Tausenden von US-Soldaten gejagt wurde, wurde nie gefangen.

Anfänglich behinderte der Wunsch, die Zahl der amerikanischen Todesopfer gering zu halten, die Jagd auf Bin Laden und seine Anhänger. In der Tora-Bora-Gegend im Osten Afghanistans wurde die Operation gegen *al-Qa'ida* Ende 2001 vor allem von afghanischen Gruppen durchgeführt, die von amerikanischen Spezialtruppen unterstützt wurden. Dieses Unternehmen hatte keinen Erfolg, denn Hunderte von *al-Qa'ida*-Kämpfern entkamen über die Grenze nach Pakistan. Bei den Operationen, die Anfang 2002 bei Gardez in Zentralafghanistan durchgeführt wurden, ging man vollkommen anders vor. Hier waren US-Bodentruppen von mehr als eintausend Mann beteiligt, die mit afghanischen Soldaten zusammenarbeiteten.[40] Diese Methode ist bei der Vernichtung sämtlicher *al-Qa'ida*-Kräfte in diesem Gebiet, einer Truppe aus Arabern, Pakistanis, Tschetschenen und Usbeken, wirkungsvoller.

Irgendwann wird Bin Laden gefasst – oder, was eher wahrscheinlich ist, getötet werden, denn er hat wiederholt geäußert, dass er bereit sei, in diesem Kampf zu sterben. Sein Tod wäre für *al-Qa'ida* ein Schlag. Andere in der Kommandokette hassen die Vereinigten Staaten vielleicht ebenso sehr oder noch mehr, aber es war Bin Laden mit seinem Charisma und seinen organisatorischen Fähigkeiten, der das multinationale terroristische Unternehmen auf die Beine stellte. Mit seinem Tod wird Bin Laden für seine unmittelbaren Gefolgsleute sicherlich zum Märtyrer. Aber die eindeutigste Aussage, die sich über Märtyrer machen lässt, ist die, dass sie tot sind, und das würde Bin Ladens Wirkungskraft auf der Stelle schwächen. Bin Ladens *al-Qa'ida* hat ihren Platz irgendwo zwischen einer Sekte und einer echten Massenbewegung. Sekten verschwinden normalerweise mit dem Tod ihrer Führer: Man denke nur an Jim Jones oder an David Koresh. So wird auch der »Bin-Laden-Kult« letztlich im von Präsident Bush so genannten »anonymen Grab der Geschichte für ausgemusterte Lügen« enden.[41]

Welches Schicksal Bin Laden auch erwarten mag, kurzfristig gesehen ist *al-Qa'ida* keineswegs kaltgestellt. Präsident Bush hat gesagt, dass in den afghanischen Lagern der Organisation Zehntausende von Männern ausgebildet wurden. Die meisten davon erhielten nur eine militärische Grundausbildung, und nur die besten dieser Rekruten erhielten anschließend eine Schulung für Terroristen und wurden schließlich in *al-Qa'ida* eingegliedert. Trotzdem sind mehrere tausend *al-Qa'ida*-Mitglieder in sechzig Ländern über den ganzen Erdball verteilt, und Angehörige des US-Geheimdienstes vermuten, dass Heiliger Krieg, Inc., wahrscheinlich lokale »Lizenzen« vergeben wird: wahrhaftig ein hydraköpfiges Ungeheuer. Seit dem 11. September hat es tatsächlich auf der ganzen Welt einen Wirbelsturm an Operationen gegeben, die von *al-Qa'ida* und angegliederten Gruppierungen ausgeführt wurden. Eine pakistanische Gruppe, die mit *al-Qa'ida* verbunden ist, griff am 13. Dezember 2001 das indische Parlament an, tötete sieben Menschen und setzte die bereits gespannten Beziehungen zwischen Indien und Pakistan einer ungeheuren Belastung aus. Im gleichen Monat verhinderten Verhaftungen in Malaysia von *al-Qa'ida* geplante Bombenanschläge auf die britische, israelische, australische und amerikanische Botschaft in Singapur. Im Januar 2002 entführte eine pakistanische Gruppe mit Verbindungen zu Bin Laden in Karatschi den amerikanischen Journalisten Daniel Pearl, und *al-Qa'ida*-Kämpfer planten einen Anschlag auf die amerikanische Botschaft im Jemen, bei dem eine Autobombe gezündet werden sollte. Abu Saijaf, eine philippinische Terroristengruppe mit geschichtlichen Verbindungen zu *al-Qa'ida*, setzt ihre Entführungskampagne, deren Opfer europäische und amerikanische Touristen sind, weiter fort. Im März 2002 überfielen militante Pakistanis in Islamabad eine protestantische Kirche mit Granaten und töteten dabei fünf Menschen, darunter zwei Amerikaner.[42]

In den vergangenen Jahren ist Europa für *al-Qa'ida*-Zellen ein fruchtbares Einsatzgebiet gewesen. Nach den Angriffen auf das World Trade Center versuchten diese Zellen, eine Terrorkampagne gegen eine große Bandbreite europäischer Ziele zu beginnen. Im September 2001 entdeckte die belgische Polizei zwei mutmaßliche *al-Qa'ida*-Zellen, die im Land operierten; im gleichen Monat verhinderte die französische Polizei den geplanten Angriff auf die amerikanische Botschaft in Paris; im folgenden Monat deckten die bosnischen Behörden ein Komplott auf, das den Angriff auf die US-Botschaft in Sarajewo zum Ziel hatte; und Ende Dezember versuchte der Brite Richard Reid angeblich, ein Flugzeug der American Airlines in die Luft zu sprengen, das auf dem Weg von Paris nach Miami war.[43]

Und in den Vereinigten Staaten selbst hat die Bedrohung durch *al-Qa'ida* nicht nachgelassen. Der Vorsitzende des Senate Intelligence Committee, Senator Bob Graham, teilte CNN im Februar 2002 mit: »Schätzungsweise gibt es in den Vereinigten Staaten einhundert oder mehr *al-Qa'ida*-Mitarbeiter, und einige von ihnen halten sich schon eine beträchtliche Zeit lang hier auf.«[44]

Eine weitere beunruhigende Tatsache: Ein typisches Merkmal von *al-Qa'ida* ist die *Geduld*. Bereits 1993 begann die Gruppe mit der Planung des Sprengstoffangriffs auf die US-Botschaft in Kenia, der im Jahre 1998 ausgeführt wurde; der Anschlag auf die U.S.S.-*Cole* im Jemen wurde zwei Jahre lang vorbereitet; und die Zelle, die sich in Deutschland um Mohammed Atta bildete und das World Trade Center angriff, begann 1998 mit ihren Treffen.

Es ist durchaus möglich, dass bereits vor dem 11. September ein weiterer katastrophaler anti-amerikanischer Angriff in Planung war, der vielleicht erst in ein paar Jahren in die Tat umgesetzt wird.

Man kann nur hoffen, dass die Verhaftung von schätzungsweise eintausend *al-Qa'ida*-Mitgliedern auf der ganzen Welt und die Gefangennahme oder Tötung von Hunderten von *al-Qa'ida*-Kämpfern in Afghanistan einen derartigen Angriff abwendet. Unter den Toten ist auch der militärische Befehlshaber der Gruppe, Mohammed Atif, der angeblich die Angriffe auf das World Trade Center geplant hatte. Abu Zubaida, ein Palästinenser, der als Einsatzleiter der Gruppe an Atefs Stelle getreten war, wurde im März 2002 in Pakistan gefasst. Der Außenminister der Taliban, Wakil Mutawakkil, stellte sich im Februar 2002 den amerikanischen Behörden, und vielleicht besitzt er nützliche Informationen über *al-Qa'ida*. Abgesehen von Bin Laden gibt es allerdings weitere bedeutende Führer der Organisation, wie Aiman az-Zawahiri, die nach wie vor auf freiem Fuß sind. Hinzu kommt, dass im Winter 2001 Hunderte von *al-Qa'ida*-Kämpfern, die ihren Stützpunkt in Afghanistan hatten, über die Grenze in das Nachbarland Pakistan und in den Iran entkamen.[45]

Eine weitere Sorge ist die, dass *al-Qa'ida* großes, wenn auch dilettantisches Interesse an der Entwicklung und am Erwerb von Massenvernichtungswaffen zeigte. Paradoxerweise wurde dieses Interesse von Befürchtungen der US-Regierung geweckt, dass terroristische Gruppen solche Waffen einsetzen könnten. Ein internes Memorandum von *al-Qa'ida* hält fest: Wir »nahmen sie [biologische und chemische Waffen] erst zur Kenntnis, als der Feind unsere Aufmerksamkeit darauf lenkte, indem er wiederholt die Befürchtung äußerte, dass sie leicht herzustellen seien«.[46]

Bin Ladens eigene Äußerungen waren schon immer die beste Vorhersage für seine zukünftigen Handlungen, und seine Erklärungen zu diesem Thema sind beängstigend und unmissverständlich: »Wir betrachten es nicht als Verbrechen, wenn wir versuchen würden, uns nukleare, chemische oder biologische Waffen zu beschaffen.« In seinem einzigen Zeitungsinterview nach dem 11. September sagte Bin Laden zu dem pakistanischen Journalisten Hamid Mir: »Ich möchte feststellen, dass wir, falls Amerika nukleare und chemische Waffen gegen uns einsetzt, möglicherweise mit chemischen und nuklearen Waffen antworten.« Mir fragte Bin Laden: »Wo haben Sie diese Waffen herbekommen?« Bin Laden wich der Frage aus, aber wir wollen kurz untersuchen, was über *al-Qa'idas* Bemühungen, sich Massenvernichtungswaffen zu verschaffen, bekannt ist.[47]

Wie wir gesehen haben, führten *al-Qa'ida*-Experten Versuche mit chemischen Waffen durch, indem sie Zyanidgas bei Tieren einsetzten. Vier Marokkaner, die im Februar 2002 in Italien verhaftet wurden, schienen diese Forschungsergebnisse in die Praxis umsetzen zu wollen, denn sie planten, die Wasserversorgung der amerikanischen Botschaft in Rom mit einer dem Zyanid ähnlichen Chemikalie zu vergiften. Weiterhin erkundete *al-Qa'ida* die Möglichkeit, biologische Waffen einzusetzen: In einem Haus der *al-Qa'ida* in Kabul wurden sicher verwahrte Zeichnungen von einem Ballon entdeckt, der Anthrax (Milzbranderreger) versprüht, und der CIA-Direktor George Tenet bezeugte im Februar 2002 vor dem Kongress, dass man in Afghanistan Dokumente entdeckt habe, die »zeigen, dass Bin Laden ein ausgeklügeltes Programm mit biologischen Waffen verfolgte«.[48]

Außerdem ist es möglich, dass *al-Qa'ida* Materialien für eine unausgereifte »radiologische« Waffe erworben hat. Anfang der neunziger Jahre unternahm die Gruppe, wie in Kapitel 4 dargelegt, gezielte Anstrengungen, Uran zu erwerben, das sich zur Herstellung einer Atombombe eignet. Bei einem Aufenthalt in Afghanistan traf Bin Laden sich mit pakistanischen Atomwissenschaftlern, die auf Seiten der Taliban standen.[49] Die US-Regierung ist weiterhin damit befasst, Materialien zu analysieren, die man auf *al-Qa'ida*-Stützpunkten in Afghanistan gesammelt hat. Bisher wurde noch kein radioaktives Material gefunden, die Analysen werden jedoch fortgesetzt. In der Regierung herrscht Einigkeit darüber, dass *al-Qa'ida* wahrscheinlich radioaktives Material erworben hat, das zwar nicht kernwaffenfähig ist, aber in einer so genannten »dirty bomb« eingesetzt werden könnte. Eine solche Bombe besteht aus einer Verbindung von herkömmlichem Sprengstoff und radioaktivem Material. Der Einsatz einer »dirty bomb« hätte vor allem die Wirkung, Panik auszulösen, denn sie würde in einer Stadt ein Gebiet von mehreren Straßenzügen verseuchen. *Al-Qa'ida* hat auch Angriffe auf amerikanische Atomkraftwerke in Erwägung gezogen: In Afghanistan wurden Zeichnungen von solchen Anlagen gefunden, und der amerikanische Geheimdienst hörte nach dem 11. September Gespräche zwischen mutmaßlichen Terroristen ab, die darauf hindeuteten, dass diese Personen versuchen wollten, amerikanische Kernkraftwerke anzugreifen.[50]

Anfang 2002 weitete die Bush-Administration ihren Krieg gegen *al-Qa'ida* und angeschlossene Gruppen aus, indem sie amerikanische Soldaten nach Georgien, in den Jemen und auf die Philippinen schickte. Und in einer weiteren Ausdehnung des »Krieges gegen den Terrorismus« identifizierte Präsident Bush eine »Achse des Bösen«, die den Irak, den Iran und Nordkorea umfasst. Die Formulierung ist merkwürdig, denn bei diesen Nationen kann man kaum davon sprechen, dass sie eine Achse bilden. Der Irak und der Iran sind sogar unversöhnliche Feinde, die in den achtziger Jahren des vergangenen Jahrhunderts einen brutalen Krieg mit einer Million Toten führten. Und den Iran als »böse« zu bezeichnen hat das reformistische Lager in der iranischen Regierung geschwächt und in einem Land, in dem die Vereinigten Staaten immer mehr an Popularität gewannen, große anti-amerikanische Kundgebungen ausgelöst.[51]

Eines ist in Bezug auf die Achse allerdings klar: Die US-Regierung wird ihren Krieg auf den Irak ausdehnen; die Frage ist nur, wann und in welcher Weise. Es ist wichtig zu verstehen, was die Vereinigten Staaten dazu veranlasst. Der Grund ist nicht, dass der Irak sich an anti-amerikanischen Aktivitäten beteiligt hat; der Terrorismus, den Saddam Hussein verübte, richtete sich primär gegen sein eigenes Volk, zum Beispiel, als er irakische Kurden mit chemischen Waffen angriff. Dass die USA weitere militärische Operationen gegen Hussein unternehmen werden, hat vielmehr den Grund, dass dieser sich weiterhin über UN-Resolutionen hinwegsetzt, die vorsehen, dass er Waffeninspektoren gestattet, seine Anlagen für die Herstellung von Massenvernichtungswaffen zu kontrollieren. Hier ist der Einsatz von Streitkräften nicht nur nach internationalem Recht legitim, sondern er ist auch klug, denn Hussein ist ein furchtbarer Diktator, der Hunderttausende von Angehörigen seines eigenen Volkes ermordet hat, der in Nachbarländer einmarschiert ist, der seit langem ein aggressives Programm mit Massenvernichtungswaffen verfolgt und der in der Vergangenheit chemische Waffen gegen seine Feinde eingesetzt hat. Hussein als Besitzer von Kernwaffen ist keine verlockende Vorstellung. Anfang 2002 tobte in Washington eine Auseinandersetzung darüber, ob man Hussein stürzen solle – ein Unternehmen, das möglicherweise US-Bodentruppen in einer Stärke von Hunderttausenden von Soldaten erfordern würde – oder ob man einen weniger ambitionierten Plan verfolgen solle. Das Mindeste sei, so sagte mir ein Mitarbeiter des Pentagon, dass US-Spezialtruppen in den Irak gehen, um sich an einer Operation zu beteiligen, bei der Anlagen zur Herstellung von Massenvernichtungswaffen zerstört werden.[52]

Wann endlich können wir im »Krieg« gegen den Terrorismus den Sieg verkünden? Selbstverständlich wird es keine formelle Bekanntgabe eines Sieges geben, aber ein gewisser Sieg wird errungen sein, wenn die terroristische Bedrohung auf den Stand von vor dem 11. September zurückgegangen ist, als der Terrorismus für amerikanische Politiker zwar ein Reizthema war, im Hinblick auf die nationale Sicherheit aber nicht die wichtigste Frage darstellte. Es wird weiterhin terroristische Anschläge auf amerikanische Ziele geben, so wie in den achtziger Jahren, weil es immer Gruppierungen geben wird, die mit der amerikanischen Politik nicht einverstanden sind. Aber solche Attacken werden weder das Ausmaß noch die Komplexität noch die tödliche Wirkung der *al-Qa'ida*-Operationen besitzen. Bis dahin werden die Vereinigten Staaten weiterhin einen merkwürdigen »Krieg« führen: einen Krieg, der weder »kalt« noch »heiß« ist, einen Krieg, in dem es unter der Zivilbevölkerung wahrscheinlich mehr Todesopfer geben wird als unter den Soldaten, und einen Krieg, der, wie ein Mitarbeiter des Pentagon mir sagte, vielleicht »sogar zehn Jahre« dauern wird.[53]

In der Zwischenzeit können wir nur hoffen, dass als Vermächtnis des 11. September ein dauerhaft stabiles Afghanistan geschaffen wird und dass der Friede in dieses Land, das mehr als zwei Jahrzehnte Krieg durchlitten hat, zurückkehrt. Und vielleicht auch, dass ein westlich orientiertes und gleichzeitig auch zutiefst muslimisches Afghanistan zwischen den großen Zivilisationen des westlichen Westens und der islamischen Welt Vorbote einer neuen Ära der Versöhnung ist.

Wie der große jüdische Prophet – den Muslime wie Christen anerkennen – vor zweitausend Jahren verkündete: »Selig, die Frieden stiften, denn sie werden Söhne Gottes genannt werden.«

Dank

Als ich mit diesem Buch begann, hatte ich die Vorstellung, ich sei allein mit meiner Tastatur. Nichts könnte von der Wahrheit weiter entfernt sein. Kein Buch ist eine Insel, wie diese Danksagung klar macht. Alle, die ich versehentlich übergangen habe, bitte ich um Entschuldigung.

Danke allen Wissenschaftlern, Journalisten und anderen Quellen, die dieses Buch ermöglicht haben. Viele von ihnen sind in den Anmerkungen genannt. Besonders erwähnen möchte ich die unschätzbaren wissenschaftlichen Beiträge von Gilles Kepel, Olivier Roy, Malise Ruthven, Bernard Lewis, Ahmed Rashid, Barney Rubin, Mamoun Fandy und Karen Armstrong, deren Sachkenntnis ich zahlreiche Einsichten in die *dschihad*-Bewegung verdanke. Von großer Hilfe waren mir auch die Berichte in der *New York Times,* insbesondere von Benjamin Weiser, Judith Miller und John Burns, sowie die Reportagen von Vernon Loeb und Pamela Constable in der *Washington Post.*

Dieses Buch ist aus der Zusammenarbeit mit einer großen Zahl von Personen entstanden. Viele opferten mir ihre Zeit für Interviews; die meisten von ihnen sind im Text namentlich erwähnt, andere wollten lieber anonym bleiben. Ich danke ihnen allen.

Von 1990 bis 1999 hatte ich das Glück, bei CNN zu arbeiten, und habe von meinen Kollegen, der unglaublich engagierten und professionellen Belegschaft dieses – in einer Rangfolge der Bedeutung – besten Nachrichtensenders der Welt, enorm viel gelernt.

Besonders danken möchte ich Pam Hill und John Lane, meinen langjährigen Vorgesetzten bei CNN, die meinem Interesse an den afghanischen Arabern und Bin Laden zu einer Zeit entgegenkamen, als Storys über dieses Thema bei weitem nicht das waren, was sie seither geworden sind. Pam und John waren in jeder Hinsicht die idealen Chefs. Danke auch Peter Arnett, Peter Jouvenal und Richard Mackenzie für die gelungene Reise nach Afghanistan 1993. Richard ist nach wie vor ein Quell des Wissens über das Land und ein großartiger Freund. 1997 fuhr ich mit Peter Arnett und Peter Jouvenal noch einmal nach Afghanistan, um Bin Laden zu interviewen. Ohne meine Begleiter hätte dieses Interview nicht stattgefunden. Ebenfalls bei CNN habe ich mit Henry Schuster an zahlreichen Bin Laden-Storys zusammengearbeitet. Wer Henry kennt, weiß, dass er einer der besten Reporter und Produzenten in dem Geschäft ist. Von seinem Scharfblick und seinen Kommentaren hat dieses Buch, das er gründlich gelesen hat, sehr profitiert. Auch Phil Hirschkorn vom New Yorker CNN-Büro half mir wiederholt mit seinem enzyklopädischen Wissen über Bin Laden und seine Verbündeten.

Auch andere CNN-Mitarbeiter haben mir bei den Berichten über das Phänomen afghanische Araber/Bin Laden geholfen: Josh Gerstein, Steve Daly, Amy Kasarda, Valerie Shead, Brian Rokus, Julie Powell und Alphonso van Marsh. Bei CNN habe ich mit Jim Connor, David Ensor, Nancy Ambrose, Wolf Blitzer, Christiane Amanpour, Tom Dunlavey, John King, Beth Lewandowski, Chris Plante, Owen Renfro, Greta van Susteren, Judy Woodruff, Nancy Lane, Paul Varian, Pam Benson, Marty Kramer, Nancy Peckenham, Jim Polk, Richard Griffiths, Christian »Fuzz« Hogan, Frank Sesno, Kathryn Kross, Rick Davis, Marianna Spicer-Brooks, Bud Bultman, Kelli Arena, Eileen O'Connor und Kevin Bohn an einer Vielzahl von Storys und Beiträgen zu dem Thema Bin Laden zusammengearbeitet. Mein Dank auch an Pierre Mailman, Kimberly Arp-Babbit, Kim Backwater, Rick Perera, Amos Gelb, Sarah Shepherd, Kathy Slobogin, Brian Barger, Andy Segal, Ted Rubenstein, David Lewis, Ken Werner, Graham Messick, Ken Shiffman, Robert Zuill, Brian Todd, Christian Hudson, Sam Feist, Kathy Benz, Gail Chalef, Pat Reap, Rebecca Bloch, Cameron Baird, Debbie Berger, Christina Kelly, Kim Abbott, Carol Buckland und John Gilmore. Mike Maltas war mir lange Zeit ein Kollege und Freund.

Keith McAllister und Steve Cassidy waren so freundlich, mich während der Zeiten, in denen ich an diesem Buch schrieb, bei

CNN zu beschäftigen. Sean Kelly, einer der besten Video-Cutter der Branche, verwandelte viele meiner Bin Laden-Storys in annehmbare TV-Sendungen. Danke Nic Robertson für die Gespräche über Afghanistan, während wir gemeinsam im Flughafen von Kandahar saßen, und weitere Gespräche seither. Dank an Rym Brahimi für den hervorragenden Überblick über den Jemen vor meiner Reise in das Land. Danke Pat Kloehn, Joe Murphy, Krystal Mabry und Rob Brickhill für die umfangreiche praktische Unterstützung im Laufe der Jahre. Mehrere Jahre teilte ich mir ein Büro mit Bill Smee, einem der talentiertesten Produzenten bei CNN: einen angenehmeren Bürokollegen kann man sich nicht vorstellen. Danke auch John Fielding, einem der großen Reporter der Branche. Danke Paul Julian für den guten Rat über die Jahre hin.

Besonderer Dank gebührt der begabten Journalistin und Autorin Nurith Aizenam, die vor vielen Jahren bei CNN an den ersten Reportagen und Recherchen für dieses Buch gearbeitet hat. Nurith hat außerdem mehrere meiner Storys über Bin Laden für *The New Republic* redigiert und ist eine liebe Freundin. Vom ersten Entwurfsstadium bis zur Endkorrektur hat sie dieses Buch mit Adleraugen beobachtet und mir viele kluge und anregende Vorschläge dazu gemacht. David Edelstein, auch er ein virtuoser Autor, war sehr großzügig mit seiner Zeit und hat das Manuskript ebenfalls entscheidend verbessert.

In den Jahren, die ich mit den Recherchen zu diesem Buch und der Niederschrift beschäftigt war, haben mich zahlreiche Freunde unterstützt: Jonna Pattillo, Trish Enright, Jordan Tamagni, Lyndsay Griffiths und Mark Sands, Paul Berczeller, Eric Hilton, Farid Ali, Abdul Jaywani, Jenny Rees Tonge, Jean Gordon, Linda Burstyn, Nicky Kentish-Barnes, Rupert Smith, William Sieghart, Michael »Hutchy« Hutchinson, Scott Anger, Lou Hennessy, Scott Dunbar, Dominic Simpson, Nick Restifo und Maria Ionata, Iona Beju, Said Arzali, Mark Hager, Tamara Hadji Linderman, Pauline Case, Patti Munter, Reuel Gerecht, Steve Emerson, Robert Noel, Ramin Bakhtiari, Tim und Amanda de Lisle, Piers und Tanya Thompson, Gavin und Kitty Wilson, Adam und Rosie Gardner, Paddy und Catherine Gibes, Simon und Jemma Mayle, Henry Shukman, Aram Roston, Paul Leonard und Daryl Kerrigan, Liz

Keirnan, Sol Levine, Katty Kay und Tom Carver, Ed Vulliamy, Julian Borger, Tom Hardart, Virginia Shore, Shaun Waterman, Neil Barrett, Bob Bear, Larry Johnson, Katie Kerr und Arif Lalani, Concepcion und Bernd Debusmann, Susan und Peter Millership, Omar Samad und Hassina Sherjan und Rich Byrne. Tom Rhodes und Deborah Lee fanden sich mit meinen zahlreichen Besuchen in ihrer New Yorker Wohnung ab und ermutigten mich nach Kräften. Nancy Bagley stellte mich liebenswürdigerweise ihrer Freundin Benazir Bhutto vor. Ein Dankeschön auch an Chris Clifford.

Eine unschätzbare Unterstützung war meine Familie. Meine Schwester Katherine nahm mich in London auf, wann immer ich mich beruflich dort aufhielt, und war stets bereit, mir zu helfen. Meine Schwester Margaret war ebenfalls eine große Hilfe, vor allem in der Zeit, als sie mit ihren wunderbaren Kindern Charlie, Bella und Brendan während der ersten Phase der Arbeit an diesem Buch bei mir wohnte. Ich danke meiner Mutter für den grenzenlosen seelischen Zuspruch und die praktische Unterstützung im Laufe der Jahre, für die Hilfe bei den Übersetzungen aus dem Französischen und für die letzte Zeile des Buches. Danke meinem Vater, der während der außerordentlich hektischen Wochen in der Abschlussphase des Buches zu Hause die Stellung gehalten und viele wertvolle Ideen beigesteuert hat.

Dankbar bin ich auch dem verstorbenen Stephan Damman, einem leidenschaftlichen Geschichtslehrer, und P. Leo Chamberlain, OSB, die mich mit vereinten Kräften nach Oxford ins New College und zum Geschichtsstudium unter der Schirmherrschaft von Eric Christiansen und Dr. Penry Williams trieben. Sie alle waren die prägenden geistigen Einflüsse während meiner Studienzeit.

Auch von mehreren Freunden, die das Manuskript gelesen haben, bekam ich wertvolles Feedback: Mathew Campbell, John Micklethwait und Andy Marshall. Mein Dank gilt auch Joe Reap vom Office of Counterterrorism im Außenministerium sowie Bill Harlow und Mark Mansfield im Office of Public Affairs der CIA.

Danke Farial Demy für ihre Hilfe bei den Übersetzungen aus dem Arabischen und Dr. Virginia Schubert für die Unterstützung bei den französischen Übersetzungen.

Dr. Sa'd al-Faqih, Abd ul-Bari Atwan, Rahimullah Jusufzaj,

Isma'il Chan und Dschamal Isma'il stellten mir freigebig ihre Zeit und ihr Wissen zur Verfügung.

In Afghanistan und Pakistan danke ich Chalid Maftun, Pamela Constable, Tschanel Chan, Mark Wentworth, Amir Schah, Mohammed Baschir, der Belegschaft des Gästehauses Tschez Soj, Jason Burke, Chalid Mansur und Rory McCarthy. Mein Dank auch an George Case und Barney Thompson für die Reise nach Pakistan 1983, wo der Film über die afghanischen Flüchtlinge entstand, und an Tom Jarriel und Janice Tomlin für die Reise 1989 im Zusammenhang mit einer Reportage für ABC News über den rechtlichen Status der Frauen in Pakistan.

Im Jemen hatte ich das Glück, mit John Burns zusammenarbeiten zu dürfen, der lange Zeit einer meiner Helden des Journalismus war; große Hilfe erhielt ich von Mohammed al-Asadi, Chalid Hammadi, Faris Sanabani und Ian Henderson. Danke auch der Belegschaft des Tadsch Schiba Hotels. Reem Nada half mir mit unschätzbaren Recherchen und seinen ebenso wertvollen Fähigkeiten als Dolmetscher sowohl im Jemen als auch in Kairo.

Danke an Paul Golob, der dieses Buch für The Free Press eingekauft hat, und für seine Ermutigung im Laufe der Jahre. Danke auch allen Mitarbeitern von The Free Press, die sich in der hektischen Endphase ins Zeug legten: Martha Levin, Dominick Anfuso, Carol de Onis und Brian Selfon, der sich überhaupt unentbehrlich gemacht hat. Danke Carisa Hays für ihre klugen Ratschläge zur Werbung für das Buch und Elisa Rivlin für eine schmerzlose juristische Überprüfung. Jolanta Benal war eine ausgezeichnete Korrektorin. Dank auch an Maris Kreizman.

Danke Carsten Oblaender, Andreas Gutzeit, Vicky Matthews und Dave McKean von Storyhouse Productions und Diana Sperrazza von National Geographic Television.

Danke Peter Beinart und Sarah Blustain von *The New Republic*, Stephen Robinson vom *Daily Telegraph*, Bronwen Maddox und Damian Whitworth von der *Times*, Bob Tyrer von der *Sunday Times*, Helle Bering von der *Washington Post*, und Graydon Carter, Wayne Lawson, Vicky Ward, Mary Flynn und Chris Garrett von *Vanity Fair*. Auch James F. Hoge Jr., Gideon Rose und Jonathan D. Tepperman von *Foreign Affairs* gilt mein Dank. Und ich danke Bruce Hoffman, einem der weltweit führenden Terrorismusexperten und Herausgeber von *Studies in Conflict and Terrorism.*

Danke Ion Trewin, Michele Hutchison und Katie White von Weidenfeld & Nicolson.

Danke auch den Verwaltern des Leonard-Silk-Stipendienfonds für Journalismus, die mir in einem kritischen Moment während der Endphase der Niederschrift eine äußerst wertvolle Finanzspritze verschafften. Vor allem danke ich Bernice und Mark Silk. Ein besonderer Dank gilt Jason Renker von der Century Foundation, der meinen Antrag betreute und mich über die Entwicklungen immer auf dem Laufenden hielt.

Die School of Advanced International Studies (SAIS) an der Johns Hopkins University stellte mir ein Arbeitszimmer und ein Stipendium zur Verfügung und half mir damit, das Buch zum Abschluss zu bringen. Danke den wunderbaren Menschen, die das Pew-Programm leiten: John TK, Louise Leif, Jeff Barrus, Denise Melvin und die Kollegen David Lamb und Stephen Glain.

Marty Tillman machte mich an der SAIS mit zwei sehr fähigen Recherche-Assistenten bekannt: So erhielt ich zuerst die wertvolle Hilfe von Kyle Stelma und später von Erin Patrick, die mir mit scharfem redaktionellem Blick und erstaunlichem Geschick bei den Recherchen unter die Arme griff und sich dann buchstäblich rund um die Uhr einsetzte, um dem Manuskript den letzten Schliff zu geben, während sie tagsüber auch noch ihrer normalen Arbeit nachging. Gut tausend wirre Fußnoten in eine ordentliche Form zu zwingen, erwies sich als eine Aufgabe, die ähnlich schwierig war, wie ein Interview mit Bin Laden zu bewerkstelligen. Danke, Erin.

Ich bedanke mich bei Amanda Patten von Touchstone, die diese Neuausgabe des Buches fachkundig durch den Bearbeitungsprozess begleitete, sowie bei ihrer Assistentin Elizabeth Bevilacqua. Ein Dankeschön auch an London King.

Weiter geht mein Dank an die New America Foundation, die mir für die Arbeit an dieser Ausgabe ein angenehmes Zuhause zur Verfügung stellte. Ich danke Ted Halstead, Steve Clemons, Sherle Schwenninger und Hannah Fischer. Danke auch an John Mangin, der mir eine außerordentlich große Hilfe war, weil er die Recherche für diese Auflage besorgte.

Meine Literaturagentur Janklow & Nesbit war in allen Phasen des Projekts von entscheidender Bedeutung. Tif Loehnis nahm einen größeren Eingriff an meinem rudimentären Entwurf vor, ließ es weder an moralischer noch an fachlicher Unterstützung fehlen und wurde mir ein echter Freund. Als Tif nach London zog, um dort eine Niederlassung von Janklow zu eröffnen, nahm sich Tina Bennett des Projekts an und stand mir mit Rat und Tat bis kurz vor der Geburt ihres ersten Kindes William zur Seite. Als Tina in Mutterschaftsurlaub ging, übernahm Tif wieder das Ruder. Tif und Tina sind ohne Zweifel die Besten in ihrem Job und obendrein wunderbare Menschen. Bennett Ashley, ebenfalls von Janklow & Nesbit, war mir eine große Hilfe bei den vielen vertragsrechtlichen Fragen, die sich später ergaben. Danke auch Richard Morris, Svetlana Katz und Carl Parsons, Laura Summerhays und Maria Gallagher. Danke Cullen Stanley für die großartige Arbeit beim Verkauf der Auslandslizenzen.

Dieses Buch wäre gewiss nicht entstanden ohne meine Lektorin Rachel Klayman. Rachels außerordentliche Konzentriertheit und Disziplin machten meine eigenen Schwächen auf diesen Gebieten wett, und sie brachte ihren scharfen Verstand und sarkastischen Witz in den redaktionellen Prozess ein. Rachel widmete der Fertigstellung des Buches ungewöhnlich viele Stunden und legte währenddessen alles andere in ihrem viel beschäftigten Leben auf Eis. Zu einem sehr großen Teil ist dies auch ihr Buch.

Und schließlich danke ich dir, Marcie McGallagher, für deine Liebe und Unterstützung.

Karte

Berlin
Deutschland
Kiew
Russland
Ukraine
Kaspisches Meer
Rumänien
Schwarzes Meer
Tiflis
Baku
Aserbaidscha
Eriwan
Italien
Rom
Ankara
Teheran
Türkei
Irak
Syrien
Tunis
Bagdad
Beirut
Damaskus
Mittelmeer
Tunesien
Israel
Amman
Jerusalem
Kuwa
Tripolis
Jordanien
Kairo
Zah
Ria
Libyen
Saudi-Arabien
Ägypten
Medina
Dschidda
Mekka
Rotes Meer
Nil
Niger
Sa'da
Jem
Tschad
Sudan
San'a
Eritrea
Asmara
Tschad-See
Khartum
Aden
N'Djaména
Dschibuti
Dschibu
Nigeria
Addis Abeba
Zentral-afrikanische Republik
Äthiopien
Kamerun
Bangui
Yaoundé
Mogadisch
Zaire
Kenia
Kampala
Gabun
Kongo
Demokratische Republik Kongo (Zaïre)
Uganda
Nairobi
Victoria-See
Ruanda
Brazzaville
Bujumbura
Mombasa
Kinshasa
Burundi
Tansania
Daressalam

Kirgisistan
Taschkent
Usbekistan
Tadschikistan
Duschanbe
(von Indien beansprucht, unter chin. Verwaltung)
Turkmenistan
Dschammu
Aschchabad
Dschalalabad
Muzaffarabad
China
Kabul
Kaschmir
Paratschinar
Islamabad
Herat
Peschawar
Chost
Afghanistan
Kandahar
Quetta
Nepal
Iran
Indus
Neu-Delhi
Pakistan
Ganges
Karatschi
Golf von Oman
Indien
Oman
Verein. Arab. Emirate
Bombay
Golf von Bengalen
Indischer Ozean
Sri Lanka
Anschläge, die mit Bin Laden in Verbindung stehen
0 200 400 600 800 1000 km

Anmerkungen

Einleitung
Unterwegs zum meistgesuchten Mann der Welt

1 John L. Esposito, *The Islamic Threat, Myth or Reality?*, New York 1992, S. 49–50. Die vier »rechtgeleiteten Kalifen« des Islamischen Reiches, Abu Bakr, Umar, Uthman und Ali, regierten von 632 bis 661 u. Z. Über die Rechtmäßigkeit des Kalifats von Ali entbrannte seinerzeit ein Streit, der unter anderem zur Spaltung der muslimischen Gemeinde in Sunniten und Schiiten führte.

2 Dr. Saad al-Fagih in einem Interview mit PBS Frontline, Abschrift auf *www.pbs.org/wgbh/pages/frontline/shows/binladen/interviews/al-fagih.html.*

3 Westlicher Diplomat in einem Interview mit dem Autor, Islamabad, Pakistan, September 1998.

4 *Hadd*-Strafen können für Taten verhängt werden, deren Bestrafung bereits im Koran festgelegt ist. Geahndet werden damit Straftaten gegen die Religion, wozu auch Alkoholgenuss zählt, für den ein Strafmaß von 80 Peitschenhieben gilt. Ob dies für alle alkoholischen Getränke gilt, ist in der islamischen Rechtspraxis umstritten.

5 Kathy Gannon, »Taliban Decrees Rain Down on Kabul Residents«, AP Worldstream, 28. März 1997.

6 Ebd.

7 Ahmed Rashid, *The Taliban, Islam, Oil and the New Great Game in Central Asia,* New York 2000, S. 115.

8 Sir Olaf Caroe, *The Pathans,* Karachi, Pakistan 1990.
In dem Kapitel über Alexanders Asienfeldzug meint Caroe, Alexander selbst habe die Route über den Katagala-Pass in Swat, der heutigen Nordprovinz Pakistans, gewählt.

9 *Newsline,* Pakistan, Mai 1993; John Ward Anderson, »Fortress Fit for King, or Trafficker: Accused Pakistani Drug Baron Flaunts Enclave Near Khyber Pass«, *Washington Post,* 29. April 1993.

10 Ilyas Moshin, Sekretär der pakistanischen Drogenaufsichtsbehörde, interviewt vom Autor, Islamabad, Pakistan, August 1993.

11 Rahimullah Yusufzai, Interview mit Autor, Peschawar, Pakistan, August 1993.
12 John F. Burns, »Afghan Capital Grim as War Follows War«, *New York Times*, 5. Februar 1996.
13 Kamal Matinuddin, *The Taliban Phenomenon, Afghanistan 1994–1997*, Pakistan, S. 12.
14 G. Whitney Azoy, *Buzkashi: Game and Power in Afghanistan*, Philadelphia 1982, S. 2.
15 Der pakistanische Journalist Rahimullah Iusufzaj, der mit der Taliban-Führung vermutlich häufiger zu tun hatte als jeder andere Journalist, sagt, er kenne die Geschichte der kämpfenden Kriegsherren aus vielen talibanischen Quellen.
16 Matinuddin, a.a.O., S. 223.
17 Michael Griffin, *Reaping the Whirlwind: The Taliban Movement in Afghanistan*, Sterling 2001, S. 40–42.
18 Rahimullah Yusufzai in *The News on Friday*, Islamabad, Pakistan, 5. März 1995.
19 Suzanne Goldenberg, »News Focus: ›He Knelt, Aimed His AK-47 at the Shoulder Blades and Fired. The Condemned Man Toppled Over‹«, *The Guardian*, 26. September 1998.
20 Ebd.
21 Interessanterweise ist Saudi-Arabien das einzige Land der Welt, das nach dem Namen der Herrscherdynastie benannt ist.
22 Rechtsgutachten (*fatwas*) spielen eine wichtige Rolle, da es sich beim Islamischen Recht nicht um kanonisches (auf der Basis von Gesetzessammlungen), sondern um kasuistisches Recht (auf der Grundlage von Fallentscheidungen) handelt.
23 Rekrutierungsvideo von *al-Qa'ida*, Sommer 2001; zugänglich seit dem 14. August 2001 auf *warriors.com.*
24 Nachrichtenagentur Reuters, »Israelis Deliberately Shelled Post, UN Says«, 4. Mai 1996; Marjorie Miller, »U.N. Report Disputes Israel on Shelling«, *Los Angeles Times*, 8. Mai 1996.
25 Osama bin Laden, Interview mit Abdel Bari Atwan von der Zeitung *Al-Quds Al-Arabi*, Afghanistan, November 1996.
26 Osama bin Laden, Interview mit dem TV-Sender Al-Jazeera, ausgestrahlt am 10. Juni 1999. Abschrift auf *www.terrorism.com/terrorism/BinLadinTranscript.shtml.*
27 Benjamin Weiser, »Defense in Terror Trial Cites U.S. Sanctions Against Iraq«, *New York Times*, 5. Juni 2001; »A Deal? Iraq and the U.N.«, *The Economist*, 27. Januar 1996.
28 Osama bin Laden, Interview mit CNN, Afghanistan, ausgestrahlt am 10. Mai 1997.

Kapitel 1
Während Amerika schlief

1 Joseph Conrad, *Der Geheimagent*, Zürich 1975, S. 48.

2 FBI Pressemitteilung, 14. September 2001, *www.fbi.gov/pressrel/pressrel01/ 091401hj.htm.*

3 Ebd.

4 Nach Angaben des US-Wetterdienstes werden in den USA im Schnitt 73 Menschen jährlich vom Blitz erschlagen. Information siehe: *http://205.156.54.206/om/wcm/lightning/overview.htm.*

5 Telefoninterview mit Christine Mohan, Leiterin der Öffentlichkeitsarbeit bei der New York Times Company, 21. März 2002.

6 Die *bai'at* geht auf alte arabische Gebräuche zurück. Schon der Prophet Mohammed versicherte sich so seiner Anhänger, und auch den Kalifen wurde beim Amtsantritt gehuldigt. Ohne diesen Akt der Anerkennung ihrer Autorität wären sie gewissermaßen als Usurpatoren zu betrachten gewesen. Die bai'at ist für den Huldigenden jedoch nicht absolut verpflichtend. Im Falle von Verfehlungen des Gehuldigten kann sie hinfällig werden.

7 Abdel Bari Atwan, Herausgeber von *Al-Quds al-Arabi,* in einem Telefongespräch mit dem Autor, 13. August 2001.

8 General Mike Hayden in der Sendung *60 Minutes II,* CBS, ausgestrahlt am 13. Februar 2001.

9 George J. Tenet, Direktor der CIA, in seiner Aussage vor dem Kongress, 2.Februar 2001; John Goldman, »Second Bin Laden Defector Tells of Targeting Bomb Site«, *Los Angeles Times,* 22. Februar 2001.

10 Benjamin Weiser, »Informer's Part in Terror Case is Detailed,« *New York Times,* 22. Dezember 2000.

11 Abdul Wahab al-Anesi, Interview mit dem Autor, San'a, Yemen, Dezember 2000.

12 Siehe den Abschnitt über Ali Mohamed in Kapitel 7.

13 Mary Anne Weaver, *A Portrait of Egypt: A Journey through the World of Militant Islam,* New York 1999, S. 258.

14 »Trübes aus der Quelle-CS1«, *Der Spiegel,* Nr. 43, 19. Oktober 1998.

15 Osama bin Laden, Interview mit dem TV-Sender Al-Jazeera, ausgestrahlt am 10. Juni 1999. Abschrift auf *www.terrorism.com/terrorism/BinLadinTranscript.shmtl.*

16 *U.S.A. v. Usama bin Laden,* 98 Cr. 1023 (SDNY), Anklageschrift.

17 Der Rat (*schura*) ist eine schon zur Zeit des Propheten Mohammed belegte Institution. In der Neuzeit ist das *schura*-Konzept wieder aufgelebt und spielt heute insbesondere bei Fragen der Einführung und

Legitimation parlamentarischer Demokratien in islamischen Ländern eine wichtige Rolle.

18 Ebd., Aussage von Dschamal al-Fadl, 16. Februar 2001.

19 Alan Cullison und Andrew Higgins, »Files Found: A Computer in Kabul Yields a Chilling Array of al-Qaeda Memos«, *The Wall Street Journal*, 31. Dezember 2001.

20 Siehe *ww.pbs.org/wgbh/pages/frontline/shows/binladen/upclose/computer.html.*

21 *U.S.A. v. Usama bin Laden,* Aussage des FBI Agenten Stephen Gaudin, 7.–8. März 2000.

22 Osama bin Laden, Interview mit Rahimullah Yusufzai, ABC News, ausgestrahlt im Januar 1999. Abschrift auf *abcnews.go.com/sections/world/Daily News/transcript_binladen1_990110.html.*

23 *American Heritage Dictionary,* Boston 2001.

24 Quellen für die Ermittlung von Ländern u. a.: *U.S.A. v. Usama bin Laden,* Anklageschrift und Aussage von Dschamal al-Fadl, 6. Februar 2001.

25 Quellen für die Ermittlung von Nationalitäten u.a.: *U.S.A. v. Usama bin Laden,* Aussage von Dschamal al-Fadl, 6. Februar 2001, und Aussage von Ahmed Ressam, 3. Juli 2001 (Bin Laden ist Saudi; al-Fadl ist Sudanese; L'Hossaine Kherchtou Marokkaner); Hamid Mir, Interview mit dem Autor, Islamabad, Pakistan, September 1998; Quellen, die mit Bin Laden-Organisationen vertraut sind; Ismail Khan, Interview mit dem Autor, Islamabad, Pakistan, September 1998.

26 Osama bin Laden, Interview mit Rahimullah Yusufzai, ABC News, Januar 1999.

27 Al Venter, »America's Nemesis: Usama bin Laden«, *Jane's Intelligence Review,* 1. Oktober 1998.

28 Andrea Mitchell, NBC News, 8. December 1998.

29 Laurie Mylroie, *Study of Revenge: Saddam Hussein's Unfinished War Against America,* Washington, D.C., 2000, S. 234.

30 Die Rede ist hier von den Blättern des Strauches *Catha edulis,* die das Alkaloid Katin enthalten, einen Stoff mit stimulierender, euphorisierender und schließlich depressiver Wirkung.

31 Yossef Bodansky, *Bin Laden: The Man who Declared War on America,* Roseville 1999, S. 3.

32 Ebd., S. 101.

33 Ebd., S. 152.

34 Adam Robinson, *Bin Laden: Behind the Mask of the Terrorist,* New York 2002, S. 78f., 89, 267, 276.

35 Arnaud de Borchgrave, Interview mit *The Washington Times,* 21. März 2000.

36 Jusufs Identität ist umstritten: weitere Ausführungen siehe Mylroie, a.a.O. Diese Darstellung stützt sich u.a. auf Brian Duffy, »The Long Arm of the Law«, *U.S. News & World Report,* 20. Februar 1995; Romy Tang-bawan, Associated Press, 13. Februar 1995.
37 Benazir Bhutto, Interview mit dem Autor, New Jersey, März 2000.
38 U.S. State Department White Paper, August 1996.
39 Simon Reeve, *The New Jackals,* Boston 1999, S. 87.
40 Doug Struck, Howard Schneider, Karl Vick, und Peter Baker, »Borderless Network of Terror«, *Washington Post,* 22. September 2001. *Bozhenka* ist ein russisches Kosewort, das »Gott« oder auch »Heiligenbild« bedeutet.
41 James Risen und David Johnston, »A Day of Terror«, *The New York Times,* 12. September 2001.
42 Neil MacFarquhar, »Father Denies ›Gentle Son‹ Could Hijack Any Jetliner«, *New York Times,* September 19, 2001.
43 Sheila MacVicar, CNN, 24. September 2001.
44 Interview des Autors mit einem Mitarbeiter der US-Terrorismusbekämpfung, Washington, D.C., 29. September 2001.
45 Susan Wells, »Terrorists Among Us«, *Atlanta Journal and Constitution,* 16. September 2001.
46 Justin Blum und Dan Eggen, »Crop Duster Thought to Interest Suspects«, *Washington Post,* 24. September 2001.
47 Rick Weiss und Justin Blum, »Suspect Made Inquiries About Cropduster Loan«, *Washington Post,* 25. September 2001.
48 Bob Woodward, »In Hijacker's Bags, a Call to Planning, Prayer and Death«, *Washington Post,* 28. September 2001.
49 Interview des Autors mit einer mit der Bin Laden-Organisation vertrauten Quelle, 14. August 2001. Das gesamte Video einschließlich Links konnte ich auf *www.moonwarriors.com* herunterladen.
50 Siehe *www.msanews.mynet.net/Scholars/Laden/.*
51 Siehe *azzam.com.*
52 Siehe *azzam.com/html/storieskhalladmadani.htm.*
53 Strobe Talbott und Nayan Chanda (Hrsg.), *Das Zeitalter des Terrors: Amerika und die Welt nach dem 11. September,* München 2002.
54 »The Islamic Army of Aden« vom Autor, Washington, D.C., 7. Juni 2001.
55 *U.S.A. v. Ahmed Ressam,* Case # CR 99-666-JCC, Aussage von Jean Louis Brugiere, 2. April 2001; John F. Burns und Craig Pyes, »Radical Islamic Network May Have Come to U.S., *New York Times,* 31. Dezember 1999.
56 Siehe *www.qoqaz.de/home.htm.*
57 Siehe Kapitel 9.

Kapitel 2
Der afghanische *dschihad:* Wie ein heiliger Krieger entsteht

1 Osama bin Laden, CNN-Interview, Afghanistan, gesendet am 10. Mai 1997.
2 Dilip Hiro, *Holy Wars: The Rise of Islamic Fundamentalism,* New York 1989, S. 111.
3 Osama bin Laden, Interview mit dem Fernsehsender al-Dschazira, gesendet am 10. Juni 1999. Transkript unter *www.terrorism.com/terrorism/BinLadinTranscript.shtml.*
4 Man ritzt die Rinde der Weihrauchbäume, um den Saft zu gewinnen. Für eine gute Darstellung des Weihrauchhandels in Südarabien siehe Freya Stark, *The Southern Gates of Arabia,* London 1936, S. 1–7.
5 Nabil al-Habschi, Gespräch mit dem Verfasser, Hadramaut, Jemen, Dezember 2000.
6 Jack Kelley, »Saudi Money Aiding bin Laden: Businessmen Are Financing Front Groups«, *USA Today,* 29. Oktober 1999. Dort heißt es, al-Amudi habe Bin Ladens Aktivitäten finanziert, was al-Amudis Holdinggesellschaft MIDROC bestreitet. Siehe auch Mark Potts et al., *Dirty Money: The Inside Story of the World's Sleaziest Bank,* Washington, D.C., 1992, S. 204. Die Familie Bin Mahfuz erwarb 20 Prozent der Bank of Credit and Commerce International, deren Dienste alle benutzten, sowohl Drogenhändler als auch die CIA, die durch sie die afghanischen Rebellen unterstützte. Phil Griffin, Telefongespräch mit dem Verfasser, April 1997.
7 Nabil al-Habschi, Gespräch, Dezember 2000.
8 Andrew Cockburn, »Yemen«, *National Geographic Magazine,* April 2000.
9 Bin Laden-Interviews auf al-Dschazira, Juni 1999. Abd ul-Aziz gründete das Saudische Königreich 1932: siehe Hiro, a.a.O., S. 116.
10 Stark, a.a.O., S. 111.
11 Chalid al-Umari (Verwandter von Bin Laden), Gespräch mit dem Verfasser, ar-Ribat, Jemen, Dezember 2000.
12 Dorfmullah, Gespräch mit dem Verfasser, ar-Ribat, Jemen, Dezember 2000.
13 Siehe *www.saudi-binladin-group.com/history.htm.*
14 Nabil al-Habschi, Gespräch, Dezember 2000.
15 Faisal Sa'ud trat am 2. November 1964 zurück. Siehe Hiro, a.a.O., S. 120.
16 Said K. Aburish, *The House of Saud,* New York 1996, S. 200.
17 Ronald Kessler, *The Richest Man in the World: The Story of Adnan Khashoggi,* New York 1986, S. 29.
18 Jack Kelley, »U.S. Finds bin Laden an Elusive Target: Even If He's Lo-

cated, Catching Terrorist Will Be Complicated«, *USA Today,* 1. März 2001; Bin Laden-Interview auf al-Dschazira, Juni 1999.

19 Bin Laden-Interview auf al-Dschazira, Juni 1999.

20 Quelle, die der Familie Bin Laden nahe steht, Telefongespräch mit dem Verfasser, August 2001.

21 Chalid al-Umari, Gespräch, Dezember 2000.

22 Abd ul-Bari Atwan; Gespräch mit dem Verfasser, September 1998; »Bin Laden Honors Cole Attack«, Reuters-Meldung vom 2. März 2001, abgedruckt in *The Seattle Times*.

23 Malise Ruthven, *Islam in the World,* New York 2000, S. 223; Karen Armstrong, *Jerusalem: One City, Three Faiths,* New York 1996, S. 413.

24 Bin Laden-Interview auf al-Dschazira, Juni 1999.

25 Ebd.

26 Ebd.

27 Victor Henderson, Gespräch mit dem Verfasser, San'a, Jemen, Dezember 2000.

28 Siehe *www.saudi-binladin-group.com*

29 Jerry Urban, »Feds Investigate Entrepreneur Allegedly Tied to Saudi«, *Houston Chronicle,* 4. Juni 1992.

30 Ebd.; Daniel Golden, James Bardler und Marcus Walker, »Bin Laden Family is Tied to U.S. Group«, *Wall Street Journal,* 27. September 2001.

31 Bill Minutaglio, *First Son,* New York 2001, S. 199.

32 Richard A. Oppel, Jr., und George Kuempel, *Dallas Morning News,* 16. November 1998.

33 Quelle, die der Familie nahe steht, Gespräch mit dem Verfasser, September 2001.

34 US-Beamter, Gespräch mit dem Verfasser, Washington, D.C., 1997.

35 Verschiedene Gespräche, die der Verfasser mit dem Zweigbüro, PR-Firmen und Anwaltskanzleien zwischen 1997 und 2001 führte.

36 Siehe *www.saudi-binladin-group.com/bgi-exec.htm.*

37 US-Beamter, Gespräch mit dem Verfasser, April 1997.

38 Nach einem Stellenangebot der SBG unter *www.hronline.com/forums/ohs/9903/msg00378.html,* August 1999.

39 IPR Strategic Business Information, 12. Juli 2000; *www.saudi-binladen-group.com/news.htm;* Middle East Online, *www.middle-east-online.com/English,* 24. April 2001; Agence France-Presse, »U.S. Troops in Saudi Arabia to Get Housing Built by bin Laden Construction«, 14. September 1998; Rowan Scarborough, »Air Force Barracks Is Built by bin Laden's Family Firm: Military Promises Security Sweep Before Operation«, *Washington Times,* 15. September 1998.

40 Siehe *www.saudi-binladin-group.com.*

41 Quelle, die der Familie Bin Laden nahe steht, Telefongespräch mit dem Verfasser, August 2001.
42 Die vierte, eine Jemenitin, heiratete er im Jahr 2000 in Kandahar, Afghanistan.
43 Bin Laden-Interview auf al-Dschazira, Juni 1999.
44 Sayyid Qutb, *Signposts on the Road,* Mumbai 1998, S. 19. *(Signposts* wird gelegentlich auch mit *Milestones* übersetzt.)
45 Gilles Kepel, *Muslim Extremism in Egypt,* Berkeley 1993, S. 61, 64, 66.
46 Ebd., S. 21, 62, 71.
47 Hiro, a.a.O., S. 128.
48 Ebd., S. 128–32.
49 Robert D. Kaplan, *Soldiers of God: With the Mujahidin in Afghanistan,* Boston 1990, S. 11, 227.
50 Rob Schultheis, *Night Letters: Inside Wartime Afghanistan,* New York 1992, S. 155.
51 Helsinki Watch Asia, *To Die in Afghanistan,* Washington, D.C., Dezember 1985, S. 8–9.
52 G. A. Henty, *To Herat and Cabul: A Story of the First Afghan War* (erneut veröffentlicht von Saeed Jan Quereshi, Peschawar 1983), S. 280.
53 Peter Hopkirk, *The Great Game: The Struggle for Empire in Central Asia,* New York 1992, S. 261–269.
54 Hamid Mir, Gespräch mit dem Verfasser, Islamabad, Pakistan, September 1998; Bin Laden-Interview mit dem Verfasser und Arnett, Mai 1997; »Ali«, Gespräch mit dem Verfasser, Afghanistan, März 1997; Chalid al-Fauwaz, Gespräch mit dem Verfasser, London, März 1997; Isam Daraz, Gespräch mit dem Verfasser, Kairo, Dezember 2000.
55 Hamid Mir, Gespräch, September 1998; Bin Laden-Interview auf al-Dschazira, Juni 1999.
56 Bin Laden-Interview auf al-Dschazira, Juni 1999.
57 Ruthven, a.a.O., S. 48.
58 Daraz, Gespräch, Dezember 2000; Prozessakten *U.S.A. vs. Usama bin Laden,* 98 Cr. 1023 (Bezirksgericht Southern District New York), Anklageschrift, S. 3.
59 Prozessakten *U.S.A. vs. Usama bin Laden,* Zeugenaussage Isam ar-Ridi, 14. Februar 2001.
60 Bin Laden-Interview auf al-Dschazira, Juni 1999.
61 Daraz, Gespräch, Dezember 2000.
62 Hamid Mir, Gespräch, September 1998.
63 *Mujahideen Monthly,* Peschawar, Pakistan, Januar 1990; siehe *http://azzam.com/html/storiesabdullahazzam.htm.*
64 Mary Anne Weaver, *A Portrait of Egypt: A Journey Through the World of*

Militant Islam, New York 1999, S. 91. Abd ur-Rahman beendete sein Studium 1971.

65 *Nida'ul Islam Magazine,* Juli–September 1990. Siehe *www.islam.org.au/articles/index2.htm.*

66 Gilles Kepel, *Jihad, Expansion et Declin de l'Islamisme,* Paris 2000, S. 146.

67 Ebd.

68 Siehe *www.crosswinds.net/nzzhsoszy/pakistan/index/ind0004.html.*

69 Prozessakten *U.S.A. vs. Usama bin Laden,* Zeugenaussage FBI-Special Agent John Anticev, 27. Februar 2001.

70 Kepel, a.a.O., S. 147.

71 Chalid al-Fauwaz, Gespräch, März 1997.

72 Weaver, a.a.O., S. 90, 170–171.

73 Olivier Roy, *Afghanistan: From Holy War to Civil War,* Princeton, N.J., 1995, S. 85.

74 Dschamal Isma'il, Gespräch mit dem Verfasser, Islamabad, Pakistan, September 1998.

75 Hiro, a.a.O., S. 262.

76 Michael Griffin, *Reaping the Whirlwind: The Taliban Movement in Afghanistan,* Sterling, Va. 2001, S. 20; Hiro, a.a.O., S. 312.

77 Dschamal Isma'il, Gespräch, September 1998; Chalid al-Fauwaz, Gespräch, Februar 1997.

78 Milt Bearden, Gespräch mit dem Verfasser, Washington, D.C., September 2000.

79 Mark Urban, *War in Afghanistan,* London 1988, S. 244. An einem beliebig gewählten Tag dürfte die Gesamtzahl der aktiven Guerillakämpfer daher nicht unter 35 000 und nicht über 175 000 gelegen haben. Milt Bearden schätzt die Gesamtzahl der *mudschahidin* in Afghanistan auf 250 000; darin enthalten sind u.a. auch jene, die abwesend waren, um ihre Familien in einem der Flüchtlingslager in Pakistan zu besuchen, und jene, die sich zur Ernte in ihr Heimatdorf begaben.

80 Barnett R. Rubin, *The Fragmentation of Afghanistan: State Formation and Collapse in the International System,* New Haven 1995, S. 196; Kepel, 2000, S. 144.

81 Vince Cannistraro, Gespräch mit dem Verfasser, Washington, D.C., 2. August 2001.

82 Rubin, a.a.O., S. 197.

83 Weaver, a.a.O., S. 93.

84 Kepel, a.a.O., S. 14: »Le jihad afghan a une importance cardinale dans l'évolution de la mouvance islamiste à travers le monde ... Il supplante, dans l'imaginaire arabe, la cause palestinienne et symbolise le passage du nationalisme à l'islamisme.«

85 Chalid al-Fauwaz, Gespräch, Februar 1997.

86 Daraz, Gespräch, Dezember 2000.

87 Dazu übereinstimmend in getrennten Gesprächen mit dem Verfasser: Isam Daraz, Chalid al-Fauwaz, »Ali«, ein Sanitäter, der drei Jahre bei Bin Laden diente, Dschamal Isma'il und Sa'd al-Faqih.

88 Daraz, Gespräch, Dezember 2000.

89 Jamal, Gespräch, September 1998.

90 Ebd.; Chalid al-Fauwaz, Gespräch, März 1997.

91 Judith Miller, *God Has Ninety-nine Names: Reporting from a Militant Middle East,* New York 1996, S. 113.

92 Isam Daraz, *Osama bin Laden Narrating the Greatest Battles of the Pro-Afghani Arabs,* Kairo 1991.

93 Daraz, Gespräch, Dezember 2000.

94 Bin Laden-Interview mit dem Verfasser und Arnett, Mai 1997.

95 Daraz, a.a.O.

96 Siehe *http://azzam.com/html/storiesabulmundhirshareef.htm.*

97 Dschamal Isma'il, Gespräch, September 1998.

98 Prozessakten *U.S.A. vs. Usama bin Laden,* Zeugenaussage Dschamal al-Fadl, Februar 2001.

99 Ebd.

100 Benazir Bhutto-Biografie, People's Party of Pakistan, siehe *www.ppp.org.pk/biography.html.*

101 Hiro, a.a.O., S. 302: das Flugzeug stürzte am 17. August 1988 ab.

102 Bhutto-Biografie (siehe Anm. 100 zu diesem Kapitel).

103 Ebd.

104 Mohammed Jusuf und Mark Adkins, *The Bear Trap: Afghanistan's Untold Story,* Lahore, Pakistan, 1993, S. 11.

105 Mark Fineman, »Bhutto Survives No Confidence Vote«, *Los Angeles Times,* 2. November 1989.

106 *Mujahideen Monthly,* Peschawar, Pakistan, Januar 1990.

Kapitel 3
Rückschlag: Die CIA und der Afghanistan-Krieg

1 Kurt Lohbeck, *Holy War, Unholy Victory: Eyewitness to the CIA's Secret War in Afghanistan,* Washington, D.C., 1993, S. 43.

2 Richard Mackenzie, »When Policy Tolls in a Fool's Paradise«, *Insight,* 11. September 1989.

3 Simon Reeve, *The New Jackals: Ramzi Yousef, Osama bin Laden and the Future of Terrorism,* Boston 1999, S. 55.

4 John Cooley, *Unholy Wars: Afghanistan, America and International Terrorism,* Sterling, Va., 1999, S. 195, siehe auch S. 83, 85, 86, 204.

5 Luke Harding, »Comment and Analysis: Chasing Monsters: The Americans Helped Create the Terrorist bin Laden. Now They Try To Destroy Him«, *The Guardian*, 24. November 2000.
6 Chalid al-Fauwaz, Gespräch mit dem Verfasser in London, September 1998.
7 Peter Jouvenal, Gespräch mit dem Verfasser, Islamabad, Pakistan, September 1998.
8 US-Beamter, Gespräch mit dem Verfasser, Washington, D.C., Oktober 1998.
9 John Simpson, *A Mad World, My Masters: Tales from a Traveller's Life*, London 2000, S. 83.
10 Milt Bearden, *Black Tulip*, New York 1998, S. 59.
11 Ein ehemaliger CIA-Mitarbeiter bestätigte ebenfalls, dass es sechs waren; Gespräch mit dem Verfasser, August 2001.
12 Ehemaliger CIA-Mitarbeiter, Gespräch mit dem Verfasser, November 2000.
13 Mohammed Jusuf und Mark Adkins, *The Bear Trap: Afghanistan's Untold Story*, Lahore, Pakistan, 1993, S. 81.
14 Ehemaliger CIA-Mitarbeiter, Gespräch mit dem Verfasser, November 2000.
15 Chronologische Darstellung von Abd ur-Rahmans Visumsituation durch das Department of State.
16 Marguerite Michaels, »Martyrs for the Sheik«, *Time*, 19. Juli 1993.
17 Robert M. Gates, *From the Shadows*, New York 1997, S. 146.
18 Ebd., S. 147.
19 Mark Urban, *War in Afghanistan*, London 1988, S. 56.
20 Barnett R. Rubin, *The Fragmentation of Afghanistan: State Formation and Collapse in the International System*, New Haven 1995, S. 197; Steve Coll, »CIA in Afghanistan: In CIA's Covert War, Where to Draw the Line Was Key«, *Washington Post*, 20. Juli 1992.
21 Abg. William H. Gray (D-Pennsylvania), Schreiben an Charles A. Bowser vom General Accounting Office, 25. Februar 1987, U.S. National Security Archives, Mikrofiche Nr. 1987 02/25 (01926).
22 Henry S. Bradsher, *Afghan Communism and Soviet Intervention*, Karatschi 1999, S. 220.
23 Zu diesem Betrag gelange ich, indem ich die sowohl von Bearden als auch von Jusuf genannte Schätzung zu Grunde lege, dass 20 Prozent der CIA-Mittel an Hekmatjar flossen, und dabei von der Summe von drei Milliarden Dollar ausgehe, die die CIA zur Finanzierung des afghanischen Widerstands ausgab. Jusuf und Adkins, a.a.O., S. 105, sowie Gespräch mit dem Verfasser, Karatschi, 6. August 1993; Bearden, Gespräch mit dem Verfasser, Washington, D.C., September 2000. Da

Bearden und Jusuf allen Anlass haben, die Gelder, die der extrem anti-amerikanische Hekmatjar erhielt, herunterzuspielen, sind die genannten 600 Millionen Dollar die denkbar vorsichtigste Schätzung. Einige Kommentatoren, zum Beispiel Mary Ann Weaver, behaupten, Hekmatjar habe 50 Prozent der amerikanischen Hilfe erhalten; in diesem Fall beliefe sich sein Anteil auf 1,5 Milliarden Dollar.

24 Olivier Roy, *Afghanistan: From Holy War to Civil War,* Princeton, N.J., 1995, S. 86.

25 Bradsher, a.a.O., S. 184.

26 Ebd., S. 185.

27 Rubin, a.a.O., S. 215.

28 Lohbeck, a.a.O., S. 12.

29 Ebd., S. 265.

30 Richard Mackenzie, »Afghan Games, How Pakistan Runs the War«, *Insight,* 9. April 1990.

31 Asia Watch, »Human Rights Abuses by Elements of the Afghan Resistance«, 3. November 1989.

32 Bradsher, a.a.O., S. 330.

33 Peter Arnett, Peter Bergen und Richard Mackenzie, »Terror Nation? U.S. Creation?« CNN-Dokumentation, gesendet am 14. Januar 1994.

34 Jack Wheeler, Direktor der Freedom Research Foundation, Aussage vor dem Afghanistan-Sonderausschuss des Kongresses, 25. Februar 1985.

35 Ebd.

36 Rubin, a.a.O., S. 113; Gulbuddin Hekmatjar, Rede zur Verteidigung Saddam Husseins (in Paschtu), 1990; Kopie in den Händen des Verfassers.

37 Ebd.; Übersetzungen von Koranzitaten erfolgen nach *Der Koran. Übersetzung von Rudi Paret* (Dritte Auflage, Stuttgart 1983), hier: Koran 8:60.

38 Tonbandaufzeichnung, übersetzt für die CNN-Dokumentation.

39 Michael Griffin, *Reaping the Whirlwind: The Taliban Movement in Afghanistan,* Sterling, Va. 2001, S. 21. Mirwais Dschalil wurde am 29. Juli 1994 getötet.

40 Arnett u.a., »Terror Nation?«, CNN-Dokumentation, Januar 1994.

41 Rubin, a.a.O., S. 220.

42 Urban, a.a.O., S. 101–111; David Isby, *War in a Distant Country: Afghanistan, Invasion and Resistance,* London 1989, S. 29.

43 Roy, a.a.O., S. 63.

44 Ebd.

45 Urban, a.a.O., S. 1, 63.

46 Robert D. Kaplan, »The Afghan Who Won the Cold War«, *Wall Street Journal*, 5. Mai 1992.
47 Arnett u. a., »Terror Nation?«, a.a.O.
48 Ebd.
49 Mohammed Jusuf, Gespräch, August 1993; Jusuf und Adkins, a.a.O., S. 40.
50 Jusuf und Adkins, a.a.O., S. 175.
51 Isby, a.a.O., S. 114.
52 Jusuf und Adkins, a.a.O., S. 187.
53 US-Beamter, Gespräch mit dem Verfasser, August 2001.
54 Associated Press, »Opposition: U.S.-Made Stinger Missile Brings Down Taliban Jet«, 6. Oktober 1999.
55 Dilip Hiro, *Holy Wars: The Rise of Islamic Fundamentalism*, New York 1989, S. 44, 55.

Kapitel 4
Koran und Kalaschnikow: Bin Ladens Jahre im Sudan

1 Bei einem Briefing am 27. Februar 1997 nannte Nicolas Burns, der Sprecher des State Department, die Zahl 40 000.
2 Bernard Lewis, »License to Kill«, *Foreign Affairs*, November/Dezember 1998.
3 Sa'd al-Faqih, Gespräch mit dem Verfasser, London, September 1998.
4 Faiza Saleh Ambah, »Saudi Militant's Wish: To Die Fighting America«, Associated Press, 30. August 1998.
5 Alle Informationen über Osama bin Laden in diesem Kapitel stammen, soweit nicht anders angegeben, aus einer privaten Verbindung zu einer nahöstlichen Quelle.
6 Osama bin Laden, CNN-Interview mit dem Verfasser und Peter Arnett, gesendet am 10. Mai 1997.
7 »The Opposition«, *Jane's Intelligence Review*, 1. Dezember 1996.
8 Mamoun Fandy, *Saudi Arabia and the Politics of Dissent*, New York 1999, S. 61.
9 Isam Daraz, Gespräch mit dem Verfasser, Kairo, Dezember 2000.
10 Isam Daraz, Gespräch, Dezember 2000; Prozessakten *U.S.A. vs. Usama bin Laden*, 98 Cr. 1023 (Bundesbezirksgericht Southern District New York), Zeugenaussage al-Husain Charschtu, 26. Februar 2001; Zeugenaussage Dschamal al-Fadl, 6. Februar 2001.
11 Weißbuch des U.S. State Department, 1996.
12 Anthony Shadid, *Legacy of the Prophet: Despots, Democrats, and the New Politics of Islam*, Boulder, Colo., 2001, S. 162.

13 Prozessakten *U.S.A. vs. Usama bin Laden,* Zeugenaussage Dschamal al-Fadl, 7. und 13. Februar 2001.

14 Chalid al-Fauwaz, Gespräch mit dem Verfasser, London, Februar 1997.

15 Angaben nach dem Kroll-Report; Prozessakten *U.S.A. vs. Usama bin Laden,* Kreuzverhör Dschamal al-Fadl, 20. Februar 2001; Tom Cohen, »Affidavit Provides Rare Glimpse of Osama bin Laden as Employer«, Associated Press, 12. Januar 2001.

16 U.S. State Department, Informationsblatt über Bin Laden, 14. August 1996.

17 Prozessakten *U.S.A. vs. Usama bin Laden,* Zeugenaussage Dschamal al-Fadl, 6. Februar 2001.

18 Weißbuch des U.S. State Department, 1996.

19 Prozessakten *U.S.A. vs. Usama bin Laden,* Zeugenaussage Dschamal al-Fadl, 7. Februar 2001.

20 Ebd., Kreuzverhör al-Fadl, 20. Februar 2001; Zeugenaussage Wadih al-Haqqi vor der Grand Jury, 20. Februar 2001.

21 Hamid Mir, Gespräch mit dem Verfasser, Islamabad, Pakistan, September 1998, und Interview mit Bin Laden von Abd ul-Bari Atwan von der Zeitung *al-Quds al-Arabi,* November 1996; Prozessakten *U.S.A. vs. Usama bin Laden,* Zeugenaussage al-Husain Charschtu, 26. Februar 2001.

22 Prozessakten *U.S.A. vs. Usama bin Laden,* Zeugenaussage Isam ar-Ridi, 14. Februar 2001.

23 Robert Fisk, »Anti-Soviet Warrior Puts His Army on the Road to Peace: Saudi Businessman Who Recruited Mujahideen Now Uses Them for Large Scale Building Projects in Sudan«, *The Independent,* London, 6. Dezember 1993.

24 Scott MacLeod, Gespräch mit dem Verfasser, Washington, D.C., September 1998.

25 Prozessakten *U.S.A. vs. Usama bin Laden,* Schlussplädoyer des Zeugen Dschamal al-Fadl, 1. Mai 2001.

26 Tim Weiner, »Missile Strikes Against bin Laden Won Him Esteem in Muslim Lands, U.S. Officials Say«, *New York Times,* 8. Februar 1999.

27 Laurence Jolidon, »Blinded by the Light, U.S. Troops Came Ashore«, *USA Today,* 9. Dezember 1992.

28 Prozessakten *U.S.A. vs. Usama bin Laden,* Anklageschrift, S. 15.

29 Ebd., Zeugenaussage Dschamal al-Fadl, 6. Februar 2001.

30 Abu Hafs benutzt außerdem die Namen Scheich Taisir Abdullah und Mohammed Atif; aus den Prozessakten *U.S.A. vs. Usama bin Laden,* Schlussplädoyer, 8. Mai 2001, und Zeugenaussage Dschamal al-Fadl, 6. Februar 2001.

31 Mark Bowden, »Team Members Try to Free Pilot's Body«, *The Philadelphia Inquirer,* 28. Januar 1998.

32 Mark Bowden, *Black Hawk Down,* New York 1999, S. 110.

33 Mark Huband, *Warriors of the Prophet: The Struggle for Islam,* Boulder, Colo., 1998, S. 41.

34 Prozessakten *U.S.A. vs. Usama bin Laden,* Zeugenaussage FBI-Agent John Anticev, 27. Februar 2001.

35 Ebd., Zeugenaussage Al-Husain Charschtu, 26. Februar 2001, und Schlussplädoyer Patrick Fitzgerald, 8. Mai 2001.

36 Ebd., 8. Mai 2001.

37 Hamid Mir, Gespräch mit dem Verfasser, Islamabad, Pakistan, September 1998.

38 Osama bin Laden, Interview auf al-Dschazira, gesendet am 10. Juni 1999. Transkript unter *www.terrorism.com/terrorism/BinLadinTranscript.shtml.*

39 Prozessakten *U.S.A. vs. Usama bin Laden,* Zeugenaussage Dschamal al-Fadl, 6. Februar 2001.

40 Ebd., 13. Februar 2001; Weißbuch des U.S. State Department, 1996.

41 Prozessakten *U.S.A. vs. Usama bin Laden,* Zeugenaussage al-Husain Charschtu, 26. Februar 2001.

42 Ebd., Zeugenaussage Isam ar-Ridi, 14. Februar 2001.

43 Information über die »Enzyklopädie des afghanischen *dschihad*« wie auch die Übersetzung der Widmung von Reuel Gerecht.

44 Reuel Gerecht, *Talk,* September 2000.

45 Rahimullah Jusufzaj, Gespräch mit dem Verfasser, Washington, D.C., Juni 2001.

46 Alan Feuer und Benjamin Weiser, »Translation: The ›How-To‹ Book of Terrorism«, *New York Times,* 5. April 2001.

47 Prozessakten *U.S.A. vs. Usama bin Laden,* Zeugenaussage Dschamal al-Fadl, 6. Februar 2001.

48 Ebd., 7. und 20. Februar 2001.

49 Jamal Ismail, »I Am Not Afraid of Death«, *Newsweek,* 11. Januar 1999.

50 Prozessakten *U.S.A. vs. Usama bin Laden,* Zeugenaussage Wadih al-Haqqi vor der Grand Jury, zu den Akten genommen am 22. Februar 2001. Nach Angaben von al-Haqqi war Salim Ende der achtziger Jahre der *imam* der *al-Qa'ida*-Moschee in Peschawar, und Anfang der neunziger Jahre wirkte er als Gesamtgeschäftsführer von *Taba*-Investments; U.S. District Court, Southern District of New York, eidliche Erklärung zu Gunsten des Auslieferungsantrags gegen Mamduh Mahmud Salim, 9. Oktober 1998, S. 11, 14.

51 Prozessakten *U.S.A. vs. Mokhtar Haouari,* S4 00 Cr. 15 (Bundesbe-

zirksgericht Southern District New York), Zeugenaussage Ahmad Rassam, 5. Juli 2001.

52 Fandy, a.a.O., S. 185.

53 Prozessakten *U.S.A. vs. Usama bin Laden,* Zeugenaussage Dschamal al-Fadl, 6. bis 7. Februar 2001.

54 Ali Mohammed, Schuldbekenntnis (zwecks Strafmilderung), abgedruckt unter dem Titel »Excerpts from Guilty Plea in Terrorism Case«, *New York Times,* 21. Oktober 2000; Hala Jaber, *Hezbollah: Born with a Vengeance,* New York 1997, S. 115–120.

55 Jaber, a.a.O., S. 82–83; »Truck Bomb Kills 19 U.S. Troops in Saudi Arabia; Moslem Militants Suspected; U.S. Vows to Seek Out Perpetrators«, *Facts on File,* 27. Juni 1996, S. 441 (A1).

56 Prozessakten *U.S.A. vs. Usama bin Laden,* Schuldbekenntnis (zwecks Strafmilderung) von Ali Mohammed, 20. Oktober 2000.

57 Anthony H. Cordesman, *Saudi Arabia: Guarding the Desert Kingdom,* Boulder, Colo., 1997, S. 77.

58 Prozessakten *U.S.A. vs. Usama bin Laden,* Schuldbekenntnis (zwecks Strafmilderung) von Ali Mohammed, 20. Oktober 2000.

59 Ebd., Zeugenaussage Dschamal al-Fadl, 6. bis 7. Februar 2001, Zeugenaussage Al-Husain Charschtu, 26. Februar 2001.

60 Robert Fox, »Mujahideen Move in to Fly the Militant Flag in Bosnia: Izetbegovich's New Allies Are Threatening to Split Old Alliances«, *London Daily Telegraph,* 18. Februar 1995.

61 US-Beamter, Gespräch mit dem Verfasser, Washington, D.C., April 1997. John Pomfret, »How Bosnia's Muslims Dodged Arms Embargo; Relief Agency Brokered Aid from Nations«, *Washington Post,* 22. September 1996.

62 Steve Coll u.a., »Global Network Provides Money, Haven«, *Washington Post,* 3. August 1993.

63 Prozessakten *U.S.A. vs. Usama bin Laden,* Zeugenaussage Dschamal al-Fadl, 6. Februar 2001.

64 Bin Laden-Interview auf al-Dschazira, Juni 1999.

65 Prozessakten *U.S.A. vs. Usama bin Laden,* Schuldbekenntnis (zwecks Strafmilderung) von Ali Mohammed, 20. Oktober 2000.

66 Prozessakten *U.S.A. vs. Usama bin Laden,* Kreuzverhör Dschamal al-Fadl, 20. Februar 2001.

67 COMPASS Newswire, 31. Mai 1996.

68 John Lancaster, »Saudis Shocked That Bomb Suspects Are Local«, *Washington Post,* 26. Mai 1996.

69 Fandy, a.a.O., S. 3.

70 Die Geständnisse wurden im saudischen Fernsehen ausgestrahlt; Kopie des Bandes in Händen des Verfassers.

71 Lancaster, 26. Mai 1996, S. 3.
72 Fandy, a.a.O., S. 3.
73 Bin Laden-Interview auf al-Dschazira, Juni 1999.
74 Anwar Faruqi, »Opposition Claims 6 Saudis Have Confessed to Bombing U.S. Airmen«, Associated Press, 14. August 1996.
75 Federal Court of Canada, Ottawa, court file # DES 1-97, *In the matter of Hani Abd Rahim al Sayegh,* 27. März 1997.
76 *Mideast Mirror,* 25. Oktober 1996.
77 Sa'd al-Faqih, Gespräch mit dem Verfasser, September 1998.
78 Siehe *www.cnn.com/2001/LAW/06/21/khobar.indictments/index.html.*
79 Bin Laden-Interview mit dem Verfasser und Arnett, Mai 1997.
80 Prozessakten *U.S.A. vs. Usama bin Laden,* Anklageschrift, S. 21.
81 Sa'd al-Faqih, *History of Reform in Arabia;* das Dokument wurde dem Verfasser zur Verfügung gestellt.
82 Prozessakten *U.S.A. vs. Khaled al Fawwaz,* 98 Cr. 1023 (Bundesbezirksgericht Southern District New York), 23. November 1998.
83 Al-Fauwaz, Gespräch, Februar 1997.
84 Die *schari'a* ist von der islamischen Theorie her ewiges »göttliches Recht«. In der muslimischen Rechtspraxis bedeutet *schari'a* kein kodifiziertes Recht, sondern ein Bemühen um normative Richtlinien im Rahmen eines kasuistischen Rechts, das sich unter anderem auf den Koran und den *hadith* stützt, also diejenigen Prophetenüberlieferungen, die im Laufe von Jahrhunderten schließlich als authentisch erachtet wurden.
85 Siehe Fandy, a.a.O.
86 Prozessakten *U.S.A. vs. Usama bin Laden,* Zeugenaussage Dschamal al-Fadl, 7. Februar 2001.
87 Tina Susman, »Bin Laden's Plush Life in Sudan«, *Newsday,* 26. August 1998.
88 »Phase 4« stammt von einem Kenner der *al-Qa'ida*-Organisation. Prozessakten *U.S.A. vs. Usama bin Laden,* Zeugenaussage Dschamal al-Fadl, 7. Februar 2001.
89 Ebd., *al-Qa'ida*-Videokassette zur Freiwilligenwerbung, Sommer 2001; Prozessakten *U.S.A. vs. Usama bin Laden,* Schlussplädoyer von Ken Karas, 1. Mai 2001.
90 Prozessakten *U.S.A. vs. Usama bin Laden,* Zeugenaussage Al-Husain Charschtu, 21. und 27. Februar 2001.
91 Rahimullah Jusufzaj, *The News,* Pakistan, 8. Dezember 1995.
92 US-Beamter, Gespräch mit dem Verfasser, 1993.
93 Dschamal Isma'il, Gespräch mit dem Verfasser, Islamabad, Pakistan, September 1998.
94 Weißbuch des U.S. State Department, August 1996.

95 Kamran Khan, »Blast Laid to Muslim Radicals Kills 15 at Egyptian Embassy in Pakistan«, *Washington Post,* 20. November 1995.

96 Prozessakten *U.S.A. vs. Usama bin Laden,* Diskussion zwischen Richter Duffy und Patrick Fitzgerald, 26. Februar 2001.

97 Dschamal Isma'il, Gespräch mit dem Verfasser, Islamabad, Pakistan, September 1998.

98 Kamran Khan, »Blast Laid to Muslim Radicals Kills 15 at Egyptian Embassy in Pakistan«, *Washington Post,* 20. November 1995.

99 Dschamal Isma'il, Gespräch mit dem Verfasser, Islamabad, Pakistan, September 1998.

100 Sandy Berger, Nationaler Sicherheitsrat, Pressebriefing, 20. August 1998. Umar Hasan Ahmad al-Baschir, Interview mit dem Fernsehsender PBS, Transkript unter: *http://www.pbs.org/wgbh/pages/frontline/shows/binladen/interviews/bashir.html.*

Kapitel 5
Von den Gipfeln des Hindukusch: Die Kriegserklärung

1 *U.S.A. vs. Usama bin Laden,* 98 Cr. 1023 (SDNY), Anklageschrift, Aussage von Imam Siradsch Wahhadsch, 19. April 2001.

2 Michael Cook, *Muhammad,* Oxford 1983, S. 19, 22.

3 Rekrutierungsvideo von *al-Qa'ida,* Sommer 2001, abgerufen am 14. August 2001 von *www.moonwarriors.com.*

4 Interview des Autors mit »Ali«, Pakistan, März 1997.

5 Sa'd al-Faqih, Interview mit dem Autor, London, September 1998.

6 Abd ul-Bari Atwan, Interview mit dem Autor, London, September 1998.

7 Dschamal Isma'il und Sa'd al-Faqih, Interview mit dem Autor, London, September 1998.

8 *Al-Haijat,* London, 24. Juni 1998.

9 Manifest der Internationalen Islamischen Front, 22. Februar 1998.

10 Freigegebenes CIA-Dokument, »Fatwas or Religious Rulings by Militant Islamic Groups Against the United States«, 23. Februar 1998, im Besitz des Autors.

11 Reuven Firestone, *Jihad: The Origin of Holy War in Islam,* New York 1999, S. 48.

12 Max Rodenbeck, *Cairo: The City Victorious,* New York 2000, S. 79.

13 Jason Goodwin, *Lords of the Horizon,* New York 1998, S. 98–100.

14 Bernard Lewis, *The Political Language of Islam,* Chicago 1988, S. 71–90; allgemein hierzu Rudolph Peters, *Jihad in Classical and Modern Islam,* Princeton 1996.

15 Peters, a.a.O., S. 1, 116.
16 Bernard Lewis, »License to Kill«, *Foreign Affairs,* November/Dezember 1998.
17 Ebd.
18 Achtar Radscha, Interview mit dem Autor, London, November 1999.
19 Malise Ruthven, *Islam in the World,* New York 2000, S. 98.
20 Dieses Dokument war unterschrieben von Scheich Ahmad Azzam.
21 *U.S.A. vs. Usama bin Laden,* Anklageschrift, S. 30–31.
22 Hamid Mir, Interview mit dem Autor, Islamabad, Pakistan, September 1998.
23 W. Montgomery Watt, *Muhammad: Prophet and Statesman,* New York, S. 124.
24 Isma'il Chan, Interview mit dem Autor, Islamabad, Pakistan, September 1998.
25 Kopie der Postkarte im Besitz des Autors; Übersetzung aus dem Arabischen von Ferial Demy.
26 Interview des Autors mit einem Gewährsmann aus dem Mittleren Osten, September 1998.
27 Interview des Autors mit einem Vertreter der US-Regierung, Washington, D.C., April 1997.
28 Ranghoher Mitarbeiter der CIA, Interview mit dem Autor, November 1998; Telefoninterview des Autors mit einem Mitglied der Familie Bin Laden, August 2001.
29 *U.S.A. vs. Usama bin Laden,* Aussage von Al-Husain Charschtu, 22. Februar 2001.
30 Ebd., 22. Februar und 26. Februar 2001.
31 Brief von Fazil, »The Letter From El Hage's Computer,« PBS Frontline, zugänglich auf *www.pbs.org/wgbh/pages/frontline/shows/binladen/upclose/computer.html.*
32 Rahimullah Jusufzaj zeigte dem Autor Fotos von der Moschee im September 1998 während eines Interviews in Peschawar, Pakistan; Interview des Autors mit einem westlichen Diplomaten, September 1998.
33 Interview mit Hamid Mir, September 1998; Quelle aus dem Mittleren Osten, September 1998; Vertreter der US-Regierung, Interview mit dem Autor, Washington, D.C., April 1997.
34 John McWethy, ABC News, 9. Juli 1999.
35 Vertreter der US-Regierung, Interview mit dem Autor, Washington, D.C., April 1997.
36 James Risen und Benjamin Weiser, »CIA suspects countries helped terror suspects«, *New York Times,* 8. Juli 1999.
37 Barry Schweid, »Senior officials quietly join probe of terrorism suspect«, Associated Press, 8. Juli 1999.

38 Quelle aus dem Mittleren Osten, Interview mit dem Autor, September 1998; Vertreter der US-Regierung und Spezialist für Südostasien, Interview mit dem Autor, Washington, D.C., 1998. Das *hawala*-System ist auch unter der Bezeichnung *hundej*-System bekannt.
39 Ghulam Hasnain, »Money on the run: Pakistan's havala operators reap a bonanza«, *Newsline*, Pakistan, August 1998.
40 Vertreter der US-Regierung, Interview mit dem Autor, Washington, D.C., April 1997.

Kapitel 6
Ermittlung und Vergeltung: Die Sprengstoffanschläge auf die Botschaften

1 *U.S.A. vs. Usama bin Laden,* Anklageschrift 98 Cr. 1023 (SDNY), Plädoyer von Patrick Fitzgerald, 1. Mai 2001.
2 John Miller, Interview mit Osama bin Laden, Abschrift auf *abcnews.go.com/sections/world/DailyNews/miller_binladen_980609.html.*
3 *U.S.A. vs. Usama bin Laden,* Anklageschrift, S. 16–17.
4 *U.S.A. vs. Usama bin Laden,* Aussage des FBI-Agenten John Anticev, 27. Februar 2001.
5 *The Nation,* Nairobi, Kenia, 28. August 1998.
6 *U.S.A. vs. Usama bin Laden,* Aussage von John Anticev, 27. Februar 2001.
7 *U.S.A. vs. Usama bin Laden,* Aussage von Dschamal al-Fadl, 6. und 7. Februar 2001; Isam Daraz, Interview mit dem Autor, Kairo, Dezember 2000.
8 Harun benutzte viele Pseudonyme; der häufigste war Harun Fazil. Sein wirklicher Name ist Abdullah Mohammed Fazil. Donald G. McNeil, Jr., »Assets of a Bombing Suspect: Keen Wit, Religious Soul, Angry Temper«, *New York Times,* 6. Oktober 1998.
9 Presseerklärung der US-Staatsanwaltschaft, Southern District, New York, 17. September 1998.
10 Ebd.
11 *U.S.A. vs. Wadih el Hage,* 98 Cr. 1023 (SDNY), Klageschrift, 17. September 1998.
12 *U.S.A. vs. Usama bin Laden,* Anklageschrift, S. 32, 33, 43.
13 *U.S.A. vs. Mohamed Rashed Daoud Al-'Owhali,* 98 Cr. 1023 (SDNY), Klageschrift, 25. August 1998.
14 *U.S.A. vs. Usama bin Laden,* Aussage von Stephen Gaudin, 7. März 2001.
15 Ebd.

16 Ebd.
17 Sicherheitswarnung des US-Außenministeriums, 12. Juni 1988. Diese immer wieder aktualisierten Sicherheitswarnungen können unter *www.state.gov* abgerufen werden.
18 *U.S.A. vs. Usama bin Laden,* Aussage von John Anticev, 27. Februar 2001.
19 Ebd., 28. Februar 2001.
20 *U.S.A. vs. Usama bin Laden,* Aussage von Stephen Gaudin, 7. März 2001.
21 *U.S.A. vs. Mohamed Rashed Daoud Al-'Owhali,* beeidigte Aussage von Daniel Coleman, 25. August 1998.
22 David Pallister, »Fax to Newspaper Warned of Threat to ›Great Satan‹«, *The Guardian,* 12. August 1998.
23 Ebd.
24 *U.S.A. vs. Usama bin Laden,* Aussage von FBI-Agent Stephen Gaudin, 7. März 2001.
25 Ebd.
26 Ebd.
27 *U.S.A. vs. Usama bin Laden,* Plädoyer von Patrick Fitzgerald, 9. Mai 2001.
28 Ebd., Aussage von Frank Pressley, 7. März 2001.
29 Ebd., Aussage von Sammy Nganga, 7. März 2001.
30 Crowe Report über die Bombenanschläge in Nairobi und Daressalam am 7. August 1998, S. 3.
31 Ebd., S. 4.
32 *U.S.A. vs. Usama bin Laden,* Aussage von Botschafterin Prudence Bushnell, 1. März 2001.
33 Alan Feuer, »Embassy Bombing Witnesses Recall Blood, Smoke and Chaos«, *New York Times,* 8. März 2001.
34 Crowe Report, S. 5.
35 Louise Lief, *U.S. News and World Report,* 17. und 24. August 1998.
36 Peter Bergen, CNN, 16. Dezember 1998. Die vier übrigen Angeklagten, die wegen des Anschlags in Tansania verurteilt wurden, befinden sich noch auf freiem Fuß. Siehe allgemein die Anklageschrift im Prozess *U.S.A. vs. Usama bin Laden.*
37 Biografische Informationen, freigegeben von der US-Staatsanwaltschaft, Southern District, New York, 18. Dezember 1998.
38 *U.S.A. vs. Usama bin Laden,* Aussage von Jerrold M. Post, M.D., 27. Juni 2001.
39 Ebd., Aussage von Abigail Perkins, 19. März 2001.
40 Ebd.
41 »Bombing Victims Testify in Court«, Associated Press, 14. März 2001.

42 Osama bin Laden, Interview mit dem TV-Sender al-Dschazira, ausgestrahlt am 10. Juni 1999. Abschrift auf *www.terrorism.com/terrorism/BinLadinTranscript.shtml.*
43 Pat Milton, »Inspector Testifies in Embassy Trial«, Associated Press, 2. April 2001; *U.S.A. vs. Usama bin Laden,* Aussage von John Anticev, 27. Februar 2001.
44 Pakistanische Quelle, Interview mit dem Autor, Islamabad, Pakistan, Dezember 1999.
45 Siehe *www.state.gov/www/about_state/biography/Sheehan.html.*
46 US-Repräsentantenhaus, Republican Research Committee, 13. September 1993.
47 Vertreter der US-Regierung, Interview mit dem Autor, Washington, D.C., April 1997.
48 Vertreter der US-Regierung, Interview mit dem Autor, Washington, D.C., November 1998 und August 2001.
49 Vertreter der US-Regierung, Interview mit dem Autor, Washington, D.C., November 1998.
50 *U.S.A. vs. Usama bin Laden,* Aussage von Daniel Coleman, 21. Februar 2001.
51 Siehe *www.pbs.org/wgbh/pages/frontline/shows/binladen/upclose/computer.html.*
52 Raymond Bonner mit James Risen, »Nairobi Embassy Received Warning of Coming Attack«, *New York Times,* 23. Oktober 1998.
53 *U.S.A. vs. Usama bin Laden,* Aussage von Stephen Gaudin, 7. März 2001.
54 Ebd., beeidigte Aussage von David Coleman, 25. August 1998.
55 U.S. Information Agency, Erklärung des Präsidenten, 20. August 1998. Abschrift auf *www.usinfo.state.gov/topical/pol/terror/98082001.htm.*
56 Erklärungen von Verteidigungsminister William Cohen und Außenministerin Madeleine Albright, 21. August 1998.
57 Sandy Berger, nationaler Sicherheitsberater, Presseunterrichtung im Weißen Haus, 21. August 1998.
58 Ebd.
59 Rahimullah Jusufzaj, *Newsline,* Pakistan, September 1998.
60 General Henry H. Shelton, Vorsitzender der Vereinigten Stabschefs, Presseunterrichtung, 20. August 1998.
61 *U.S.A. vs. Usama bin Laden,* Aussage von al-Husain Charschtu, 22. Februar 2001, und Dschamal al-Fadl, 6. und 7. Februar 2001.
62 Abd ul-Bari Atwan, Interview mit dem Autor, 21. August 1998; Osama bin Laden, Interview mit Rahimullah Jusufzaj, ABC News, ausgestrahlt im Januar 1999. Abschrift auf *abcnews.go.com/sections/world/dailynews/transcript_binladen1_981228.html.*

63 In einem Interview mit dem Autor sagte ein pakistanischer Regierungsbeamter, seine Regierung sei überzeugt gewesen, dass es am 20. August zu einem Treffen im Lager kommen würde. Der Journalist Rahimullah Jusufzaj sagte mir im September 1998, diese gezielte Indiskretion sei vermutlich vom pakistanischen Geheimdienst ausgegangen.

64 Interview des Autors mit einem Mitarbeiter einer französischen Hilfsorganisation, Peschawar, September 1998.

65 *U.S.A. vs. Usama bin Laden,* Aussage von John Anticev, 28. Februar 2001.

66 Rahimullah Jusufzaj, *The News,* Pakistan, 6. September 1998.

67 Robert Fisk, »Anti-Soviet Warrior Puts His Army on the Road to Peace: The Saudi Businessman Who Recruited Mujahideen Now Uses Them for Large Scale Building Projects in Sudan«, *The Independent,* 6. Dezember 1993.

68 Chalid al-Fauwaz, Interview mit dem Autor, London, September 1998.

69 Laurie Mifflin, »U.S. Fury on Two Continents: What a Difference the News Makes: Clinton as Commander in Chief«, *New York Times,* 21. August 2001.

70 Sandy Berger, nationaler Sicherheitsberater, Presseunterrichtung im Weißen Haus, 21. August 1998; Tom Foley, Stellvertretender Pressesprecher des US-Außenministeriums, ebd.; Barbara Crossette, Judith Miller, Steven Lee Myers und Tim Weiner, »U.S. Says Iraq Aided Production of Chemical Weapons in Sudan«, *New York Times,* 25. August 1998.

71 Tom Tullius, Interview mit dem Autor, Boston, 22. Juni 1999.

72 Sheila MacVicar, ABC News, 10. Februar 1999.

73 Bericht der Kroll-Agentur für Salah Idris.

74 Michael Barletta, »Chemical Weapons in the Sudan«, *Nonproliferation Review,* Monterrey Institut, Herbst 1998, S. 119.

75 Andrew Marshall, »Clinton Was Angry, His White House Advisers Were Mad: They Wanted to Fight Back at the Terrorists Who'd Bombed Two American Embassies«, *The Independent,* 6. Mai 1999.

76 Bericht der Kroll-Agentur.

77 James Risen, »New Evidence Ties Sudanese to bin Laden, U.S. Asserts«, *New York Times,* 4. Oktober 1998.

78 Bericht der Kroll-Agentur.

79 Ebd.

80 Ebd.

81 Barletta, a.a.O., S. 116.

82 Ebd, S. 129.

83 Vernon Loeb, »U.S. Unfreezes Assets of Saudi Who Owned Plant Bombed in Sudan«, *Washington Post,* 21. August 1999.
84 Meine Quelle ist ein mit dem Fall vertrauter US-Anwalt.
85 Dexter Filkins, »World Perspective, Asia: Osama bin Laden Is Wanted Here, Too: Babies and Businesses Are Named After the Suspected Terrorist, Who Is a Hero on Pakistan's Frontier for His Battle Against the West«, *Los Angeles Times,* 24. Juli 1999.

Kapitel 7
Die American Connection: Von Brooklyn nach Seattle

1 Norvell De Atkine, Interview mit dem Autor, Fort Bragg, North Carolina, November 1998.
2 Peter Bergen, Henry Schuster und Phil Hirschkorn, »American Ties«, CNN-*Newsstand,* 8. Dezember 1998.
3 Soweit nicht anders vermerkt, entstammen sämtliche biografischen Angaben über Ali Mohammed seinem amerikanischen militärischen Führungszeugnis vom 13. November 1986.
4 *U.S.A. vs. Usama bin Laden,* 98 Cr. 1023 (SDNY), eidesstattliche Erklärung von David Coleman bezüglich Ali Mohammed; Colonel Robert Anderson, Interview mit dem Autor, North Carolina, November 1998.
5 U.S. Army Reserve Personnel Center, schriftliche Aussage der Abteilung für Öffentlichkeitsbeziehungen, 29. März 1995.
6 Bergen u. a., »American Ties«.
7 Ali Mohammed, Absprache mit der Anklage, Nachdruck unter dem Titel »Excerpts from Guilty Plea in Terrorism Case«, *New York Times,* 21. Oktober 2000.
8 *U.S.A. vs. Usama bin Laden,* eidesstattliche Erklärung von David Coleman.
9 Anonyme Aussage eines Kollegen aus Fort Bragg.
10 Anonyme Aussagen von Kollegen aus dem Special Warfare Center.
11 U.S. Army Reserve Personnel Center, schriftliche Aussage der Abteilung für Öffentlichkeitsarbeit, 29. März 1995.
12 Ebd.
13 Bergen u. a., »American Ties«.
14 Federal Bureau of Prisons, Inmate Locator, 15. Dezember 1998.
15 Bergen u. a., »American Ties«.
16 Benjamin Weiser und James Risen, »Masking of a Militant: A Soldier's Shadowy Trail in the U.S. and Middle East«, *New York Times,* 1. Dezember 1998.

17 Anonyme Aussage eines Kollegen aus Fort Bragg.
18 Bergen u.a., »American Ties«.
19 Ebd.
20 Interview mit Colonel Robert Anderson, Dezember 1998.
21 Ebd.
22 Bergen u.a., »American Ties«.
23 Interview mit Colonel Robert Anderson, Dezember 1998; Bergen u.a., »American Ties«.
24 Bergen u.a., »American Ties«.
25 Interview mit Colonel Robert Anderson, Dezember 1998.
26 Paul Quinn-Judge und Charles M. Sennot, »Figure Cited in Terrorism Case Said to Enter U.S. with CIA Help; Defense Says Defendants Trained by Him«, *Boston Globe,* 3. Februar 1995.
27 Roger Stavis, Interview mit dem Autor, New York, 1. Oktober 1998; *U.S.A. vs. Omar Ahmad Ali Abdel Rahman,* 93 Cr. 181 (SDNY), Aussage von Chalid Ibrahim, S. 14280–14348.
28 Gründungsurkunde aus dem Büro des Secretary of State, New York.
29 Nadschat Chalili, Interview mit dem Autor, Washington, D.C., 1. Oktober 1993.
30 Alison Mitchell, »Missing Blast Suspect's Portrait Drawn in Shadows of Militancy«, *New York Times,* 21. März 1993.
31 *U.S.A. vs. Omar Ahmad Ali Abdel Rahman,* Aussage von Chalid Ibrahim.
32 Interview mit Roger Stavis.
33 Ebd.
34 FBI, Inventarliste der Gegenstände in Nusairs Apartment, 13. November 1990, S. 2, 11; *U.S.A. vs. Omar Ahmad Ali Abdel Rahman,* Indictment, S. 12.
35 Peter Arnett, Peter Bergen und Richard Mackenzie, »Terror Nation? U.S. Creation?«, CNN-Dokumentation, Januar 1994.
36 Arnett u.a., »Terror Nation? U.S. Creation?«; *U.S.A. vs. Usama bin Laden,* eidesstattliche Aussage von David Coleman.
37 Ali Mohammed, Absprache mit der Anklage.
38 Ebd.
39 Phil Hirschkorn, »Passport Offers Peek Inside bin Laden's Businesses«, *www.cnn.com/LAW/trials.and.cases/case.files/0012/embassy.bombing/trial.report/trial.report.02.26,* 26. Februar 2001.
40 Ali Mohammed, Absprache mit der Anklage.
41 Brief von Ali Mohammeds Arbeitgeber Valley Media, 6. November 1998. Eine Kopie befindet sich im Besitz des Autors.
42 *U.S.A. vs. Usama bin Laden,* Indictment, S. 41.
43 Ebd. Eidesstattliche Erklärung von David Coleman bezüglich Ali Mohammed.

44 *U.S.A. vs. Usama bin Laden,* Ali Mohammed, Ausführung vor Richter Andrew Peck, 11. September 1998.

45 Abd ul-Qadir Kallasch, Interview mit dem Autor, Brooklyn, New York, 1993; *U.S.A. vs. Usama bin Laden,* Anklagejury, Aussage von Wadih al-Haqqi, aufgenommen ins Protokoll am 20. Februar 2001; Mitarbeiter der US-Regierung, Interview mit dem Autor, 1997; *U.S.A. vs. Usama bin Laden,* Aussage von Dschamal al-Fadl, 6. Februar 2001.

46 Abdullah Azzam, *Jihad, News and Views,* ohne Datum; *al-Chifa*-Gründungsunterlagen, eingereicht beim Staat New York, September 1997; Leslie Cockburn und John Hockenberry, »Day One«, ABC News, 12. Juli 1993.

47 Robert Friedman, »The CIA's Jihad«, *New York-Magazine,* 27. März 1995.

48 Sa'd ud-Din Ibrahim, Interview mit dem Autor, Kairo, Dezember 2000.

49 *U.S.A. vs. Usama bin Laden,* Aussage von Dschamal al-Fadl, 6. Februar 2001; Kreuzverhör von al-Fadl, 20. Februar 2001.

50 Interview mit Sa'd ud-Din Ibrahim.

51 Interview mit Abd ul-Qadir Kallasch.

52 Ebd.

53 Eigene Beobachtungen des Autors in der Seagate-Apartmentanlage, in der Schalabi seine Wohnung hatte.

54 Interview mit Sa'd ud-Din Ibrahim; Hamid Nawabi (ein Freund Schalabis), Interview mit dem Autor, Brooklyn, New York, 1993.

55 *U.S.A. vs. Wadih el Hage,* 98 Cr. 1023 (SDNY), Anhörung zu den Haftgründen, Ausführungen des Stellvertretenden US-Bundesstaatsanwalts Patrick Fitzgerald.

56 Pat Milton, »Wife of Accused Terrorist Waits Patiently for Verdict«, Associated Press, 21. Mai 2001.

57 *U.S.A. vs. Usama bin Laden,* Aussage von Wadih al-Haqqi vor der Anklagejury, 20. Februar 2001.

58 Bergen u.a., »American Ties«.

59 *U.S.A. vs. Usama bin Laden,* Aussage von Wadih al-Haqqi vor der Anklagejury.

60 Dschamal Isma'il, Interview mit dem Autor, Islamabad, Pakistan, September 1998.

61 *U.S.A. vs. Usama bin Laden,* Aussage von Wadih al-Haqqi vor der Anklagejury.

62 Marion Brown, Telefoninterview mit dem Autor, 29. Juli 2001.

63 *U.S.A. vs. Usama bin Laden,* Aussage von Wadih al-Haqqi vor der Anklagejury.

64 Bergen u. a., »American Ties«.

65 Ebd.
66 Phil Hirschkorn, »Man Who Rented Kenya Bomb House Testifies«, *www.cnn.com 2001/LAW/04/18/embassy.bombing.trial/index.html,* 18. April 2001.
67 *U.S.A. vs. Usama bin Laden,* Aussage von al-Husain Charschtu, 26. Februar 2001.
68 Mitarbeiter der US-Regierung, Interview mit dem Autor, Washington, D.C., 1997.
69 Robert Friedman, »Trade Center Bombing: Questions the Trial Will Not Answer«, *Village Voice,* 8. März 1994.
70 Craig Pyes, Judith Miller und Stephen Engleberg, »One Man and a Global Web of Violence«, *New York Times,* 14. Januar 2001.
71 John-Thor Dahlburg, »Pakistan Holds Suspect in Trade Center Bomb Case«, *Los Angeles Times,* 22. März 1995.
72 *U.S.A. vs. Usama bin Laden,* Aussage von al-Husain Charschtu.
73 Phil Hirschkorn, »Trial may conclude weeks earlier than expected«, *www.cnn.com/LAW/trials.and.cases/case.files/0012/embassy.bombing/trial.report.0323/index.html,* 23. März 2001.
74 Ahmed Khan, *The Herald,* Islamabad, Pakistan, August 1993.
75 U.S. Department of State, White Paper, August 1996.
76 *U.S.A. vs. Usama bin Laden,* Kreuzverhör von Dschamal al-Fadl, 20. Februar 2001.
77 Rahimullah Jusufzaj, Interview mit dem Autor, Washington, D.C., Juni 2001.
78 Christopher S. Wren, »Terror Suspect Boasted of Bomb Plan«, *New York Times,* 13. August 1996.
79 Jerry Capeci und Corky Siemaszko, »Air Terror Plotter Admitted Plan, Witnesses Say«, *New York Daily News,* 13. August 1996; BYLINE, »Watch Links Bomb to Top Terrorist«, *Toronto Star,* 20. März 2001; Westlicher Diplomat, Interview mit dem Autor, Islamabad, Pakistan, September 1998.
80 Christine Herrera, »I don't know, Gemma; I'm upset«, *Philippine Daily Inquirer,* 11. August 2000.
81 Mitarbeiter der US-Regierung, Interview mit dem Autor, Washington, D.C., 1997.
82 Osama bin Laden, Interview mit John Miller, ABC News, 28. Mai 1998.
83 Charles S. Wallace, »Weaving a Wide Web of Terror: The Plan, Officials Say, Was to Blow Up 11 U.S. Airliners in One Day«, *Los Angeles Times,* 30. Mai 1995.
84 Ehemaliger Mitarbeiter des amerikanischen Geheimdienstes, Interview mit dem Autor, Washington, D.C., 2001.

85 Terry McCarthy, »An Invasion of Paradise«, *Time-Magazine,* 8. Mai 2000.
86 *U.S.A. vs. Usama bin Laden,* Zusammenfassung von Ken Karas, 1. Mai 2001.
87 See Phil Hirschkorn, »Feds allege ›unindicted coconspirator‹ played key role in bin Laden's network«, *www.cnn.com/LAW/trials.and.cases/case.files/0012/embassy.bombing/trial.report/trial.report.05.04/index.html.*
88 Pedro Roz Guttierez, »Case Built Against Cabbie – Ihab Ali«, *Orlando Sentinel Tribune,* 19. Juli 1999.
89 *U.S.A. vs. Usama bin Laden,* Zusammenfassung von Ken Karas, 1. und 3. Mai 2001; Aussage von Isam ar-Ridi, 14. Februar 2001.
90 Ebd., Karas Zusammenfassung, 1. Mai 2001.
91 »Judge Cites Koran as Reason to Testify«, *Orlando Sentinel Tribune,* 8. August 1999.
92 Stephen Kurkjian und Judy Rakowsky, »FBI Terrorism Probe Tracks Ex-Cab-drivers, 2 Who Left Boston, Tied to bin Laden«, *Boston Globe,* 5. Februar 2001.
93 Ebd., Judith Miller, »Dissecting a Terror Plot From Boston to Amman Holy Warriors«, *New York Times,* 15. Januar 2001.
94 Jamal Halaby, Associated Press, Amman, Jordanien, 9. Dezember 2000. »A Terror Conviction«, Associated Press, Amman, Jordanien, 11. Februar 2002.
95 Andrew Duffy, »Ressam Part of Terror ›Cell‹, Expert Testifies: Montreal Ring Forged and Smuggled Passports, Says French Judge«, *Ottawa Citizen,* 3. April 2001; »Bomb Plot Focused on Los Angeles International Airport«, Associated Press, 30. Mai 2001.
96 Josh Meyer, »Border Arrest Stirs Fear of Terrorist Cells in U.S.«, *Los Angeles Times,* 11. März 2001.
97 Linda Deutsch, »Prosecutor: Anti-Terrorism Arrest Has Los Angeles Tragedy Averted«, Associated Press, 13. März 2001.
98 *U.S.A. vs. Mokhtar Haouari,* S4 00 Cr. 15 (SDNY), Aussage von Ahmad Rassam, 3. Juli 2001.
99 Deutsch, a.a.O.; Meyer, a.a.O.
100 Alan Feuer, »Embassy Bombing Witnesses Recall Blood, Smoke, and Chaos«, *New York Times,* 10. März 2001.
101 Laura Mansnerus und Judith Miller, »Bomb Plot Insider Details Training«, *New York Times,* 4. Juli 2001; Jamal Halaby, »Jordanian, Canadian Plots Connected«, Associated Press, 29. Februar 2000; siehe auch Kapitel 9 zum Jemen.
102 *U.S.A. vs. Mokhtar Haouari,* Aussage von Ahmad Rassam, 5. Juli 2001.
103 Britischer Regierungsmitarbeiter, Interview mit dem Autor, Washington, D.C., August 2001.

104 Judith Miller, »Dissecting a Terror Plot From Boston to Amman: Holy Warriors«, *New York Times,* 15. Januar 2001; siehe auch Kapitel 6.

105 Christine Haughney, »Terrorist Recounts Afghanistan Training«, *Washington Post,* 7. Juli 2001; *U.S.A. vs. Mokhtar Haouari,* Aussage von Ahmad Rassam, 5. Juli 2001.

106 *U.S.A. vs. Mokhtar Haouari,* Aussage von Ahmad Rassam, 5. Juli 2001.

107 Colin Nickerson, »In Canada, Terrorists Found a Haven«, *Boston Globe,* 9. April 2001; *U.S.A. vs. Mokhtar Haouari,* Aussage von Ahmad Rassam, 5. Juli 2001.

108 *U.S.A. vs. Mokhtar Haouari,* Aussage von Ahmad Rassam, 3. Juli 2001.

109 Ebd.

110 Ebd.

111 Ebd.

112 Phil Hirschkorn, »Witness reveals details of Y2K plot«, einsehbar unter: *www.cnn.com/2001/LAW/07/02/millennium.bomb.trial.*

113 *U.S.A. vs. Mokhtar Haouari,* Aussage von Ahmad Rassam, 3. Juli 2001.

114 Ebd., 5. Juli 2001.

115 Ebd.

Kapitel 8
Wahre Gläubige: Die Taliban und Bin Laden

1 »Taliban Poppy-Growing Ban Will Measure Afghan's Fear«, *New York Times,* 16. November 2000. 1999 wurden in Afghanistan 4000 Tonnen Opium erzeugt, mehr als im Rest der Welt zusammengenommen.

2 Richard Mackenzie, »America and the Taliban«, in: William Maley, Hrsg., Fundamentalism Reborn? Afghanistan and the Taliban, New York 1998, S. 91.

3 U.S. State Department, Reisewarnung für Afghanistan, Juli 1999.

4 Steve LeVine, »Helping Hand«, *Newsweek,* 13. Oktober 1997.

5 Richard Mackenzie, »The Succession«, *The New Republic,* 14. und 21. September 1998.

6 Ralph H. Magnus und Eden Naby, *Afghanistan: Mullah, Marx and Mujahid,* Neu-Delhi 1998, S. 182.

7 Ebd.

8 Ahmed Rashid, »Pakistan and the Taliban«, in: William Maley, a.a.O., S. 72–90.

9 Westlicher Diplomat, Interview mit dem Autor, Islamabad, Pakistan, September 1999; Peter Marsden, *The Taliban: War, Religion and the New Order in Afghanistan,* London 1998, S. 90.

10 Kamran Khan, »Army Stages Coup in Pakistan; Troops Arrest Prime Minister, Seize Buildings After Firing of General«, *Washington Post,* 13. Oktober 1999.

11 Kamran Khan, »Military Coup in Pakistan; Army Chief Overthrows Government«, *Chicago Sun-Times,* 13. Oktober 1999.

12 Tim Weiner und Steve LeVine, »For Many Pakistanis, Coup Opens to Applause«, *New York Times,* 16. Oktober 1999.

13 Tim Weiner, »Pakistani Report Alleges Graft by Ex-Premier«, *New York Times,* 26. Oktober 1999.

14 Celia W. Dugger, »Coup in Pakistan: the Overview«, *New York Times,* 13. Oktober 1999.

15 Stephen S. Cohen, *The Pakistan Army,* Karatschi 1998, S. 169, 128; Ahmed Rashid, *Taliban: Islam, Oil and the New Great Game in Central Asia,* London 2000, S. 28–29; LeVine, a.a.O.

16 Kai Friese, »Two Uneasy States of Independence«, *New York Times,* 15. August 2001.

17 Malise Ruthven, Islam in the World, New York 2000, *S.* 15.

18 Owen Bennet Jones, »Rockets Fired at Western Targets in Pakistan«, *The Independent,* 13. November 1999.

19 *Wudschud,* eine Urdu-Zeitschrift.

20 Dieses *fatwa* wird in einem dem Autor vorliegenden Dokument bestätigt, und zwar von Madrasa Qasim ul-Ulum, Schairanwala Gate, Lahore, Pakistan, 1997.

21 »Pakistani Islamist Party Renews Threat Against U.S. Nationals«, Agence France-Presse, Internationale Nachrichten, 5. August 1999.

22 Reuters Newswire, »Scholar Accuses U.S. of War Against Muslims; Noted Pakistani Calls for Boycott of the West«, *Baltimore Sun,* 22. August 1999.

23 Kathy Gannon, »Hundreds of Thousands of Religious Radicals Pay Tribute to Hardline Islam«, Associated Press, 9. April 2001.

24 Kamal Matinuddin, *The Taliban Phenomenon: Afghanistan 1994–1997,* Karatschi 1999, S. 14.

25 Ebd., S. 18; Ahmed Rashid, »Pakistan and the Taliban«, in: William Maley, a.a.O., S. 81. Allein bis Januar 1995 waren den Taliban-Milizen über die *madrasas* »rund 12 000« Rekruten zugeführt worden.

26 Jeffrey Goldberg, »Inside Jihad U.: The Education of a Holy Warrior«, *New York Times Magazine,* 25. Juni 2000.

27 Ahmed Rashid, *Taliban: Islam, Oil, and the New Great Game in Central Asia,* London 2000, S. 90.

28 Amir Zia, »Pakistani Admirers of Afghan Islamist Movement Gaining Influence«, Associated Press, 30. Mai 2000; Ahmed Rashid, »The Ta-

liban: Exporting Extremism«, *Foreign Affairs,* November/Dezember 1999, S. 22f.

29 Robert Marquand, »How Islamic Extremism Can Dissolve Old Borders«, *The Christian Science Monitor,* 20. August 1998.

30 Newsline (Pakistan), Februar 1998.

31 Ebd.

32 Tony Clifton, »How Much Religion?« *Newsweek,* 14. September 1998.

33 Maulana Sami ul-Haqq, Interview mit dem Autor, Peschawar, Pakistan, September 1998.

34 U.S. State Department, Reisewarnung für Afghanistan, 8. Juli 1999.

35 Scott Anger, früherer Leiter des Voice of America-Büros in Islamabad, Interview mit dem Autor, Washington, D.C., April 2001.

36 Nancy Hatch Dupree, *Afghanistan,* Afghanischer Tourismusverbrand, Publikation Nr. 5, Tokio 1977, S. 211.

37 Edward Girardet, Hrsg., *Afghanistan,* Genf 1998, S. 25. Siehe auch: Mamoun Fandy, *Saudi Arabia and the Politics of Dissent,* New York 1999, S. 33.

38 Kathy Gannon, »Taliban Strictly Enforce Edicts«, Associated Press, 30. März 1997.

39 Für diesen Begriff gibt es im Englischen wie auch im Deutschen verschiedene Schreibweisen.

40 Robert D. Kaplan, *Soldiers of God: With the Mujahidin in Afghanistan,* Boston 1990, S. 49.

41 Marsden, a.a.O., S. 98.

42 Louis Dupree, *Afghanistan,* Neu-Delhi 1994, S. 59–64.

43 Masatoshi Konishi, *Afghanistan: Crossroads of the Ages,* Tokio 1969, S. 9.

44 Peter D. Bell, CARE USA, Memo, 1. August 2001.

45 Jan Goodwin, *Price of Honor,* New York 1995, S. 34f.; W. Montgomery Watt, *Muhammad: Prophet and Statesman,* New York 1974, S. 12.

46 Koran, 24:30.

47 Das Schwedische Afghanistankomitee, »Afghanistan, Aid and the Taliban: Challenges on the Eve of the 21st Century«, Stockholm 1999, S. 62.

48 Der CNN-Korrespondent Nic Robertson besuchte die Schule im Januar 2000 und wurde noch im selben Monat vom Autor interviewt.

49 Informationen des World Food Program laut World Food Program-Sprecher Chalid Mansur. Die Taliban verfügten im Juli 2000, dass keine afghanischen Frauen für afghanische NROs arbeiten dürften, hoben das Verbot aber bereits zwei Wochen später wieder auf.

50 IRIN News Wire, Kabul, Afghanistan, 6. August 2001.

51 Richard Galpin, »Taliban Executed Thousands As Troops Took Northern City«, *The Guardian,* 4. September 1998.

52 Für diesen Begriff gibt es im Englischen wie auch im Deutschen verschiedene Schreibweisen.

53 David M. Hart, *Guardians of the Khaibar Pass: The Social Organisation of the Afridis of Pakistan*, Lahore 1985, S. 13.

54 L. Dupree, a.a.O., S. 126.

55 Rahimullah Jusufzaj, *The News*, Islamabad, Pakistan, 30. August 1998.

56 Ahmed Rashid, *Taliban: Islam, Oil, and the New Great Game in Central Asia*, London 2000, S. 20.

57 Zitat aus der Tageszeitung *al-Haijat*, Reuters Newswire, 18. Oktober 1999.

58 LeVine, a.a.O.

59 Dr. Abdullah, Interview mit dem Autor, Peschawar, Pakistan, 8. September 1999.

60 Ahmed Rashid, »Afghanistan: Heart of Darkness«, *Far Eastern Economic Review*, 5. August 1999.

61 William C. Rempel, »Saudi Tells of Deal to Arrest Terror Suspect: Afghans Backpedaled on Hand-over of bin Laden After U.S. Embassy Blasts, Riyadh Official Says«, *Los Angeles Times*, 8. August 1999.

62 Abd ul-Bari Atwan, Telefoninterview mit dem Autor, 15. Februar 1999.

63 Tim Weiner, »Terror Suspect Said to Anger Afghan Hosts«, *New York Times*, 4. März 1999.

64 Patrick Bishop, »International Mystery as Bomb Suspect bin Laden Disappears«, Reuters, 16. Februar 1999.

65 *U.S.A. vs. Mokhtar Haouari*, S4 00 Cr. 15 (SDNY).

66 *U.S.A. vs. Mokhtar Haouari*, Aussage Ahmad Rassam, 3. Juli 2001.

67 In den Reihen der Kriegsgefangenen der Nordallianz finden sich weitere Belege für die kosmopolitische Herkunft der Rekruten in den Trainingscamps. Julie Sirrs, eine ehemalige nachrichtendienstliche Analystin im Pentagon, besichtigte Anfang 2000 die Gefangenenlager der Nordallianz. Von 1200 Gefangenen waren 109 Pakistanis, jeweils zwei stammten aus dem Jemen und China und einer, der Sohn pakistanischer Einwanderer, aus Großbritannien. Die chinesischen Kriegsgefangenen waren muslimische Uiguren aus Kaschgar, die eine *madrasa* in Pakistan besucht hatten, bevor sie in Kabul an der Waffe ausgebildet worden waren. Der Brite, Adam Rashid, war wegen Drogenproblemen aus Großbritannien nach Pakistan gegangen, wo er die meiste Zeit damit verbracht hatte, in Moscheen herumzulungern. Danach war er nach Afghanistan gereist, hatte ein sechsmonatiges militärisches Trainingsprogramm absolviert und wurde dann zum Kampf gegen die Nordallianz herangezogen. Auffällig war auch, dass rund die Hälfte der ausländischen Kriegsgefangenen Verbin-

dungen zu der aus Kaschmir heraus operierenden Terrorgruppe Harakat ul-Mudschahidin hatte.

68 Kamran Khan, »Afghan Revenge Killings Spread to Pakistan«, *Washington Post,* 28. November 1998. Khan nennt hier eine Zahl von 500 Toten.

69 »Pak has proof of terrorist camps in Afghanistan: PM«, Xinhua Newswire, Islamabad, Pakistan, 7. Oktober 1999.

70 Kathy Gannon, »Pakistani Interior Minister Talks Tough with Afghanistan«, Associated Press, 7. Juli 2000.

71 Peter Bergen, »A Dying Nation: Taliban Is Destroying More than Buddhas«, *Washington Times,* 15. März 2001.

72 »Taliban to try aid workers«, siehe unter: *www.cnn.com/2001/WORLD/asiapcf/central/08/29/taliban.trial/index.html.*

Kapitel 9
Die heiligen Krieger des Jemen

1 US-Regierungsbeamter, der mit den Ermittlungen zum Anschlag auf die *Cole* vertraut ist, Interview mit dem Autor, Dezember 2000.

2 John Burns, »Yemen Reports Arrests of Foreign-Born Arabs in *Cole* Attack«, *New York Times,* 26. Oktober 2000.

3 US-Regierungsbeamter, der mit den Ermittlungen zum Anschlag auf die *Cole* vertraut ist, Interview mit dem Autor, Dezember 2000.

4 Westlicher Diplomat, Interview mit dem Autor, San'a, Jemen, November 2000. In den abgelegenen Gebieten im Nordwesten des Landes werden Kämpfer ausgebildet.

5 Agence France-Presse, »Yemen launches arms sweep after mosque bombing«, 25. April 1998.

6 Ian Henderson, britischer Botschafter im Jemen, Interview mit dem Autor, San'a, Jemen, November 2000.

7 Jack Kelley, »Bombing plot stymied in Yemen: U.S. still uneasy despite 10 arrests«, *USA Today,* 20. Juni 2001.

8 Bei einem Besuch des Autors im Haus des damaligen Ministerpräsidenten Dr. Abd ul-Karim al-Arjani, einem Biogenetiker Ende sechzig und großen Fan der britischen Satiresendung *Yes, Prime Minister,* führte dieser stolz seinen modern eingerichteten *mafradsch* vor, einen Raum mit hoher Decke und einer schönen Aussicht auf den Präsidentenpalast, in dem Kissen und Polster herumlagen, auf denen man es sich gemütlich machen konnte. Der Ministerpräsident brachte im Gespräch deutlich zum Ausdruck, dass auch er der Angewohnheit des *qat*-Kauens nicht abgeneigt sei.

9 Sue Lackey, »Yemen: Unlikely Key to Western Security«, *Jane's Intelligence Review,* 1. Juli 1999. Im Jemen liegt das Bruttoinlandsprodukt pro Einwohner bei 2300 Dollar. In den Vereinigten Arabischen Emiraten sind es 24 000 Dollar.

10 Westlicher Diplomat, Interview mit dem Autor, San'a, Jemen, November 2000.

11 Dschamal Isma'il, Interview mit dem Autor, Islamabad, Pakistan, 1998; leitender jemenitischer Regierungsbeamter, Interview mit dem Autor, San'a, Jemen, Dezember 2000.

12 Jemenitischer Journalist, Interview mit dem Autor, Dezember 2000.

13 Lackey, »Unlikely Key«.

14 *U.S.A. vs. Usama bin Laden,* 98 Cr. 1023 (SDNY), Anklageschrift.

15 Amerikanischer Regierungsbeamter, Interview mit dem Autor, Washington, D.C., 1997.

16 Westlicher Diplomat, Interview mit dem Autor, San'a, Jemen, Dezember 2000; jemenitischer Regierungsbeamter, Interview mit dem Autor, Dezember 2000.

17 Abd ul-Wahhab al-Ansi, Parteifunktionär der Islah, Interview mit dem Autor, San'a, Jemen, Dezember 2000.

18 Jemenitischer Regierungsbeamter, Interview mit dem Autor, San'a, Jemen, Dezember 2000.

19 Interview des Autors mit einem jemenitischen Journalisten, der zuvor mit al-Fadli gesprochen hatte, San'a, Jemen, Dezember 2000. Meine zahlreichen Anfragen nach einem Interview mit al-Fadli wurden abgelehnt.

20 Jemenitischer Journalist, Interview mit dem Autor, San'a, Jemen, Dezember 2000.

21 Ebd.

22 Für einen ausführlicheren Bericht siehe Brian Whitaker, *Yemen and Osama bin Laden,* unter: *www.al-bab.com/yemen,* August 1998.

23 Leitender jemenitischer Regierungsbeamter, Interview mit dem Autor, Dezember 2000; *Yemen Times,* 16. September 2000.

24 Interview mit al-Ansi, Dezember 2000.

25 *U.S.A. vs. Usama bin Laden,* Anklageschrift.

26 Amerikanischer Regierungsbeamter, Interview mit dem Autor, San'a, Jemen, Dezember 2000; Interview mit al-Ansi, Dezember 2000; leitender jemenitischer Regierungsbeamter, Interview mit dem Autor, Dezember 2000.

27 Salah Nasrawi, »In Yemeni Town, Muslim Militants Retain Hold«, Associated Press, 1. November 2000.

28 Jemenitischer Regierungsbeamter, Interview mit dem Autor, San'a, Jemen, Dezember 2000.

29 Interview mit al-Ansi, Dezember 2000.
30 Julie Sirrs, ehemalige Analytikern der Defense Intelligence Agency, Telefoninterview mit dem Autor, Oktober 2000.
31 Ebd.
32 Interview mit Osama bin Laden von Dschamal Isma'il, Fernsehsender al-Dschazira, ausgestrahlt am 10. Juni 1999.
33 Interview mit Osama bin Laden in der Zeitung *al-Quds al-Arabi*, übersetzt vom *Mideast Mirror*, 27. November 1996.
34 Bin Schadschi, Interview mit dem Autor, Jemen, Dezember 2000.
35 Michael Becket, »Yemen Hostage Shoot-Out«, *Daily Telegraph*, 30. Dezember 1998.
36 Ahmad al-Haj, »Four Westerners Killed in Bloody End to Yemen Kidnappings«, Associated Press, 30. Dezember 1998; »Yemen Kidnap Victims Recover After Slaughter of Four Friends«, Agence France-Presse, 30. Dezember 1998.
37 Zahlen von *www.al-bab.com/yemen.*
38 Abu Hassan und sein Adjutant hatten mit *al-Qa'ida* trainiert; Sam Ghattas, »Freed Hostages Say Yemeni Troops Started Fatal Shootout«, Associated Press, 30. Dezember 1998.
39 Nasrawi, »In Yemen Today«.
40 Ebd.
41 Jemenitischer Regierungsbeamter, Interview mit dem Autor, San'a, Jemen.
42 John Burns, »Little Sympathy in Yemen for Condemned Militant«, *New York Times*, 17. September 1999.
43 Interviews mit dem Autor vom Dezember 2000. Ein westlicher Diplomat und Abu Hamza erklärten übereinstimmend, die jemenitische Regierung fordere Hamzas Auslieferung, obwohl es kein Auslieferungsabkommen zwischen dem Jemen und Großbritannien gibt.
44 Abu Hamza, Interview mit dem Autor, London, November 2000.
45 Zum Beispiel Jasir as-Sirri und Muntasir az-Zaijat.
46 Abu Hamza erzählte der Zeitung *al-Aijam*, er habe Ende der siebziger Jahre in einem Nachtclub gearbeitet, ehe er »geläutert« wurde. Siehe *www.al-ayyam-yemen.com/freedom/interview.html.*
47 Interview mit Abu Hamza, November 2000.
48 Siehe *www.supportersofshariah.org/eng/abuhamza/html.*
49 Ebd.
50 Ebd. Die Konten, die auf dieser Internetseite für Spenden an die *Harakat ul-Mudschahidin* aufgelistet waren, befanden sich bei den Filialen der Muslim Commercial Bank in Islamabad und Karatschi, Pakistan.
51 Die *Yemen Times* berichtete am 13. November 2000, dass 1998 von

Gegnern der US-amerikanischen Militärpräsenz im Jemen ein Dokument in Umlauf gebracht wurde, in dem es hieß, in Aden werde ein Militärstützpunkt gebaut.

52 Abu Hamza, Interview mit der Zeitung *al-Aijam*, 10. August 1999, unter: *www.al-ayyam.yemen.com/freedom/interview.html.*

53 Biografische Einzelheiten unter: *www.al-bab.com/yemen;* Interview mit einem westlichen Diplomaten, San'a, Jemen, Dezember 2000.

54 Siehe *www.al-bab.com/yemen.*

55 Die beste Zusammenfassung dieser Geschichte findet man in dem wunderbaren Artikel von Rory Carroll, »Terrorists or Tourists«, *The Guardian*, 26. Juni 1999.

56 Lackey, »Unlikely Key«.

57 Carroll, »Terrorists or Tourists«.

58 Siehe *www.al-bab.com/yemen.*

59 US-Ermittler, Interview mit dem Autor, Jemen, Dezember 2000; Ahmad al-Haj, Associated Press, 9. August 1999.

60 Westlicher Diplomat, Interview mit dem Autor, San'a, Jemen, November 2000.

61 Ebd.

62 Mary Quin, Interview mit dem Autor, Washington, D.C., Juni 2001; Stephen Farrell und Richard Duce, »Three Britons Killed in Shootout«, *The Times*, London, 30. Dezember 1998.

63 Interview mit Mary Quin, Juni 2001.

64 Daniel McGrory, »My Wife Never Stood a Chance. As She Was Shot, She Said: ›Bless Me‹«, *The Times*, London, 31. Dezember 1998. Die Kidnapper erklärten einer Geisel, sechs Freunde von ihnen säßen im Gefängnis, und »wir sollten für sie ausgetauscht werden«.

65 Interview mit Mary Quin, Juni 2001.

66 Thomas E. Ricks, »Persian Gulf, U.S. Danger Zone; Military Has Been Committed to Hot Spot Despite Risk«, *Washington Post*, 15. Oktober 2000.

67 Westlicher Diplomat, Interview mit dem Autor, San'a, Jemen, November 2000.

68 Steve Boggan und Andrew Buncombe, »Yemen Hostage Tragedy: When Troops Opened Fire, the Hostages Were Used As Shields«, *The Independent* (U.K.), 31. Dezember 1998; Combined News Services, »Hostages Tell of Yemen Killings: Two Survivors Say Soldiers Fired First, Triggering Gun Battle«, *Newsday* (Long Island), 31. Dezember 1998.

69 Jemenitische Quelle, Interview mit dem Autor, Aden, Dezember 2000.

70 Ghattas, »Freed Hostages«.

71 Jennifer Trueland, »I Held Edinburgh Woman's Hand As She Was Shot«, *The Scotsman,* 31. Dezember 1998.

72 Michael Smith und Tim Butcher, »Yemen Hostage Shootout«, *Daily Telegraph* (U.K.), 31. Dezember 1998; Phil Chetwynd, »Yemen Hostage Drama: A Survivor's Tale«, Agence France-Presse, 31. Dezember 1998.

73 Siehe *www.al-bab.com/yemen.*

74 Zeitungsredakteur aus Aden und leitender jemenitischer Regierungsbeamter, Interviews mit dem Autor; John Burns, »Little Sympathy in Yemen for Condemned Militant«, *New York Times,* 25. November 2001.

75 Siehe Bericht über die Verhandlung unter: *www.al-bab.com/yemen.*

76 Ebd., Zitat aus Abu Hamzas Fernsehinterview im Sender al-Dschazira, 14. Januar 1999.

77 General Zinni, Aussage vor dem Armed Services Committee des US-Senats, 19. Oktober 2000.

78 Reuters Newswire, »FBI Had '98 Report of Plot to Bomb Warship in Yemen, U.S. Says«, nachgedruckt in: *Washington Post,* 31. Januar 2001.

79 *U.S.A. vs. Usama bin Laden,* Anklageschrift, S. 32.

80 Reuters Newswire, »FBI Had '98 Report of Plot to Bomb Warship in Yemen, U.S. Says«.

81 Al-Harazi ist auch unter dem Namen Abd ur-Rahman as-Sa'fani bekannt (al-Harazi ist der Name der Gegend im Jemen, aus der seine Familie kam, und Sa'fan heißt der kleine Ort, in dem seine Familie ursprünglich beheimatet war). Interview des Autors mit einem jemenitischen Regierungsbeamten, Sa'na, Jemen, Dezember, 2000.

82 US-Ermittler, Interview mit dem Autor, Jemen, Dezember 2000.

83 Ehemaliger amerikanischer Geheimdienstmitarbeiter, Interview mit dem Autor, November 2000.

84 Interview mit US-Ermittler, Dezember 2000; Aussage von General Zinni.

85 Besuch des Autors in diesem Haus.

86 Ebd.

87 Eine ausführlichere Diskussion über die Bedeutung der »Nacht der Bestimmung« siehe Malise Ruthven, *Islam in the World,* New York 2000, S. 36f.

88 US-Ermittler, Interview mit dem Autor, Dezember 2000.

89 John Burns, »Ship Attack Suspects Seemed Out of Place«, *New York Times,* 31. Oktober 2000.

90 Vernon Loeb, »Plot Targeted U.S., Jordan, American Warship, Official Says«, *Washington Post,* 24. Dezember 2000.

91 Agence France-Presse, Dubai, 22. September 2000; auf dem Band erscheint auch Asadul-lah Rahman, einer der Söhne von Scheich Umar Abd ur-Rahman, der an die Muslime einen Aufruf zum Blutvergießen richtete.

92 Chalid Hammadi, Reporter der Zeitung *al-Quds al-Arabi*, Interview mit dem Autor, Jemen, November 2000.

93 US-Ermittler, Interview mit dem Autor, Dezember 2000.

94 Jemenitischer Regierungsbeamter, Interview mit dem Autor, San'a, Jemen, Dezember 2000.

95 Michael Sheehan, Aussage vor dem Justizausschuss des amerikanischen Repräsentantenhauses, 13. Dezember 2000.

96 John Burns, »Remote Yemen May Be Key to Terrorist's Past and Future«, *New York Times*, 5. November 2000; Donna Nasr, »Wartime Loyalty Rewarded in Yemen«, Associated Press, 28. Oktober 2000.

97 David Ensor, Chris Plante und Peter Bergen, »U.S. tightens security overseas«, unter: *www.cnn.com/2000/US/12/20/terrorism.threat/index.html*, 20. Dezember 2000.

98 Zeitung *al-Aijam*, Aden, Jemen, Foto von Dezember 2000.

99 John Miller, »The Connection: Yemen Probe Uncovers Bin Laden Links and Missteps by *Cole* Bombers«, unter: *www.abcnews.go.com/sections/world/DailyNews/yemen001207b.html*.

100 Andrea Koppel, Elise Labott, Susan Bassals und Rym Brahimi, »Remains of 1 *Cole* bomber found, U.S. officials say«, unter: *www.cnn.com/2000/US/11/17/usscole.02/index.html*, 17. November 2000.

101 Ebd.

102 Siehe *www.cnn.com/2000/US/10/13/shipattack.thumbnails.02.ap*.

103 ABC News, *Primetime Live*, 18. Januar 2001.

104 Abd ul-Aziz Hakim, Interview mit dem Autor, Aden, Jemen, Dezember 2000.

105 Mitarbeiter der amerikanischen Terrorabwehr, Interview mit dem Autor, Washington, D.C., 15. Oktober 2000.

106 Mitarbeiter des New Yorker FBI-Büros, Interview mit dem Autor, Oktober 2000.

107 Ebd.

108 John Burns, »Yemenis Seem to Hinder Inquiry«, *New York Times*, 1. November 2000.

109 Neil MacFarquhar, »Saudis Say They, Not U.S., Will Try 11 in '96 Bombing«, *New York Times*, 2. Juli 2001.

110 John Burns, Interview mit dem Autor, Jemen, Dezember 2000.

111 Im Dezember 2000 erzählte mir ein jemenitischer Journalist, dass 1800 Menschen befragt wurden; John Burns, »Yemen Links to bin Laden Grow at FBI in *Cole* Inquiry«, *New York Times*, 25. November 2000.

112 Massimo Calabresi, »How Feuds and Culture Clashes Have Stymied the U.S.S. *Cole* Investigation«, *Time*, 16. Juli 2001.

113 US-Außenministerium, »Patterns of Global Terrorism«, Überblick über den Nahen und Mittleren Osten, Washington, D.C., 1998.

114 Howard Schneider und Roberto Suro, »In Yemen, A Search for Clues«, *Washington Post*, 15. Oktober 2000; die *Cole* ist »ein Zerstörer der Arleigh-Burke-Klasse«.

115 Westlicher Diplomat im Jemen, Interview mit dem Autor, Dezember 2000; Abd ul-Walid, im *salafitischen* Buchladen in Birmingham; Scheich al-Wadi'i, Interview mit der *Yemen Times*, 17. Juli 2000.

116 Margie Mason, »An American Taliban in Yemen: John Walker Lindh Bumbled His Way Through the Mideast«, Associated Press, 15. Januar 2002.

117 Die *Salafija*, eine neo-orthodoxe Art des islamischen Reformismus, entstand im ausgehenden neunzehnten Jahrhundert mit Zentrum in Ägypten. Ihr Ziel ist es, den Islam durch eine Rückkehr zu den Traditionen der »frommen Vorväter« (*as-salaf as-salih*, daher der Name) zu erneuern (A. d. Ü.). Ebd.; »At Least Two Killed in Bomb Explosion at Islamist Mosque in Yemen«, Agence France-Presse, 24. April 1998; *Yemen Times*, 18. September 2000.

118 *Yemen Times*, 17. Juli 2000.

119 Ebd.

120 Agence France-Presse, »At Least Two Killed in Bomb Explosion at Islamist Mosque in Yemen«, San'a, Jemen, 24. April 1998.

121 Siehe *www.qoqaz.com.my/qoqaz/fatwa/muqbil.htm.*

122 *Yemen Times*, 17. Juli 2000.

123 John Burns, »FBI's Inquiry in *Cole* Attack is Nearing Halt«, *New York Times*, 21. August 2001.

124 »Bin Laden verses honor *Cole* attack«, Reuters Newswire, abgedruckt in: *The Seattle Times*, 2. März 2001.

Kapitel 10
Das globale Netz: In achtzig *dschihads* um die Welt

1 Giles Tremlett, »Spanish Police Arrest bin Laden Suspect«, *The Guardian*, 23. Juni 2001; Sarah Lyall und Judith Miller, »Hunting bin Laden's Allies, U.S. Extends Net to Europe«, *New York Times*, 21. Februar 2001; Alessandra Stanley, »Italy Arrests 5 Islamists in Failed Bomb Plot«, *New York Times*, 6. April 2001; die Verhaftungen haben offenbar mit einem geplanten Bombenattentat in Straßburg in Frankreich zu tun.

2 John Micklethwait und Adrian Wooldridge, *A Future Perfect: The Challenge and Hidden Promise of Globalization,* New York 2000, S. 225.
3 *U.S.A. vs. Usama bin Laden,* S (6) 98 Cr. 1023 (SDNY), Anklageschrift, S. 6.
4 Stephen Kinzer, »Jordan Links Terrorist Plot to bin Laden«, *New York Times,* 4. Februar 2000; »Bin Laden Supporter Detained in France«, Agence France-Presse, 3. März 1999; Katherine Ellison, »Terrorism May Wear Normal Face«, *Houston Chronicle,* 19. Februar 1999; »Australians Being Recruited for bin Laden Jihad, Court Told«, Associated Press, 29. April 1999.
5 Arlinda Causholli, »Member of Jihad Dies in Shootout with Police«, Associated Press, 23. Oktober 1998; Patrick Kennedy, Instruktionen des US-Außenministeriums, Dezember 1998; Peter Bergen, »Official: Bin Laden group major threat to U.S. embassies«, siehe *www.cnn.com/US/9902/25/bin.laden,* 25. Februar 1999, und Interview des Autors mit US-Beamtem zur Terrorismusbekämpfung, Februar 1999.
6 David Carpenter, Aussage vor dem Ausschuss für Internationale Beziehungen des Repräsentantenhauses, 12. März 1999.
7 Sayantan Chakrarty, »The discovery of a plan to bomb the U.S. embassy in Delhi«, *India Today,* 2. Juli 2001.
8 Ebd.; *Yemen Times,* 19. Februar 2001; siehe Kapitel 9, Anm. 81.
9 Rajesh Mahpatra, »Indian Police Charge Osama bin Laden with Plotting to Bomb U.S. Embassy in New Delhi«, Associated Press, 24. August 2001.
10 Mamduh Mahmud Salim, handschriftliche Erklärung gegenüber dem FBI, eine Kopie ist im Besitz des Autors.
11 Ebd.; Tribune News Services, »Suspect in Bombing of U.S. Embassies Awaits Extradition«, *Chicago Tribune,* 23. September 1998.
12 *U.S.A. vs. Usama bin Laden,* Schlussplädoyer von Ken Karas, 1. Mai 2001.
13 Phil Hirschkorn, »Trial reveals a conspiracy of calls, but only tidbits about bin Laden«, 16. April 2001, siehe *www.cnn.com/LAW/trials.and.cases/case.files/0012/embassy.bombing/trial.report/trial.report.04.16/index.html.*
14 Ian Black und Nicolas Pelham, »Egypt's Quiet Militant Protests His Innocence«, *The Guardian,* 19. Januar 1996.
15 Siehe *www.cairotimes.com/content/issues/Islamist/london21.html.*
16 Jasir as-Sirri, Interview mit dem Autor, London, September 1998.
17 Abu l-A'la Madi, Interview mit dem Autor, Kairo, Dezember 2000.
18 Siehe allgemein Max Rodenbeck, *Cairo: The City Victorious,* New York 2000.
19 Gilles Kepel, *Muslim Extremism in Egypt,* Berkeley, Kalif., 1993, S. 39.

20 Malise Ruthven, *Islam in the World,* New York 2000, S. 312–313; Dilip Hiro, *The Rise of Islamic Fundamentalis,* New York 1989, S. 66.
21 Kepel, *Muslim Extremism in Egypt,* S. 24, 37, 41, 51, 54–55, 155.
22 Sa'd al-Faqih, Interview mit dem Autor, London, Oktober 2000.
23 John Burton, *An Introduction to the Hadith,* Edinburgh 1994, S. 39.
24 Abu el-Ela Mady, »Violent Groups Connected to Islam: The Historical Roots, Theological Foundations and Future«, International Center for Country Studies, Kairo, März 1998, arabischsprachige Monografie.
25 Ebd.
26 Abu el-Ela Mady Interview, Dezember 2000.
27 Ebd.
28 Hiro, *The Rise of Islamic Fundamentalis,* S. 78.
29 Ebd.
30 Anthony Shadid, *Legacy of the Prophet: Despots, Democrats and the New Politics of Islam,* Boulder, Colo., 2001, S. 77–78.
31 Kepel, *Muslim Extremism in Egypt,* S. 192.
32 Abu el-Ela Mady Interview, Dezember 2000.
33 Hintergrundbericht des US-Außenministeriums, 1993, Kopie im Besitz des Autors.
34 Muntasir az-Zaijat, Interview mit dem Autor, Kairo, Ägypten, Dezember 2000.
35 Robin Wright, *Sacred Rage,* New York 1985, S. 186.
36 Abu el-Ela Mady Interview, Dezember 2000.
37 Ebd.
38 Mike Boettcher, »Authorities target bin Laden's second-in-command«, 28. September 2001, siehe *www.cnn.com/2001/US/09/28/inv.second.command/index.html.* An dieser Stelle möchte ich Phil Hirschkorn von CNN für diese wichtige Beobachtung danken.
39 »The Retreat from Fundamentalism«, *The Economist,* 1. Mai 1999.
40 Shadid, *Legacy of the Prophet,* S. 1.
41 Ebd.
42 Sa'd al-Faqih, Interview mit dem Autor, London, September 1998; Dschamal Isma'il, Interview mit dem Autor, Islamabad, Pakistan, September 1998; Rahimullah Jusufzaj, Interview mit dem Autor, Peschawar, September 1998; Muntasir az-Zaijat, Interview mit dem Autor, Kairo, Dezember 2000; US-Geheimdienstmitarbeiter, Interviews mit dem Autor, Washington, D.C., Oktober 1999. Alle Mitarbeiter erklärten, dass Aiman az-Zawahiri großen Einfluss auf Bin Laden habe.
43 Biografische Angaben aus dem US-Finanzministerium, Abteilung zur Überwachung ausländischer Vermögen; Dschamal Isma'il Interview, September 1998.

44 Muntasir az-Zaijat, Interview, Dezember 2000.
45 Muntasir az-Zaijat, Interview.
46 Video von *al-Qa'ida* zur Rekrutierung von Anhängern, geladen am 14. August 2001 von *www.moon-warriors.com.*
47 Biografie Osama bin Ladens auf Urdu, S. 46–47; Rahimullah Jusufzaj, *Newsline,* Karatschi, Pakistan, September 1998.
48 *U.S.A. vs. Usama bin Laden,* Aussage von Stephen Gaudin, 10. März 2001.
49 Nancy Peckenham, Phil Hirschkorn, Peter Bergen und Douglas Wood, »Bin Laden, millionaire with a dangerous grudge«, 27. September 2001, siehe *www.cnn.com/2001/US/09/12/binladen.profile/index. html.*
50 *U.S.A. vs. Usama bin Laden,* Aussage von al-Husain Charschtu, 26. Februar 2001.
51 »Suspected Militants on Trial in Egypt; 107 Face Charges Tied to Alleged Roles in Outlawed Group«, Associated Press, 2. Februar 1999.
52 Muntasir az-Zaijat, Interview, Dezember 2000.
53 Hassan Mekki, »Egypt Sentences to Death 9 bin Laden Followers«, Agence France-Presse, 18. April 1999.
54 Muntasir az-Zaijat, Interview, Dezember 2000.
55 BBC World Service, Auszug aus der Zeitung *al-Haijat,* 12. Februar 1997.
56 Larry Neumeister, »Fresh Links Made to U.S. Terrorism by Latest Arrests in Europe«, Associated Press, 13. Juli 1999.
57 *U.S.A. vs. Usama bin Laden,* Schlussplädoyer von Patrick Fitzgerald, 3. Mai 2001.
58 *U.S.A. vs. Usama bin Laden,* Schlussplädoyer von Ken Karas, 1. Mai 2001.
59 Abd ul-Bari Atwan, Interview mit dem Autor, London, November 1998.
60 *U.S.A. vs. Usama bin Laden,* Aussage von L'Hossaine Khertchou, 10./11. Februar 2001.
61 Ali Mohammeds Schuldbekenntnis, 21. Oktober 2000.
62 *U.S.A. vs. Usama bin Laden,* Schlussplädoyer von Ken Karas, 1. Mai 2001.
63 Ebd., Aussage von Dschamal al-Fadl, 6. Februar 2001.
64 Ebd., Aussage von Al-Husain Charschtu, 10./11. Februar 2001; Schlussplädoyer von Ken Karas, 1. Mai 2001.
65 Jason Burke, »Britons Hold Key to Master Terrorist Trial: A ›Holy War‹ Manual Found in Manchester is Claimed to Link 4 Men Accused of Bombing Embassies in East Africa«, *The Observer,* 20. Mai 2001.

66 Ebd.

67 Daniel McGrory, »UK Muslims Volunteer for Kashmir War«, *The Times*, London, 28. Dezember 2000.

68 *The Nation* (Islamabad, Pakistan), 5. Januar 2000.

69 Pamela Constable, »Kashmir Tension Knows No Season: Multiple Factors Trigger New Strife in Disputed Region«, *Washington Post*, 10. Juli 2000.

70 Barry Bearak und Celia W. Dugger, »Kashmir Impasse: India and Pakistan Are Stuck on Semantics«, *New York Times*, 22. Juli 2001.

71 Rahimullah Jusufzaj, »Over a dozen Harakat members missing since US attack«, *The News* (Pakistan), 26. August 1998.

72 Westlicher Diplomat, Interview mit dem Autor, Islamabad, Pakistan, September 1998.

73 Douglas Jehl, »Prominent Muslim Is Named a Suspect in Pearl Case«, *The New York Times*, 7. Februar 2002.

74 Kathy Gannon, »Taliban's Image Getting a Shine with Their Handling of Hijacking Drama with Indian Airlines«, Associated Press, 28. Dezember 1999.

75 US-Beamter zur Terrorismusbekämpfung, Interview mit dem Autor, Washington, D.C., Januar 2000.

76 Uli Schmetzer, »Hijacked Passengers Faced Fear, Threats; American Schoolteacher Survives ›In Good Health‹«, *San Diego Union-Tribune*, 2. Januar 2000.

77 Ebd.

78 David Graves, »Militants Set Free in Deal Can Return to Britain«, *Daily Telegraph*, 4. Januar 2000.

79 Patrick French, »Dangerous Neighbours: India and Pakistan Have Long Fought Over Kashmir. Now, as Nuclear States, They Have Never Needed Peace So Badly«, *The Independent*, 30. Mai 1999.

80 Salim Wani, Interview mit dem Autor, Muzaffarabad, Pakistan, Januar 2000; Sumit Ganguly, *The Crisis in Kashmir*, Cambridge 1997, S. 41.

81 Salim Wani, Interview.

82 Westlicher Diplomat, Interview mit dem Autor, Islamabad, Pakistan, Dezember 1999.

83 Abdullah Muntazir, Interview mit dem Autor, Islamabad, Pakistan, Dezember 1999. Laut Muntazir waren es 500 000 Menschen; ein US-Regierungsbeamter in Pakistan sprach von 200 000.

84 US-Außenministerium, *Patterns of Global Terrorism*, Appendix B, S. 16.

85 Thomas B. Hunter, »Terror in the Philippines«, *Journal of Counterterrorism & Security*, Bd. 9, Nr. 3, Juni 2001, S. 1; Carl H. Yeager, *Journal of Counterterrorism & Security*, Bd. 6, Nr. 4, Mai 2000.

86 Thomas B. Hunter, »Terror in the Philippines«.

87 Rahimullah Jusufzaj, Interview mit dem Autor, Washington, D.C., Juni 2001.
88 US-Außenministerium, *Patterns of Global Terrorism* (2000), Appendix B, Abschnitt zu Abu Sayyaf; Thomas B. Hunter, »Terror in the Philippines«.
89 Charles P. Wallace, »Weaving a Wide Web of Terror: The Plan, Officials Say, Was to Blow Up 11 U.S. Airliners in One Day«, *Los Angeles Times,* 30. Mai 1995.
90 Yaeger, a.a.O.; Rajiv Chandrasekaran, »Gunmen Take Foreigners Hostage in Malaysia«, *Washington Post,* 25. April 2000.
91 Christine Herrera, »Khalifa: I don't know Gemma; I'm upset«, *Philippine Daily Inquirer,* 12. August 2000.
92 Marc Van der Hout, »Suspect in Terror Gang Being Held in East Bay«, *San Francisco Chronicle,* 17. April 1995; Marc Van der Hout, Telefoninterview mit dem Autor, April 1992.
93 Louise Lief und Ian James, *U.S. News & World Report,* 15. Mai 1995.
94 Van der Hout, Interview.
95 Ebd.
96 Christine Herrera, »Khalifa: I don't know Gemma; I'm upset«.
97 *U.S.A. vs. Usama bin Laden,* Aussage von Dschamal al-Fadl, 6. und 7. Februar 2001.
98 Nach Leo Tolstoi, *Die Kosaken.*
99 Für eine allgemeine Einführung siehe Carlotta Gall und Thomas de Waal, *Chechnya: Calamity in the Caucasus,* New York 1998.
100 W. Montgomery Watt, *Muhammad: Prophet and Statesman,* New York 1974, S. 78.
101 Yo'av Karny, Autor von *Highlanders: A Journey to the Caucasus in Quest of Memory,* Telefoninterview mit dem Autor, Januar 2000.
102 US-Regierungsbeamte, Interview mit dem Autor, Washington, D.C., Januar 2000.
103 Sämtliche Informationen über Chattab stammen, sofern nicht anderweitig zitiert, von Informanten aus dem Nahen Osten oder US-Regierungsbeamten.

Nachwort
Das Endspiel

1 Samuel P. Huntington, *Kampf der Kulturen,* S. 193.
2 Ebd., S. 421.
3 Ebd., S. 334f.
4 Ebd., S. 421.

5 Allerdings erzählte der israelische Verteidigungsminister Binyamin Ben-Eliezer der Nachrichtenagentur Reuters im Juni, dass Bin Laden große Anstrengungen unternehme, um in das Land vorzustoßen. Siehe dazu auch Roger Crabb, »Israel fears bin Laden is plotting to attack«, *Washington Times*, 26. Juni 2001.

6 Jodi Wilgoren, »On Campus and On Knees, Facing Mecca«, *New York Times*, 13. Februar 2001; siehe auch Robin Wright, *The Last Great Revolution: Turmoil and Transformation in Iran*, New York 2001, Kapitel 4 und 5; Camelia Entekhabi-Fard, »Behind the Veil, A New Symbol for the Women of Iran«, *Mother Jones*, August 2001, und Gilles Kepel, »Islamism Reconsidered«, *Harvard International Review*, Sommer 2000, sowie Malise Ruthven, *Islam in the World*, New York 2000, S. 400.

7 Jonah Blank, »Kashmir: Fundamentalism Takes Root«, *Foreign Affairs*, Nov./Dez. 1999. Blank schreibt: »Sowohl Pakistanis als auch Inder geben sich einer Selbsttäuschung hin. Im Tal von Kaschmir (um das es bei dieser Auseinandersetzung hauptsächlich geht) unterstützt die Bevölkerung weder die indische Regierung noch die Guerillagruppen der radikalen Islamisten.

8 Nationalist aus dem Kosovo, Interview mit dem Autor, New York, Februar 1999; ehemaliger leitender US-Beamter, Interview mit dem Autor, November 2000.

9 Michael Ignatieff, *The Warrior's Honor: Ethnic War and the Modern Conscience*, New York 1998, S. 34–71.

10 *Final Report to Congress: Conduct of the Persian Gulf War*, Washington, D.C., US-Verteidigungsministerium, April 1992, S. 498ff.

11 Peter Partner, *God of Battles: Holy Wars of Christianity and Islam*, Princeton, N.J., 1998, S. 260.

12 Huntington, *Kampf der Kulturen*, S. 402.

13 Barnett R. Rubin, *The Search for Peace in Afghanistan: From Buffer State to Failed State*, New Haven 1996, S. 135. Zwischen April 1992 und Dezember 1994 starben allein in Kabul 20 000 Menschen – diese Zahl beruht auf den konservativen Schätzungen der Opferzahlen in Krankenhäusern in Kabul.

14 Samuel R. Berger und Mona Sutphen, »Commandeering the Palestinian Cause, Bin Laden's Belated Concern«, ein Essay in James H. Hoge Jr. und Gideon Rose (Hrsg.), *How Did This Happen? Terrorism and the New War*, New York 2001.

15 Tim Witcher, »Schroeder Joins West's Bid to Bolster Pakistan Leader«, Agence France Presse, 28. Oktober 2001.

16 »Poll: Muslims Have Low Opinion of US«, United Press International, 27. Februar 2002.

17 »Al-Qaeda Threatens More Suicide Plane Attacks against U.S., Britain«, Agence France Presse, 14. Oktober 2001.
18 Wolf Blitzer, »Unreleased Interview with Osama bin Laden Goes Public«, *www.cnn.com/TRANSCRIPTS/0201/31/wbr.02.html*, 31. Januar 2002.
19 Elisabeth Bumiller, »Bin Laden, on Tape, Boasts of Trade Center Attacks«, *The New York Times*, 14. Dezember 2001.
20 David Ensor, Kelly Wallace, Brad Wright, CNN, »Bin Laden named 9 hijackers on tape«, *www.cnn.com/2001/US/12/21/ret.bin.laden.translation/index.html*, 21. Dezember 2001.
21 »These young men have done a great deed«, *The Washington Post*, 29. Dezember 2001.
22 Neil MacFarquhar, »Father Denies ›Gentle Son‹ Could Hijack Any Jetliner«, *The New York Times*, 19. September 2001.
23 Charles Hill, »Mythos und Realität des arabischen Terrorismus«, Essay in Strobe Talbott und Nayan Chanda, *Das Zeitalter des Terrors: Amerika und die Welt nach dem 11. September*, S. 87–113, Zitat S. 106.
24 A.a.O., S. 103–106.
25 Siehe *www.worldbank.com/data/countrydata/countrydata.html*, Energy Information Administration, *International Energy Outlook*, Washington, D.C., United States Department of Energy, Office of Integrated Analysis and Forecasting, 2001.
26 Nedra Pickler, »Levin says U.S. military should consider quitting Saudi Arabia«, Associated Press, 15. Januar 2002.
27 Wolf Blitzer, »Late Edition: Interviews with Andrew Card, Joe Lieberman, and Mitch McConnell«, *www.cnn.com/TRANSCRIPTS/0201/27/le.00.html*, 27. Januar 2002.
28 »US military presence in Saudi will be adjusted over time: Rumsfeld«, Agence France Presse, 20. Februar 2002.
29 Charles J. Hanley, »America and Saudi Arabia: They've made it work, but for how much longer?« Associated Press, 28. Januar 2002.
30 Edward L. Morse und James Richard, »The Battle for Energy Dominance«, *Foreign Affairs*, Bd. 81, Nr. 2, März/April 2002.
31 Siehe dazu auch Genevieve Abdo, *No God but God: Egypt and the Triumph of Islam*, New York 2000.
32 Siehe dazu auch Anthony Shadid, *Legacy of the Prophet: Despots, Democrats, and the New Politics of Islam*, Boulder, Colo., 2001.
33 Dr. M. A. Qutabi, jemenitischer Regierungsbeamter, Interview mit dem Autor, San'a, Jemen, Dezember 2000.
34 Abd ul-Wahhab al-Ansi, Interview mit dem Autor, San'a, Jemen, November 2000.
35 Karen Armstrong, *The Battle for God*, New York 2000, S. 163.

36 Joseph Coleman, »Islam Grows Deep and Wide in Asia«, *Washington Times*, 19. August 2000.

37 Die Bezeichnung Assassinen, die übrigens sowohl im Englischen wie im Französischen für Mörder steht, leitet sich von dem arabischen Wort *haschischi* (= Haschischkonsument) her, mit dem man in Syrien *fida'in* (= Opferbereite) bezeichnete (A. d. Ü.).

38 Zalmay Chalilzad in einer Rede an der Johns Hopkins School of Advanced International Studies, 18. Februar 2002.

39 Andrea Kannapell, »Frontlines: February 25–March 2«, *The New York Times*, 3. März 2002.

40 Michael Gordon, »New Plan: Join the Fray«, *The New York Times*, 4. März 2002.

41 Präsident George W. Bushs Ansprache vor einer gemeinsamen Kongresssitzung, 20. September 2001.

42 Paul Richter, »US Efforts in Caucasus Underscore Global Fight«, *Los Angeles Times*, 28. Februar 2002; Bruce Wilson, »Hunt for bin Laden moves to Kashmir«, *The Advertiser* (Großbritannien), 25. Februar 2002; Martin Abbugao, »US personnel, naval vessels targeted by militant group in Singapore«, Agence France Presse, 11. Januar 2002; Walter Pincus, »Al-Qaeda Leader Talked of Plot Against US Embassy«, *The Washington Post*, 23. Januar 2002; »Philippines, Malaysia to beef up cooperation to fight terrorism«, Agence France Presse, 20. März 2002; »Four Dead, 40 Injured in Pakistan Church Blasts«, Agence France Presse, 17. März 2002.

43 »One of Masood's assassins was al-Qaeda member in Belgium«, Agence France Presse, 7. Dezember 2001; John Tagliabue, »Claim of Plot Against Embassy in Paris«, *The New York Times*, 3. Oktober 2001; John Lumpkin, »So far, al-Qaida cells have failed in attempts to follow Sept. 11«, Associated Press, 1. März 2002.

44 Robert Novak et al., »Novak, Hunt and Shields: Interview with Bob Graham«, *www.cnn.com/TRANSCRIPTS/0202/23/en.00.html*, 23. Februar 2002.

45 »One of Massood's assassins was al-Qaeda member in Belgium«, Agence France Presse, 7. Dezember 2001; John Tagliabue, »Claim of Plot Against Embassy in Paris«, *The New York Times*, 3. Oktober 2001; John Lumpkin, »So far, al-Qaida cells have failed in attempts to follow Sept. 11«, Associated Press, 1. März 2002; Omar Samad, Sprecher des afghanischen Außenministeriums, in einem Interview mit dem Autor in Washington, D.C., März 2002.

46 D. Ian Hopper, »Computers used by al-Qaida could be treasure trove of intelligence data«, Associated Press, 31. Dezember 2001.

47 »I Am Not Afraid of Death«, Interview mit Osama Bin Laden von

Jamal Ismail, *Newsweek*, 11. Januar 1999; Hamid Mir, »Osama claims he has nukes: If U.S. uses N-arms it will get same response«, *The Dawn* (Pakistan), 10. November 2001.

48 »Countless Questions, a Few Answers«, *The New York Times*, 7. Oktober 2001; »Arrests suggest water plot«, *The New York Times*, 21. Februar 2002; »In Brief: Anthrax Balloon«, *The Guardian*, 29. November 2001; Edward Alden, »CIA chief warns of ›clear and present‹ dangers«, *Financial Times*, 7. Februar 2002.

49 Zahid Hussain, »Two Pakistani nuclear scientists acknowledge meeting Osama bin Laden«, AP Worldstream, 11. November 2001.

50 Bill Gertz, »Nuclear plants targeted for terror attacks«, *The Washington Times*, 31. Januar 2002.

51 »Iranians stage anti-US protests on anniversary of revolution«, Agence France Presse, 11. Februar 2002.

52 Mitarbeiter des Pentagon, Interview mit dem Autor in Washington, D. C., Februar 2002.

53 Mitarbeiter des Pentagon, Interview mit dem Autor.

Register